本报告的出版得到

国家重点文物保护专项补助经费资助

陕西省考古研究院田野考古报告　第 57 号

# 陕西凤翔隋唐墓

## ——1983～1990 年田野考古发掘报告

陕西省考古研究院
西北大学文博学院　编著

文物出版社

北京·2008

# 目　　录

# 插 图 目 录

# 彩 版 目 录

# 图 版 目 录

# 前　言

　　凤翔县位于陕西省关中平原西部，县城南北长 45 公里，东西宽 40 公里，地理坐标为东经 107°10′34″～107°38′47″，北纬 34°20′43″～34°45′20″。北依层叠的山峦，西有千水相绕，东、南部连以广阔的渭北台原，古代属周原之域。县境内地势形如簸箕，东北、西北环山，东南、西南两面低敞，中部黄土台原，坦荡无垠，古称"三畤原"。西北山区海拔 950～1673 米，中部平原区海拔 700～850 米。属暖温带大陆性季风气候区。雍水、纸坊河、横水河等大小河流纵横蜿蜒，贯穿全境，土地肥美，宜于耕种，并可兼得渔桑之利。这里既是古"丝绸之路"之重要驿站、也是关中西部交通之枢纽。东可长驱直入关中腹地，西通甘青，南扼巴蜀，北走泾源可达于塞外。春秋战国时，秦国曾在此建都长达 294 年之久。秦汉及其以后，历为关中西部重镇。唐代在此设凤翔府，并曾一度称"西京"（《资治通鉴·唐肃宗》）。之后经宋、元、明、清至本世纪 40 年代，凤翔一直是关中西部的政治、经济、军事和文化中心。

　　凤翔县城位于该县平原区中部。据清乾隆三十二年（1767 年）《凤翔县志》载，凤翔城始建于唐代末年，为岐王李茂贞所筑。后经明、清时的几次整修，各代相因沿用至近世，今凤翔县城基本保持其原有的位置与规模。秦都雍城遗址在凤翔县城之南，范围近 11 平方公里，城址北边部分地段被凤翔城南部所叠压。凤翔城外的东、南两面，有西（安）宝（鸡）公路绕城而过，也称为"环城东路"和"环城南路"。环城南路南侧，自西往东驻有南关村，县燃料公司，凤翔公路监理站，电管站，县棉织厂，铁丰村第二、三村民组（凤尾村），高王寺村等单位与村民组。县城东 2 公里处为纸坊村，很早以来就是凤翔城的一个附属小镇，亦称为"纸坊街"，曾为纸坊乡、镇政府驻地。

　　凤翔城郊隋唐墓即位于唐代凤翔城郊外，除西郊外，东、北、南三面均有分布。南郊墓地集中于环城公路两侧，西起南关村雷家台、县燃料公司，东达高王寺村东南，东西长约 1.5 公里，南北宽 1 公里，其中以县棉织厂、凤尾村一带分布最为密集。据勘查，南郊墓地墓葬总数有千座以上。

　　1983 年至 1990 年，我们先后在县城南和城东两地共发掘清理隋唐墓葬 364 座。根据墓葬分布情况，我们将墓地分为南郊墓地和东郊墓地两个墓区。其中南郊墓地的 155 座唐墓材料，已于 1989 年作了简要报道①。此外，20 世纪 70 年代以来，凤翔县境内主

---

① 雍城考古队尚志儒、赵丛苍：《陕西凤翔县城南郊唐墓群发掘简报》，《考古与文物》1989 年第 5 期。

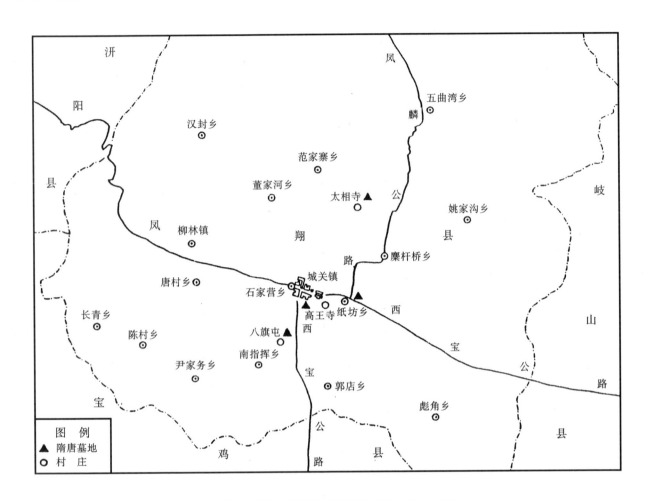

图一　陕西凤翔城郊隋唐墓葬分布图（1∶150000）

要是县城近郊，还零星发现了一些唐墓遗物[①]（图一）。现将凤翔县城南郊、东郊两个墓地的全部发掘资料整理发表，县境内零星发现的唐墓出土遗物也一并公布。凤翔城郊隋唐墓地有关发掘资料以往曾发表过简报和相关研究，对于资料应以此报告为准。

　　这批隋唐墓，均属中、小型墓葬，且以小型墓占多数。但墓葬数量多，内容丰富。已往发表的唐墓材料，初、盛唐者较多，中、晚唐者较少，这批墓中，中唐墓有一定数量。就墓葬形制而言，隋唐墓葬的各种类型在这里基本都有发现。随葬器物类别丰富，多数制作较好，如陶俑不但数量多，且不乏精美之品。而写、画于丝绢上的佛教经咒图，在同时期墓葬中甚为少见。一些墓中出土的朱书文字铁片，亦颇具特色。这些发现，都为隋唐墓葬的研究增添新的资料。特别是两处墓地发现的 54 座殉人墓葬，在隋唐墓葬中属首次发现，意义重大。总之，这批墓葬材料新颖，内容丰富，富有特色，对于研究隋唐时期墓葬的形制类型、埋葬制度与习俗，进而探究当时社会政治、经济、精神文化都具有重要价值。

---

① 赵丛苍：《凤翔出土一批唐三彩和陶俑》，《文博》1989 年第 3 期；沐子：《陕西凤翔出土的唐、宋、金、元瓷器》，《文博》1983 年第 2 期。昭明：《凤翔出土的隋唐铜镜》，《文博》1995 年第 5 期。

　　凤翔城郊隋唐墓的发掘，由 尚志儒 、赵丛苍主持。参加发掘工作的有 曹明檀 、范培松、张志勤 、孔德峰、李涤尘 、赵宝良、王忠信、闫亚丽、郑连课、刘六一、马金民和范妮等。

　　国家文物局、陕西省文物局、宝鸡市文化局、凤翔县政府及县文化局、凤翔县雍城文管所暨县博物馆对发掘工作给予了大力支持和帮助。

# 第一章　南郊墓地

## 第一节　发掘经过及墓地范围

1982年7月下旬，位于凤翔县城环城南路南侧东段的凤翔县棉织厂在该厂后院扩建车间，雍城考古队闻讯即前往勘察。这里是秦都雍城凤尾村遗址区，勘探时即于建筑区内发现大面积先秦建筑遗存。后经省文物局批准，于同年11月开始发掘，共开10×10平方米的探方48个。翌年春，当发掘工作深入至扰土层之下，随即发现了大量唐代墓葬。经过三年工作，至1985年底，在建筑区发掘唐墓313座（图二；图版一、二、三、四）。同时还在该厂西邻的凤翔公路监理站及电管站基建中发掘隋唐墓6座（M91、M92、M93、M250、M251、M252）。1986年又在该厂东侧铁丰村民新辟宅基地发掘隋唐墓葬13座（M294～M306）。1990年春，铁丰村民宅基地扩大范围，又于此地发掘墓葬5座（M333～M337）。这样南郊墓地自1983～1990年，共发掘隋唐墓葬337座。包括上述各墓，南郊墓地的墓葬编号为凤南M1～M337。

## 第二节　墓葬形制

### 一、墓葬类型与举例

南郊隋唐墓地的墓葬形式多样，根据各墓平面形状及其结构的不同，可分为甲、乙、丙三大类。每类可再分为不同的型式，各型式中均列举墓例。为了方便读者，我们在具体叙述墓例时，对隋墓给予注明，唐墓则不再一一写明。

此墓地部分墓中发现有殉人现象，在墓葬举例中一并叙述。

### （一）甲类墓

102座（表一）。此类墓的基本特点是，都有墓道和土洞墓室。墓室在北，墓道在南，墓道或长或短，多为斜坡有阶，斜坡无阶者少见，个别作竖井式。一般是墓底宽度大于墓口，墓口南宽北窄，底部两端宽窄相差不大。有些墓设甬道，部分较大型墓凿有天井。偶见有壁龛。以墓室和墓道形式的差异，分为A～F型，除A、B、F型外，C～E型中又各分有几式。

**A 型**

1 座。其基本形制为，墓室平面西侧大半部较方直，东边弧弯。墓道位于墓室南之东侧，作长斜坡形。底平面整体形状似一长柄弯背刀形，即墓室若刀身，墓道似刀柄。

**凤南 M93**　方向 184°。墓室东壁自东南角呈弧弯状延至北壁中部，西、南两壁较直，西南角稍斜出（即大于 90°），墓室顶微弧拱，南北长 2.30、宽 1.06～2.32、中高 1.24 米。棺位于墓室内西侧，置墓底生土之上，棺头端宽，足端窄，长 1.68、宽 0.34～0.56 米。其摆放位置基本与西壁相平行。墓主足北头南，仰身直肢，面向西，男性，年龄 40 岁左右。右手握持隋五铢钱 6 枚，口内含 2 枚，头右侧置三个紧相排列的 I 式陶壶。墓室用土坯封门。土坯长 0.24、宽 0.22、厚 0.10 米。其砌封方法是，先在墓室底用土筑起一道宽与土坯长度相等、高 0.20 米的土埂，在土埂上竖置土坯两层，第一层土坯 10 块，第二层 9 块。在第二层土坯上再横置土坯一层。土坯之间垫以 0.03～0.05 米厚的土。由于封门上部已坍塌，故仅保留此三层土坯。墓室南之东侧为甬道，长 0.30、宽 1.06、高 1.20 米。甬道南接墓道。墓道南端下挖 0.40 米，其后呈缓坡形斜下伸至墓室底。由于墓道口窄而底宽，因此口部南端东边沿的垂直位置在墓室东壁之西，底南端东边沿却宽出墓室东壁。墓道上口长 8.80、宽 0.51～1.10 米，底部斜坡长 9.50、宽 1.16～1.26 米，口距底深 4.21 米。此墓发现殉人（关于殉人问题"殉人综述"一节及结语中均有论及，都将墓主以外人骨以"殉人"称之）个体 4 个。编号为一～四号。一号殉人位于墓道底中部偏北处，为一完整头骨，头顶朝西，面向南，男性，年龄 20～30 岁。二号殉人位于墓室口土坯封门正中顶部，为一头颅骨，无面骨，可能系男性，30 岁左右。三号殉人亦在封门位置处的上部，低于二号殉人 0.08 米，并偏西 0.24 米，为一完整下颌骨，似女性，年龄不小于 35 岁。四号殉人位于墓室底西南角的墓主棺外左上方，为一头颅骨，无面骨，女性，35～40 岁。上述墓室口所见二～四号殉人，从土坯封门向墓室内倒塌的情况观察，知其原埋位置应在近墓室口上部的墓道填土内，由于封门坍塌，墓道内大量填土冲入墓室，使这些殉人头骨随之进入墓室（图三）。

**B 型**

1 座。墓室有前、后二室，前室平面为横长方形，后室位于前室北边正中。前室北部横置棺床，室南稍偏西处为甬道，与墓道相接。墓道平面长方形，宽于甬道，斜坡有阶。此型墓的墓室与墓道底平面形成十字形。

**凤南 M299**　方向 190°。墓前室为横长方形，顶部自南往北作弧形低下，东西长 2.08、南北宽 1.18 米，室口高 1.30 米。棺床系挖造墓室时留出的生土台，两端与东西墓壁连为一体，其高出墓室底面 0.24、宽 0.02 米，长度同前室长。后室是在北壁中部向北开一洞室而成，基本作长方形，底面较前室棺床高 0.10 米，四壁直，顶部平，东西长 1.02、南北宽 0.94、高 0.64 米。后室未发现任何遗物。墓主置前室棺床之上，骨架严重朽残，头朝西，面向、葬式不明。墓室底西南角置 I 式陶钵 1，棺床西南部位有 B 型陶葫芦 2，中部有隋五铢钱 3，铜带銙 5，铜饰 2，银钗 1。前室稍偏西为甬道，长 0.40、宽 0.96、口高 1.50 米。墓道上口长 4.20、宽 0.70～1.04 米。口距底深 3.40 米。底长 4.64、宽 1.10 米，有三台阶，皆南高北低向墓室下斜，宽窄不一。墓室中尚有一阶（图四；图版五：1）。

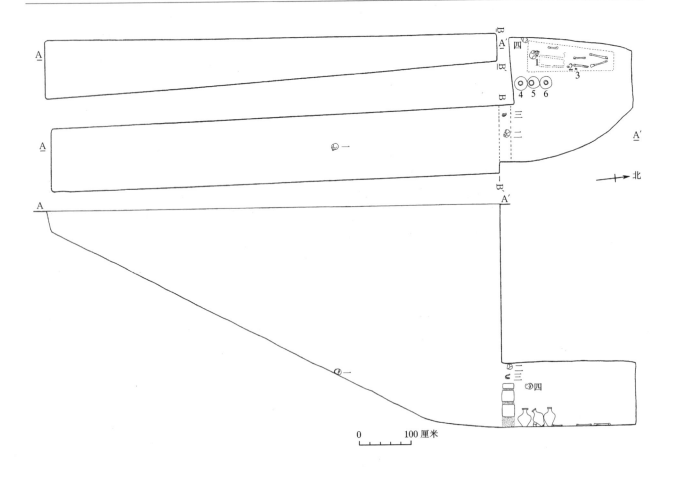

图三　凤南甲类 A 型 M93（隋）平、剖面图

1-1～2.隋五铢钱　2-1～3.隋五铢钱　3-1～3.隋五铢钱　4～6.I 式陶壶

殉人：一，头骨　二，头颅骨　三，下颌骨　四，头颅骨

**C 型**

6 座。墓室平面为一端宽、一端窄的不规则长方形。室南偏西部接墓道或甬道。墓室于墓道或甬道后端斜外出，使墓道或甬道的中轴线与墓室中轴线之间形成大于 90°的夹角。夹角多在 110°～120°之间，个别墓夹角较小。墓室斜出的一端为窄端，东向西稍偏北。墓道东壁大致位于墓室中部，西壁则已近墓室后端。东壁与墓室相接处作直角或圆弧转角，西壁与墓室后端相接处则形成小拐角。棺多顺置墓室中部，其中轴线多不与墓室中轴线重合或平行，只有少数墓，棺近北壁放置，可与墓室中轴线平行。墓室均无棺床。此型墓的墓道与墓室底平面如靴形，故称其为"靴形墓"。可分为两式：

**I 式**　5 座。计有凤南 M294、凤南 M296、凤南 M298、凤南 M301 和凤南 M302。

方向在 190°～205°之间。墓道上口皆南宽北窄，底多数亦南宽北窄，但尺寸相差不大，未见两端同大的实例。墓道呈斜阶状，一至五阶不等。台阶挖掘不规整。墓室较大，室顶多作横向弧起，有的自南向北斜低。棺木放置于墓室中间，或东南西北向，或东北西南向。仅一座与室北壁相近，并与之平行。一座墓有甬道。

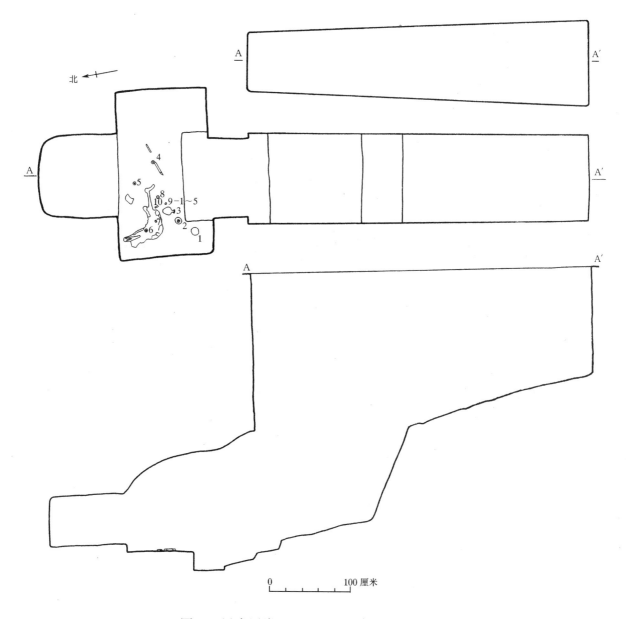

图四　凤南甲类 B 型 M299（隋）平、剖面图

1. I 式陶钵　2、3.B 型陶葫芦　4~6. 隋五铢钱　7、8. 铜饰　9-1~5. 铜带铸　10. 银钗

**凤南 M294**　方向 193°。墓室东西长 2.90、南北宽 1.02~1.50、高 0.90 米。墓主骨架保存较好，头西足东，面向上，仰身直肢，男性，年龄不小于 35~40 岁。棺长 1.76、宽 0.26~0.46 米。棺置于墓室西半部，偏东北西南向。室西北角置 I 式陶壶 2，并发现有漆器残片。有墨书开皇年间砖墓志 1，残为两块，出土于棺外中部左右两侧。墓室西侧接墓道，墓道上口长 5.10、宽 0.80~1.20 米，西壁北端略宽于墓室西南角，底南端作出不明显的两台阶，近墓室处亦有一台阶，甚是陡直。底长 5.90、宽 1.20 米，口距底深 2.10 米。坡形斜缓（图五；图版五，2）。

**凤南 M296**　方向 205°。墓室东西长 2.40、南北宽 1.04、高 1.22 米。墓主可能为男性，头西足东，面朝南，仰身直肢，年龄 35 岁余。棺远离北壁，长 1.92、宽 0.36~

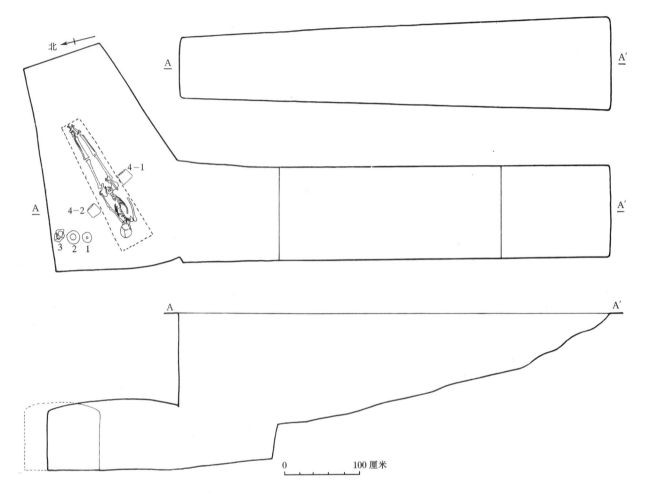

图五　凤南甲类Ｃ型Ⅰ式 M294（隋）平、剖面图

1、2.Ⅰ式陶壶　3.漆器　4-1、2.墨书砖墓志（4-1、2 修复为一件）

0.50 米。墓主头上放置Ⅰ式陶钵、Ⅱa 式陶壶各 1，胸腹处置铜带銙饰件 6，左、右手各持隋五铢钱 2，双股间有隋五铢钱 1。墓室南西两侧有甬道，甬道长 1.10、宽 1.00、高 1.28 米，其西壁与墓室相接处略窄于室西南角。墓道上口长 4.90、宽 0.72～1.10 米，底有二阶，阶面较平，底长 5.50、宽 1.00～1.10 米，口距底深 2.60 米（图六；图版六，1）。

**凤南 M302**　方向 203°。墓室东西长 2.60、南北宽 1.26～1.80、高 0.85 米。墓主头西足东，面朝上，仰身直肢，女性，30～35 岁。棺长 1.70、宽 0.34～0.48 米。位于墓主头前方的棺外置一 A 型Ⅰ式陶双耳罐。室南西侧接墓道。墓道上口长 4.20、宽 0.76～1.03 米，底中部有不甚规整的台阶，底长 4.46、南宽 1.02、北宽 1.08 米，口距底深 2.43 米。墓室口前方的墓道填土中出土一开皇九年砖刻墓志。

近墓室处距底 0.28 米高的墓道填土中，出一完整殉人头骨，头顶朝东，面向北，女性，年龄 25～35 岁（图七；图版六，2）。

**凤南 M298**　方向 190°。墓室东西长 2.50、南北宽 0.96～1.50、高 1.20 米。墓主头

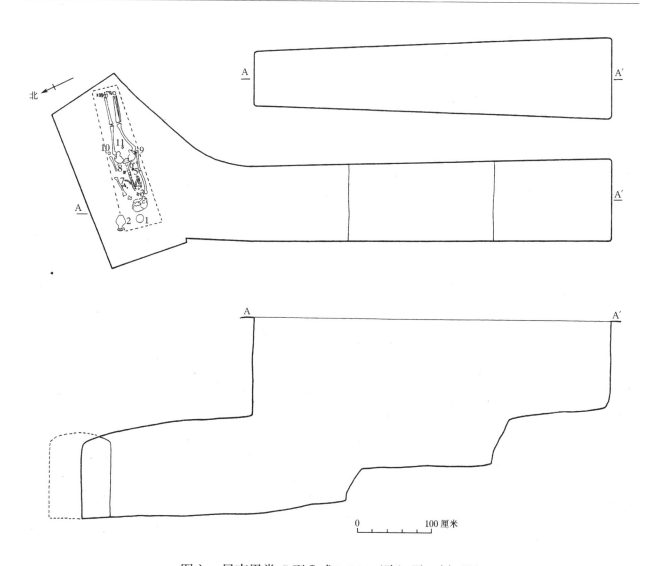

图六　凤南甲类 C 型 I 式 M296（隋）平、剖面图

1. I 式陶钵　2. IIa 式陶壶　3~8. 铜带铐　9-1、2. 隋五铢钱　10-1、2. 隋五铢钱　11. 隋五铢钱

朝西，面向上，仰身屈肢，男性，35~40 岁。棺位于墓室东半部，偏西南东北向，棺长1.22、宽 0.64 米。棺外西北角置 A 型 II 式陶双耳罐 2，墓主颈右侧有隋五铢钱 2。室南偏西部接墓道。墓道上口长 4.20、宽 0.70~0.94 米，底有不甚规整的三个台阶，朝墓室方向下斜。底长 4.56、宽 0.90~1.12 米，口距底深 2.80 米。

墓道南端西侧沿处有一深 0.30、长 1.74、宽 0.18~0.24 米的龛台，内置一殉人，骨架完整，头朝北，面向东，仰身直肢，左上肢垂直于身左侧，右上肢屈于胸前。身长1.55 米，男性，20~30 岁（图八；图版七，1）。

**II 式**　1 座。

墓室顶拱起，面积较小，仅能容一棺。墓道上口与底部宽度基本相同。墓道与墓室中轴线夹角约为 90°，两者西壁基本在一条垂直线上。

**凤南 M337**　方向 185°。墓室东西长 1.73、南北宽 0.60~0.90、高 0.78 米。棺置墓

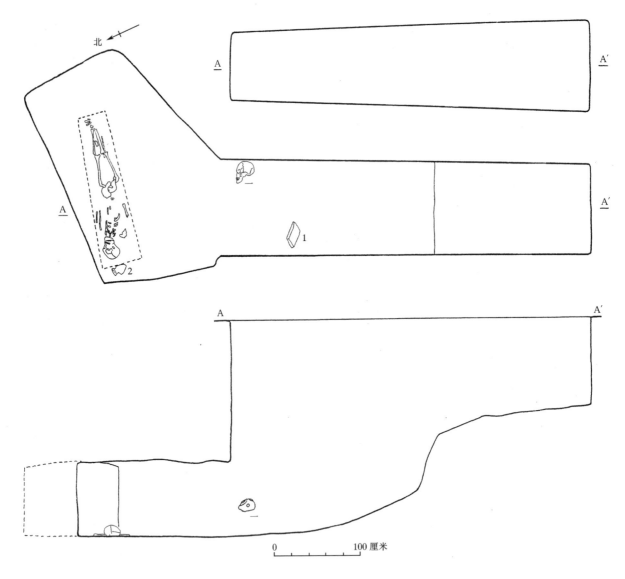

图七　凤南甲类 C 型 I 式 M302（隋）平、剖面图

1. 砖刻墓志　2.A 型 I 式陶双耳罐

殉人：一，头颅骨

室北侧，室两端几乎没有余地，棺长 1.69、宽 0.43～0.69 米，墓主头西足东，面向南，仰身，下肢微曲，女性，20～25 岁。随葬品皆在棺内，一件 A 型 Ⅲ 式陶双耳罐位于墓主头部左侧，头顶部有一件 B 型铜钗，头右侧有铁镜 1，双手各持 Ⅲ 式开元通宝铜钱 2。室南西侧接墓道。墓道上口长 3.04、宽 0.68～0.71 米，底为斜坡式，底坡长 3.10 米，宽度与上口同，上口距底深 1.90 米（图九）。

**D 型**

10 座。墓室平面为方形、扁长方形和长方形，一般都有甬道，甬道、墓道位于墓室中部或偏于东部，其东壁与墓室东壁均不通连。其平面形状颇似铲形。墓主尸骨或棺木，除一座横置外，余皆纵向置于室之一侧，个别的设棺床和在墓室设龛（或称侧室）。

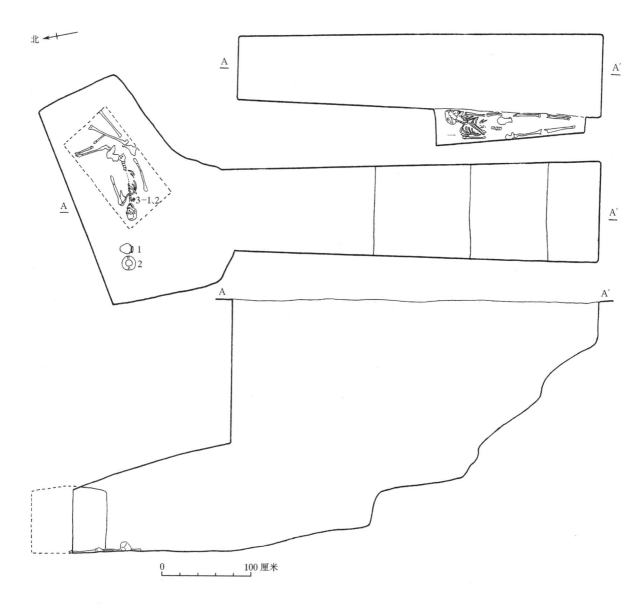

图八　凤南甲类 C 型 I 式 M298（隋）平、剖面图
1、2.A 型 II 式陶双耳罐　3-1、2.隋五铢钱（2 枚）
殉人：一，一号殉人骨架

少见土坯封门。墓道为长斜坡形，普遍作有台阶，多凿有天井，常见一天井，偶有两、三个者。墓道平面多是口小底大。可分为以下七式：

**I 式**　1 座。

墓室平面为不规则方形，室北部留出一东西向生土台作棺床，东壁北端有一龛（或称侧室）。室顶由前往后斜下，室南稍偏东设甬道，其顶部与墓室顶贯通。甬道南为斜坡式，墓道口、底皆南窄北宽。

**凤南 M297**　方向 200°。墓室西北角向里斜收，其余三个角较方正，南北 1.82、东西 1.80 米，室口高 1.18 米。棺床高 0.30、宽 1.02 米，长度同墓室东西宽。两具墓主

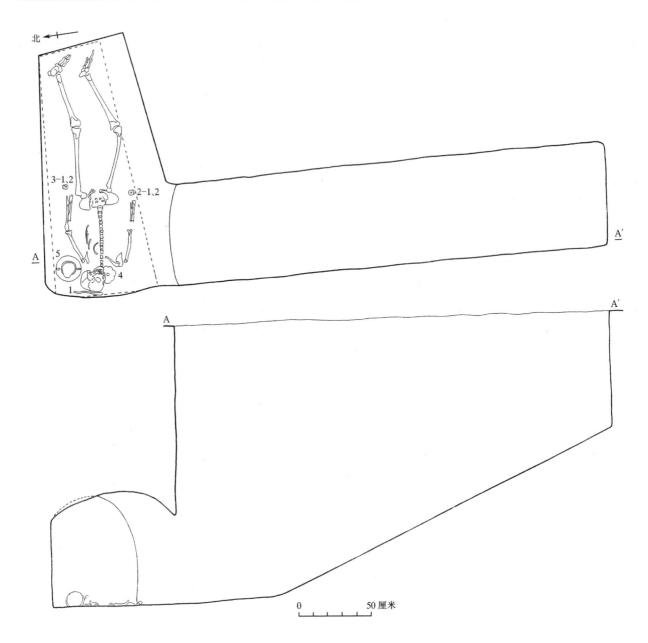

图九　凤南甲类 C 型 II 式 M337 平、剖面图

1.B 型铜钗　2-1、2.III 式开元通宝　3-1、2.III 式开元通宝　4.铁镜　5.A 型 III 式陶双耳罐

骨架置其上，皆头西足东，面向上，仰身屈肢。骨架保存不好，南边者较高大，北边骨架较纤小，盆骨、脊椎、肋骨已朽为粉末，疑为男女合葬。无葬具。南边墓主骨架头左侧置铁灯盏 1，胸、腹处有隋五铢钱 2，棺床外的室西南部有 A 型陶葫芦 2。室东壁的龛（侧室），系一掏挖的土洞室，其底高出墓室底 0.28 米，口小里大，口上部拱形，口高、宽均 0.50 米。洞室里边作椭圆形，南北长 1.58、东西宽 0.60、高 0.50 米。发现有人骨数块。甬道长 0.50、宽 0.82、高 1.30 米。墓道上口长 6.80、宽 0.60～0.80 米，底斜坡南部近平，自中部处往北斜下，不甚平整。底长 7.00、宽 0.60～1.04 米，口距底深 3.80 米。

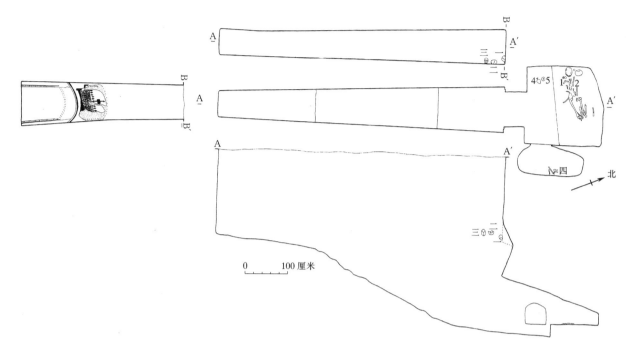

图一〇　凤南甲类 D 型 I 式 M297（隋）平、剖面图
1. 铁灯盏　2、3. 隋五铢钱　4、5. A 型陶葫芦
殉人：一，头颅骨　二，头颅骨　三，头骨　四，肱骨、胫骨等
墓主：南：骨架较完整　北：朽毁仅余头骨及胫骨

　　在甬道口上部的墓道北壁，有一副壁画，面积宽 0.60、高 0.80 米，是用赭石色画于一层白灰面上。东半边少部分白灰面在发掘时已脱落。其图案是，下部画出由斜线相交为许多菱形的篱笆式样，中间竖起一高杆，杆之中上部画一方斗形，上端为一矛头形状，若营寨栅栏的写照。或可能为载架之类。表现手法自然而生动。

　　此墓发现四个殉人个体，编号为一～四号。其中一～三号殉人出于墓道，均为头骨，四号殉人出于墓室龛（侧室）内。一号殉人位于墓道东北角的墓室口上部，紧挨墓道北壁，为一颅骨，无面骨，头顶朝下，男性，年龄不小于 35 岁。二号殉人在一号殉人之南 0.12 米处，挨墓道东壁，亦为颅骨，无面骨，头顶向下，男性，30 岁左右。三号殉人与二号殉人相距甚近，亦挨墓道东壁，为一头骨，无下颌骨，头顶向西，面向上，女性，20～30 岁。四号殉人是在墓室龛内，有肱骨、胫骨、骶骨等，堆放于一起，已成年（图一〇；图版七，2）。

　　**II 式**　1 座。

　　墓室平面基本作正方形，顶部近平。墓主骨架置于室内右侧，室南正中为甬道。墓道狭窄，南端较北端略宽，近墓室处开一天井，底有数级阶。北部两壁有两段收分。

　　**凤南 M13**　方向 200°。墓室平面近似正方形，北端稍窄于南端，与甬道底相通连。并挖出与甬道同宽的一道长方形低槽，自墓室口直沿至室内近北端处，使墓室底东、北、西三面形成似"凹"字形的台面。台高 0.12 米。墓室南北长 1.80、东西宽 1.72、高 0.85 米。室内右侧纵置墓主骨架，头北足南，仰身直肢。室东北角置一陶塔式罐底

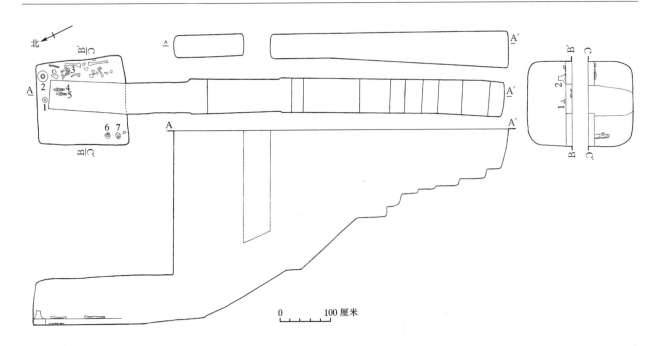

图一一　凤南甲类 D 型 Ⅱ 式 M13 平、剖面图
1. 陶塔式罐盖　2. 陶塔式罐座　3. 铁片　4、5. A 型 Ⅰ b 式陶幞头男侍俑
6. 陶垂双髻女侍俑　7. A 型陶垂发梳髻女侍俑

座，室北正中为一陶塔式罐盖，在罐座、盖之南不远处有 A 型 Ⅰ b 式陶幞头男侍俑 2，室西南角并列放置 A 型陶垂发梳髻女侍俑 1、陶垂双髻女侍俑 1，墓主骨架中部有数块破碎的小铁片。甬道在室南正中，长 1.00、宽 0.58、高 0.87 米。墓道上口长 4.70、宽 0.45～0.71 米，距其北端 0.54 米处有一天井，天井长 1.40、宽 0.44 米。底南段有七级平阶，中段处斜下至甬道，其间有一阶，底长 8.27、宽 0.60～0.70 米，上口至底深 3.63 米。墓道下部两壁有两次收分，收分每边宽度 0.04 米左右（图一一）。

**Ⅲ式**　1 座。

墓室平面基本作长方形，顶稍拱。室南正中为甬道，其南接墓道。形制规整。

**凤南 M52**　方向 202°。墓室北端略宽于南端，四壁直，较规整。室口低，中部高起。南北长 2.14、东西宽 1.50～1.60、高 1.40 米。室内墓主骨骼凌乱。随葬品同墓主骨骼一样，散乱置于室内各处，有 B 型 Ⅰ 式陶塔式罐 1，开元通宝钱 1、残陶罐 1。室南正中为甬道，长 0.30、宽 0.70、高 1.08 米。墓道上口长 5.10、宽 0.40～0.84 米，底为较陡的斜坡，南端有二级不规整的台阶，底长 6.60、宽 0.70～0.88 米。口距底深 3.96 米（图一二）。

墓道北端甬道口上方有殉人头骨 1，无下颌骨，紧靠墓道北壁放置，头顶朝东，面向南，男性，年龄 25～30 岁。此头骨脑颅右侧颞骨前上部有一不太规则的圆孔，骨折片已剥落，骨内壁创口直径比外创口大，外创口直径 20×17 毫米，经鉴定，为面积较小的钝器击打所致，可能受击后即刻死亡。

**Ⅳ式**　3 座。分 Ⅳa 和 Ⅳb 两个亚式。

**Ⅳa 式**　2 座。为凤南 M87 和凤南 M306。

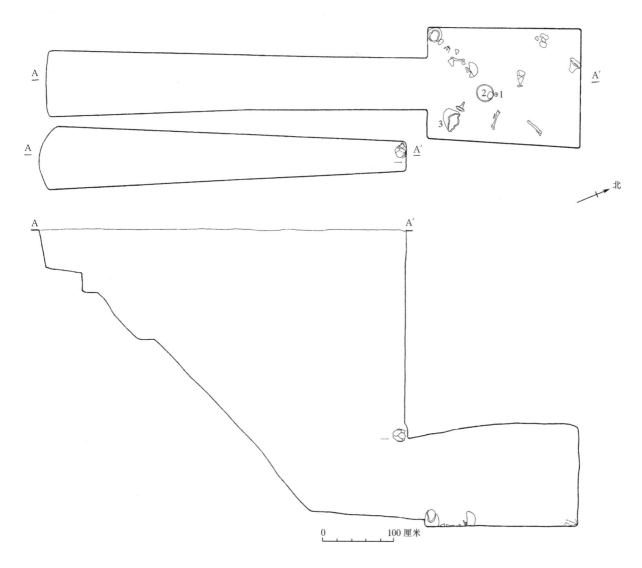

图一二　凤南甲类 D 型 Ⅲ 式 M52 平、剖面图

1. 开元通宝钱　2. 残陶罐　3.B 型 Ⅰ 式陶塔式罐

殉人：一，头颅骨

墓室平面大体为长方形，北端大，南端小，室顶稍拱。甬道和墓道在室南偏东部，有一或两个天井，墓道底为长斜坡式或有一阶。构造很为规整。

**凤南 M87**　方向 198°。墓室南北长 2.76、东西宽 1.84～1.96、高 1.48 米。棺置于室内西侧，墓主头北足南，仰身直肢，男性，40 岁左右。棺长 2.12、宽 0.42～0.72 米。无棺床。随葬品大多数置于室东半部，排列有序。墓室口东置 B 型 Ⅰ 式陶镇墓兽 1，西置 Ⅱ 式陶天王俑 1，其后散置 B 型陶幞头宦俑 1、A 型 Ⅰ b 式陶幞头男侍俑 1、D 型陶幞头男侍俑 5、E 型陶高髻女侍俑 1、H 型陶高髻女侍俑 1、B 型陶博髻女侍俑 1、D 型陶垂发梳髻女侍俑 1、残陶男俑 1、A 型 Ⅱ 式陶马 2、B 型 Ⅰ 式陶骆驼 1、陶鹦鹉 1、B 型陶幞头男侍俑 1、A 型 Ⅱ 式陶塔式罐 1、泥胎小狗 1、E 型陶幞头男侍俑 1。墓主左侧有铜饰 1，右侧有数片残碎铁片。室南偏东部处为甬道，长 0.64、宽 0.92、高 1.32 米。甬道口

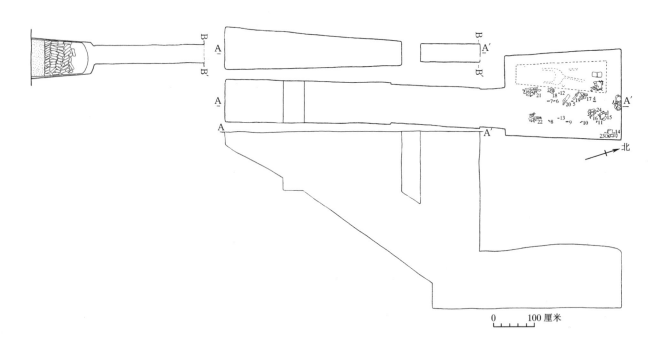

图一三　凤南甲类 D 型Ⅳa 式 M87 平、剖面图

1. 残铁片　2. 铜饰　3.A 型Ⅱ式陶塔式罐　4. 残陶男俑　5.D 型陶垂发梳髻女侍俑　6.H 型陶高髻女侍俑
7~11.D 型陶幞头男侍俑　12. 泥胎狗　13. 陶鹦鹉　14.B 型Ⅰ式陶骆驼　15、16.A 型Ⅱ式陶马
17.A 型Ⅰb 式陶幞头男侍俑　18.B 型陶博鬓女侍俑　19.E 型陶高髻女侍俑　20.B 型陶幞头宦俑　21.Ⅱ式陶天王俑
22.B 型Ⅱ式陶镇墓兽　23.E 型陶幞头男侍俑　24.B 型陶幞头男侍俑

以土坯封门，土坯长 0.30、宽 0.15、高 0.06 米。其做法是先于底部垫 0.30 米厚的土，在其上横立土坯六层，至顶部。发掘是最上边两层土坯已塌入墓室，可能由于天井填土压力过大所致（图版八，1）。墓道上口长 4.25、宽 0.56~0.99 米，上口之北开一天井，天井长 1.41、宽 0.40 米。墓道底斜坡南段有一规整的台阶，底长 7.20、宽 0.97 米，上口距底深 4.10 米。墓道下部两壁有两次收分，收分每边宽度 0.04~0.05 米（图一三）。

**凤南 M306**　方向 192°。墓室中顶高拱，南北长 3.04、东西宽 1.80~2.29、高 1.70 米。未见骨架和葬具。靠室东壁置残陶钵 2。甬道长 1.11、宽 0.76、高 1.22 米。墓道上口长 5.10、宽 0.58~0.80 米，其北有两个天井，宽均 0.50 米，南部的第一天井长 1.70，北部的第二天井长 1.65 米。墓道底为长斜坡式，长 10.58、宽 0.74~0.88 米。上口距底深 5.42 米（图一四）。

**Ⅳb 式**　1 座。

墓室平面为扁长方形，穹隆顶。甬道位于室南近东侧，墓道底为长斜坡式，南窄北宽。有三天井，形状甚规整。

**凤南 M305**　方向 195°。墓室西壁北端微向西斜，东壁北端西斜明显，北端窄，南端宽。南北长 2.90、东西宽 2.10~2.28、高 1.73 米。棺置室西侧，墓主二人并列而卧，头北足南，西边者头骨置胸右侧，面向上，仰身直肢，女性，20~30 岁；东边者面向东，仰身，两腿胫骨交叉，男性，35~40 岁。两人同置一棺内，棺长 1.96、宽 0.45~0.63 米。应属夫妻合葬。棺外室西北角放置 Ab 型陶圆腹罐 2，女墓主胸部有开元通宝

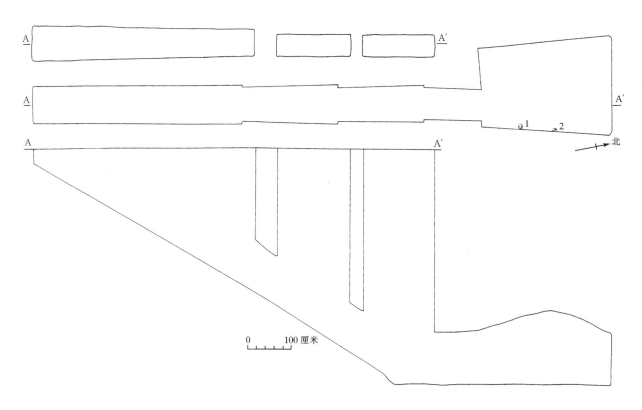

图一四  凤南甲类 D 型 Ⅳa 式 M306 平、剖面图

1、2. 残陶钵

钱 2，铜质日用组合小器具（镊、锉、锥、刀、挖耳勺）1。甬道长 1.10、宽 0.80～
0.86、高 1.20 米。墓道上口长 2.52、宽 0.54～0.62 米，其北开凿天井三个。三个天井
长、宽度相等，长 1.40、宽 0.48 米，间距相同，为 1.24 米。墓道底长 11.34、宽 0.56
～0.88 米。上口距底深 5.30 米。墓道下部两壁有三次收分，收分宽度每边 0.04～0.06
米（图一五）。

**Ⅴ式**  1 座。

墓室平面作斜角长方形，即室西北角斜出，平面长、宽比例的长度稍加大，室顶微
拱。墓室与墓道东侧略呈折线。甬道在室南近东侧。

**凤南 M322**  方向 202°。墓室东壁长 2.40、西壁长 2.60、宽 1.42～1.52、高 1.20
米。棺置室内西侧，墓主有二人，均为头骨，头骨均经火烧。东西并列置于棺内。西侧
者头顶朝上，下颌骨脱离置头骨东侧，男性，35～40 岁。东侧者头顶朝南，面向上，男
性，40～45 岁。棺长 1.89、宽 0.39～0.62 米。棺内南端随葬一石幢顶。棺外东侧置一
石球。甬道长 0.78、宽 0.88、高 1.20 米。甬道口置门形石雕刻墓门、陶男俑各一件
（残）。墓道上口长 3.38、宽 0.60～0.89 米。其北边凿一天井，长 1.30、宽 0.46 米。墓
道底作斜坡式，长 5.70、宽 0.88 米。上口距底深 4.30 米。

天井、墓道填土中及墓室内均发现殉人，共 13 个个体，编号为一～一三号。其中一
～三号殉人发现于天井填土之中，一号殉人距天井上口 1.40 米，为一桡骨，系成年人
骨。二号殉人略低于一号殉人，位于天井南半部，仅有腹部以上骨骼，骨盆以下骨骼

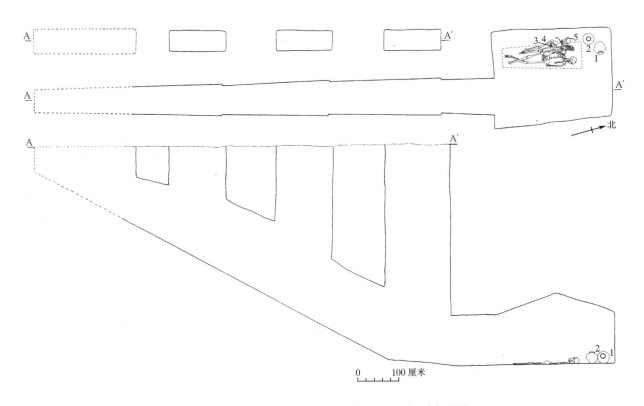

图一五　凤南甲类 D 型 Ⅳb 式 M305 平、剖面图

1、2. Ab 型陶圆腹罐　3、4. 开元通宝　5. 铜日用组合器具

缺，头朝南，面向西南，仰身，双上肢向上屈折于胸两侧，两手各置左、右锁骨处，男性，35～40 岁。三号殉人位于天井下部的中间部位，低于二号殉人约 0.16 米，亦为人体骨架的上半部，缺骨盆以下骨骼，头向南，面朝下，俯身，双臂向上屈折，双手压于左、右侧锁骨下，男性，35～45 岁。四号殉人低于三号殉人 0.20 米，较其略偏北，为两根胫骨，左胫骨折断，全长 0.30 米，右胫骨为一残段，残长 0.08 米，系成年人骨。五号殉人在天井之下甬道口附近的近墓道西壁处，为一右腿之股骨和胫、腓骨，具成年特征。六号殉人低于五号殉人 0.15 米，较五号殉人偏东，为一右下肢之胫、腓骨，长 0.28 米，具成年特征。七号殉人位于墓室口内上部，为一右上肢骨，保留肱骨和尺、桡骨，全长 0.50 米，呈 70° 屈折而置，为成年人骨。八号殉人位于七号殉人之东并与其紧挨，为一右上肢骨，肱骨、尺、桡骨俱全，呈 90° 屈折，未成年。九号殉人在墓室口内东侧底部，有胫、腓骨两根，长 0.27 米，为成年人之左肢骨。一〇号殉人紧位于九号殉人之南，更近墓室口，为一段腰椎骨并连以肋骨数根，椎骨长 0.14 米，具成年人骨特征。一一号殉人在墓室内西壁中部偏南处，为一头颅骨，无下颌骨，头顶向北，面朝下，女性，18～22 岁。一二号殉人距一一号殉人仅 0.05 米，为一头盖骨，长 0.12、宽 0.10 米，成年。一三号殉人位于一二号殉人北 0.24 米，为一下颌骨，年龄 20～25 岁（图一六；图版八，2、图版九，1）。

Ⅵ式　2 座。为凤南 M35 和凤南 M43。

墓室平面基本为长方形，显得较窄长，北端宽度略小于南端，室顶微拱。甬道在室

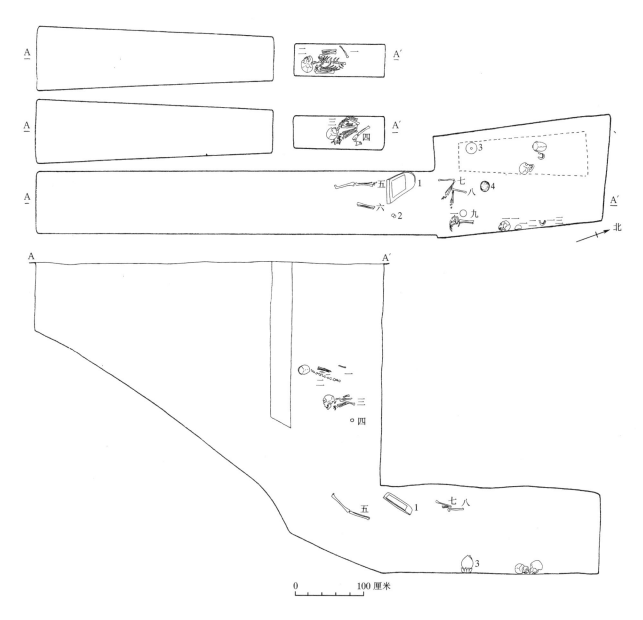

图一六  凤南甲类 D 型 V 式 M322 平、剖面图

1. 石雕刻墓门  2. 残陶男俑  3. 石幢顶  4. 石球

殉人：一，桡骨  二，骨架  三，骨架  四，左、右胫骨  五，右股骨、胫腓等  六，右胫，腓骨  七、八，右上肢骨  九，左胫、腓骨  一〇，椎骨、肋骨  一一，头颅骨  一二，头盖骨  一三，下颌骨

墓主：仅见二头骨，头骨均经火烧

南东侧。

**凤南 M43**  方向 203°。墓室南北长 2.26、宽 1.22~1.28、高 1.16 米。棺置室内西侧，墓主头北足南，面向西，仰身直肢。棺长 1.63、宽 0.38~0.48 米。随葬品小件多出于墓主胸、腹部及其东侧，计有漆盒 3、铜铃 1、铜镊子 1、铁钉 1、蚌壳 3、B 型 III 式铜镜 1、铜环 3、II 式开元通宝铜钱 1、水晶柱 1、银盒 1、铜指甲壳 3、料珠 13、骨骰子

4、三彩水盂 1 及残铁块和碎铁片。其中漆盒、铜铃、蚌壳等，在距墓底约 0.56 米高处，陶罐三件，其中 C 型 II 式陶双耳罐 1、A 型 II 式陶塔式罐 1 出自墓室，Bb 型 II 式陶双耳罐出自天井填土。甬道长 0.50、宽 0.82、高 1.12 米。墓道上口长 4.39、宽 0.40～0.83 米。其北一天井，长 1.35、宽 0.34 米。墓道底斜坡较陡，其南端、中部及近北端各有两级台阶，底长 7.13、宽 0.84 米。上口距底深 3.72 米。墓道下部两壁近甬道处有一次收分。

天井填土有殉人 4 个，编号一～四号。一号殉人位于距天井上口 0.96 米靠南壁处，有残长 0.12 米的左肱骨一节及完整尺、桡骨两节，还有一肩胛骨和两块椎骨及数根肋骨，五个脚趾骨。在与此同样深度的北边，出右尺骨、桡骨两节，与前述左肱骨等属同一人之骨骼。二号殉人距上口 1.25 米，近北壁处，有一下颌骨和一左胫骨，胫骨残长 0.26 米，在其南 0.42 米的同样深度处，有一残长 0.24 米的左肱骨和左锁骨，可视为同一人之骨骼。年龄约 35～40 岁。三号殉人在距上口 1.66 米近北壁处，为一下颌骨，年龄 35～40 岁。四号殉人亦靠近北壁，较三号殉人低 0.14 米，为一完整头骨，可能为男性，25～35 岁（图一七；图版九，2）。

**VII式** 1 座。

墓形较小。墓室东壁作弧形弯曲，西壁较直，北壁与西壁连接角度大于 90°，使东北角形成一斜角。室南壁西半部向南略斜出。甬道很短，位于墓室南东侧。墓道很短，无天井。

**凤南 M295** 方向 195°。墓室南北长 2.48、东西宽 0.80～1.38、高 1.00 米。墓主骨架在室内西侧，骨骼较凌乱，头骨位于偏北处，侧置，头顶朝南，面向东，大部分骨骼在头骨南边，上肢骨置头骨之左右侧。下颌骨脱离头骨与下肢骨置于一起。室东北角有一 A 型 IV 式陶塔式罐，头骨左、右和下颌骨处各有三枚开元通宝铜钱，室东边中部放置四个小陶俑（残碎为粉末）。甬道长 0.30、宽 0.76、高 0.80 米。墓道上口长 3.20、宽 0.56～0.92 米，底有阶，底长 3.80、宽 0.78～0.96 米。上口距底深 2.02 米（图一八；图版一〇，1）。

**E 型**

83 座。墓室平面为不规整的长方形或长条形，墓道基本作斜坡式，多有阶。甬、墓道均在墓室南之东侧，两者的东壁通连于一条线上，墓葬底平面如刀形。根据墓葬结构的不同并结合其规模情况，分为 Ea、Eb、Ec、Ed 四个亚型。

**Ea 型** 5 座。

墓葬规模较大，总长度为 14～15 米以上。墓室平面为不规整长方形，顶微拱。棺置室内西侧，个别设棺床。皆有甬道，墓道长而狭窄，开有两个或三个天井。墓道底均为长斜坡式，有数量不等的阶，底部两壁有一至数次基本等距离的收分。分两式：

**I 式** 2 座。为凤南 M200 和凤南 M227。

墓室平面作一端大、一端小的扁长方形，依长宽比例言，相对较宽。墓道底南部有数级台阶，三天井。

**凤南 M227** 方向 198°。墓室微向西弧折，西北角斜出，南端窄而北端宽，南北长 3.00、东西宽 1.93～2.14、高 1.86 米。室内西侧有生土棺床，长 2.30、宽 0.60 米，其上置棺。棺内有墓主二人，并排放置，头北足南，仰身直肢。西边为男性，35～40 岁，

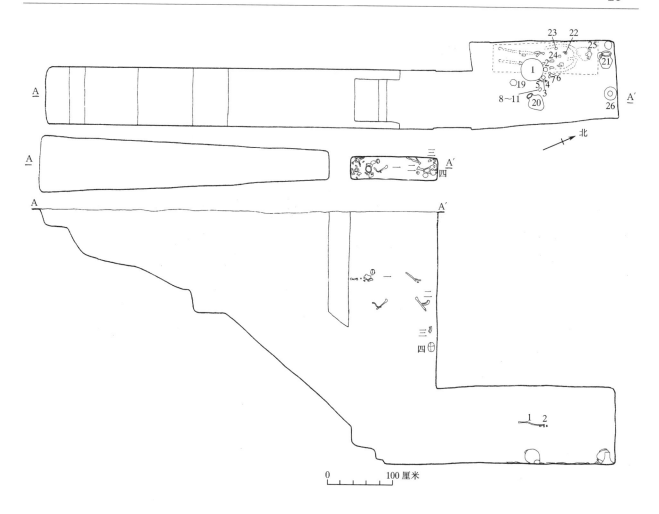

图一七　凤南甲类 D 型Ⅵ式 M43 平、剖面图

1～3.漆盒　4.铜铃　5.铜镊子　6、7.蚌壳　19.B 型Ⅲ式铜镜　20.A 型Ⅱ式陶塔式罐　21.C 型Ⅱ式陶双耳罐

22.Ⅱ式开元通宝　23-1、2.铜指甲壳（2 件）　24、25.铁片　26.Bb 型Ⅱ式陶双耳罐（天井出土，残）

3 号漆盒内装：8-1、2.铜环　9-1～13.料珠（13 颗）　10.水晶柱　11-1～4.骰子（4 枚）

漆盒下压有：12.铁器残块　13.银盒　14.三彩水盂　15.铁钉　16.铜环　17.铜指甲壳　18.蚌壳

殉人：一，左肱骨等　二，下颌骨等　三，下颌骨　四，头骨

东边为女性，30 岁左右，为夫妻合葬。棺长 2.30、宽 0.49～0.60 米。墓室内出土随葬品共 31 件，大部分置于室北部、东南部，计有Ⅱ式陶天王俑 2、A 型Ⅱ式陶镇墓兽 1、B 型Ⅱ式陶镇墓兽 1、A 型Ⅰ式陶马 2、B 型Ⅰ式陶骆驼 1、残陶骆驼 1、A 型Ⅰc 式陶幞头男侍俑 5、D 型陶幞头男侍俑 2、D 型Ⅰ式陶高髻女侍俑 4、H 型陶高髻女侍俑 1、A 型Ⅱ式陶塔式罐 1、B 型Ⅰ式陶塔式罐 1、A 型Ⅰ式陶双耳罐 1、陶香熏 1。两墓主的头、双手、腿骨处，有Ⅱ式开元通宝钱 7。甬道长 1.10、宽 0.74、高 1.52 米。墓道上口长 4.90、宽 0.68～0.90 米，其北开凿三个天井。第一天井长 1.50、宽 0.60 米，填土中出土残陶双耳罐 1；第二天井长 1.65、宽 0.52 米；第三天井长 1.70、宽 0.52 米，天井间距 0.30～0.36 米。墓道底长 12.14、宽 0.70～0.87 米，有台阶 8 级。上口距底深 5.62 米。墓道下部两壁自南往北有四次收分，收分每边宽度 0.04～0.05 米。

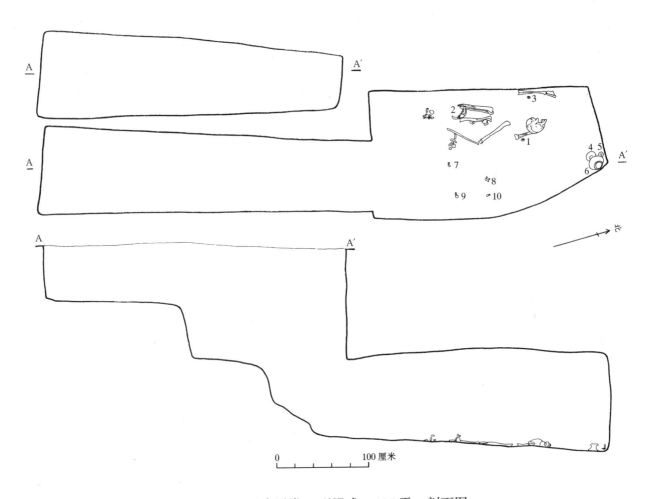

图一八　凤南甲类 D 型Ⅶ式 M295 平、剖面图

1～3. 开元通宝　4. 陶罐座　5. 陶罐盖　6. 陶罐身（修复为一件 A 型Ⅳ式陶塔式罐）　7～10. 残小陶俑

该墓墓道与天井填土中和甬道底部西侧发现殉人十个个体，编号为一～一〇号。一号殉人发现于墓道南半部距底 0.42 米高处，为一头颅骨，头顶向西，面朝南，女性，30～40 岁。二～九号殉人较集中地堆埋于第一天井底部及其下的墓道填土中。二号殉人距上口 2.44 米，紧贴墓道西壁，为一头颅骨，头顶向上，面朝北，男性，40～45 岁。三号殉人距上口 2.40 米，位于天井西北角，头颅骨，头顶向上，面朝南，男性，20～30岁。四号殉人距上口 2.27 米，天井东北部，是一完整的盆骨并附带两根股骨，左股骨残长 0.35 米，右股骨残长 0.10 米，为成年男性骨骼。五号殉人距上口 2.35 米，南距四号殉人仅 0.05 米，为一残头颅骨，头顶朝下，为一成年男性。六号殉人距上口 2.47 米，在五号紧北，贴墓道东壁放置，头颅骨，头顶向上，面朝西北，男性 30～40 岁。七～九号殉人深度与六号殉人基本相同，三者紧挨排列于天井东南角垂直位置之下。七号殉人为一完整头骨，头顶向东，面朝南，女性，20 岁左右，紧挨头骨北侧置一段残长 0.15米的脊椎骨并附带数根肋骨。八号殉人为一头颅骨，头顶向东，面朝上，男性，35～45岁。头骨紧北侧置一残长 0.12 米的脊椎骨并附带数根肋骨。九号殉人亦为一头颅骨，头顶向东，面朝南，男性，40～45 岁。一〇号殉人位于甬道底部西侧的壁龛之内，龛南窄

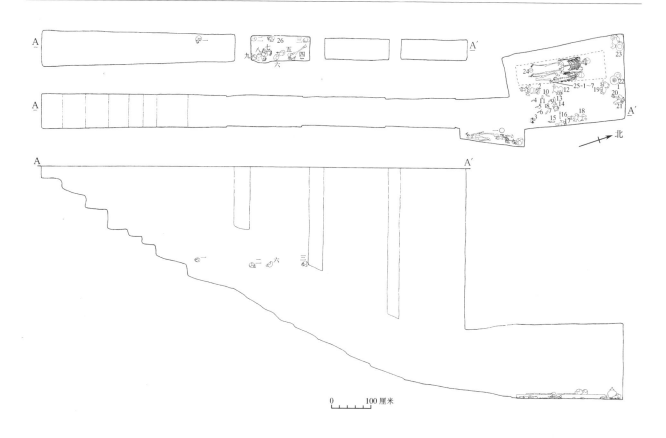

图一九　凤南甲类 Ea 型 I 式 M227 平、剖面图

1.A 型 I 式陶双耳罐　　2、18.II 式陶天王俑　　3.B 型 II 式陶镇墓兽　　4.H 型陶高髻女侍俑　　5、6.D 型陶幞头男侍俑

7~10.D 型 I 式陶高髻女侍俑　　11、13、15、16、20.A 型 I c 式陶幞头男侍俑　　12.B 型 I 式陶骆驼

14.A 型 II 式陶镇墓兽　　17、21.A 型 I 式陶马　　19.残陶骆驼　　22.B 型 I 式陶塔式罐

23.A 型 II 式陶塔式罐　　24.陶香熏　　25-1~7.II 式开元通宝（7 枚）　　26.残陶双耳罐

殉人：一~三，头颅骨　　五、六，头颅骨　　八、九，头颅骨　　四，盆骨、左右股骨　　七，头骨　　一〇，骨架

墓主：西：男　东：女

北宽，长 1.70、宽 0.28~0.44、高 0.50 米。殉人头北足南，面朝东，仰身，头骨完整，体骨不全，无左上肢和脊椎骨，盆骨左半残缺，下肢骨位置较凌乱。男性，20~25 岁（图一九、二〇；图版一〇，2、图版一一，1、2）。

**凤南 M200**　　方向 202°。墓室平面作长方形，西南角微斜出，室顶平，南北长 2.96、东西宽 1.70、高 1.18 米。墓主位于室内西侧，骨骼保存甚差，为二人合葬，头向、葬式等无法判别。保留有少许棺木灰，其长宽范围不详。墓室内随葬器物 15 件，计有 I 式陶天王俑 1、B 型 I 式陶镇墓兽 1、A 型 II 式陶马 1、陶尖帽男俑 1、A 型 I c 式陶幞头男侍俑 1、D 型陶幞头男侍俑 2、H 型陶高髻女侍俑 2、D 型陶垂发梳髻女侍俑 1、残男俑 1、A 型 II 式陶塔式罐 2，开元通宝铜钱 2。甬道长 0.34、宽 0.68、高 1.18 米。墓道上口长 5.20、宽 0.50~0.67 米，其北开凿三个天井。第一天井长 1.48、宽 0.44 米；第二天井长 1.60、宽 0.46 米；第三天井长 1.60、宽 0.44 米。墓道底长 12.60、宽 0.68~0.82 米，其南端五级台阶，上口距底深 5.86 米。墓道下部由南而北有四次收分，收分一边宽度 0.04~0.06 米（图版一二、一三，1、2）。

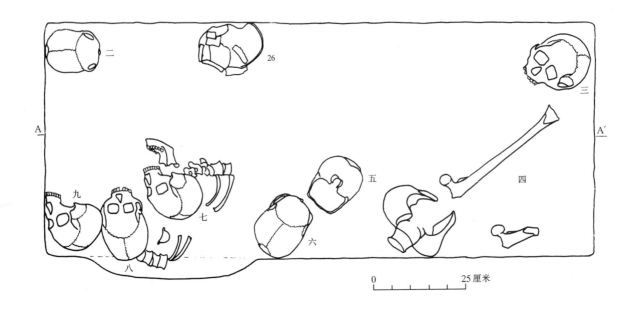

图二〇  凤南甲类 Ea 型 I 式 M227 天井填土中殉人

26. 残陶双耳罐

殉人：二、三、五、六、八、九，头颅骨  四，盆骨、左右股骨  七，头骨

**Ⅱ式**  3 座。为凤南 M23、凤南 M36 和凤南 M164。

墓室平面基本作长方形，相对较窄，墓室与甬（墓）道东壁呈直线形或微折，墓道底南部和近甬道处有数级台阶。二天井。

**凤南 M36**  方向 205°。墓室两端宽度相等，南壁西半部朝南斜出，南北长 2.36、东西宽 1.30、高 1.08 米。墓主头北足南，仰身直肢，棺长 1.90、宽 0.44～0.66 米。随葬品置墓室东部，计有 Ⅳ 式陶天王俑 1、B 型 Ⅲ 式陶镇墓兽 1、A 型 Ⅲ 式陶马 1、A 型 Ⅱ 式陶骆驼 1、A 型 Ⅲ 式陶幞头男侍俑 4、D 型 Ⅱ 式陶高髻女侍俑 2、B 型陶垂发梳髻女侍俑 1、A 型 Ⅲa 式陶塔式罐 1、残铁片，此外，墓主双手各握一枚开元通宝铜钱。甬道长 1.16、宽 0.76、高 1.06 米。墓道上口长 6.88、宽 0.46～0.88 米，其北部开凿二天井。第一天井长 1.32 米，第二天井长 1.38 米，宽均为 0.40 米。墓道底南端有三级台阶，中部偏北处有一较宽的平阶，近甬道处有一阶，无阶处坡度较陡，底长 11.86、宽 0.76～0.88 米，上口距底深 5.76 米。墓道下部两壁近甬道处有一次收分（图二一）。

**凤南 M23**  方向 205°。墓室北端略宽于南端，甬道与墓室东壁稍弧折。墓室南北长 2.34、东西宽 1.26～1.36、高 1.34 米。棺置室内西侧，棺长 1.72、宽 0.56～0.64 米，墓主骨架朽化严重，以棺木痕迹形状推之，头应北向。棺两侧铜合页 1，铜泡 5，铜饰 1，棺外南北两端东部有次序地放置陶俑 8（半数残），其中有 D 型陶幞头男侍俑 1、F 型陶幞头男侍俑 1、C 型陶垂发梳髻女侍俑 2。甬道长 0.60、宽 0.80、高 1.24 米。墓道上口长 6.24、宽 0.62～0.80 米。其北开凿天井两个，长度均为 1.80 米，第一天井宽 0.40 米，第二天井宽 0.41 米。墓道底南端有平行台阶五级，其北作斜坡形向下延伸，沿斜坡基本等距离留有十二级台阶，台阶两侧均不与墓道底部两壁相连。其平面为长条形和半

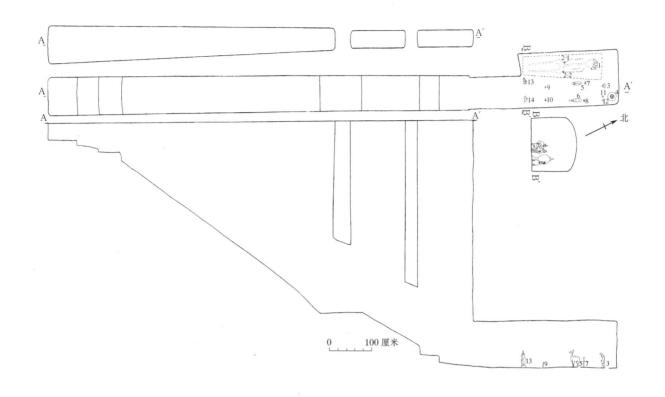

**图二一　凤南甲类 Ea 型Ⅱ式 M36 平、剖面图**

1.铁片　2-1、2.开元通宝　3.B型陶垂发梳髻女侍俑　4.A型Ⅲa式陶塔式罐　5.A型Ⅱ式陶骆驼
6.A型Ⅲ式陶马　7、10.D型Ⅱ式陶高髻女侍俑　8、9、11、12.A型Ⅲ式陶幞头男侍俑
13.Ⅳ式陶天王俑　14.B型Ⅲ式陶镇墓兽

圆形。长条形者为两级，阶长 0.40、宽 0.10～0.12 米；半圆形者十级，阶长 0.12～
0.38、中宽 0.10 米左右。近甬道底部处作出一横形低槽，宽 0.34、深 0.12～0.20 米。
墓道底长 10.74、宽 0.80 米。上口距底深 5.40 米。墓道下部两壁有三次收分，收分一
边宽度 0.03～0.05 米。

　　该墓发现殉人 5 个，编号为一～五号。一、二、三号殉人均位于墓道上部的填土中，
上距墓口 0.26～0.28 米，处于同一水平面上。一号殉人位于墓道最南端，放置时在墓道
南端沿墓道西壁向西扩挖一长 1.80、宽 0.44、深 0.30 米的长方形浅坑，殉人即置浅坑
内，头北足南，面向东，仰身直肢，两臂垂直，双手置髋之左右两侧，骨架保存完整，
骨架长 1.50 米，女性，35～40 岁。右肩部有铜合页 1、头部置蚌壳 1。二号殉人位于墓
道中部，上距墓口 0.26 米，头朝南，面向东，仰身直肢，双臂垂直，骨架完好，长
1.70 米，男性，25～35 岁。三号殉人位于墓道北端，上距墓口 0.28 米，头朝北，面向
西，仰身直肢，两臂微屈，双手置于小腹下部两侧，骨架完整，长 1.74 米，男性，35～
40 岁。四号殉人在三号殉人之下 0.12 米，头北足南，面朝下，俯身，两腿微屈，双臂
屈于胸部，骨架完好，长 1.70 米，男性，30～35 岁。五号殉人紧压于四号殉人之下，
头北足南，面向东，骨架保存较好，长 1.32 米，为一小孩，6～9 岁（图二二、二三；
图版一四、一五）。

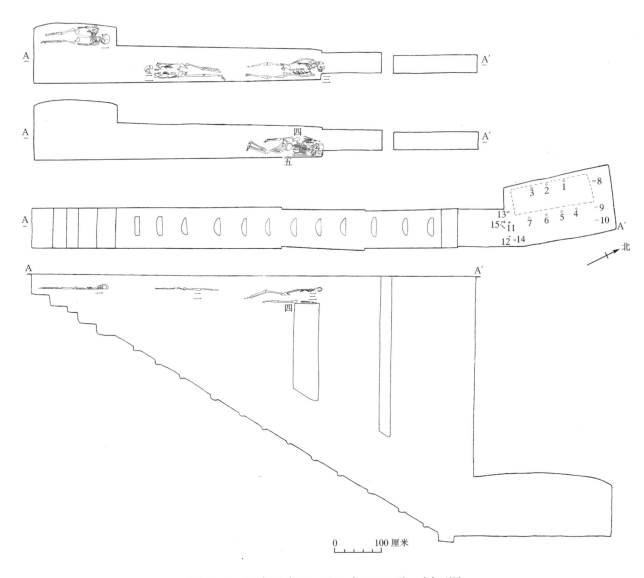

图二二　凤南甲类 Ea 型 Ⅱ 式 M23 平、剖面图

1~5.铜泡　6.铜合页　7.铜饰　8、11.C 型陶垂发梳髻女侍俑　9.D 型陶幞头男侍俑　10.F 型陶幞头男侍俑
12~15.残陶俑

**Eb 型**　17 座。

墓葬规模较 Ea 型为小，总长度基本在 7.5~10 米之间，个别可达 10 米以上。墓室平面有扁方形、斜角长方形、长条形，室顶微拱，室内西侧置棺，个别设棺床。大多数有甬道。墓道长短不一，均凿一天井。斜坡式墓道底多有阶，底部两壁多有一至数次收分。分四式：

**Ⅰ 式**　4 座。计有凤南 M172、凤南 M320、凤南 M323 和凤南 M331。

墓室平面为扁长方形，相对较宽。皆有甬道。墓道底作斜坡式，其中一座有阶。

**凤南 M172**　方向 203°。墓室南北长 3.04、东西宽 1.55~1.70、高 1.24 米。室内两侧并列放置二棺，尺寸相同，棺长 1.76、宽 0.40~0.48 米。墓主二人分置二棺内，皆头北足南，仰身直肢，西侧一人面向上，女性，25~35 岁；东侧一人面朝东，男性，30

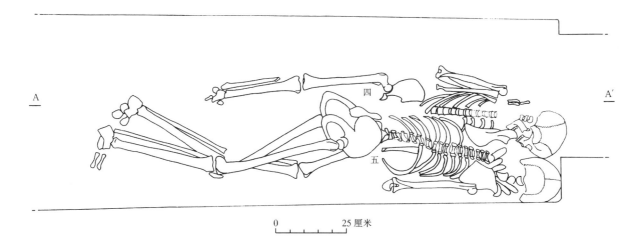

0　　　　　　25厘米

图二三　凤南甲类 Ea 型 II 式 M23 墓道北部填土上部四、五号殉人

～35 岁。当属夫妻合葬。随葬品置室内东侧，有 I 式陶天王俑 2、A 型 II 式陶镇墓兽 1、B 型 II 式陶镇墓兽 1、A 型 I 式陶马 2、A 型 I 式陶骆驼 1、陶风帽骑马吹笙男俑 1、陶尖帽男俑 2、A 型 I c 式陶幞头男侍俑 1、D 型陶幞头男侍俑 3、陶幞头骑马拍鼓男俑 2、D 型陶垂发梳髻女侍俑 3、陶垂发梳髻骑马女俑 1、陶垂双髻女侍俑 1、残陶骑马女俑 1、残陶俑 2、A 型 II 式陶塔式罐 2、银戒指 1、铜耳环 2、铜镊子 1、漆盒 1、蚌壳 1，还有开元通宝钱三枚，其中男墓主左手握一枚，女墓主双手各握一枚。甬道长 0.46、宽 0.68、高 1.24 米。墓道上口长 5.60、宽 0.46～0.72 米。天井长 1.62、宽 0.48 米。墓道底南端有宽窄不等的台阶四级，北部有不规整的一级台阶。底长 8.50、宽 0.68～0.72 米。上口距底 4.00 米。底部两壁有二次收分，收分每边宽度 0.03 米。

　　墓道与天井填土中发现两个殉人个体，编号为一、二号。一号殉人位于墓道北部，距上口 0.90 米，靠西壁堆埋一堆骨骼，计有股骨二根，左股骨残长 0.27 米，右股骨残长 0.33 米；胫骨二根及右腓骨一根，左胫骨残长 0.15 米，右胫骨同腓骨残长为 0.25 米；下颌骨一个。为男性，成年。二号殉人位于天井内，为一具骨架，肢体骨与头骨分离，不在同一高度。体骨距天井上口 1.15～1.40 米，足朝南，仰身，右臂稍屈，手置于小腹处，左臂折屈，手置左肩部，双下肢较直，双足交叉。头骨距天井上口 1.56 米，恰在上述骨架颈骨前端垂直向下的部位，头顶朝西，面向北，下颌骨置脑后。该体骨与头骨虽不在同一高度，但据观察，应为同一人骨，骨骼基本完整，女性，年龄 18～22 岁，左、右手骨处分别置铜耳环和银戒指各 1 枚（图二四、二五；图版一六，1、2，一七，1、2）。

　　**凤南 M323**　方向 198°。墓室南北长 2.51、宽 1.35～1.50、高 1.20 米。棺长 2.00、宽 0.38～0.64 米，墓主骨架朽化严重，葬式、性别等无法辨别。棺外南边置一 A 型 I 式陶塔式罐，室东侧南部有 D 型陶垂发梳髻女侍俑 1、残陶女俑 1、陶镇墓兽耳朵 1，棺内北端有银耳环 1。东侧北壁处有一堆粟类籽粒。甬道长 0.56、宽 0.74、高 1.16 米。墓道上口长 4.60、宽 0.43～0.80 米。天井长 1.30、宽 0.40 米。墓道底为斜坡式，长 7.30、宽 0.80～0.84 米。上口距底深 4.30 米。底部两壁有两次收分，收分每边宽度

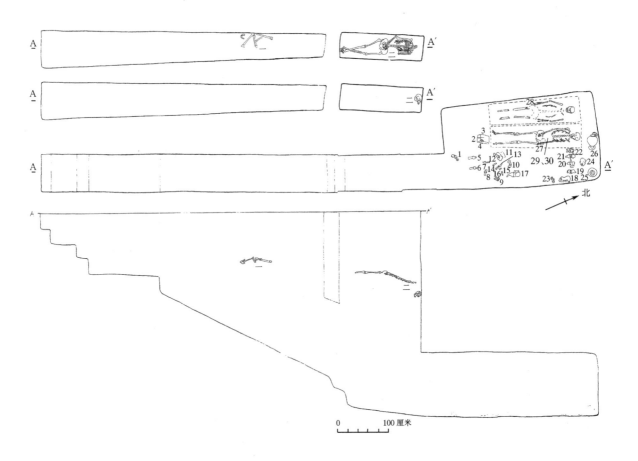

图二四　凤南甲类 Eb 型 I 式 M172 平、剖面图

1、12、13.D 型陶垂发梳髻女侍俑　2.漆盒　3.蚌壳　4.铜镊子　5、7.陶尖帽男俑　6.残陶骑马女俑
8.A 型 I c 式陶幞头男侍俑　9.陶垂双髻女俑　10.B 型 II 式陶镇墓兽　11.A 型 I 式陶骆驼　14、16.残陶俑
15-1~3.D 型陶幞头男侍俑　17、18.A 型 I 式陶马　19.陶垂发梳髻骑马女俑　20.陶风帽骑马吹笙男俑
21、22.陶幞头骑马拍鼓男俑　23.A 型 II 式陶镇墓兽　24-1、2.I 式陶天王俑　25、26.A 型 II 式陶塔式罐
27、28-1、2.开元通宝　29、31.银戒指　30、32.铜耳环
殉人：一，左右股骨、胫骨共 4 节、右腓骨 1 节、下颌骨 1 个　二，头骨与肢体骨分置，骨骼完整
墓主：西：女　东：男

0.06~0.08 米。

此墓天井和甬道填土中发现三个殉人个体，编号为一~三号。一号殉人在天井南端距上口 0.24 米，为一完整头骨，头顶朝北，面向西，女性，15~20 岁。二号殉人被压于一号殉人之下，仅存盆骨以上骨骼，缺下肢骨，侧卧，头朝北，面向上，双臂垂直，左臂缺肱骨，男性，25 岁左右。三号殉人位于甬道和天井之间的填土中，接近墓底，距上口 3.70~3.98 米，骨架较散乱，头骨、椎骨、左上肢与盆骨基本保持人体原位，头朝南，头部较低，左臂作 30°弯屈于胸部，下肢骨及右上肢骨散见于体骨之上和左、右两侧，男性，20~30 岁（图二六、二七；图版一八，1、2）。

**II 式**　12 座。计有凤南 M18、凤南 M20、凤南 M31、凤南 M34、凤南 M60、凤南

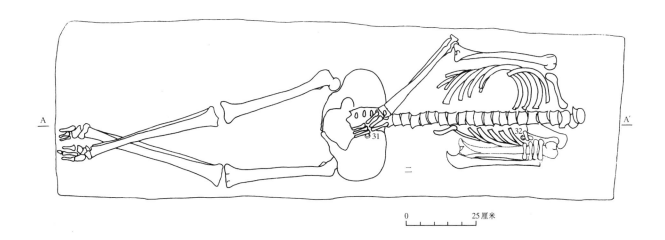

图二五　凤南甲类 Eb 型 I 式 M172 天井填土中二号殉人

31. 银戒指　32. 铜耳环

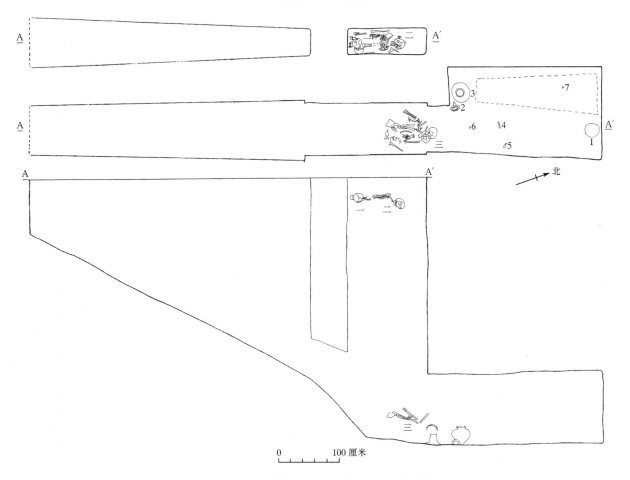

图二六　凤南甲类 Eb 型 I 式 M323 平、剖面图

1. 陶罐座　2. 陶罐盖　3. 陶罐身（1、2、3 修复为一件 A 型 I 式陶塔式罐）　4.D 型陶垂发梳髻女侍俑

5. 残陶女俑　6. 陶镇墓兽耳朵　7. 银耳环

殉人：一，一号殉人头骨　二，二号殉人骨架　三，三号殉人骨架

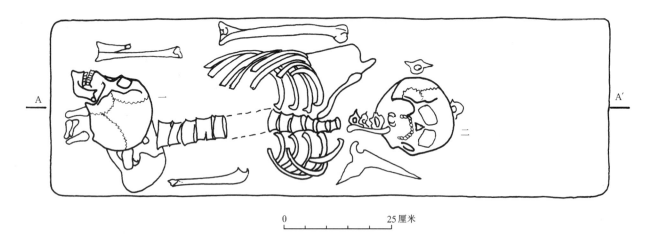

0             25厘米

图二七　凤南甲类 Eb 型Ⅰ式 M323 天井填土上部一、二号殉人

M68、凤南 M92、凤南 M154、凤南 M226、凤南 M293、凤南 M316 和凤南 M333。

墓室平面作西南角斜出的斜角长方形和较规整的长方形、长条形，有些墓背稍弧折，大多数有甬道，墓道底基本都有阶。

**凤南 M316**　方向 16°。墓室西南角斜出，南北长 2.76、宽 1.26～1.08、高 1.12 米。墓主头北足南，棺长 1.86、宽 0.40～0.52 米。室内东侧置随葬品，计有Ⅰ式陶天王俑 1、A 型Ⅱ式陶镇墓兽 1、A 型Ⅱ式陶马 1、A 型Ⅰ式陶骆驼 1、A 型Ⅰc 式陶幞头男侍俑 1、D 型陶垂发梳髻女侍俑 5、B 型Ⅰ式陶塔式罐 1，棺内有开元通宝铜钱 1。墓道上口长 3.60、宽 0.55～0.79 米，天井长 1.30、宽 0.46 米。墓道底北部有一不规整的阶，长 6.00、宽 0.78～0.80 米。上口距底深 3.40 米。下部两壁有一次收分，收分每边宽度 0.04 米。

墓道填土中发现两个殉人个体，编号为一、二号。一号殉人位于墓道南端，距上口深 0.35 米，头北足南，面向东，侧身屈肢。骨骼保存较差，据观察为成年，性别不清。二号殉人在一号殉人之北，距上口深 0.54 米，头朝北，面向东，仰身，骨骼不全，盆骨左半及双下肢骨缺，左、右尺桡骨缺，左、右肱骨只保留上半部分，左肱骨残长 0.22 米，右肱骨残长 0.14 米。男性，30～35 岁（图二八；图版一九，1、2）。

**凤南 M18**　方向 206°。墓室南北长 2.05、东西宽 1.12～1.39、高 1.05 米。墓主骨架及棺木朽化甚为严重，墓主葬式及棺具尺寸不清。随葬品多置于室东侧，A 型Ⅱ式陶马 1、A 型Ⅰ式陶骆驼 1、A 型Ⅰa 式陶幞头男侍俑 1、D 型陶幞头男侍俑 1、残陶女俑 1、A 型Ⅲa 式陶塔式罐 1（陶罐盖、腹、座散置于室内南、北部）。甬道长 0.35、宽 0.90、高 1.01 米。墓道上口长 4.45、宽 0.60～0.88 米。天井长 0.98、宽 0.50 米。墓道底南端有台阶 4，北端台阶 2 级，长 7.49、宽 0.85～0.89 米。上口距底深 4.27 米。墓道下部两壁有二次收分，收分每边宽度 0.02～0.05 米。

墓道中部填土内发现两个殉人个体，编号为一、二号。一号殉人头骨距上口深 0.47 米，头顶朝上，面向北；二号殉人头骨距上口深 0.56 米，头顶朝北，面向上。两头骨相距 0.50 米，有两根肱骨并列平置于二头骨之间，属同一人体的左右肱骨，长约 0.30 米。

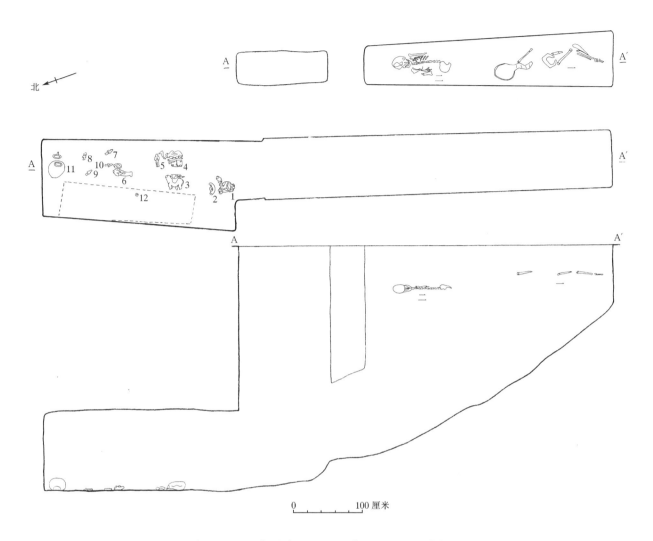

图二八　凤南甲类 Eb 型 II 式 M316 平、剖面图

1. I 式陶天王俑　2.A 型 II 式陶镇墓兽　3.A 型 II 式陶马　4.A 型 I 式陶骆驼　5.A 型 I c 式陶幞头男侍俑

6～10.D 型陶垂发梳髻女侍俑　11.B 型 I 式陶塔式罐　12. 开元通宝

殉人：一，一号殉人　二，二号殉人

两个头骨均保存完好，个体较大，眉骨突显，皆男性，30～40 岁。肱骨属成年人体骨骼（图二九）。

**凤南 M226**　方向 202°。墓室平面作长条形，南北长 3.30、东西宽 1.30、高 1.40 米。墓主头北足南，面向东，仰身直肢，男性，40 岁左右。棺外北端置 B 型 I 式陶圆腹罐 1，南端置残陶女俑 1。墓主头左侧有铁碎片十余片。甬道长 0.24、宽 0.84、高 1.26 米。墓道上口长 4.50、宽 0.62～0.80 米。天井长 1.50、宽 0.40 米。墓道底南端有四级不等宽的台阶，长 7.30、宽 0.84～0.88 米。上口距底深 3.58 米。墓道下部两壁有二次收分，收分宽度 0.04～0.05 米。墓道近北端的填土中出土一件砺石。

墓道中、北部填土中发现十一个殉人个体，编号一～一一号。一号殉人为一头骨和部分肢体骨堆于一地，距上口深 0.42 米，紧挨西壁。头骨头顶朝下，面向东，下颌骨脱

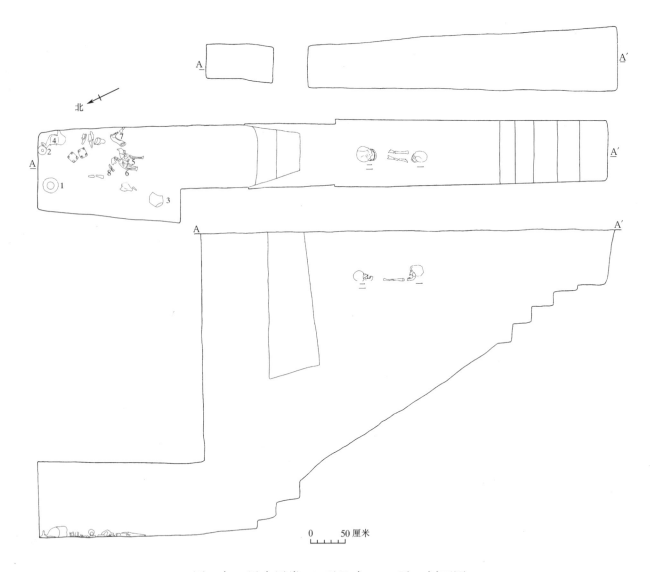

图二九　凤南甲类 Eb 型 Ⅱ 式 M18 平、剖面图

1.陶罐座　2.陶罐盖　3.陶罐身（1、2、3 修复为一件 A 型 Ⅲ a 式陶塔式罐）　4.A 型 Ⅱ 式陶马

5.A 型 Ⅰ a 式陶幞头男侍俑　6.残陶女俑　7.A 型 Ⅰ 式陶骆驼　8.D 型陶幞头男侍俑

离原位置面骨处。左、右肱骨两根，残长分别为 0.28、0.24 米。左、右胫骨两根，残长
0.30、0.28 米。左腓骨一根，残长 0.26 米。还有左、右肩胛骨和肋骨四根，女性，25
～35 岁。二号殉人为一头盖骨和两下肢骨，距上口深 0.58 米，紧挨西壁。下肢骨的股
骨与胫、腓骨皆作 45°屈折，左股骨全长 0.315 米，胫、腓骨残长 0.22 米；右股骨残长
0.22 米，胫、腓骨残长 0.21 米。未见脚趾骨。系成年人骨。三号殉人是一头盖骨和部
分肢体骨，散乱置于距上口深约 0.38 米的一个平面范围内，除头盖骨外，有肋骨 2 根、
趾骨 3 枚、盆骨左半部分，股骨 1 根残长 0.19 米，左腓骨 1 根残长 0.12 米，右胫、腓
骨全长 0.28 米，女性，成年。四号殉人为一具不完整的骨架，距上口深 1.14 米。骨架
无头骨，俯身，盆骨以下与体骨分离，相距 0.04 米。下肢骨缺左肢骨，右股骨与盆骨处
原位，无腓骨，胫骨压于盆骨下，无脚、趾骨。女性，成年。五号殉人为一头盖骨，距

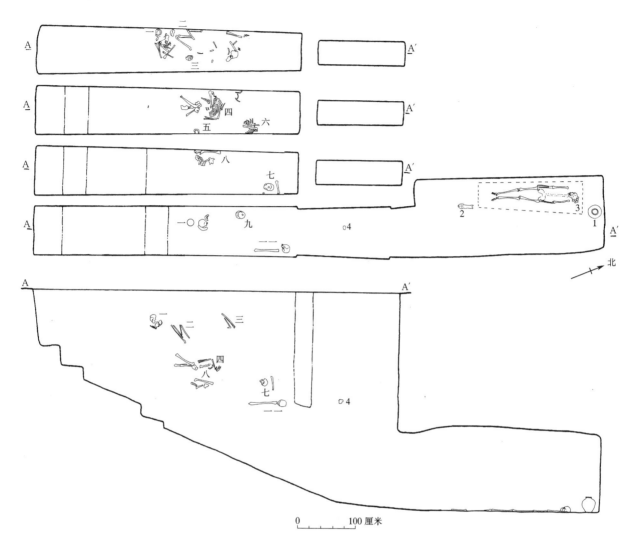

图三〇　凤南甲类 Eb 型 II 式 M226 平、剖面图

1.B 型 I 式陶圆腹罐　2.残陶女俑　3.铁片　4.砺石

殉人：一，头骨及部分肢体骨　二，头盖骨及双下肱骨　三，头盖骨及部分肢骨　四，无头骨架　五，头盖骨　六，椎骨、肋骨等　七，头颅骨及右肱骨、颈椎椎骨一节　八，盆骨及椎骨、左右股骨等　九，头颅骨　一〇，头骨及肩胛骨　一一，头颅骨及股骨 1 节

上口深 1.36 米，紧挨东壁，系成年人骨。六号殉人距上口深 1.40 米，位于五号殉人之北 0.74 米处。有肱骨 1 根，残长 0.26 米，其下压一段长 0.25 米的脊椎骨连十四根肋骨和一锁骨。系成年人骨。七号殉人距上口深 1.52 米，近墓道北端靠东壁处，有头颅骨 1，无下颌骨，头顶朝下，面向南，脑后横置右股骨 1 根，残长 0.24 米，颈椎骨 1 节。男性，30～35 岁。八号殉人距上口深 1.60 米，挨西壁而置。有完整盆骨 1、腰椎骨 1 段、左右股骨 2 根和左尺、桡骨 2 根，杂乱堆于一起。左股骨全长 0.35 米，右股骨残长 0.20 米，桡骨残长 0.25 米，尺骨残长 0.15 米。为成年女性。九号殉人距上口深 1.65 米，近西壁。为一头颅骨，无下颌骨，头顶向下，面朝南，男性，25～35 岁。一〇号殉人距上口深 1.71 米，为一头骨，头顶朝南，面向西，下颌骨不在原位而置头骨西侧，头

骨东侧置一肩胛骨。女性，30～40 岁。——号殉人距上口深 1.74 米，在近墓道北端靠东壁处，有一头颅骨，头顶向北，面朝西，其紧北纵置股骨 1 根，全长 0.41 米，男性，30～35 岁（图三○；图版二○，1、2，图版二一，1）。

**凤南 M31**　方向 195°。墓室平面作较规整的长方形，背稍弧折，南北长 2.30、东西宽 1.12、高 1.02 米。墓主头北足南，面向西，棺长 1.66、宽 0.30～0.48 米。室东侧北端置一 A 型 II 式陶塔式罐。甬道长 0.52、宽 0.68、高 0.88 米。墓道上口长 2.87、宽 0.46～0.86 米。天井长 1.42、宽 0.44 米。墓道底呈斜坡形，近甬道处有三层台阶，阶两边未通至墓道两壁。底长 6.00、宽 0.66～0.76 米。上口距底深 3.68 米。墓底下部两壁有一次收分，收分宽度 0.04～0.08 米。

墓道填土中发现两个殉人个体，编号一、二号。一号殉人为一头骨，位于墓道北端，距上口 0.70 米。头顶朝上，面向北。男性，30～35 岁。二号殉人为下颌骨、锁骨、肱骨各 1，在一号殉人之南，距上口 1.04 米，肱骨残长 0.25 米（图三一；图版二一，

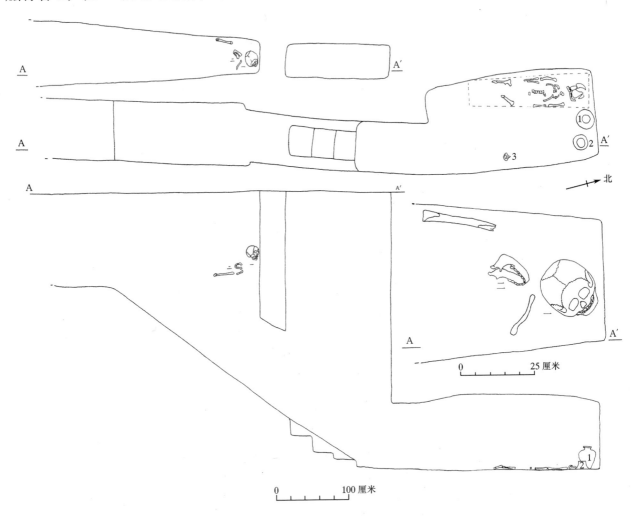

图三一　凤南甲类 Eb 型 II 式 M31 平、剖面及殉人图

1.陶塔式罐身　2.陶塔式罐座　3.陶塔式罐盖（1、2、3 号修复为一件 A 型 II 式陶塔式罐）

殉人：一，头骨　二，下颌骨、锁骨、肱骨

2)。

**凤南 M333**　方向193°。墓室平面与 M31 基本相同。南北长2.10、东西宽1.29、高1.14米。棺长1.80、宽0.46~0.62米，墓主骨架朽化严重，据棺形状推之，知头朝北。未见随葬品。甬道长0.40、宽0.88、高1.12米。墓道上口长3.60、宽0.54~0.84米。天井长1.20、宽0.40米。墓道底为斜坡式，南端有五级台阶。底长6.00、宽0.84~0.96米。上口距底深3.90米。墓道下部两壁有两次收分，收分每边宽度0.05~0.06米。

该墓天井填土中发现殉人骨架5具，集中堆埋一起，编号为一~五号。一号殉人距上口2.00米，位于天井内西北部，头朝北，面向西，仰身，双上肢作80°前屈，右下肢平伸，左下肢作75°屈弯。骨骼完整，女性，15~20岁。二号殉人距上口1.90米，位于天井内东北部，头朝北，面向上，仰身，双臂前屈，两腿作45°左右屈折，膝部被压于三号殉人头骨之下，骨骼完整。女性，30~40岁。三号殉人距上口2.00米，位于天井东南部，头朝北，面向上，仰身，双臂微屈，手置髋部，两腿屈作"◇"形，骨架完整。男性，30~40岁。四号殉人距上口2.10米，位于天井内中部偏南靠西壁处，头朝南，面向东，侧身，上肢前屈，双下肢作100°左右弯屈，下肢被一号殉人所压，骨架完整。女性，30~40岁。殉人的头骨右侧头顶骨与颞骨处有0.10×0.085米骨折下陷，深0.04米，正中形成穿孔洞，额骨右侧骨折脱落，从其形状看，为一面积较大的钝器击打致伤，击打后当即毙命。五号殉人距上口2.05米，位于天井内东南部，头朝南，紧挨东南角之壁，面向东，侧身，两壁稍屈，双下肢作110°左右屈折，骨架完整。男性，40~45岁（图三二）。

**凤南 M92**　方向196°。墓室平面基本为长方形，较窄长。墓道与墓室东壁连接在一条直线上。墓室南北长2.52、东西宽1.05~1.18、高0.98米。室西侧有一通至南、北两壁的生土台，高于墓底0.22米，是为棺床。室东侧北半部有高于墓底0.14米的生土台，东与东壁相连，西接棺床，长1.24米。棺长1.84、宽0.38~0.46米，墓主头北足南，面朝西，仰身直肢，女性，20~25岁。室东侧土台之南置Ⅰ式陶天王俑1、B型Ⅱ式陶镇墓兽1，土台上置A型Ⅲb式陶塔式罐1、A型Ⅱ式陶马1、B型Ⅰ式陶骆驼1、A型Ⅰb式陶幞头男侍俑2、A型Ⅰ式陶博鬓女侍俑1、A型Ⅱ式陶博鬓女侍俑1、棺内置C型瓷碗1、B型瓷盒1、B型铜钗1、铜镊子1、A型铜臂钏1、铁刀1、Ⅰ式开元通宝1、Ⅱ式开元通宝2、骨簪1、蚌壳1，还有一残铁块和铁碎片数片。墓道上口长约3.80、宽0.66~0.70米。天井长1.54、宽0.46米。墓道底南部有台阶7级，北部有两级台阶，台阶两端不通至东、西两壁。底长约6.20、宽0.68~0.72米。上口距底深3.62米。墓道下部两壁有一次收分，收分每边宽度0.03~0.04米（图三三）。

**凤南 M68**　方向197°。墓室平面基本为长方形，较窄长，稍折背。墓室南北长2.48、东西宽1.16、高0.88米。墓主在室内西侧，头北足南，面朝东，仰身直肢，男性，30~40岁。棺长1.96、宽0.35~0.50米。室东北角置B型Ⅱ式陶塔式罐1，棺内有铁器残块1、铁碎片10余片。墓道上口长约2.90、宽0.60~0.90米。天井长1.25、宽0.46米。墓道底作斜坡式，长5.10、宽0.75~0.92米，上口距口深2.72米。

该墓天井填土及墓室发现五个殉人个体，编号为一~五号。一号殉人位于天井底部，距上口1.60米，头向南，头顶朝上，面朝西北，体骨平置，双臂作90°屈折于胸部，

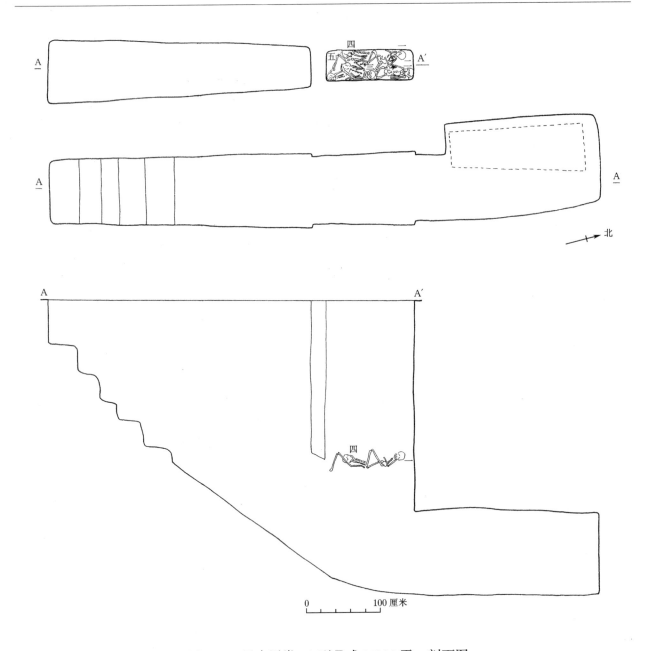

图三二　凤南甲类 Eb 型 Ⅱ 式 M333 平、剖面图
天井殉人：一～五，完整骨架

下肢屈折于腹部，骨骼完整，男性，30～40 岁。二号殉人压于一号殉人之下，头朝北，面向东，肢、体骨形状大致与一号殉人同，骨骼完整。男性，30～35 岁。三号殉人在二号殉人之下 0.14 米处，为一头颅骨，头顶朝下，男性，35～40 岁。四号殉人在三号殉人之下 0.10 米处，为一下颌骨，男性，30～40 岁。五号殉人在墓室内近墓口处，为一头骨，无面骨，头顶朝北。该头骨在枕骨的枕嵴上方偏左侧存在不规则圆形骨折，骨折部位向颅腔内塌陷，外骨折片仍保存，未造成穿孔。骨折处未见骨组织修复痕迹，创口大小径为 20×15 毫米，塌陷最深处为 2.8 毫米，为一质量集中而面积较小的某种凶器或工具快速打击所致。由于未见骨组织修复现象，估计其在受打击的同时便死亡（图三

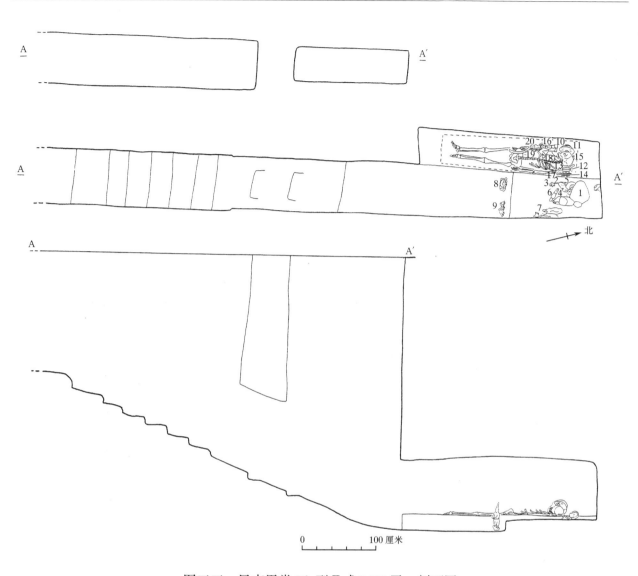

图三三　凤南甲类 Eb 型 Ⅱ式 M92 平、剖面图

1.A型Ⅲb式陶塔式罐　2.A型Ⅱ式陶博鬓女侍俑　3.A型Ⅰ式陶博鬓女侍俑　4.A型Ⅱ式陶马　5.B型Ⅰ式陶骆驼
6、7.A型Ⅰb式陶幞头男侍俑　8.Ⅰ式陶天王俑　9.B型Ⅱ式陶镇墓兽　10.C型瓷碗　11-1.Ⅰ式开元通宝
11-2、3.Ⅱ式开元通宝　12.B型铜钗　13.B型瓷盒　14.残铁块　15.铜镊子　16.A型铜臂钏　17.蚌壳
18.铁片　19.铁刀　20.骨簪

四、三五；图版二二，1、2）。

**Ⅲ式**　1座。

墓室平面较宽，作不规则长方形，室东壁呈弧形，室内西侧有贯通室南北的生土台棺床。

**凤南 M17**　方向 200°。墓室南北长 2.27、东西宽 1.50 米。生土台棺床高 0.08、宽 0.40～0.70 米。墓主头北足南，面向东，仰身，上肢垂直，下肢弓弯，13～18 岁。随葬品基本置于室内东侧，计有Ⅲ式陶天王俑 1、B型Ⅳ式陶镇墓兽 1、A型Ⅲ式陶幞头男侍俑 5、D型陶幞头男侍俑 1、E型陶幞头男侍俑 1、F型陶幞头男侍俑 1、陶幞头牵马俑 1、A型陶高髻女侍俑 2、G型陶高髻女侍俑 1、C型陶垂发梳髻女侍俑 1、残陶俑 2、B

型陶马 1、B 型 II 式陶骆驼 1、陶牛 2、A 型 III a 式陶塔式罐 1、铜镜 1、铜盒 1，还有铁
碎片数片。甬道长 0.98、宽 0.74、高 1.08 米。墓道上口长 3.56、宽 0.54～0.77 米。天
井长 1.34、宽 0.44 米。墓道底南端有台阶 8 级，北部有台阶 3 级，中部一段呈陡斜坡。
底长 6.78、宽 0.72～0.75 米。上口距底深 3.78 米。墓道下部两壁有一次收分，收分每
边宽度 0.03～0.04 米。

　　墓道中段底部填土中发现殉人 2 个，编号为一、二号。两具人骨架沿斜坡放置。一
号殉人头骨头顶向上，面朝西南，颅底颌下连三个颈椎骨。二号殉人头骨位于一号殉人
之北，两者紧挨一起，头顶朝南，面向上，颌底颌下连有一段椎骨及肋骨。一号殉人头
骨之北有部分肢、体骨，两个头骨之北肢体骨数量较多。两具骨架骨骼基本齐全，但杂
乱地扭在一起，无法辨别其所属。均系男性，年龄在 30～40 岁之间（图三六、三七；图

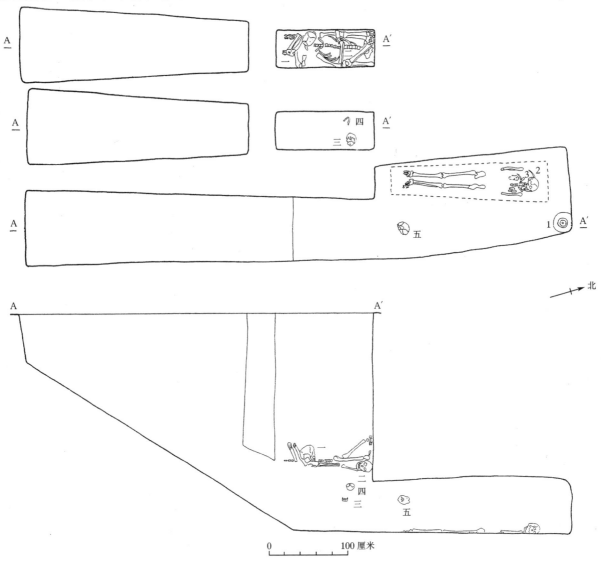

图三四　凤南甲类 Eb 型 II 式 M68 平、剖面图

1.B 型 II 式塔式罐　2.铁器残块　3.铁片

殉人：一，一号殉人骨架　二，二号殉人骨架　三，头颅骨　四，下颌骨　五，头骨

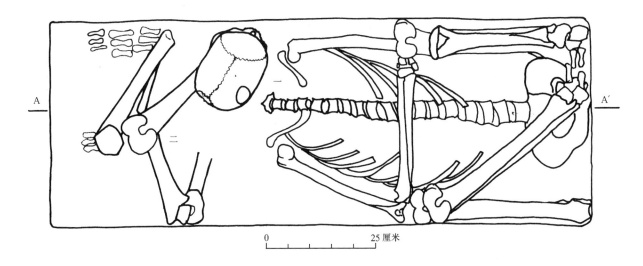

0                                    25 厘米

图三五  凤南甲类 Eb 型 II 式 M68 天井填土一、二号殉人

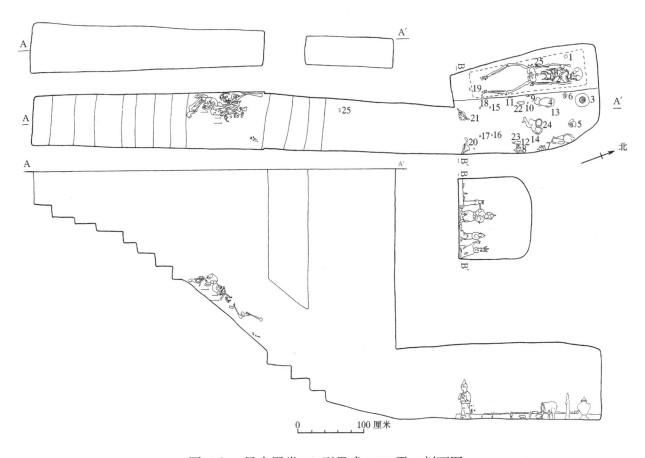

0                    100 厘米

图三六  凤南甲类 Eb 型 III 式 M17 平、剖面图

1.铜镜  2.铁片  3.A 型 IIIa 式陶塔式罐  4.B 型陶马  5、8.A 型陶高髻女侍俑  6.E 型陶幞头男侍俑

.陶幞头牵马俑  9.D 型陶幞头男侍俑  10～14.A 型 III 式陶幞头男侍俑  15.G 型陶高髻女侍俑  16.F 型陶幞头男侍俑

17、19.残陶俑  18.C 型陶垂发梳髻女侍俑  20.B 型 IV 式陶镇墓兽  21.III 式陶天王俑  22、23.陶牛

24.B 型 II 式陶骆驼  25－1.铜盒（盒内装丝绢《经咒图》，编为 25－2）

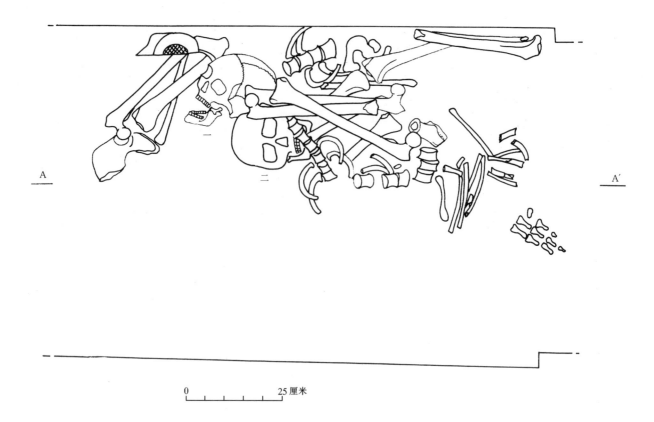

图三七　凤南甲类 Eb 型Ⅲ式 M17 斜坡墓道底部一、二号殉人

版二三，1）。

**Ec 型**　60 座。

墓葬规模小，皆无天井，少见甬道，墓道较短或很短，且较浅，墓道底基本上都有台阶。可分为六式：

**Ⅰ式**　18 座。计有凤南 M2、凤南 M10、凤南 M11、凤南 M15、凤南 M24、凤南 M41、凤南 M44、凤南 M45、凤南 M46、凤南 M62、凤南 M81、凤南 M83、凤南 M122、凤南 M125、凤南 M130、凤南 M143、凤南 M165 和凤南 M330。

墓室平面基本为长方形，偶见生土棺床。墓道较短，甬道少见，大多数为直背形，少数作弧背形。有的墓道下部两壁在近墓室处有一次收分。

**凤南 M83**　方向 204°。墓室平面为较规整的长方形，直背，南北长 2.32、东西宽 1.12、高 0.99 米。室内西侧置棺，墓主头北足南，面向上，仰身，双臂微屈，两腿作"◇"形弯屈，双足相交，男性，30 岁左右。棺长 1.80、宽 0.38～0.46 米。沿棺南端东侧置 A 型Ⅱ式陶镇墓兽 1、Ⅰ式陶天王俑 1、A 型Ⅰ式陶塔式罐 1，A 型Ⅱ式陶马 1、室东北部置陶幞头文吏俑 2、C 型陶高髻女侍俑 2、A 型陶垂发梳髻女侍俑 1、陶垂双髻女侍俑 1、残陶男俑 2、A 型Ⅰ式陶骆驼 1、Ⅱ式陶钵 1、A 型Ⅰ式陶塔式罐座 1、陶圆形器 1、石碳及铁碎片数片。墓主手中握持开元通宝铜钱 3 枚。墓道上口长 4.60、宽 0.40～0.72 米，底为台阶式，有台阶 10 级，底长 5.40、宽 0.68～0.72 米，上口距底深 3.80 米（图三八；图版二四）。

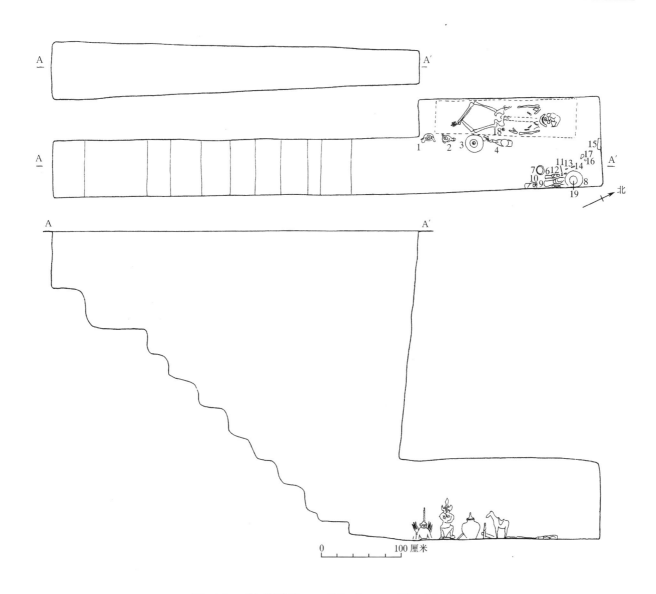

图三八　凤南甲类 Ec 型 Ⅰ 式 M83 平、剖面图

1.A 型 Ⅱ 式陶镇墓兽　2.Ⅰ 式陶天王俑　3.A 型 Ⅰ 式陶塔式罐　4.A 型 Ⅱ 式陶马　5、6.陶幞头文吏男俑

7.Ⅱ 式陶钵　8.A 型 Ⅰ 式陶骆驼　9.A 型陶垂发梳髻女侍俑　10.陶垂双髻女侍俑

11、12.C 型陶高髻女侍俑　13、14.残陶男俑　15.铁片　16.陶圆形器　17.石碳残块　18-1~3.开元通宝（3 件）

19.A 型 Ⅰ 式陶塔式罐座

**凤南 M41**　方向 200°。墓室平面基本呈长方形，西南角微斜出，直背，南北长 2.00、东西宽 0.98、高 1.16 米。室内西侧置棺，墓主头北足南，仰身直肢，男性，35 岁左右。棺长 1.78、宽 0.36~0.48 米。随葬品置室内东侧，自南至北计有 Ⅰ 式陶天王俑 1、A 型 Ⅱ 式陶马 1、B 型 Ⅰ 式陶骆驼 1、A 型 Ⅰc 式陶幞头男侍俑 2、D 型陶幞头男侍俑 3、D 型陶垂发梳髻女侍俑 1、A 型 Ⅰ 式陶塔式罐 1。墓道上口长 3.90、宽 0.40~0.61 米，底有不规则形台阶 4 级，底长 5.58、宽 0.70~0.74 米，上口距底深 3.06 米。近墓室的墓道下部两壁有一次收分，收分每边宽度 0.02 米。

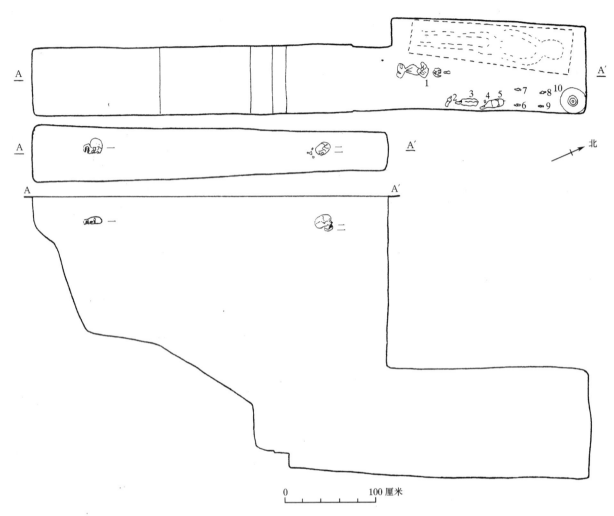

图三九　凤南甲类 Ec 型 I 式 M41 平、剖面图

1. I 式陶天王俑　2、4. A 型 I c 式陶幞头男侍俑　3. B 型 I 式陶骆驼　5. A 型 II 式陶马　6~8. D 型陶幞头男侍俑
9. D 型陶垂发梳髻女侍俑　10. A 型 I 式陶塔式罐
殉人：一，头骨　二，头骨

　　墓道上部填土中发现两个殉人头骨，编号一、二号。一号殉人头骨位于墓道南端，
距上口深 0.23 米，头顶朝北，面向东，保存较完整，男性，20～30 岁。二号殉人头骨
在墓道北端，距上口深 0.25 米，头顶朝上，面向西北，保存较好，男性，25～30 岁
（图三九；图版二三，2）。

　　**凤南 M24**　方向 194°。墓室平面基本作长方形，西南角微斜出，南端略宽于北端，
室顶由南端向北端斜低，南北长 1.90、东西宽 0.87～0.98、高 0.47～0.88 米。室西侧
设生土台棺床，台高 0.16、南北长 1.89、东西宽 0.59～0.62 米，墓主直接置棺床之上，
无葬具，头北足南，面向东，侧身，左臂屈折，手置于左锁骨处，右臂作 90° 屈于腹部，
双腿作 45° 左右弯屈。男性，30 岁左右。室南部东侧置陶罐（底部残）1，室内另出铜铃
1。甬道长 0.22、宽 0.52、高 0.88 米。墓道上口长 3.96、宽 0.53～0.73 米，底有台阶
8 级，底长 4.20、宽 0.52～0.78 米，上口距底深 2.15 米（图四〇；图版二五，1）。

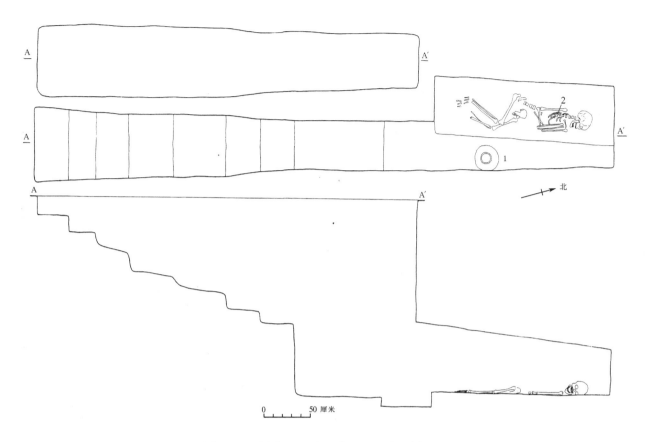

图四〇  凤南 Ec 型 I 式 M24 平、剖面图
1. 残陶罐  2. 铜铃

**凤南 M62** 方向 203°。墓室平面大致为长方形，北端宽南端窄，室顶平，底部由南至北斜低，长 2.04、宽 1.08～1.22、高 0.82～0.88 米。室内西侧置棺，棺长 1.76、宽 0.41～0.52 米，墓主头北足南、面向西，仰身，双臂垂直，双腿微屈，女性，30 岁左右，骨骼保存较好。墓室内有随葬品 7 件，棺外东北角置 D 型 I 式陶圆腹罐 1，其余器物集中放置在棺内东北角，计有铜饰 2、料珠串饰 1，蚌壳 2、海贝 1。墓道上口长 3.38、宽 0.54～0.76 米，底部有台阶 3 级，底长 3.90、宽 0.70～0.72 米，上口距底深 1.82 米（图版二五，2）。

**凤南 M130** 方向 203°。墓室平面大致为长方形，背略弧，北端窄，南端宽，室顶近平，长 1.80、宽 1.08～1.32、高 1.02 米。室内西侧置棺，棺长 1.72、宽 0.40～0.60 米，墓主头朝北，面向上，仰身直肢，男性，40 岁左右，骨骼保存较好。室内东北角置 B 型 II 式陶塔式罐 1 件。墓道上口长 4.03、宽 0.70～0.80 米，底部有台阶 7 级，底长 4.60、宽 0.80 米，上口距底深 2.28 米。

墓道北端填土和甬道内发现十二个殉人个体，编号为一～一二号。主要是头骨个体，亦有部分分肢、体骨，自甬道顶部往墓道上口，无次序地堆埋于一起，肢、体骨埋于头骨上部。一号殉人距上口深 0.64 米，紧靠西壁，为一完整头骨，头顶朝上，面向北，男性，成年。二号殉人距上口深 0.71 米，紧靠于一号殉人之北，为一头颅骨，头顶朝上，面向东，无下颌骨，未成年。三号殉人距上口 0.82 米，为一头颅骨，无下颌骨，紧靠西壁而置，头顶向西，面朝上，成年男性。四号殉人距上口 1.02 米，为一头颅骨，无下颌骨，紧靠西、北壁，头顶向西，面朝上，成年男性。五号殉人距上口 1.06 米，为一头颅骨，无下颌骨，头顶朝东，面向上，紧靠北壁与四号殉人颅底对颅底而置，男性，大于 45 岁。六号殉人距上口 0.30 米，为头骨之前额骨，直径 0.115 米，紧靠东壁埋置，可能为女性，成年。七号殉人距上口 0.30 米，为头盖骨，紧靠东壁，长 0.18、宽 0.13 米。成年。八号殉人位于甬道内顶部，为一头颅骨，无下颌骨，头顶朝上，成年。九号殉人紧靠八号之北，为一头颅骨，无下颌骨，头顶向上，面朝南，性别，年龄不清。一〇号殉人距墓道上口 1.06 米，位于三号殉人之东，为一下颌骨，成年。一一号殉人距上口 1.40 米，为一下颌骨，位于东北角。男性，成年。一二号殉人距上口 1.40 米，为一下颌骨，与一一号殉人紧靠而置，性别，年龄不清。

　　肢、体骨埋置于墓上口往下 0.06~0.96 米之间，较杂乱，计有股骨 3 根，其中一根完整者长 0.38 米，另两根残长分别为 0.32、0.16 米。胫骨 2 根，其中一根完整，长 0.275 米，另一根残长 0.17 米。腓骨 2 根，一根残长 0.13 米，一根残长 0.295 米。肱骨 1 根，残长 0.15 米。还有肋骨 3 根和一盆骨的左半部分，均为成年人体骨骼（图四一、四二；图版二六，1）。

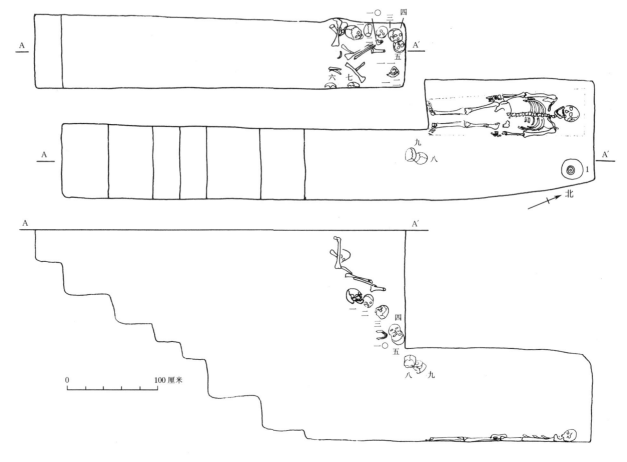

图四一　凤南甲类 Ec 型 I 式 M130 平、剖面图

1.B 型 II 式塔式罐

殉人：一，头骨　二~五、八、九，头颅骨　六，额骨　七，头盖骨　一〇~一二，下颌骨（此外还有若干碎骨）

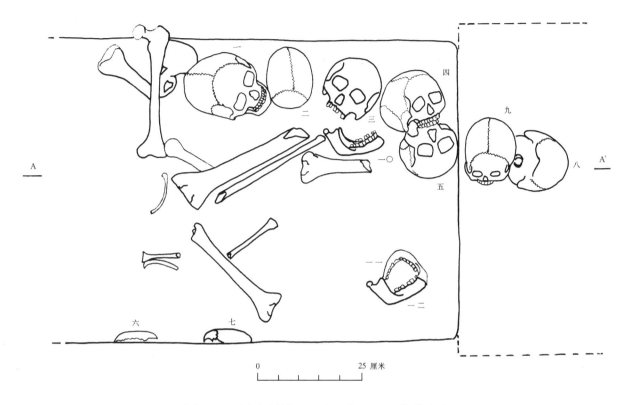

图四二　凤南甲类 Ec 型 I 式 M130 墓道殉人

一，头骨　二～五、八、九，头颅骨　六，额骨　七，头盖骨　一〇～一二，下颌骨

　　在上述一根完整股骨的左侧，发现有三处小的砍痕：在股骨头前面，靠近颈部有长约 0.01 米的砍戳痕；在股骨干的下段约四分之一位置（前面），也有长约 0.01 米的倾斜砍痕；在股骨干的下段约三分之一位置外侧，同时存在一水平方向的长约 0.01 米的砍切痕，砍切伤口以下有倒三角形骨片骨折剥落痕迹。据这些创伤形态推测，致伤器物可能是器形较小但有利刃的武器或工具。

　　**Ⅱ式**　7 座。计有凤南 M4、凤南 M56、凤南 M58、凤南 M63、凤南 M73、凤南 M74 和凤南 M152。

　　墓室平面作不规则长方形，有的西南角略斜出，相对较宽，弧背形，个别有短甬道，有的在近墓室的墓道下部两壁有一次收分。

　　**凤南 M58**　方向 201°。墓室平面为不规则长方形，西南角略斜出，弧背，南北长 2.68、东西宽 1.36、高 1.16 米。室内西侧置棺，棺长 1.84、宽 0.40～0.50 米，墓主骨架朽化严重，据朽骨痕迹，可看出头北足南。随葬品置室内东侧，共 10 件，有 A 型 Ⅱ 式陶镇墓兽 1、A 型 Ⅰ b 式陶幞头男侍俑 1、D 型陶幞头男侍俑 1、D 型陶垂发梳髻女侍俑 1、E 型陶垂发梳髻女侍俑 1、陶垂双髻女侍俑 2、B 型 Ⅰ 式陶骆驼 1、A 型 Ⅱ 式陶塔式罐 1，铜泡 1。甬道长 0.34、宽 0.72、高 1.14 米。墓道上口长 4.60、宽 0.50～0.74 米，底南部有台阶 6 级，北部台阶 3 级，两端未通至两壁，中部一段为短陡斜坡，底长 5.80、宽 0.74 米，上口距底深 3.14 米。墓道与甬道接界处的西壁下部有一次宽 0.02 米的收分（图四三）。

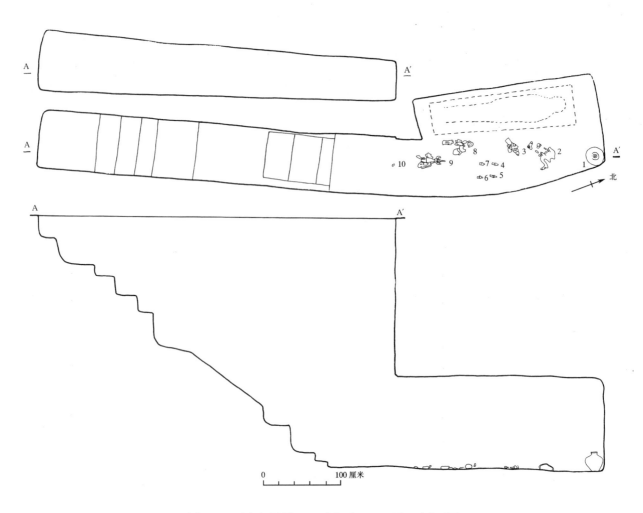

**图四三　凤南甲类 Ec 型 II 式 M58 平、剖面图**

1.A 型 II 式陶塔式罐　2.B 型 I 式陶骆驼　3.A 型 I b 式陶幞头男侍俑　4.D 型陶垂发梳髻女侍俑

5、8.陶垂双髻女侍俑　6.E 型陶垂发梳髻女侍俑　7.D 型陶幞头男侍俑　9.A 型 II 式陶镇墓兽　10.铜泡

　　**凤南 M4**　方向约 210°。墓室平面大致为长方形，弧背，室顶平，南北长 2.40、宽 1.46、高 1.30 米。室内西侧置棺，棺长 1.70、宽 0.35～0.46 米。墓主头北足南，面向西，仰身直肢，男性，40 岁左右，骨骼保存较好。随葬品有秩序地分布于室内东侧，共 14 件，计有 III 式陶天王俑 1、A 型 III 式陶镇墓兽 1、A 型 II 式陶马 1、B 型 III 式陶骆驼 1、A 型 III 式陶幞头男侍俑 2，D 型陶幞头男侍俑 1，残陶俑 1，A 型 I 式陶塔式罐 1 件，铜带扣 1、铁残片 1、水晶柱 1，棺内墓主头右侧置铜丝 1 节，墓主双手各握持开元通宝钱 1 枚。此墓墓道南部由于被棉织厂厂房所压，故墓道未全部清理，现清理出的墓道长度为 1.00、宽 0.88 米（图四四）。

　　**III 式**　4 座。计有凤南 M16、凤南 M33、凤南 M71 和凤南 M169。

　　墓室平面为较规整或不甚规则的长方形，较窄长，弧背。

　　**凤南 M33**　方向 195°。墓室平面作不甚规整的长方形，弧背。南北长 2.34、宽 1.36、高 0.98 米。棺置室内西侧，墓主头北足南，面向西，仰身直肢，女性，成年。室内东侧北部置 B 型 I 式陶塔式罐 1、A 型 IV 式陶塔式罐 1，棺内墓主头部置残漆器 1、A

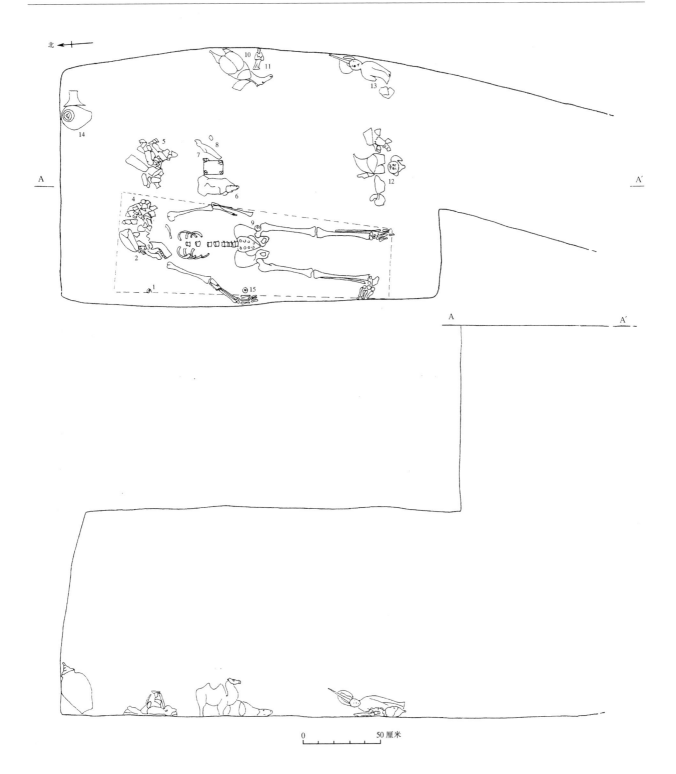

图四四　凤南甲类 Ec 型 II 式 M4 平、剖面图

1. 铜丝　2. 水晶柱　3. 铜带扣　4. 铁片　5. 残陶俑　6. B 型 III 式陶骆驼　7、11. A 型 III 式陶幞头男侍俑
8. D 型陶幞头男侍俑　9、15. 开元通宝钱　10. A 型 II 式陶马　12. III 式陶天王俑　13. A 型 III 式陶镇墓兽
14. A 型 I 式陶塔式罐

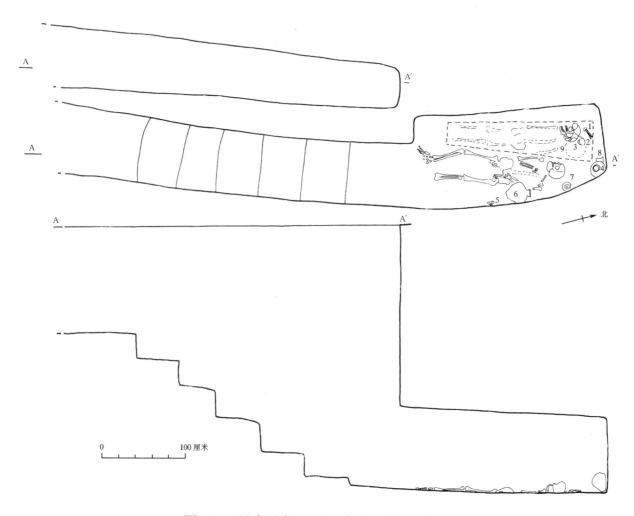

图四五　凤南甲类Ec型Ⅲ式M33平、剖面图
1.A型铜钗　2、3.蚌壳　4.陶罐身　5.陶罐盖（4、5修复为一件B型Ⅰ式陶塔式罐）　6.陶罐身　7.陶罐盖
8.陶罐底（6、7、8修复为一件A型Ⅳ式陶塔式罐）　9.残漆器

型铜钗1、蚌壳2。墓道上口长约4.22、宽0.48～0.52米，底部有较规整的台阶6级，底长5.24、宽0.75～0.82米，上口距底深3.15米。

此墓墓室内发现殉人骨架1具，位于墓主棺外东侧，头北足南，面向西，仰身，右臂屈折于胸前，左臂微屈于下腹处，左腿平伸，右腿略屈，左脚骨缺，其余骨骼完整，骨架长1.70米。男性，30～40岁（图四五；图版二六，2）。

Ⅳ式　2座。计有凤南M48和凤南M136。

墓室北端窄，南端宽，西南角斜出。直背。

凤南M136　方向195°。墓室南北长2.01、东西宽0.64～0.98、高0.98米。室内西侧置棺，墓主头北足南，仰身直肢，棺长1.87、宽0.34～0.50米。棺内墓主头部置Aa型陶圆腹罐1件，并有铁碎片数片。墓道上口长5.00、宽0.40～0.74米，底中部以南为斜坡，北端有台阶2级，底长6.30、宽0.60～0.76米，上口距底深3.20米（图四六）。

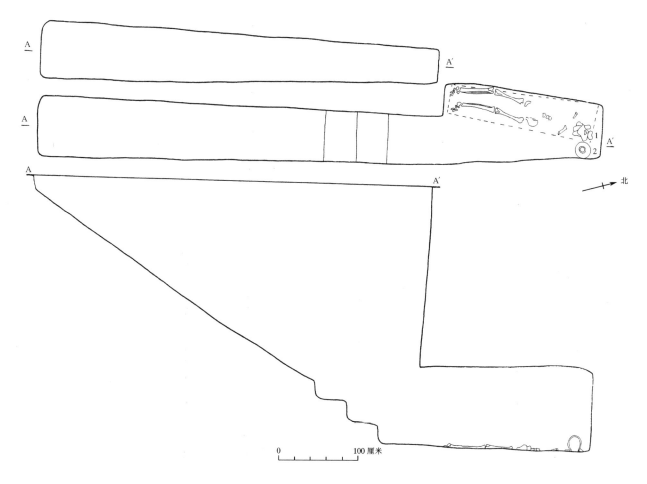

图四六　凤南 Ec 型 IV 式 M136 平、剖面图
1. 铁片　2.Aa 型陶圆腹罐

**凤南 M48**　方向 201°。墓室南北长 2.53、东西宽 0.88～1.24、高 1.33 米。室内西侧置棺，棺长 1.82、宽 0.41～0.53 米。墓主头北足南，仰身直肢，男性，25 岁左右，骨骼保存不好。棺外东北角置 B 型 I 式陶塔式罐 1、残陶罐 1。甬道长 0.26、宽 0.82、高 1.34 米。墓道上口长 5.08、宽 0.49～0.80 米，底南部有台阶 3 级，北部斜陡坡，底长 6.56、宽 0.84 米，上口距底深 3.96 米（图版二七，1）。

**V 式**　27 座。计有凤南 M5、凤南 M8、凤南 M9、凤南 M14、凤南 M29、凤南 M49、凤南 M53、凤南 M54、凤南 M57、凤南 M64、凤南 M70、凤南 M75、凤南 M76、凤南 M86、凤南 M91、凤南 M135、凤南 M139、凤南 M140、凤南 M141、凤南 M144、凤南 M153、凤南 M158、凤南 M179、凤南 M222、凤南 M242、凤南 M300 和凤南 M304。

墓葬规模小，墓总长度多在 4～5 米之间，也有 5～6 米的，个别在 6 米以上。其形制特征是，墓室绝大多数是北端窄，南端宽，西南角略斜出，顶近平，少数由墓室口向北斜低。背微弧。墓道较短，平面作梯形。

**凤南 M139**　方向 200°。墓室南北长 1.76、东西宽 0.74～1.00、高 0.42～0.74 米。

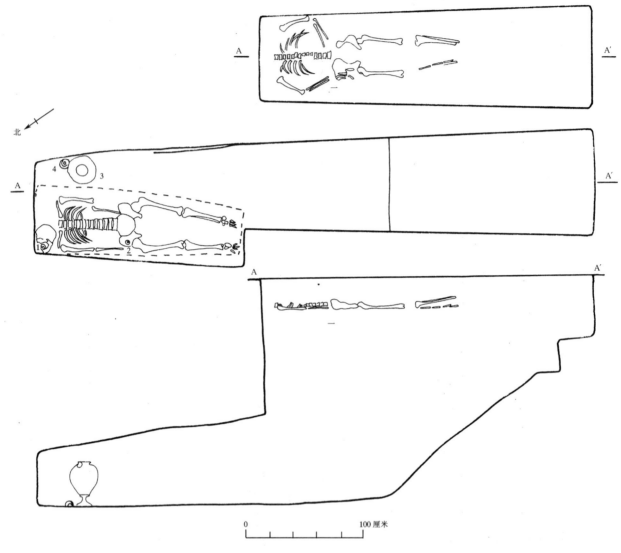

图四七　凤南甲类 Ec 型Ⅴ式 M139 平、剖面图

1、2.开元通宝　3.陶罐身　4.陶罐盖（3、4修复为一件 A 型Ⅳ式陶塔式罐）

一，殉人骨架（无头骨及脚骨）

棺置室内西侧，墓主头北足南，头骨脱离原位置于棺内西北角，头顶朝东，面向西北，仰身直肢，女性，35～40 岁左右，棺长 1.74、宽 0.32～0.56 米。棺东侧北部置 A 型Ⅳ式陶塔式罐 1 件。口内和右手中各有开元通宝铜钱 1 枚。墓道上口长 2.80、宽 0.68～0.83 米，底南端有两级台阶，底长 3.50、宽 0.70～0.78 米，上口距底深 1.86 米。

墓道北端距上口深 0.20 米处发现殉人骨架 1 具，无头骨，无脚骨，其余骨骼齐全。体骨朝北，下肢骨朝北，俯身，左臂微屈，手置左髋处，右臂成 60°弯屈与腹部，双腿伸直，骨架长 1.60 米，成年男性（图四七）。

**凤南 M242**　方向 210°。墓室南北长 1.90、东西宽 0.70～0.99、高 0.66 米。无棺具，墓主骨架占据室内大部，头朝北，面向东，头的位置在室内西北角，仰身，体骨自西北斜向东南，两臂向两侧斜伸，双腿伸直但不并于一起，自骨盆部位斜向西南，骨骼

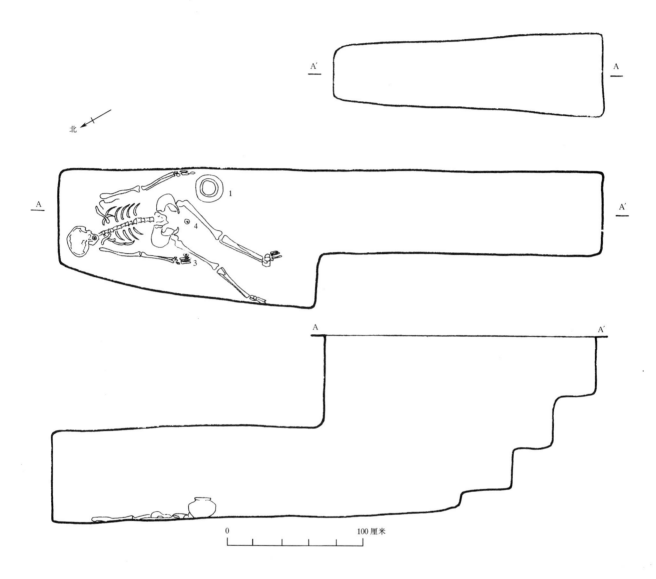

图四八 凤南甲类 Ec 型 V 式 M242 平、剖面图
1.B 型 III 式陶圆腹罐 2～4. 开元通宝钱

完整，男性，45 岁左右。左股骨处置 B 型 III 式陶圆腹罐 1，口内和右手中及骨盆下方各有一枚开元通宝铜钱。墓道上口长 2.00、宽 0.40～0.60 米，底南部有台阶 3 级，底长 2.56、宽 0.60 米，上口距底深 1.30 米（图四八；图版二七，2）。

**凤南 M54** 方向 198°。墓室作不规整的长方形，面积很小，室西壁比墓道西壁宽出 0.20 米，南北长 1.44、东西宽 0.81、高 0.84 米。无葬具，墓主骨架基本占据了墓室底全部面积，头朝北，面向东北，仰身，右臂伸直，左臂屈折沿室东壁上伸，两股骨作 "八" 字形叉开，右腿弯屈于室西壁处，左腿略弯屈与室东壁处，脚伸出室外。男性，35 岁左右。无随葬品。墓道上口长 3.32、宽 0.46～0.74 米，底南部有台阶 2 级，底长 4.00、宽 0.61 米，上口距底深 1.84 米。此墓形状是该式墓葬较特殊的一例。

墓道填土中发现两个殉人个体，编号为一、二号。一号殉人位于墓道中部距上口深

0.30 米处，沿墓道东壁，向东扩挖一长 2.30、宽 0.16～0.26、深 0.30 米的龛台，殉人骨架置于龛台与墓道东半部，骨架仅有骨盆以下及左上肢骨骼，仰身，双腿伸直，左臂微屈，手置髋部，足部朝南。二号殉人为一头骨，距上口深 0.90 米，距墓道北端 0.30 米。头顶朝南，面向下，无下颌骨，男性，25～30 岁（图四九；图版二八，1）。

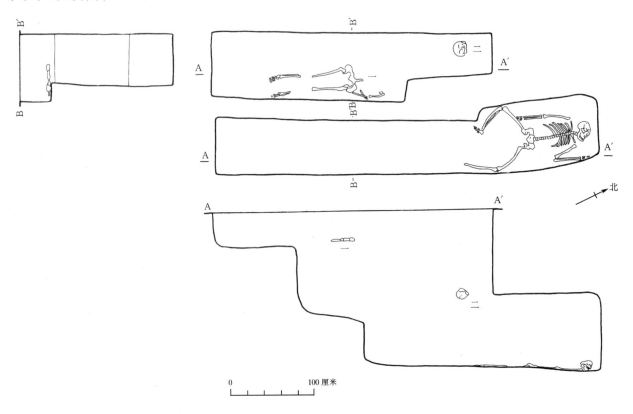

图四九　凤南甲类 Ec 型 Ⅴ 式 M54 平、剖面图
殉人：一，盆骨、左右股骨等　二，头颅骨

**凤南 M9**　方向 193°。墓室南北长 1.85、东西宽 0.66～0.86、高 0.52～0.65 米。墓主骨架位于室内西侧，头朝南，仰身直肢。室内中部东侧置 B 型 Ⅱ 式陶圆腹罐 1 件，墓主右股骨内侧有一开元通宝铜钱，头部有碎铁片数片。墓道上口长 2.40、宽 0.50～0.57 米，底有台阶 3 级，底长 2.89、宽 0.60～0.64 米，上口距底深 1.75 米（图五〇）。

**凤南 M86**　方向 205°。墓室南北长 2.24、东西宽 0.94～1.16、高 1.00 米。棺置室内西侧，棺长 1.53、宽 0.32～0.43 米，墓主头北足南，面向上，仰身直肢，男性，30 岁左右。墓室东、北部置 A 型 Ⅳ 式陶塔式罐 1、Ⅲ 式陶钵 1。棺内墓主头右侧置漆盒 1 件（朽残），墓主双手握持 Ⅱ 式开元通宝、A 型 Ⅰ 式乾元重宝钱各 1。墓道上口长 3.30、宽 0.43～0.60 米，底有台阶 8 级，底长 4.30、宽 0.70 米，上口距底深 2.40 米（图版二八，2）。

墓道填土中发现五个殉人个体，编号为一～五号。一号殉人距上口 0.46～0.84 米，为完整的两条下肢骨，左腿骨长 0.78 米，伸直平置，右腿股骨与胫、腓骨呈 90°弯屈置左腿之上。二号殉人距上口 0.86 米，为下肢骨的左、右股骨，右股骨长 0.39 米，转子

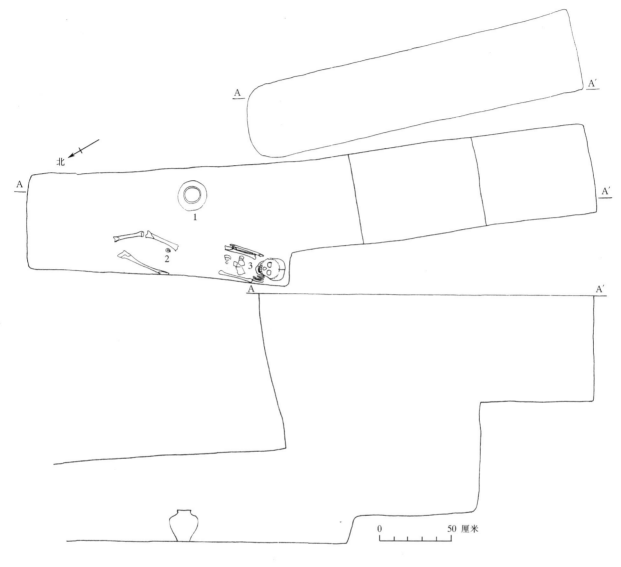

图五〇　凤南甲类 Ec 型Ⅴ式 M9 平、剖面图

1.B 型Ⅱ式陶圆腹罐　2.开元通宝钱　3.铁片

骨残，左股骨残长 0.22 米，无大转子端。三号殉人距上口深 0.96 米，为完整的右上肢骨，肱骨与尺、桡骨呈 45°弯屈，紧挨北壁而置。四号殉人距上口 1.54 米，有左肱骨 1根，长 0.27 米，右臂肱骨与尺、桡骨呈 45°弯屈，并有肋骨数根。五号殉人距上口 1.62米，为一块头额骨，直径 0.14 米。

**Ⅵ式**　2 座。计有凤南 M28 和凤南 M32。

墓葬形制很小，墓室平面为较规整的长方形，直背或折背，墓道很短。

**凤南 M32**　方向 208°。墓室"刀刃"一侧在墓道之东，直背形，南北长 2.20、东西宽 1.18、高 1.06 米。墓主置室内东侧，头北足南，仰身直肢。室内西侧置残陶塔式罐1、残彩绘小陶俑 3，墓主头左侧有 C 型铜钗 1，右手内握持开元通宝铜钱 1。墓道上口长 1.78、宽 0.80 米，底南部有一段短斜坡，靠近南壁处有一阶，北部平行，底长 1.88、

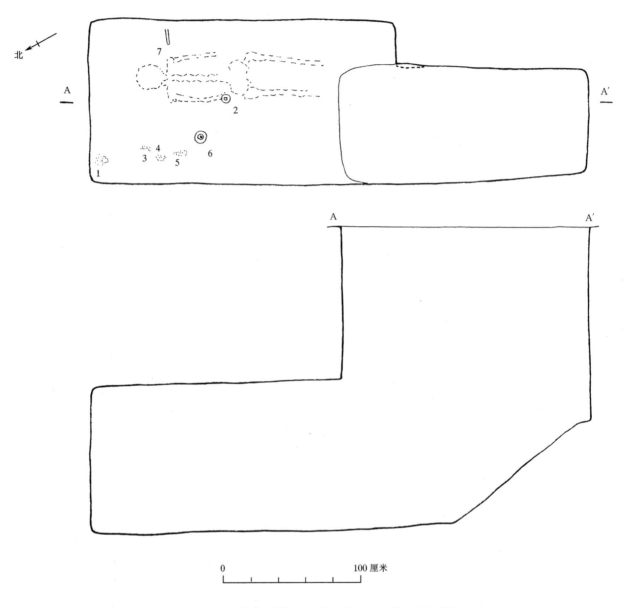

图五一　凤南甲类 Ec 型Ⅵ式 M32 平、剖面图

1. 残陶罐　2. 开元通宝钱　3~5. 彩绘小陶俑（粉末）　6. 陶罐盖（1、6 似可修复为一件陶罐）　7. C 型铜钗

宽 0.80 米，上口距底深 2.13 米（图五一）。

**凤南 M28**　方向 196°。墓室与墓道交接处为折背形，墓室南北长 1.90、宽 1.00~1.16、高 0.45 米。棺置室内西侧，棺长 1.70、宽 0.34~0.50 米，墓主头北足南，头向西，仰身，双腿直，左臂微屈手置下腹处，右臂屈折手置头前侧，女性，30 岁左右。墓室东侧靠北壁处置 C 型Ⅱ式陶双耳罐、A 型瓷葫芦各 1，棺内墓主头后部有玉盒 1、铜饰件 3，右手握持Ⅰ式开元通宝钱 1、Ⅱ式开远通宝钱 1。墓道上口长 2.26、宽 0.46~0.64米，底中部有一段台阶，底长 2.26、宽 0.64 米，上口距底深 1.15 米（图版二九，1）。

**Ed 型**　1 座。

此型墓的特征是墓道短而深，可称为竖井式墓道。墓室平面作不规则长方形，南端

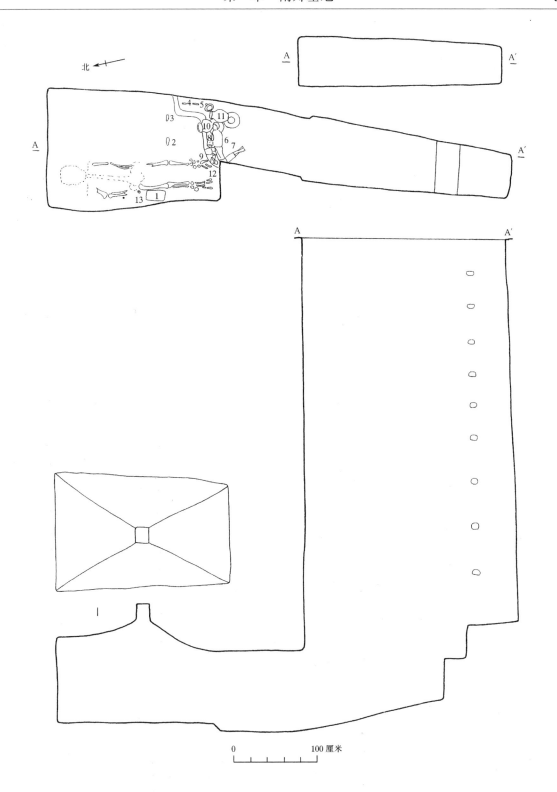

图五二 凤南甲类 Ed 型 M30 平、剖面图

1. 铁片 2. B 型陶垂发梳髻女侍俑 3、4. D 型陶幞头男侍俑 5. F 型陶高髻女侍俑 6. A 型陶幞头宦俑

7～9. A 型 Ⅱ 式陶幞头男侍俑 10、11. A 型 Ⅲa 式陶塔式罐 12-1～3. 残陶俑 13. 开元通宝钱

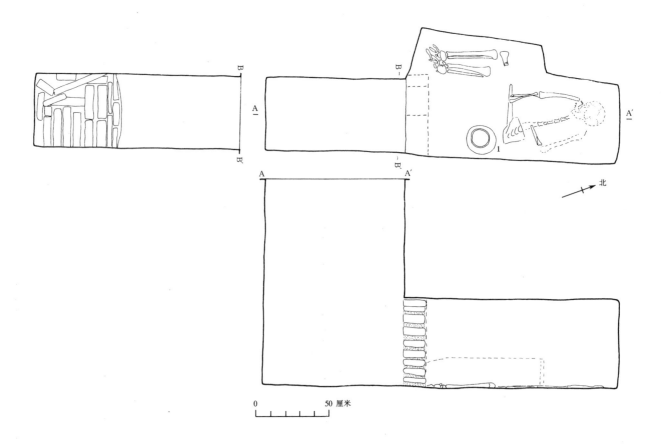

0　　　　　　50 厘米

图五三　凤南甲类 F 型 M319 平、剖面图

1.B 型 Ⅱ 式陶圆腹罐

窄，北端宽，宽度较大，室顶作四阿屋顶式，背微弧，有甬道，墓道南窄北宽，下部近甬道处的两壁有一次收分。

**凤南 M30**　方向 192°。墓室南北长 2.06、东西宽 1.22～1.50、高 1.45 米。墓室口以北 0.10～0.56 米有一曲折形的界限，室内底面高出室口底面 0.10 米。墓主骨架置室内西侧，头北足南，仰身直肢，男性，20～25 岁。见有棺木朽痕，但无法辨其大小尺寸。随葬品多置于室口土台之南，计有陶 A 型陶幞头宦俑 1、A 型 Ⅱ 式陶幞头男侍俑 3、D 型陶幞头男侍俑 2、F 型陶高髻女侍俑 1、B 型陶垂发梳髻女侍俑 1、A 型 Ⅲa 式陶塔式罐 2，其北又置残陶俑 3，棺内还见破碎铁片数片，据发掘时保存的位置看，其原应为一完整的长方形铁片。墓主右手握持开元通宝铜钱 1 枚。甬道长 0.94、宽 0.74、高 0.98米。墓道上口长 2.50、宽 0.45～0.60 米，墓道南端东西两壁自上而下有基本对称的椭圆形脚窝各 9 个，底部南端有台阶 2 级，自第二级台阶下，斜低往北通向甬道，底长3.00、宽 0.50～0.78 米，上口距底深 5.96 米。近甬道处的墓道下部两壁收分，收分宽度每边 0.05～0.06 米（图五二）。

**F 型**　1 座。

墓室平面作近似曲尺的不规则形。墓道壁较直，上口与底部长宽度相同，底部平。

**凤南 M319**　方向 200°。墓室平面作不规则形，南半部向西宽出 0.40 米左右，墓室

**表一　凤翔南郊甲类隋唐墓墓登记表**

单位：米

| 型别 | 式别 | 墓号 | 方向(度) | 墓道 口 长 | 墓道 口 宽 | 墓道 底 长 | 墓道 底 宽 | 深 | 台阶数 | 天井 数量 | 天井 长 | 天井 宽 | 甬道 长 | 甬道 宽 | 甬道 高 | 墓室 长 | 墓室 宽 | 墓室 高 | 人架 | 头向 | 面向 | 性别 | 年龄 | 葬式 | 葬具 长 | 葬具 宽 | 葬具 高 | 随葬器物 | 俑人 | 期别 | 备注 |
|---|---|---|---|---|---|---|---|---|---|---|---|---|---|---|---|---|---|---|---|---|---|---|---|---|---|---|---|---|---|---|---|
| A | | 93 | 184° | 8.80 | 0.51~1.10 | 9.50 | 1.16~1.26 | 4.21 | | | | | 0.30 | 1.06 | 1.20 | 2.30 | 1.06~2.32 | 1.24 | 1 | 南 | 西 | 男 | 40± | 仰身直肢 | 1.68 | 0.34~0.56 | | I式陶壶3，隋五铢钱8 | 4 | 一 | — |
| B | | 299 | 190° | 4.20 | 0.70~1.04 | 4.64 | 1.10 | 3.40 | 3 | | | | 0.40 | 0.96 | 1.50 | 2.08 | 1.18 | 1.30 | 1 | 西 | ? | ? | ? | ? | ? | ? | | B型陶葫芦2，I式陶钵1，铜饰5，隋五铢钱3，银钗2，1 | | 一 | 葬具不清 |
| | | 294 | 193° | 5.10 | 0.80~1.20 | 5.90 | 1.20 | 2.10 | 3 | | | | | | | 2.90 | 1.02~1.50 | 0.90 | 1 | 西 | 上 | 男 | 35~40 | 仰身直肢 | 1.76 | 0.26~0.46 | | I式陶壶2，墨书砖墓志1，漆器1(?) | | 一 | — |
| | | 296 | 205° | 4.90 | 0.72~1.10 | 5.50 | 1.00~1.10 | 2.60 | 2 | | | | 1.10 | 1.00 | 1.28 | 2.40 | 1.04 | 1.22 | 1 | 西 | 南 | 男? | 35± | 仰身直肢 | 1.92 | 0.36~0.50 | | IIa式陶壶1，I式陶钵1，铜带钩6，隋五铢钱5 | | 一 | — |
| C | I | 298 | 190° | 4.20 | 0.70~0.94 | 4.56 | 0.90~1.12 | 2.80 | 3 | | | | | | | 2.50 | 0.96~1.50 | 1.20 | 1 | 西 | 上 | 男 | 35~40 | 仰身屈肢 | 1.22 | 0.64 | | A型II式陶双耳罐2，隋五铢钱2 | 1 | 一 | — |
| | | 301 | 200° | 3.80 | 0.84~1.03 | 4.20 | 0.87~1.09 | 1.88 | 1 | | | | | | | 2.24 | 0.88~1.25 | 0.80 | 1 | 西 | 上 | 女 | 25~30 | 仰身直肢 | 1.82 | 0.38~0.48 | | I式陶碗2，铜带扣1，隋五铢钱6，铜合页1 | | 一 | — |
| | | 302 | 203° | 4.20 | 0.76~1.03 | 4.46 | 1.02~1.08 | 2.43 | 1 | | | | | | | 2.60 | 1.26~1.80 | 0.85 | 1 | 西 | 上 | 女 | 30~35 | 仰身直肢 | 1.70 | 0.34~0.48 | | A型I式陶双耳罐1，开皇九年砖刻墓志1 | 1 | 一 | — |
| C | II | 337 | 185° | 3.04 | 0.68~0.71 | 3.10 | 0.68~0.71 | 1.90 | | | | | | | | 1.73 | 0.60~0.90 | 0.78 | 1 | 西 | 南 | 女 | 20~25 | 仰身直肢 | 1.69 | 0.43~0.69 | | A型III式陶双耳罐2，B型铜钗1，铁镜1，III式开元通宝钱4 | | 三 | — |
| D | I | 297 | 200° | 6.80 | 0.60~0.80 | 7.00 | 0.60~1.04 | 3.80 | | | | | 0.50 | 0.82 | 1.30 | 1.82 | 1.80 | 1.18 | 2 | 西 | 上 | ? | ? | 仰身屈肢 | | | | A型陶葫芦2，铁灯盏1，隋五铢钱2 | 4 | 一 | 无葬具 |

续表一

| 型别 | 式别 | 墓号 | 方向(度) | 墓道口长 | 墓道口宽 | 墓道底长 | 墓道底宽 | 深 | 台阶数 | 天井数量 | 天井长 | 天井宽 | 甬道长 | 甬道宽 | 甬道高 | 墓室长 | 墓室宽 | 墓室高 | 人架 | 头向 | 面向 | 性别 | 年龄 | 葬式 | 葬具长 | 葬具宽 | 葬具高 | 随葬器物 | 殉人 | 期别 | 备注 |
|---|---|---|---|---|---|---|---|---|---|---|---|---|---|---|---|---|---|---|---|---|---|---|---|---|---|---|---|---|---|---|---|
| D | Ⅱ | 13 | 200° | 4.70 | 0.45~0.71 | 8.27 | 0.60~0.70 | 3.63 | 8 | 1 | 1.40 | 0.44 | 1.00 | 0.58 | 0.87 | 1.80 | 1.72 | 0.85 | 1 | 北 | ? | ? | ? | 仰身直肢 | ? | ? | ? | A型Ⅰb式陶蟆头陶男侍俑2，A型陶垂发梳髻女侍俑1，陶塔式双髻女侍俑（仅有盖、座），残铁片 | | 二 | 葬具不清 |
| D | Ⅲ | 52 | 202° | 5.10 | 0.40~0.84 | 6.60 | 0.70~0.88 | 3.96 | 2 | ? | | | 0.30 | 0.70 | 1.08 | 2.14 | 1.50~1.60 | 1.40 | 1 | ? | ? | ? | ? | ? | ? | ? | ? | B型Ⅰ式陶塔式罐1，残陶罐1，开元通宝钱1 | 1 | 二 | 葬具不清 |
| D | Ⅳa | 87 | 198° | 4.25 | 0.56~0.99 | 7.20 | 0.97 | 4.10 | 1 | 1 | 1.41 | 0.40 | 0.64 | 0.92 | 1.32 | 2.76 | 1.84~1.96 | 1.48 | 1 | 北 | ? | 男 | 40± | 仰身直肢 | 2.12 | 0.42~0.72 | ? | B型Ⅱ式陶镇墓兽1，Ⅱ式天王甬1，B型陶俑1，A型Ⅰb式陶蟆头陶男侍俑1，B型陶蟆头陶男侍俑1，D型陶蟆头陶男侍俑5，E型陶蟆头陶男侍俑1，E型陶高髻女侍俑1，H型陶高髻女侍俑1，B型陶博髻女侍俑1，D型陶垂发梳髻女侍俑1，A型陶马2，残陶路驼1，陶鹦鹉1，A型Ⅱ式陶塔式罐1，B型陶泥胎狗1，铜饰1，残铁片 | | 二 | 土坑 封门 |
| D | Ⅳb | 306 | 192° | 5.10 | 0.58~0.80 | 10.58 | 0.74~0.88 | 5.42 | ? | 2 | 1.70 1.65 | 0.50 | 1.11 | 0.76 | 1.22 | 3.04 | 1.80~2.29 | 1.70 | 1 | ? | ? | ? | ? | ? | ? | ? | ? | 残陶钵2 | | | 无青架和葬具 |
| D | Ⅳb | 305 | 195° | 10.20 | 0.54~0.62 | 11.34 | 0.56~0.88 | 5.30 | ? | 3 | 1.40 | 0.48 | 1.10 | 0.80 0.86 | 1.20 | 2.90 | 2.10~2.28 | 1.73 | 2 | 北 | 东 | 女 男 | 女20~30 男35~40 | 仰身直肢 | 1.96 | 0.45~0.63 | ? | Ab型陶圆腹罐2，铜日用组合器具1，开元通宝钱2 | | 二 | 夫妻合葬 |

续表一

| 型别 | 式别 | 墓号 | 方向(度) | 墓道口长 | 墓道口宽 | 墓道底长 | 墓道底宽 | 深 | 台阶数 | 天井数量 | 天井长 | 天井宽 | 甬道长 | 甬道宽 | 甬道高 | 墓室长 | 墓室宽 | 墓室高 | 人架 | 头向 | 面向 | 性别 | 年龄 | 葬式 | 葬具长 | 葬具宽 | 葬具高 | 随葬器物 | 殉人 | 期别 | 备注 |
|---|---|---|---|---|---|---|---|---|---|---|---|---|---|---|---|---|---|---|---|---|---|---|---|---|---|---|---|---|---|---|---|
| D | V | 322 | 202° | 3.38 | 0.60~0.89 | 5.70 | 0.88 | 4.30 | | 1 | 1.30 | 0.46 | 0.78 | 0.88 | 1.20 | 2.60 | 1.42~1.52 | 1.20 | 2 | ? | ? | 男 男 | 35~40 40~45 | 仅有头骨 | 1.89 | 0.39~0.62 | | 石幢顶1、石雕刻墓门1、石球1、残陶男俑1 | 13 | 二 | 2男合葬 |
| D | VI | 35 | 205° | 4.35 | 0.40~0.80 | 7.10 | 0.68~0.94 | 3.75 | 4 | 1 | 1.40 | 0.41 | | | | 2.20 | 1.28 | 1.11 | 1 | 北 | ? | ? | ? | 仰身直肢 | ? | ? | | A型II式陶塔式罐1、IV式陶壶1、残铁片 | | 二 | 葬具不清 |
| D | VI | 43 | 203° | 4.39 | 0.40~0.83 | 7.13 | 0.84 | 3.72 | 6 | 1 | 1.35 | 0.34 | 0.50 | 0.82 | 1.12 | 2.26 | 1.22~1.28 | 1.16 | 1 | 北 | 西 | ? | ? | 仰身直肢 | 1.63 | 0.38~0.48 | | A型II式陶塔式罐1、Bb型II式陶双耳罐1、三彩II式水盂1、银盒1、B型III式铜镜1、铜镊子1、铜铃1、铜环3、漆盒3、铜指甲壳3、水晶柱1、料珠13、II骨骰子4、蚌壳3、II式开元通宝钱1、C型II式陶双耳罐1、铁器残块、残铁片 | 4 | 二 | |
| D | VII | 295 | 195° | 3.20 | 0.56~0.92 | 3.80 | 0.78~0.96 | 2.02 | 3 | | | | 0.30 | 0.76 | 0.80 | 2.48 | 0.80~1.38 | 1.00 | 1 | 北 | ? | ? | ? | ? | ? | ? | | A型IV式陶塔式罐1、开元通宝钱3、残陶俑4 | | 二 | 葬具不清 |
| Ea | I | 200 | 202° | 5.20 | 0.50~0.67 | 12.60 | 0.68~0.82 | 5.86 | 5 | 3 | 1.48 1.60 1.60 | 0.44 0.46 0.44 | 0.34 | 0.68 | 1.18 | 2.96 | 1.70 | 1.18 | 2 | ? | ? | ? | ? | ? | ? | ? | | B型I式陶镇墓兽1、I式陶天王俑1、尖帽男俑1、A型Ic式陶幞头男侍俑1、D型陶幞头男侍俑2、H型陶高髻垂发髻女侍俑2、D型陶高髻垂发梳式俑1、A型II式陶塔式罐2、残陶男俑1、A型II式开元通宝钱2、残男俑1 | | 二 | 葬具不清 |

续表一

| 型别 | 式别 | 墓号 | 方向(度) | 墓道口长 | 墓道口宽 | 墓道底长 | 墓道底宽 | 深 | 台阶数 | 天井数量 | 天井长 | 天井宽 | 甬道长 | 甬道宽 | 甬道高 | 墓室长 | 墓室宽 | 墓室高 | 人架 | 头向 | 面向 | 性别 | 年龄 | 葬式 | 葬具长 | 葬具宽 | 葬具高 | 随葬器物 | 殉人 | 翔别 | 备注 |
|---|---|---|---|---|---|---|---|---|---|---|---|---|---|---|---|---|---|---|---|---|---|---|---|---|---|---|---|---|---|---|---|
| Ea | I | 227 | 198° | 4.90 | 0.68~0.90 | 12.14 | 0.70~0.87 | 5.62 | 8 | 3 | 1.50/1.65/1.70 | 0.60/0.52/0.52 | 1.10 | 0.74 | 1.52 | 3.00 | 1.93~2.14 | 1.86 | 2 | 北 | 西上 | 男/女 | 35~40/30± | 仰身直肢 | 2.30 | 0.49~0.60 | | A型II式陶镇墓兽1，B型II式陶镇墓兽1，II式陶天王俑2，A型Ic式陶蹼头男侍俑4，D型陶蹼头男侍俑2，D型I式陶高髻女侍俑4，H型陶高髻女侍俑1，A型I式陶马1，A型II式陶骆驼1、2，B型I式陶塔式罐1，A型II式陶塔式罐1，B型I式陶塔式罐1，II式开元通宝钱7，陶香薰1，残陶骆驼1，A型I式陶双耳罐1，残陶双耳罐1 | 10 | 二 | 夫妻合葬 |
| Ea | II | 23 | 205° | 6.24 | 0.62~0.80 | 10.74 | 0.80 | 5.40 | 17 | 2 | 1.80/1.80 | 0.40/0.41 | 0.60 | 0.80 | 1.24 | 2.34 | 1.26~1.36 | 1.34 | 1 | ? | ? | 女 | ? | ? | 1.72 | 0.56~0.64 | | D型陶蹼头男侍俑1，F型陶垂发髻女侍俑1，C型陶发梳髻女侍俑2，铜合页1，铜泡5，铜饰1，残陶女侍俑4 | 5 | 二 | |
| Ea | II | 36 | 205° | 6.88 | 0.46~0.88 | 11.80 | 0.76~0.88 | 5.76 | 5 | 2 | 1.32/1.38 | 0.40/0.40 | 1.16 | 0.76 | 1.06 | 2.36 | 1.30 | 1.08 | 1 | 北 | ? | ? | ? | 仰身直肢 | 1.90 | 0.44~0.66 | | B型III式陶镇墓兽1，A型IV式陶天王俑1，A型III式陶蹼头男侍俑4，D型II式陶高髻女侍俑2，B型陶垂发梳髻女侍俑2，B型III式陶马1，A型III式陶骆驼1，A型IIIa式陶塔式罐1，开元通宝钱2，残铁片 | | 二 | |

续表一

| 型别 | 式别 | 墓号 | 方向(度) | 墓道口长 | 墓道口宽 | 墓道底长 | 墓道底宽 | 深 | 台阶数 | 天井数量 | 天井长 | 天井宽 | 甬道长 | 甬道宽 | 甬道高 | 墓室长 | 墓室宽 | 墓室高 | 人架 | 头向 | 面向 | 性别 | 年龄 | 葬式 | 葬具长 | 葬具宽 | 葬具高 | 随葬器物 | 殉人 | 别 | 备注 |
|---|---|---|---|---|---|---|---|---|---|---|---|---|---|---|---|---|---|---|---|---|---|---|---|---|---|---|---|---|---|---|---|
| Ea | II | 164 | 205° | 5.85 | 0.50~0.78 | 8.90 | 0.72~0.80 | 5.50 | 12 | 2 | 1.35~1.60 | 0.44 | | | | 2.21 | 1.04~1.12 | 0.94 | 1 | 北 | 上 | 男 | 30± | 仰身直肢 | 1.90 | 0.30~0.44 | | A型Ⅲ式陶镇墓兽1，Ⅲ式天王俑1，C型陶帻头男侍俑1，D型陶帻头男侍俑2，F型陶高髻女侍俑1，A型Ⅲa式陶马1，A型Ⅲa式陶塔式罐1，开元通宝钱2 | | 二 | |
| Eb | I | 172 | 203° | 5.60 | 0.46~0.72 | 8.50 | 0.68~0.72 | 4.00 | 5 | 1 | 1.62 | 0.48 | 0.46 | 0.68 | 1.24 | 3.04 | 1.55~1.70 | 1.24 | 2 | 北 | 上、东 | 女、男 | 25~35、30~35 | 仰身直肢 | 1.76 | 0.40~0.48 | | A型Ⅱ式陶镇墓兽1，B型Ⅱ式陶镇墓兽1，Ⅰ式陶天王俑2，残陶俑1，凤帽骑马俑1，A型Ⅰ式陶俑2，陶尖帽男俑2，A型Ⅰc式陶帻头男侍俑1，D型陶帻头骑马男俑3，陶帻头骑马拍鼓男俑2，D型陶垂发施髻女侍俑3，D型陶垂发女俑1，残陶马女侍俑2，A型Ⅰ式陶马2，A型Ⅰ式陶骆驼1，A型Ⅱ式陶塔式罐2，漆盒1，铜镊子1，银戒指2，铜耳环2，蚌壳1，开元通宝钱3，陶垂双髻女俑1，残陶骑马女侍俑1 | 2 | 二 | 夫妻合葬 |

续表一

| 型别 | 式别 | 墓号 | 方向(度) | 墓道口长 | 墓道口宽 | 墓道底长 | 墓道底宽 | 深 | 台阶数 | 天井数量 | 天井长 | 天井宽 | 甬道长 | 甬道宽 | 甬道高 | 墓室长 | 墓室宽 | 墓室高 | 人架 | 头向 | 面向 | 性别 | 年龄 | 葬式 | 葬具长 | 葬具宽 | 葬具高 | 随葬器物 | 殉人 | 期别 | 备注 |
|---|---|---|---|---|---|---|---|---|---|---|---|---|---|---|---|---|---|---|---|---|---|---|---|---|---|---|---|---|---|---|---|
| Eb | I | 320 | 200° | 4.40 | 0.60~0.89 | 6.50 | 0.80~0.89 | 3.80 | | 1 | 1.40 | 0.50 | | | | 2.40 | 1.28~1.52 | 1.22 | 1 | ? | ? | ? | ? | ? | 1.96 | 0.40~0.56 | ? | A型I式陶镇墓兽1，I式陶天王俑1，A型Ib式陶馒头男侍俑1，D型I式陶高髻女侍俑2，A型II式陶马1，B型I式陶骆驼1，A型II式陶塔式罐1，残铁片 | | 二 | |
| Eb | I | 323 | 198° | 4.60 | 0.43~0.80 | 7.30 | 0.80~0.84 | 4.30 | | 1 | 1.30 | 0.40 | 0.56 | 0.74 | 1.16 | 2.51 | 1.35~1.50 | 1.20 | 1 | ? | ? | ? | ? | ? | 2.00 | 0.38~0.64 | ? | 陶镇墓兽耳朵1，D型陶垂发梳髻女侍俑1，残陶女侍俑1，A型I式陶塔式罐1，银耳环1，栗类籽粒一堆 | 3 | 二 | |
| Eb | I | 331 | 18° | 3.40 | 0.64~0.88 | 5.30 | 0.88~0.92 | 3.30 | | 1 | 1.40 | 0.40 | | | | 2.60 | 1.35 | ? | 1 | 北 | ? | ? | ? | 仰身直肢 | 2.10 | 0.42~0.60 | ? | A型II式陶塔式罐1，A型I式瓷碗1，Aa型II型铜镜1，开元通宝线2，漆盒1，蚌壳1，泥胎狗（朽）2，残碎泥胎俑8 | 1 | 二 | |
| Eb | II | 18 | 206° | 4.45 | 0.60~0.88 | 7.49 | 0.85~0.89 | 4.27 | 6 | 1 | 0.98 | 0.50 | 0.35 | 0.90 | 1.01 | 2.04 | 1.12~1.39 | 1.05 | ? | ? | ? | ? | ? | ? | ? | ? | ? | A型Ia式陶馒头男侍俑1，D型陶馒头男侍俑1，残陶女侍俑1，A型I式陶马1，A型I式陶骆驼1，A型IIIa式陶塔式罐1，A型III式陶塔式罐1 | 2 | 二 | 葬具不清 |

续表一

| 型别 | 式别 | 墓号 | 方向(度) | 墓道口长 | 墓道口宽 | 墓道底长 | 墓道底宽 | 深 | 台阶数 | 天井数量 | 天井长 | 天井宽 | 甬道长 | 甬道宽 | 甬道高 | 墓室长 | 墓室宽 | 墓室高 | 人架 | 头向 | 面向 | 性别 | 年龄 | 葬式 | 葬具长 | 葬具宽 | 葬具高 | 随葬器物 | 殉人 | 期别 | 备注 |
|---|---|---|---|---|---|---|---|---|---|---|---|---|---|---|---|---|---|---|---|---|---|---|---|---|---|---|---|---|---|---|---|
| Eb | II | 20 | 195° | 3.47 | 0.43~0.90 | 6.90 | 0.75~0.93 | 4.14 | 9 | 1 | 1.29 | 0.40 | | | | 2.23 | 1.23 | 1.14 | 1 | 北 | ? | ? | ? | 仰身直肢 | ? | ? | | Aa型陶圆腹罐1，开元通宝钱2，残铁片 | | 二 | 葬具不清 |
| Eb | II | 31 | 195° | 2.87 | 0.46~0.86 | 6.00 | 0.66~0.76 | 3.68 | 3 | 1 | 1.42 | 0.44 | 0.52 | 0.68 | 0.88 | 2.30 | 1.12 | 1.02 | 1 | 北 | 西 | ? | ? | 仰身直肢 | 1.66 | 0.30~0.48 | | A型II式陶塔式罐1 | 2 | 二 | |
| Eb | II | 34 | 204° | 1.80 | 0.45~0.60 | 4.50 | 0.70~0.80 | 3.34 | 6 | 1 | 1.40 | 0.45 | | | | 2.24 | 0.94~1.08 | 0.99 | 1 | 北 | ? | ? | ? | 仰身直肢 | 1.72 | 0.28~0.40 | | A型Ic式陶蹼头男侍俑1，D型I式陶高髻女侍俑1，F型陶高髻女侍俑1，陶垂发梳髻女舞俑1，I式残铁片，铜扣1，I式陶砚1，铜饰1，I式陶碗1，Aa型陶圆腹罐1，开元通宝钱1 | | 二 | |
| Eb | II | 60 | 196° | 3.90 | 0.50~0.60 | 6.70 | 0.76~0.86 | 3.70 | 5 | 1 | 1.40 | 0.44 | 0.24 | 0.74 | 1.20 | 2.17 | 1.08~1.25 | 1.20 | 1 | 北 | 西 | 男 | 35± | 仰身直肢 | 1.78 | 0.38~0.50 | | Aa型陶圆腹罐1，残铁片，开元通宝钱1 | | 二 | |
| Eb | II | 68 | 197° | 2.90 | 0.60~0.90 | 5.10 | 0.75~0.92 | 2.72 | | 1 | 1.25 | 0.46 | | | | 2.48 | 1.16 | 0.88 | 1 | 北 | 东 | 男 | 30~40 | ? | 1.96 | 0.35~0.50 | | B型II式陶塔式罐1，残铁器，残铁片 | 5 | 二 | |

续表一

| 型别 | 式别 | 墓号 | 方向(度) | 墓道口长 | 墓道口宽 | 墓道底长 | 墓道底宽 | 深 | 台阶数 | 天井数量 | 天井长 | 天井宽 | 甬道长 | 甬道宽 | 甬道高 | 墓室长 | 墓室宽 | 墓室高 | 人架 | 头向 | 面向 | 性别 | 年龄 | 葬式 | 葬具长 | 葬具宽 | 葬具高 | 随葬器物 | 殉人 | 期别 | 备注 |
|---|---|---|---|---|---|---|---|---|---|---|---|---|---|---|---|---|---|---|---|---|---|---|---|---|---|---|---|---|---|---|---|
| Eb | II | 92 | 196° | 3.80 | 0.66~0.70 | 6.20 | 0.68~0.72 | 3.62 | 9 | 1 | 1.54 | 0.46 | | | | 2.52 | 1.18 | 0.98 | 1 | 北 | 西 | 女 | 20~25 | 仰身直肢 | 1.84 | 0.38~0.46 | | I式陶天王俑1，B型II式陶镇墓兽1，A型陶马1，B型I式陶骆驼1，A型Ib陶镇头男侍俑2，A型I式陶博鬓女侍俑1，A型II式陶博鬓女侍俑1，A型IIIb式陶塔式罐1，A型II型铜钗1，B型瓷碗1，C型瓷盒1，A型铜臂钏1，铜镊子1，蚌壳1，骨簪1，铁刀1，I式开元通宝钱1，II式开元通宝钱2，残铁块和铁片 | | 三 | |
| Eb | II | 154 | 197° | 4.20 | 0.50~0.86 | 6.98 | 0.80 | 3.56 | 11 | 1 | 1.51 | 0.45 | | | | 2.40 | 0.98~1.12 | 0.88 | 1 | 北 | ? | ? | ? | ? | 1.90 | 0.30~0.53 | | A型I式陶塔式罐1，残陶塔式罐1，B型IV式铜镜，残铁器，蚌壳，残铁片，铜带钩，开元通宝钱1 | | 三 | |
| Eb | II | 226 | 202° | 4.50 | 0.62~0.80 | 7.30 | 0.84~0.88 | 3.58 | 4 | 1 | 1.50 | 0.40 | 0.24 | 0.84 | 1.26 | 3.30 | 1.30 | 1.40 | 1 | 北 | 东 | 男 | 40± | 仰身直肢 | 1.80 | 0.42~0.56 | | 残陶女俑1，B型I式陶圆腹罐1，残铁片，砺石1 | 11 | 三 | |
| Eb | II | 293 | 195° | 2.00 | 0.60~0.70 | 4.25 | 0.74 | 3.00 | | 1 | 1.40 | 0.40 | 0.82 | 0.78 | 1.10 | 2.23 | 1.24~1.40 | 1.20 | 1 | 北 | ? | ? | ? | ? | 1.80 | 0.47~0.58 | | A型IIIa式陶塔式罐1，残陶男俑2，蚌壳2 | | 三 | |

续表一

| 型别 | 式别 | 墓号 | 方向(度) | 墓道口长 | 墓道口宽 | 墓道底长 | 墓道底宽 | 深 | 台阶数 | 天井数量 | 天井长 | 天井宽 | 甬道长 | 甬道宽 | 甬道高 | 墓室长 | 墓室宽 | 墓室高 | 人架 | 头向 | 面向 | 性别 | 年龄 | 葬式 | 葬具长 | 葬具宽 | 葬具高 | 随葬器物 | 殉人 | 期别 | 备注 |
|---|---|---|---|---|---|---|---|---|---|---|---|---|---|---|---|---|---|---|---|---|---|---|---|---|---|---|---|---|---|---|---|
| Eb | II | 316 | 196° | 3.60 | 0.55~0.79 | 6.00 | 0.78~0.80 | 3.40 | | 1 | 1.30 | 0.46 | | | | 2.76 | 1.08~1.26 | 1.12 | 1 | 北 | ? | ? | ? | ? | 1.86 | 0.40~0.52 | | I式陶天王俑1，A型II式陶镇墓兽1，A型II式陶马1，A型I式陶骆驼1，A型Ic式陶幞头男侍俑1，D型陶垂发梳髻女侍俑5，B型I式陶塔式罐1，开元通宝1线 | 2 | 二 | |
| Eb | II | 333 | 193° | 3.60 | 0.54~0.84 | 6.00 | 0.84~0.96 | 3.90 | 5 | 1 | 1.20 | 0.40 | 0.40 | 0.88 | 1.12 | 2.10 | 1.29 | 1.14 | 1 | 北 | ? | ? | ? | ? | 1.80 | 0.46~0.62 | | | 5 | | |
| Eb | III | 17 | 200° | 3.56 | 0.54~0.77 | 6.78 | 0.72~0.75 | 3.78 | 11 | 1 | 1.34 | 0.44 | 0.98 | 0.74 | 1.08 | 2.27 | 1.50 | 1.16 | 1 | 北 | 东 | 女 | 13~18 | 仰身屈肢 | 1.81 | 0.33~0.48 | | III式陶天王俑1，B型IV式陶镇墓兽1，B型陶马1，B型III式陶骆驼1，A型III式陶幞头男侍俑5，D型陶幞头男侍俑1，E型陶幞头男侍俑1，F型陶幞头男侍俑1，男侍俑1，A型陶高髻女马俑牵1，G型陶高髻女侍俑2，待俑1，C型待俑1，髻女垂发梳女发待俑2，陶牛2，残待俑1，A型IIIa式陶塔式罐2，A型IIIa式残陶俑2，陶塔式罐1，铜盒1，铜镜1，丝绢经咒图1，残铁片 | 2 | 三 | |
| Ec | I | 2 | 196° | 4.54 | 0.56~0.70 | 5.33 | 0.70 | 2.70 | 9 | | | | | | | 2.12 | 1.02 | 1.04 | ? | ? | ? | ? | ? | ? | ? | ? | ? | B型I式陶塔式罐1 | 1 | 二 | 葬具不清 |

续表一

| 型别 | 式别 | 墓号 | 方向(度) | 墓道口长 | 墓道口宽 | 墓道底长 | 墓道底宽 | 深 | 台阶数 | 天井数量 | 天井长 | 天井宽 | 甬道长 | 甬道宽 | 甬道高 | 墓室长 | 墓室宽 | 墓室高 | 人架 | 头向 | 面向 | 性别 | 年龄 | 葬式 | 葬具长 | 葬具宽 | 葬具高 | 随葬器物 | 殉人 | 期别 | 备注 |
|---|---|---|---|---|---|---|---|---|---|---|---|---|---|---|---|---|---|---|---|---|---|---|---|---|---|---|---|---|---|---|---|
| Ec | I | 10 | 203° | 3.75 | 0.64~0.75 | 4.20 | 0.54~0.76 | 2.57 | 5 | | | | | | | 2.20 | 1.00~1.11 | 0.81~0.94 | | 北 | 上 | 男 | 20± | 仰身直肢 | 1.70 | 0.33~0.50 | | B型I式铜镜1，三彩提梁罐1，三彩盏1，蚌壳3，Aa型陶圆腹罐1 | | 二 | |
| Ec | I | 11 | 206° | 4.45 | 0.40~0.66 | 4.85 | 0.67~0.75 | 3.00 | 6 | | | | | | | 2.20 | 1.08 | 1.05 | 1 | 北 | ? | ? | ? | ? | ? | ? | | | | | 葬具不清 |
| Ec | I | 15 | 208° | 4.11 | 0.52~0.87 | 5.42 | 0.80~0.87 | 3.37 | 7 | | | | | | | 2.17 | 1.25 | 1.39 | 1 | 北 | ? | ? | ? | 仰身直肢 | ? | ? | | A型陶垂发梳髻女侍俑1，Aa型陶圆腹罐1，铜合页2，铜镜子1，陶塔式罐座残片 | | 二 | 葬具不清 |
| Ec | I | 24 | 194° | 3.96 | 0.53~0.73 | 4.20 | 0.52~0.78 | 2.15 | 8 | | | | 0.22 | 0.52 | 0.88 | 1.90 | 0.87~0.98 | 0.47~0.88 | 1 | 北 | 东 | 男 | 30± | 侧身屈肢 | ? | ? | | 残陶罐1，铜铃1 | | 二 | |
| Ec | I | 41 | 200° | 3.90 | 0.40~0.61 | 5.58 | 0.70~0.74 | 3.06 | 4 | | | | | | | 2.00 | 0.98 | 1.16 | 1 | 北 | ? | 男 | 35± | 仰身直肢 | 1.78 | 0.36~0.48 | | I式陶天王俑1，A型II式陶骆驼1，B型I式陶马1，A型Ic式陶蹼幞头男侍俑2，D型陶蹼幞头男侍俑3，D型陶垂发梳髻女侍俑1，A型I式陶塔式罐1 | 2 | 二 | |
| Ec | I | 44 | 205° | 3.76 | 0.54 | 4.70 | 0.54 | 1.86 | 3 | | | | | | | 2.00 | 0.86~0.98 | 0.96~0.98 | 1 | 北 | ? | 男 | 45± | 仰身直肢 | ? | ? | | Aa型陶圆腹罐1，开元通宝钱1 | 3 | 二 | 葬具不清 |

续表一

| 型别 | 式别 | 墓号 | 方向(度) | 墓道 口 长 | 口 宽 | 底 长 | 底 宽 | 深 | 台阶数 | 天井 数量 | 天井 长 | 天井 宽 | 甬道 长 | 甬道 宽 | 甬道 高 | 墓室 长 | 墓室 宽 | 墓室 高 | 人架 | 头向 | 面向 | 性别 | 年龄 | 葬式 | 葬具 长 | 葬具 宽 | 葬具 高 | 随葬器物 | 殉人 | 期别 | 备注 |
|---|---|---|---|---|---|---|---|---|---|---|---|---|---|---|---|---|---|---|---|---|---|---|---|---|---|---|---|---|---|---|---|
| Ec | Ⅰ | 45 | 198° | 6.24 | 0.50~0.82 | 5.70 | 0.82 | 3.68 | 6 | | | | | | | 2.38 | 1.32 | 1.34 | 1 | 北 | ? | ? | ? | ? | 1.90 | 0.42~0.52 | 0.26~0.46 | A型Ⅱ式陶马1，A型Ⅰa式陶馈头1，A型Ⅰb式陶馈头男侍俑1，A型Ⅰ式陶塔式罐1，Ⅰ式陶砚1 | 2 | 二 | |
| Ec | Ⅰ | 46 | 198° | 5.64 | 0.18~0.63 | 6.40 | 0.66 | 2.14 | 6 | | | | | | | 2.10 | 0.92~1.00 | 1.11 | 1 | 北 | ? | 男 | 30± | 仰身直肢 | 1.73 | 0.40~0.50 | | 开元通宝钱1 | 6 | | |
| Ec | Ⅰ | 62 | 203° | 3.38 | 0.54~0.76 | 3.90 | 0.70~0.78 | 1.82 | 3 | | | | | | | 2.04 | 1.08~1.22 | 0.82~0.88 | 1 | 北 | 西 | 女 | 30± | 仰身直肢 | 1.76 | 0.41~0.52 | | D型Ⅰ式陶圆腹罐1，蚌壳2，铜饰2，料珠1，海贝1 | | 二 | |
| Ec | Ⅰ | 81 | 200° | 4.00 | 0.54~0.99 | 5.40 | 0.89 | 3.50 | 10 | | | | | | | 2.52 | 1.42 | 1.34 | 1 | 北 | 西 | ? | 30± | 仰身直肢 | 1.80 | 0.40~0.50 | | A型Ⅲa式陶塔式罐1，Ⅱ式开元通宝钱1 | | | |
| Ec | Ⅰ | 83 | 204° | 4.60 | 0.40~0.72 | 5.40 | 0.68~0.72 | 3.80 | 10 | | | | | | | 2.32 | 1.12 | 0.99 | 1 | 北 | 上 | 男 | 30± | 仰身屈肢 | 1.80 | 0.38~0.46 | | Ⅰ式陶天王俑1，Ⅱ式陶镇墓兽1，A型Ⅰ式陶馈头马1，A型Ⅱ式陶骆驼1，陶馈高髻垂发梳妆女侍俑2，C型陶馈头女侍俑2，A型陶垂双髻女侍俑1，残男俑，A型Ⅰ式陶罐2，陶圆形器1，石块，残块片，残铁片，陶塔式罐座1，Ⅱ式陶钵1，开元通宝钱3 | | 二 | |

续表一

| 型别 | 式别 | 墓号 | 方向(度) | 墓道口长 | 墓道口宽 | 墓道底长 | 墓道底宽 | 深 | 台阶数 | 天井数量 | 天井长 | 天井宽 | 甬道长 | 甬道宽 | 甬道高 | 墓室长 | 墓室宽 | 墓室高 | 人架 | 头向 | 面向 | 性别 | 年龄 | 葬式 | 葬具长 | 葬具宽 | 葬具高 | 随葬器物 | 殉人 | 期别 | 备注 |
|---|---|---|---|---|---|---|---|---|---|---|---|---|---|---|---|---|---|---|---|---|---|---|---|---|---|---|---|---|---|---|---|
| Ec | I | 122 | 204° | 4.20 | 0.50~0.63 | 5.20 | 0.64 | 3.08 | 5 | | | | | | | 2.14 | 1.08 | 1.06 | 1 | 北 | 东 | 女? | 成年 | 仰身直肢 | 1.72 | 0.36~0.60 | | B型I式陶塔式罐1,三彩水盂1 | 3 | 二 | |
| Ec | I | 125 | 204° | 2.10 | 0.46~0.50 | 5.00 | 0.64~0.70 | 3.62 | | | | | | | | 1.98 | 1.30 | 1.06 | 1 | 北 | ? | 男? | 30~40 | 仰身直肢 | 1.70 | 0.26~0.42 | | 残铁片 | 1 | | |
| Ec | I | 130 | 203° | 4.03 | 0.70~0.80 | 4.60 | 0.80 | 2.28 | 7 | | | | | | | 1.80 | 1.08~1.32 | 1.02 | 1 | 北 | 上 | 男 | 40± | 仰身直肢 | 1.72 | 0.40~0.60 | | B型II式陶塔式罐1 | 12 | 二 | |
| Ec | I | 143 | 200° | 4.50 | 0.46~0.88 | 6.07 | 0.59~0.88 | 3.48 | 8 | | | | | | | 2.14 | 1.08~1.18 | 0.78~1.08 | 1 | 北 | ? | ? | ? | | 1.70 | 0.36~0.46 | | B型陶高髻女侍俑1,G型陶高髻女侍俑1,C型陶垂发梳髻女侍俑2,A型IIIa式陶塔式罐2,残陶塔式罐1,IV式陶壶1,残陶罐1,料珠1,残铁器1 | | 二 | |
| Ec | I | 165 | 210° | 3.70 | 0.48~0.74 | 3.85 | 0.72~0.74 | 2.00 | 2 | | | | | | | 2.26 | 0.86~1.04 | 0.70 | 1 | 北 | ? | 女? | 大于40 | 仰身直肢 | ? | ? | ? | B型I式陶塔式罐1 | 1 | 二 | 葬具不清 |
| Ec | I | 330 | 207° | 4.80 | 0.50~0.84 | 5.20 | 0.60~0.84 | 3.40 | | | | | | | | 2.38 | 1.18 | 1.11 | 1 | 北 | ? | ? | ? | 仰身直肢 | 1.84 | 0.43~0.50 | | B型I式陶塔式罐2,IV式陶壶1,B型II式铜镜1,铜合页2,铜镊子1,残木梳1,残漆盒1,蚌壳1,开元通宝钱1 | 1 | 二 | |

续表一

| 型别 | 式别 | 墓号 | 方向(度) | 墓道口长 | 墓道口宽 | 墓道底长 | 墓道底宽 | 深 | 台阶数 | 天井数量 | 天井长 | 天井宽 | 甬道长 | 甬道宽 | 甬道高 | 墓室长 | 墓室宽 | 墓室高 | 人架 | 头向 | 面向 | 性别 | 年龄 | 葬式 | 葬具长 | 葬具宽 | 葬具高 | 随葬器物 | 殉人 | 期别 | 备注 |
|---|---|---|---|---|---|---|---|---|---|---|---|---|---|---|---|---|---|---|---|---|---|---|---|---|---|---|---|---|---|---|---|
| Ec | II | 4 | 210° | ? | ? | ? | ? | ? | | | | | | | | 2.40 | 1.46 | 1.30 | 1 | 北 | 西 | 男 | 40± | 仰身直肢 | 1.70 | 0.35~0.46 | | III式陶天王俑1，A型III式陶镇墓兽1，A型II式陶马1，B型III式陶骆驼1，A型III式陶幞头男侍俑2，D型陶幞头男侍俑1，铜带扣1，水晶柱1，铜饰1，铜丝1，残铁片1，A型I式陶塔式罐2 | | 二 | |
| Ec | II | 56 | 201° | 3.24 | 0.58~0.82 | 4.24 | 0.76~0.82 | 2.40 | | | | | 0.30 | 0.74 | 0.96 | 2.00 | 0.86~1.11 | 0.98 | 1 | 北 | 上 | 男 | 35± | 仰身直肢 | 1.74 | 0.38~0.47 | | Aa型陶圆腹罐1，残铁片1，开元通宝钱1 | 1 | 二 | |
| Ec | II | 58 | 201° | 4.60 | 0.50~0.74 | 5.80 | 0.74 | 3.14 | 9 | | | | 0.34 | 0.72 | 1.14 | 2.68 | 1.36 | 1.16 | 1 | 北 | ? | ? | 50± | 仰身直肢 | 1.84 | 0.40~0.50 | | A型II式陶镇墓兽1，B型I式陶人面陶骆驼1，A型Ib式陶幞头男侍俑1，D型陶幞头男侍俑1，D型陶垂发男侍俑1，E型陶垂发女侍俑1，陶梳髻女侍俑1，陶垂髻双髻女侍俑2，A型II式陶塔式罐1，铜泡1 | | 二 | |
| Ec | II | 63 | 207° | 4.49 | 0.54~0.74 | 5.30 | 0.71~0.76 | 3.20 | 10 | | | | | | | 2.27 | 1.19 | 1.10 | 1 | ? | ? | 女 | ? | ? | 1.60 | 0.36~0.48 | | B型I式陶塔式罐1，I式陶盆1，铜剪1，蚌壳1，B型铜臂钏1，铜饰件1，开元通宝钱1 | 4 | 二 | |
| Ec | II | 73 | 194° | 4.00 | 0.54~0.80 | 4.40 | 0.72~0.80 | 2.80 | 3 | | | | 0.40 | 0.67 | 1.01 | 2.38 | 1.34 | 1.10 | 1 | 北 | 东 | 男 | 35± | 仰身直肢 | 1.80 | 0.40~0.50 | | III式陶壶1 | | 二 | |

续表一

| 型别 | 式别 | 墓号 | 方向(度) | 墓道口 长 | 墓道口 宽 | 墓道底 长 | 墓道底 宽 | 深 | 台阶数 | 天井 数量 | 天井 长 | 天井 宽 | 甬道 长 | 甬道 宽 | 甬道 高 | 墓室 长 | 墓室 宽 | 墓室 高 | 人架 | 头向 | 面向 | 性别 | 年龄 | 葬式 | 葬具 长 | 葬具 宽 | 葬具 高 | 随葬器物 | 殉人 | 期别 | 备注 |
|---|---|---|---|---|---|---|---|---|---|---|---|---|---|---|---|---|---|---|---|---|---|---|---|---|---|---|---|---|---|---|---|
| Ec | II | 74 | 203° | 4.60 | 0.44～0.76 | 6.00 | 0.84 | 3.40 | 8 | | | | 0.30 | 0.76 | 1.10 | 2.26 | 1.40 | 1.18 | 1 | 北 | 东 | ? | 30± | 仰身直肢 | 1.66 | 0.38～0.48 | | A型II式陶塔式罐1，铜饰1，蚌壳1，残铁片，开元通宝钱2 | | 二 | |
| Ec | II | 152 | 198° | 4.00 | 0.51～0.80 | 4.70 | 0.74 | 1.93 | 4 | | | | | | | 2.14 | 1.06 | 0.89 | 1 | 北 | ? | ? | ? | ? | ? | ? | | I式陶天王俑1，A型II式陶镇墓兽1，A型II式陶马1，A型I式陶骆驼1，A型Ib式陶骆驼头男骑马俑2，F型陶馒头男侍俑1，残陶骆驼马俑1，A型陶高髻女侍俑1，G型陶高髻女侍俑1，釉陶狗1，A型IV式陶塔式罐1，石围棋子3，石弹子1，II式陶砚1 | | 二 | 葬具不清 |
| Ec | III | 16 | 201° | 4.46 | 0.49～0.86 | 5.00 | 0.66～0.84 | 2.23 | 5 | | | | | | | 2.50 | 1.14 | 0.88 | 1 | 北 | 东 | ? | ? | 仰身直肢 | 1.78 | 0.39～0.49 | | Aa型陶圆腹罐 | 1 | 二 | |
| Ec | III | 33 | 195° | 4.22 | 0.48～0.52 | 5.24 | 0.75～0.82 | 3.15 | 6 | | | | | | | 2.34 | 1.36 | 0.98 | 1 | 北 | 西 | 女 | 成年 | 仰身直肢 | 1.77 | 0.28～0.46 | | B型I式陶塔式罐1，A型IV式陶塔式罐1，蚌壳2，A型铜钗1，残漆器1 | | 二 | |
| Ec | III | 71 | 202° | 4.00 | 0.53～0.64 | 5.66 | 0.65～0.72 | 3.58 | 2 | | | | | | | 2.38 | 1.16 | 0.98 | 1 | 北 | 上 | 女 | 35± | 仰身直肢 | ? | ? | | 残陶罐1，残铁片，蚌壳片，开元通宝钱1 | | 二 | 葬具不清 |

续表一

| 型别 | 式别 | 墓号 | 方向(度) | 墓道口长 | 墓道口宽 | 墓道底长 | 墓道底宽 | 深 | 台阶数 | 天井数量 | 天井长 | 天井宽 | 甬道长 | 甬道宽 | 甬道高 | 墓室长 | 墓室宽 | 墓室高 | 人架 | 头向 | 面向 | 性别 | 年龄 | 葬式 | 葬具长 | 葬具宽 | 葬具高 | 随葬器物 | 殉人 | 期别 | 备注 |
|---|---|---|---|---|---|---|---|---|---|---|---|---|---|---|---|---|---|---|---|---|---|---|---|---|---|---|---|---|---|---|---|
| Ec | Ⅲ | 169 | 209° | 3.90 | 0.51~0.80 | 4.60 | 0.66~0.80 | 2.60 | 8 | | | | | | | 2.50 | 0.98~1.04 | 1.00 | 1 | 北 | 东 | 男 | 成年 | 仰身直肢 | 2.12 | 0.49~0.63 | | A型Ⅰc式陶嘘头俑1，残陶俑3，B型Ⅰ式陶塔式罐2，开元通宝钱2 | | 二 | |
| Ec | Ⅳ | 48 | 201° | 5.08 | 0.49~0.80 | 6.56 | 0.84 | 3.96 | 3 | | | | 0.26 | 0.82 | 1.34 | 2.53 | 0.88~1.24 | 1.33 | 1 | 北 | ? | 男 | 25± | 仰身直肢 | 1.82 | 0.41~0.53 | | B型Ⅰ式陶塔式罐1，残陶罐1 | | 二 | |
| Ec | Ⅳ | 136 | 195° | 5.00 | 0.40~0.74 | 6.30 | 0.60~0.76 | 3.20 | 2 | | | | | | | 2.01 | 0.64~0.98 | 0.98 | 1 | 北 | ? | ? | ? | ? | 1.87 | 0.34~0.50 | | Aa型陶圆腹罐1，残铁片 | | 二 | |
| Ec | Ⅴ | 5 | 191° | 3.36 | 0.70~0.99 | 3.90 | 0.76~0.92 | 1.90 | 4 | | | | | | | 2.30 | 1.18 | 1.20 | 1 | 北 | ? | 男 | 45± | 仰身直肢 | 1.70 | 0.35~0.46 | | B型Ⅰ式陶塔式罐1 | | 二 | |
| Ec | Ⅴ | 8 | 209° | 3.50 | 0.34~0.76 | 4.56 | 0.65~0.70 | 2.19 | 6 | | | | | | | 2.10 | 0.70~1.03 | 0.56~0.94 | 1 | 北 | 上 | 男 | 40± | 仰身直肢 | 1.90 | 0.34~0.50 | | | | 二 | |
| Ec | Ⅴ | 9 | 193° | 2.40 | 0.50~0.57 | 2.89 | 0.60~0.64 | 1.75 | 3 | | | | | | | 1.85 | 0.66~0.86 | 0.52~0.65 | 1 | 南 | 上 | ? | ? | 仰身屈肢 | ? | ? | | B型Ⅱ式陶圆腹罐1，开元通宝钱1，残铁片 | | 二 | 葬具不清 |
| Ec | Ⅴ | 14 | 205° | 3.30 | 0.45~0.78 | 3.53 | 0.60~0.64 | 2.60 | 5 | | | | | | | 2.00 | 0.96~1.20 | 0.60~0.85 | 1 | 北 | 西北 | 男 | 40± | 仰身直肢 | 1.68 | 0.35~0.48 | | A型Ⅲa式陶塔式罐1 | 1 | 二 | |
| Ec | Ⅴ | 29 | 191° | 3.02 | 0.34~0.60 | 4.10 | 0.56~0.64 | 2.52 | 4 | | | | | | | 2.04 | 0.64~0.96 | 0.42~0.70 | 1 | 北 | ? | ? | ? | ? | ? | ? | | C型Ⅰ式陶双耳罐1 | | 二 | 葬具不清 |
| Ec | Ⅴ | 49 | 195° | 3.53 | 0.60~0.72 | 4.30 | 0.68 | 2.30 | 5 | | | | | | | 1.90 | 0.82~1.00 | 0.89 | 1 | 北 | ? | ? | ? | ? | ? | ? | | 残陶塔式罐1，谷物一堆 | | 二 | 葬具不清 |
| Ec | Ⅴ | 53 | 198° | 3.40 | 0.44~0.64 | 4.22 | 0.60~0.64 | 2.10 | 4 | | | | | | | 2.14 | 0.76~0.82 | 0.70~0.90 | 1 | 北 | 上 | 男 | 35± | 仰身直肢 | 1.74 | 0.36~0.50 | | | | 二 | |

续表一

| 型别 | 式别 | 墓号 | 方向(度) | 墓道口长 | 墓道口宽 | 墓道底长 | 墓道底宽 | 深 | 台阶数 | 天井数量 | 天井长 | 天井宽 | 甬道长 | 甬道宽 | 甬道高 | 墓室长 | 墓室宽 | 墓室高 | 人架 | 头向 | 面向 | 性别 | 年龄 | 葬式 | 葬具长 | 葬具宽 | 葬具高 | 随葬器物 | 殉人 | 期别 | 备注 |
|---|---|---|---|---|---|---|---|---|---|---|---|---|---|---|---|---|---|---|---|---|---|---|---|---|---|---|---|---|---|---|---|
| Ec | V | 54 | 198° | 3.32 | 0.46~0.74 | 4.00 | 0.61 | 1.84 | 2 | | | | | | | 1.44 | 0.81 | 0.84 | 1 | 北 | 东北 | 男 | 35± | 仰身屈肢 | | | | | 2 | | 无葬具 |
| Ec | V | 57 | 200° | 2.50 | 0.60~0.75 | 3.50 | 0.64~0.80 | 2.28 | 4 | | | | 0.24 | 0.84 | 0.90 | 2.44 | 0.96~1.33 | 0.90 | 1 | 北 | ? | ? | 30± | 仰身屈肢 | 1.84 | 0.40~0.50 | ? | | | | |
| Ec | V | 64 | 209° | 3.30 | 0.44~0.64 | 3.95 | 0.82 | 2.20 | 9 | | | | | | | 2.00 | 1.16 | 0.38~0.94 | 1 | 北 | 上 | 男 | 40± | 仰身直肢 | 1.59 | 0.30~0.44 | ? | Aa型陶圆腹罐1 | 3 | 二 | |
| Ec | V | 70 | 191° | 3.20 | 0.43~0.60 | 3.74 | 0.70 | 2.20 | 3 | | | | | | | 1.94 | 1.02~1.11 | 1.06 | ? | 北 | ? | ? | ? | ? | ? | ? | ? | D型I式陶高髻女侍俑(残存头部) | | 二 | 放宋墓破坏环 |
| Ec | V | 75 | 196° | 2.90 | 0.50~0.63 | 3.40 | 0.55~0.63 | 1.60 | 3 | | | | | | | 1.50 | 0.58~0.74 | 0.70 | 1 | 北 | ? | ? | 20± | ? | ? | ? | ? | Ab型铜镜1,残铁片,开元通宝钱1 | | 二 | 葬式葬具不清 |
| Ec | V | 76 | 197° | ? | ? | ? | ? | ? | ? | | | | | | | 2.10 | 0.72~0.83 | 0.88 | 1 | 北 | 西 | 男 | 40± | 仰身直肢 | 1.62 | 0.35~0.40 | ? | II式开元通宝钱2,III式开元通宝钱1 | 1 | 三 | |
| Ec | V | 86 | 205° | 3.30 | 0.43~0.60 | 4.30 | 0.70 | 2.40 | 8 | | | | | | | 2.24 | 0.94~1.16 | 1.00 | 1 | 北 | 上 | 男 | 30± | 仰身直肢 | 1.53 | 0.32~0.43 | ? | A型IV式陶塔式罐1,III式陶钵1,A型I式陶漆盒1,A型I式乾元重宝钱1,II式开元通宝钱1 | 5 | 二 | |
| Ec | V | 91 | 190° | ? | ? | ? | ? | ? | ? | | | | 0.24 | 0.60 | 1.00 | 2.70 | 1.00~1.25 | 1.02 | 1 | 北 | 南 | 男? | 大于45 | 仰身直肢 | 1.70 | 0.41~0.63 | ? | B型瓷碗1,青手杖把1 | 3 | 三 | |
| Ec | V | 135 | 197° | 3.51 | 0.38~0.60 | 4.50 | 0.64 | 2.61 | 6 | | | | | | | 2.66 | 0.88~1.04 | 1.08 | 1 | ? | ? | 女 | ? | ? | ? | ? | ? | 残陶罐1,蚌壳1 | | 二 | 葬具不清 |
| Ec | V | 139 | 200° | 2.80 | 0.68~0.83 | 3.50 | 0.70~0.78 | 1.86 | 2 | | | | | | | 1.76 | 0.74~1.00 | 0.42~0.74 | 1 | 北 | 西北 | 女 | 35~40 | 仰身直肢 | 1.74 | 0.32~0.56 | ? | A型IV式陶塔式罐1,开元通宝钱2 | 1 | 二 | |

续表一

| 型别 | 式别 | 墓号 | 方向(度) | 墓道口长 | 墓道口宽 | 墓道底长 | 墓道底宽 | 深 | 台阶数 | 天井数量 | 天井长 | 天井宽 | 甬道长 | 甬道宽 | 甬道高 | 墓室长 | 墓室宽 | 墓室高 | 人架 | 头向 | 面向 | 性别 | 年龄 | 葬式 | 葬具长 | 葬具宽 | 葬具高 | 随葬器物 | 殉人数 | 期别 | 备注 |
|---|---|---|---|---|---|---|---|---|---|---|---|---|---|---|---|---|---|---|---|---|---|---|---|---|---|---|---|---|---|---|---|
| Ec | V | 140 | 200° | 3.52 | 0.60~0.84 | 4.18 | 0.70~0.78 | 1.70 | 3 | | | | | | | 2.00 | 1.07 | 0.78 | 1 | 北 | 东 | 男 | 50± | 仰身直肢 | 1.68 | 0.43~0.56 | | Aa型陶圆腹罐1 | 1 | 二 | |
| Ec | V | 141 | 199° | 2.80 | 0.40~0.70 | 3.82 | 0.72~0.76 | 1.80 | 2 | | | | | | | 1.89 | 0.74~1.10 | 0.44~0.98 | 1 | 北 | 上 | 男 | 45± | 仰身直肢 | 1.72 | 0.34~0.54 | | E型Ⅱ式陶圆腹罐1 | | 二 | |
| Ec | V | 144 | 207° | 2.35 | 0.44~0.52 | 2.70 | 0.56 | 1.48 | 3 | | | | | | | 1.70 | 0.60~0.80 | 0.30~0.96 | 1 | 北 | 东 | 男 | 40± | 仰身直肢 | 1.62 | 0.33~0.44 | | Aa型陶圆腹罐1 | | 二 | |
| Ec | V | 153 | 202° | 4.10 | 0.50~0.72 | 4.85 | 0.62~0.70 | 3.12 | 3 | | | | | | | 2.25 | 0.82~1.02 | 0.92 | ? | ? | ? | ? | ? | ? | 1.80 | 0.38~0.58 | | B型Ⅰ式陶塔式罐1、铁剪1、骨散子2、残漆盒1、蚌壳1、残铁器1、开元通宝钱1 | | 二 | |
| Ec | V | 158 | 197° | 2.70 | 0.60~0.72 | 2.94 | 0.64~0.80 | 2.10 | 2 | | | | | | | 2.20 | 0.96~1.14 | 0.72~0.90 | 1 | 北 | 东 | ? | 成年? | 侧身屈肢 | 1.68 | 0.48~0.50 | | B型Ⅰ式陶塔式罐1、残铁器 | | 二 | |
| Ec | V | 179 | 198° | 2.90 | 0.62~0.76 | 5.10 | 0.72~0.76 | 3.70 | 5 | | | | | | | 2.05 | 0.87~1.10 | 1.04 | 1 | 北 | ? | ? | ? | 仰身直肢 | 1.81 | 0.46~0.64 | | D型陶噗头男侍俑2、C型陶垂发髻女侍俑1、A型Ⅱ式陶塔式罐1、C型Ⅱ式铜镜1、铁刀(残)1、蚌壳1、漆盒1、残铁片、开元通宝钱3 | | 二 | |
| Ec | V | 222 | 209° | 1.70 | 0.57~0.60 | 2.00 | 0.68 | 2.14 | 1 | | | | | | | 1.94 | 0.97~1.16 | 0.94 | 1 | 北 | ? | ? | ? | 仰身直肢 | 1.52 | 0.35~0.48 | | C型陶塔式罐1、残铁片、开元通宝钱2 | | 二 | |
| Ec | V | 242 | 210° | 2.00 | 0.40~0.60 | 2.56 | 0.60 | 1.30 | 3 | | | | | | | 1.90 | 0.70~0.99 | 0.66~0.96 | 1 | 北 | ? | 男 | 45± | 仰身 | | | | B型Ⅲ式陶圆腹罐1、开元通宝钱3 | | 二 | 无葬具 |

续表一

| 型别 | 式别 | 墓号 | 方向(度) | 墓道口长 | 墓道口宽 | 墓道底长 | 墓道底宽 | 深 | 台阶数 | 天井数量 | 天井长 | 天井宽 | 甬道长 | 甬道宽 | 甬道高 | 墓室长 | 墓室宽 | 墓室高 | 人架 | 头向 | 面向 | 性别 | 年龄 | 葬式 | 葬具长 | 葬具宽 | 葬具高 | 随葬器物 | 殉人 | 期别 | 备注 |
|---|---|---|---|---|---|---|---|---|---|---|---|---|---|---|---|---|---|---|---|---|---|---|---|---|---|---|---|---|---|---|---|
| Ec | V | 300 | 190° | 3.20 | 0.54~0.88 | 4.00 | 0.90 | 2.84 |  |  |  |  | 0.47 | 0.90 | 1.08 | 2.16 | 1.04~1.36 | 0.58 | 2 | 北 | 东 | ? | ? | ? | 1.88 | 0.40~0.56 |  | 残陶俑4，A型IV式陶塔式罐1，A型II式瓷碗1，残铁片，开元通宝钱2 |  | 二 | 二人合葬 |
| Ec | V | 304 | 200° | 4.00 | 0.60~0.80 | 4.32 | 0.80 | 1.72 |  |  |  |  |  |  |  | 2.21 | 1.23 | 0.96 | 1 | 北 | ? | 男 | 45± | 仰身直肢 | 1.91 | 0.36~0.64 |  | A型IV式瓷塔式罐1 |  | 二 |  |
| Ec | VI | 28 | 196° | 2.26 | 0.46~0.64 | 2.26 | 0.64 | 1.15 | 1 |  |  |  |  |  |  | 1.90 | 1.00~1.16 | 0.45 | 1 | 北 | 西 | 女 | 30± | 仰身直肢 | 1.70 | 0.34~0.50 |  | C型I式陶双耳罐1，A型瓷葫芦1，玉盒1，铜饰件3，I式开元通宝钱1，II式开元通宝钱1 |  | 二 |  |
| Ec | VI | 32 | 208° | 1.78 | 0.80 | 1.88 | 0.80 | 2.13 | 1 |  |  |  |  |  |  | 2.20 | 1.18 | 1.06 | ? | ? | ? | ? | ? | ? | ? | ? | ? | 残彩绘小俑3，残陶罐1，C型铜钗1，开元通宝钱1 |  | 二 |  |
| Ed |  | 30 | 192° | 2.50 | 0.45~0.60 | 3.00 | 0.54~0.78 | 5.96 | 3 |  |  |  | 0.94 | 0.74 | 0.98 | 2.06 | 1.22~1.50 | 1.45 | 1 | 北 | ? | 男 | 20~25 | 仰身直肢 | ? | ? | ? | A型陶幞头官俑1，A型II式陶幞头男侍俑3，D型陶幞头男侍俑2，F型陶高髻女侍俑1，B型陶垂发梳髻女侍俑1，A型III a式陶罐2，残陶塔式罐3，残铁片，开元通宝钱1 |  | 二 | 葬具不清 |
| F |  | 319 | 200° | 0.95 | 0.50 | 0.95 | 0.50~0.89 | 1.39 |  |  |  |  |  |  |  | 1.30 | 0.55~0.86 | 0.59 | 1 | 北 | 西 | 男 | 20± | 侧身屈肢 |  |  |  | B型II式陶圆腹罐1 |  | 二 | 无葬具 |

南北长 1.30、东西宽 0.55~0.86、高 0.59 米。无葬具。墓主头北足南，面朝西，侧身，头与体骨在室内北部东侧，右臂垂下，左臂屈于腹部，双腿屈伸于室南部宽出部分的西侧，男性，20 岁左右。髋骨之南置 B 型 Ⅱ 式陶圆腹罐 1。墓室口用砖封堵，砖长短、厚薄不一，一般长 0.28、宽 0.15 米左右，墓道口部长 0.95、宽 0.50 米，底部长 0.95、宽 0.50~0.89 米，上口距底深 1.39 米（图五三；图版二九，2）。

**（二）乙类墓**

63 座（表二）。此类墓均有一个竖穴墓道，墓室构筑形式有别，有的洞室与竖穴土坑在平面上作直线形，洞室或长或短，有的墓室是在竖穴土坑之侧。分为以下三型：

**A 型**

33 座。其特点是墓室与墓道平面的中轴线相重合，即在一条直线上，基本能全部将棺具推入其中，可称为竖穴墓，根据墓道结构的不同，分为两个亚型：

**Aa 型**　8 座。计有凤南 M59、凤南 M82、凤南 M88、凤南 M137、凤南 M173、凤南 M176、凤南 M218 和凤南 M303。

此型墓的墓道底均有数量不等的台阶。墓室底大多数平直，少数自南向北斜低。墓道平面或南宽北窄，或南窄北宽，少有两端宽度相等者。一般是墓室略宽于墓道，但看不出明显分界，个别的有明显分界。

**凤南 M303**　方向 184°。墓室平面南宽北窄，室顶自室口向北微弧形斜低，室底亦由室口向北端斜低。墓室南北长 2.70、宽 1.20~1.24、高 1.12 米。棺置室内中间，墓主头南足北，面向上，仰身直肢，男性，40 岁左右。室内西南角近室口处置陶灶 1、Ⅱb 式陶壶 1。墓主双手握隋五铢钱共 3 枚，两股骨内侧有铜带銙 2、铜镊子 1。墓道上口长 5.30、宽 0.81 米，底南端第一级台阶宽而平坦，宽度 1.78 米，二、三级台阶不规整，底长 6.00、宽 0.82~1.20 米，上口距底深 3.11 米。

墓道填土中发现殉人骨架 1 具，位于第一级台阶之上靠东壁处，距上口深 0.22 米。殉人头北足南，面朝东，仰身直肢，骨架长 1.60 米，保存不好，性别不能辨清，为成年人骨（图五四）。

**凤南 M88**　方向 202°。墓室北半部被宋墓打破，从南半部两壁之走向看，北端略宽于南端，墓室南北长约 1.96、宽 0.58~0.62、高 0.70 米。墓主头朝南，面向东，仅存胸以上骨骼，仰身，女性，35 岁左右，脖颈上套有半圆形扁条状铁圈一截，应是颈钳类的刑具。未见葬具痕迹。头前侧置 B 型 Ⅰ 式陶塔式罐 1。墓道上口长 3.64、宽 0.43~0.63 米，底有宽窄不等的台阶 3 级，底长 4.24、宽 0.58~0.68 米，上口距底深 2.00 米。

墓道北部近西壁处填土中发现殉人头骨 1 个，头骨距上口深 0.80 米，头顶朝南，面向东，男性，30 岁左右（图五五；图版三〇，1）。

**凤南 M82**　方向 205°。墓室西侧较端直，东侧中部起北半部窄进，墓室顶与底部由南向北斜低，南北长 1.85、宽 0.55~0.68、高 0.60 米，墓主置墓室中间，头南足北，面向东，仰身直肢，男性，35 岁左右，无葬具。墓主双腿近足处置 Ⅳ 式陶壶 1 件。墓道上口长 2.30、宽 0.55 米，底中部往北有台阶 4 级，底部平面北宽南窄，南北长 2.40、东西宽 0.55、0.56 米，上口距底深 1.90 米（图版三〇，2）。

**Ab 型**　25 座。

基本特征与 Aa 型墓相同，唯墓道底无台阶。可分为三式：

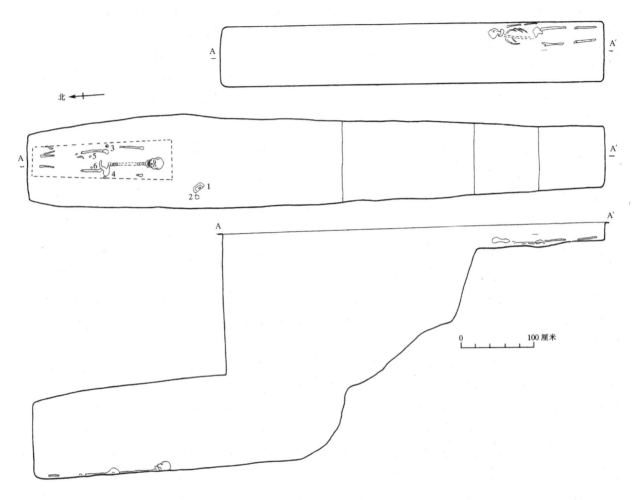

图五四　凤南乙类 Aa 型 M303（隋）平、剖面图

1.陶灶　2.Ⅱb式陶壶　3.隋五铢钱　4－1、2.隋五铢钱　5.铜镊子　6－1、2.铜带铐饰

**Ⅰ式**　10座。计有凤南 M3、凤南 M47、凤南 M50、凤南 M124、凤南 M129、凤南 M138、凤南 M162、凤南 M178、凤南 M335 和凤南 M336。

墓室和墓道东西两壁均在一条直线上。墓室平面大体呈长方形，南端略窄于北端，室顶大部分微拱近平，室底多为平行。部分墓道底自南端朝墓室方向斜低，个别墓自墓道底部南端一直斜低至墓室底部北端。墓道平面多数为南端窄、北端宽的梯形，或两端同宽的长方形。

**凤南 M336**　方向 188°。墓室南端略宽于北端，室顶自南端向北端斜低，南北长 1.70、东西宽 0.75～0.87、高 0.61 米。棺置室中间略偏西处，墓主头南足北，面向西，仰身直肢，女性，15～20 岁。棺长 1.32、宽 0.35～0.58 米。随葬隋五铢铜钱 4 枚，二枚含于墓主口内，二枚分别握于双手之中。墓道上口长 2.70、宽 0.76～0.87 米，底自南端一直斜至墓室底北端，墓道底长 2.80、宽 0.76～0.87 米，上口距底深 1.90 米（图五六）。

**凤南 M3**　方向 205°。墓室南窄北宽，平面略作梯形，底平，顶近平，南北长 2.05、

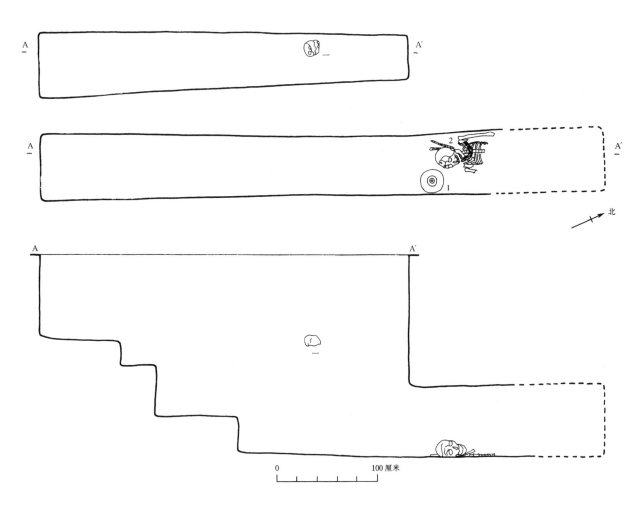

图五五　凤南乙类 Aa 型 M88 平、剖面图
1. B 型Ⅰ式陶塔式罐　2. 半圆形扁条状铁圈（铁刑具）
殉人：一，头骨

东西宽 0.72～0.90、高 0.79 米。棺置室内西侧，墓主头北足南，面向东，仰身直肢，女性，35～40 岁。棺长 1.90、宽 0.35～0.55 米。室东北角随葬 B 型Ⅱ式陶圆腹罐 1。墓道长 2.00、宽 0.59～0.72 米，底自南端至墓室口微斜低，其长、宽同墓道上口尺寸。上口至底深 1.60 米（图五七）。

　　Ⅱ式　11 座。计有凤南 M65、凤南 M133、凤南 M163、凤南 M174、凤南 M181、凤南 M247、凤南 M309、凤南 M313、凤南 M324、凤南 M327 和凤南 M328。

　　墓室稍宽于墓道，两者接界处两壁有较明显的分界。墓室或南宽北窄，或南窄北宽，个别南北同宽，室顶多数平直，个别自室口往北端斜低，室底大部分平行，少数自南端往北端斜低。墓道上口大多数为南窄北宽的梯形，个别南北两端同宽。偶有墓道底自南端往墓室底北端顺直斜低者。大多数墓道上口与底部长宽相同。

　　**凤南 M163**　方向 200°。墓室南北长 1.66、东西宽 0.60、高 0.50 米。棺置室内偏东侧，墓主头北足南，面向西，仰身直肢，女性，30～40 岁。棺长 1.70、宽 0.38～0.49 米，墓室不及棺之长度，棺一端伸出室口 0.05 米。室西南角置 D 型Ⅰ式陶塔式罐 1 件，

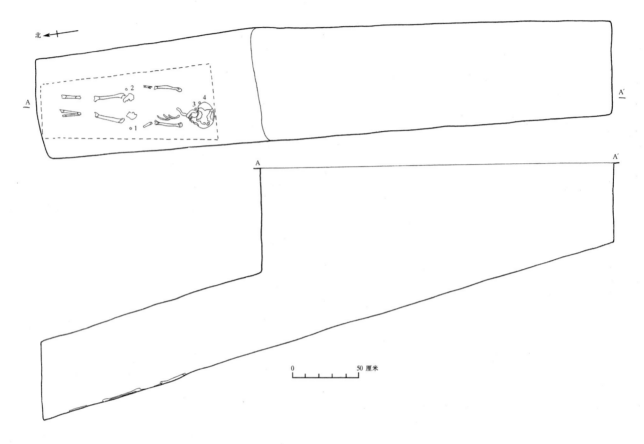

图五六　凤南乙类 Ab 型 I 式 M336（隋）平、剖面图

1~4. 隋五铢钱

墓主双手均握持开元通宝铜钱，左手 1 枚，右手 2 枚。墓道上口长 1.80、宽 0.35~0.49 米，底由南端向北斜低，底长 1.84、宽 0.35~0.49 米，上口距底深 1.50 米。

　　墓道填土中发现殉人骨架 1 具，距上口 0.45 米，头北足南，面向西，仰身，左臂呈 45°弯屈手置胸部，右臂屈折手置右肩之上，双腿直伸，骨架长 1.60 米，女性，16~18 岁（图五八）。

　　**凤南 M133**　方向 200°。墓室南窄北宽，室顶弧高，南北长 1.69、宽 0.66~0.72、高 0.66 米。棺置墓室东侧，棺长 1.68、宽 0.38~0.49 米，墓主头北足南，头向东，仰身直肢，女性，30 岁左右。棺内墓主头部置骨簪 1、D 型 I 式陶塔式罐 1。墓道上口长 1.91、宽 0.40~0.65、高 1.40 米，墓道底平，底长、宽数字与上口同，上口距底深 1.40 米（图版三一，1）。

　　**凤南 M181**　方向 201°。墓室顶与底部由南往北斜低，南北长 1.60、东西宽 0.64、高 0.42~0.59 米。棺置墓室中间，棺长 1.55、宽 0.39~0.48 米，墓主头朝北，面向东，仰身直肢，女性，20~25 岁。棺外东南角置 D 型 I 式陶塔式罐 1。墓道上口长 1.80、宽 0.37~0.59 米，底平，底长、宽与上口同，上口距底深 1.40 米（图版三一，2）。

　　**Ⅲ式**　4 座。计有凤南 M94、凤南 M95、凤南 M150 和凤南 M166。

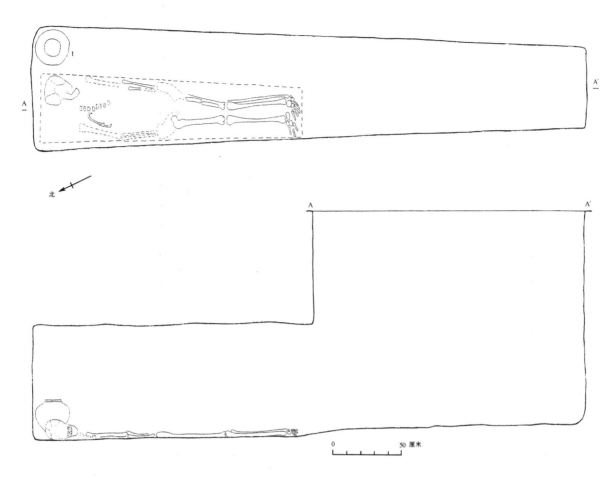

图五七　凤南乙类 Ab 型 I 式 M3 平、剖面图
1.B 型 II 式陶圆腹罐

　　此式墓的墓道与墓室接界处，墓道北端两壁宽于墓室南端两壁，分界明显。其余形制特点与 II 式同。

　　**凤南 M166**　方向 198°。墓室长方形，顶平，底由南端向北斜低，由中部陡斜低下至北端。南北长 1.50、东西宽 0.56～0.59、高 0.55～0.89 米。墓主头北足南，头骨脱离原位侧置于左肩上部，面朝北，下颌骨脱离头骨在其西侧，仰身，左臂呈 60° 弯屈于下腹处，右臂屈折于手置右肩侧，双下肢微屈，女性，30 岁左右。棺长 1.62、宽 0.30～0.54 米，由于棺北端未靠近北壁，棺南端伸出室外 0.28 米。棺内左肩上部置 D 型 III 式陶塔式罐 1 件。墓道上口长 1.75、宽 0.48～0.60 米，底部自南端向北微斜低，长宽同上口。上口距底深 1.22 米（图五九）。

　　**凤南 M94**　方向 198°。墓室长方形，室顶平，长 2.30、宽 0.68、高 0.68 米，室底高出墓道底 0.12 米。棺位于墓室略偏西处，墓主足部朝南，仰身直肢。棺长 1.56、宽 0.24～0.56 米。该墓室进水严重，墓主头骨游至室南部西壁处。室内随葬 D 型 III 式陶塔式罐 1，已游至棺南端处，墓主双臂处各置开元通宝钱 1。墓道上口长 1.76、宽 0.46～0.57 米，底自南端向北斜低，与墓室相接处低于室底 0.12 米，底长 1.86、宽 0.46～0.70 米，上口距底深 1.70～2.04 米（图版三二，1）。

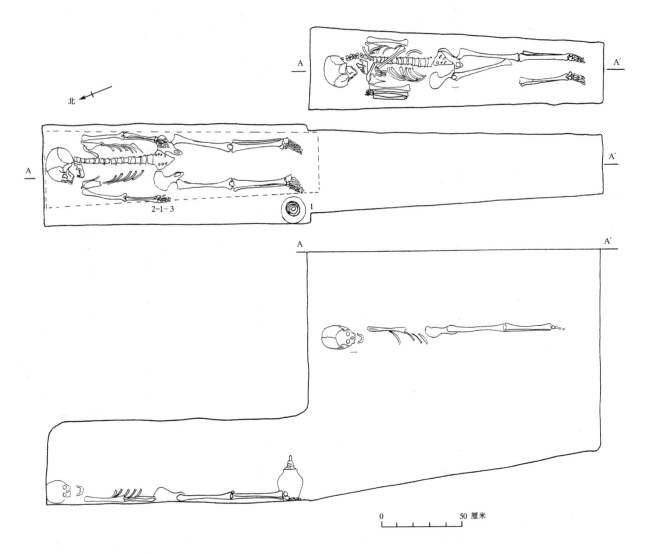

图五八　凤南乙类 Ab 型 II 式 M163 平、剖面图

1.D 型 I 式陶塔式罐　2-1～3.开元通宝

殉人：一，一号骨架

**B 型**

19 座。计有凤南 M1、凤南 M22、凤南 M27、凤南 M37、凤南 M55、凤南 M61、凤南 M77、凤南 M96、凤南 M106、凤南 M116、凤南 M123、凤南 M131、凤南 M142、凤南 M168、凤南 M188、凤南 M189、凤南 M197、凤南 M198 和凤南 M279。

竖穴墓道与土洞墓室平面在一条直线上，但洞室很短，多数长 0.40～0.50 米，最长有 1.00 米的，最短者仅 0.20 米，墓道南端窄而洞室北端宽，平面呈梯形。洞室顶微弧近平，大多数自墓道底部南端向洞室北端略斜低。个别墓道底部南端有一台阶。这种形制的墓，埋葬时只将棺的一部分推入洞室中，其余部分露出洞外，通常称为"穿半棺"。营造较为规整。

**凤南 M55**　方向 196°。洞室南北长 0.40、东西宽 0.52～0.60、高 0.39 米。棺靠东

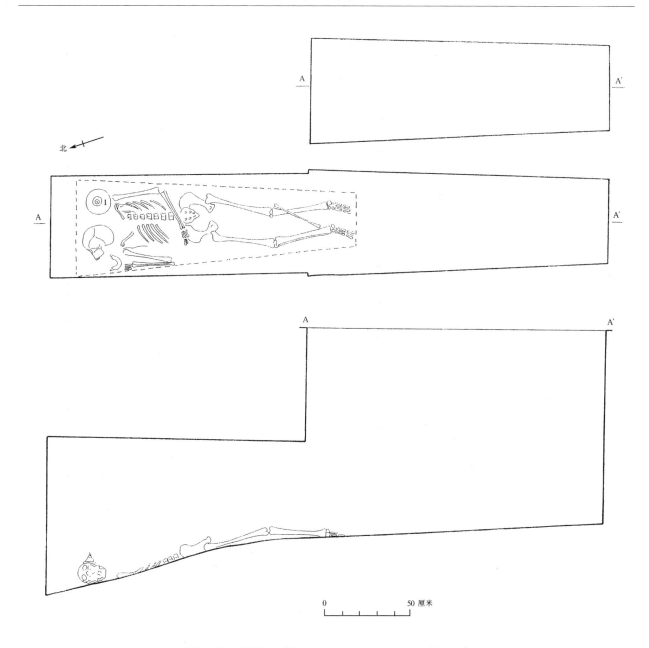

图五九　凤南乙类 Ab 型Ⅲ式 M166 平、剖面图

1.D 型Ⅲ式陶塔式罐

壁放置，墓主头北足南，面朝西，仰身直肢，女性，30 岁左右。棺长 1.40、宽 0.28～
0.37 米，棺南端伸出洞室 0.45 米。棺内墓主头上前方置 Ba 型Ⅳ式陶双耳罐 1，双手各
握持开元通宝铜钱 1。墓道上口长 2.00、宽 0.35～0.45 米，底平，南端有一台阶。底部
长 2.00、宽 0.35～0.52 米，上口距底深 1.32 米（图六〇）。

　　**凤南 M77**　方向 209°。洞室南北长 0.40、东西宽 0.52、高 0.41 米。墓主头北足南，
面朝东，仰身直肢，男性，35 岁左右。棺长 1.86、宽 0.34～0.50 米，四分之三以上棺
体露于洞室外。棺内墓主头前上方置 C 型Ⅱ式陶圆腹罐 1。墓道上口长 1.60、宽 0.45～
0.52 米，底自南端向北斜低，长宽与上口相同。上口距底深 1.01 米（图六一）。

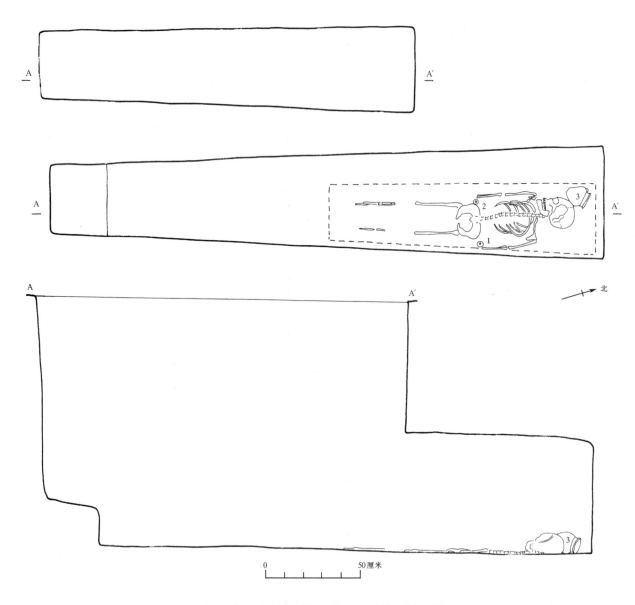

图六〇　凤南乙类 B 型 M55 平、剖面图

1、2. 开元通宝　3.Ba 型Ⅳ式陶双耳罐

**凤南 M168**　方向 200°。洞室南北长 0.60、东西宽 0.54～0.60、高 0.44 米。棺长 1.00、宽 0.26～0.34 米，棺内北部有一堆烧化的骨灰和烧为碎片的头骨，除此以外，再未见其它骨骼，头骨之北置 Ba 型Ⅱ式陶双耳罐 1。墓道上口长 1.30、宽 0.40～0.53 米，底自南端向北端斜低，底长 1.30、宽 0.40～0.48 米，上口距底深 0.79 米（图六二）。

**凤南 M131**　方向 200°。洞室南北长 0.40、东西宽 0.40～0.58、高 0.43 米。墓主头北足南，面朝西，仰身直肢，男性，50 岁左右。棺长 1.90、宽 0.37～0.47 米，棺体穿入墓室的部分仅不足六分之一。墓主胸骨之上 0.30 米靠墓室东壁置 D 型Ⅱ式陶双耳罐 1。墓道上口长 1.79、宽 0.40～0.58 米，底长宽与上口相同，上口距底深 0.60 米（图版三二，2）。

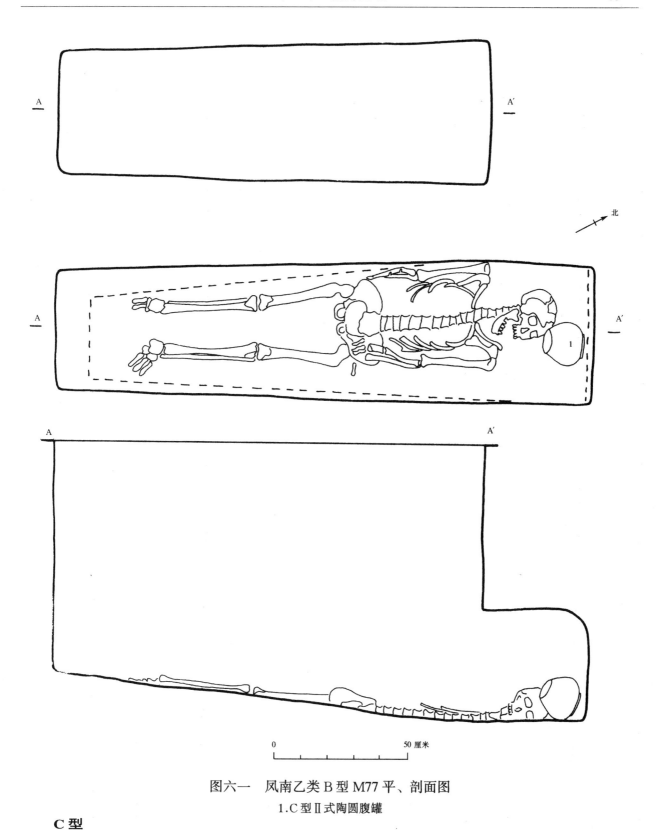

图六一 凤南乙类 B 型 M77 平、剖面图

1.C 型 II 式陶圆腹罐

**C 型**

11 座。计有凤南 M19、凤南 M25、凤南 M26、凤南 M51、凤南 M97、凤南 M108、凤南 M155、凤南 M191、凤南 M238、凤南 M311 和凤南 M317。

墓道上口平面皆为梯形，南端窄，北端宽，四壁较直。在墓道西侧下挖一与墓道同长的竖洞室，其中轴线与墓道中轴线平行，是为墓室。墓室底与墓道底在一平面上，顶部多数稍拱或微拱近平，个别拱起很高。有的洞室较高，有的较低矮，宽窄亦有别。这

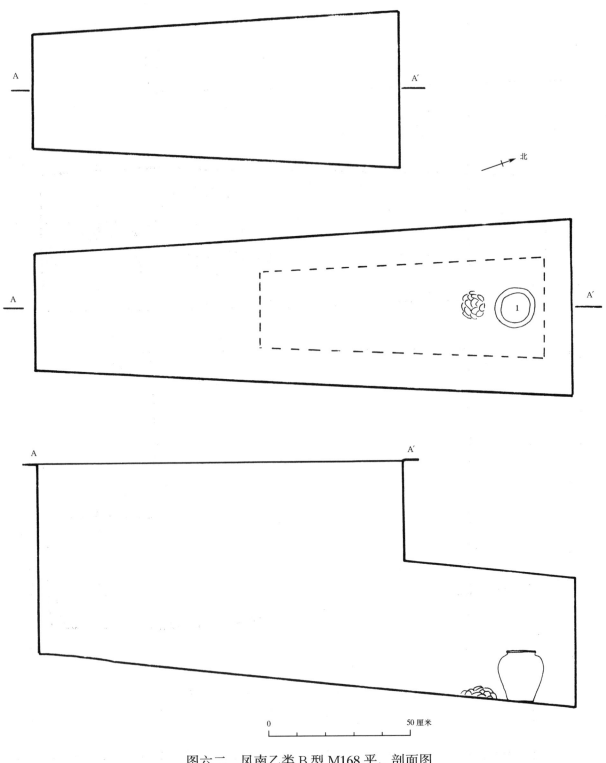

图六二　凤南乙类 B 型 M168 平、剖面图

1.Ba 型 Ⅱ 式陶双耳罐

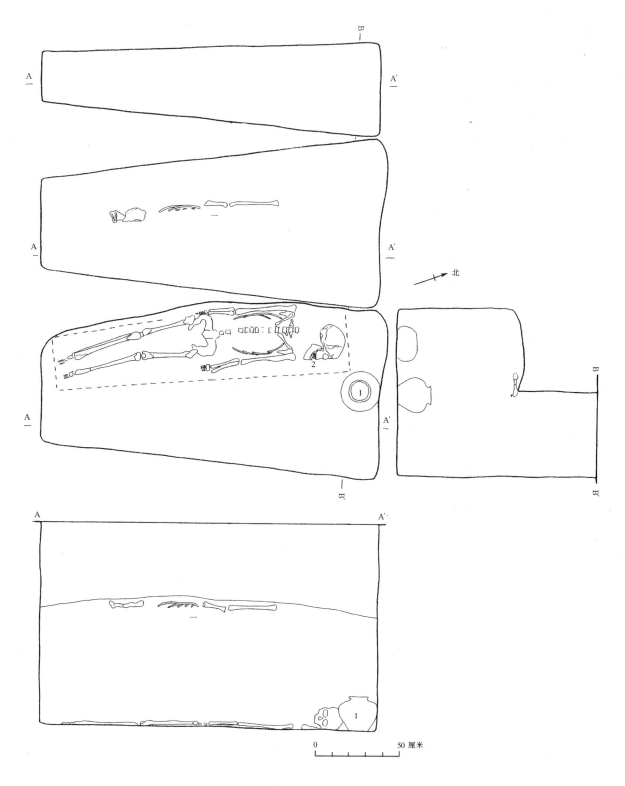

图六三 凤南乙类C型M51平、剖面图

1.B型Ⅰ式陶圆腹罐 2.Ⅰ式开元通宝钱

殉人：一，下颌骨右肢骨等

种墓，入葬时当棺木下到墓坑底部后，横向推入洞室，俗称"滚堂式"。形制皆较规整，大小基本一致。

**凤南 M51**　方向 17°。墓室较高，顶部拱起，南北长 2.00、东西宽 0.32～0.45、高 0.76 米。墓主头北足南，面朝东，仰身直肢，男性，35 岁左右。棺长 1.74、宽 0.32～0.37 米。棺外东北角置 B 型 I 式陶圆腹罐 1，墓主口中含 I 式开元通宝铜钱 1。墓道上口长 2.00、宽 0.29～0.54 米，底与上口同大。上口距底深 1.19 米。

在墓室内墓主棺外上部近室顶处，发现一个殉人个体，无头骨，为人肢体骨的右小

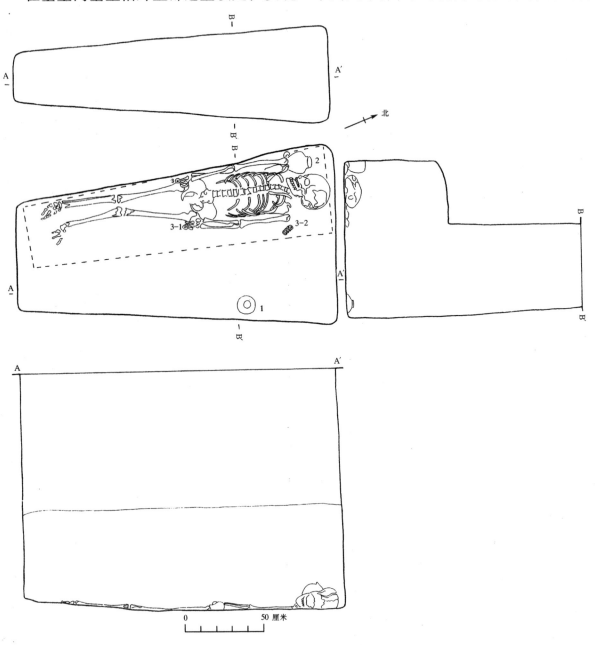

图六四　凤南乙类 C 型 M238 平、剖面图

1.A 型 I 式瓷碗　2.D 型 II 式陶塔式罐　3-1.I 式开元通宝（4）　3-2.II 式开元通宝（23）

表二　凤翔南郊乙类隋唐墓登记表

单位：米

| 型别 | 式别 | 墓号 | 方向(度) | 墓道口长 | 墓道口宽 | 墓底长 | 墓底宽 | 深 | 台阶数 | 墓室长 | 墓室宽 | 墓室高 | 人架 | 头向 | 面向 | 性别 | 年龄 | 葬式 | 葬具长 | 葬具宽 | 葬具高 | 随葬器物 | 殉人 | 期别 | 备注 |
|---|---|---|---|---|---|---|---|---|---|---|---|---|---|---|---|---|---|---|---|---|---|---|---|---|---|
| Aa | | 59 | 201° | 3.30 | 0.50~0.70 | 4.30 | 0.50~0.70 | 2.20 | 4 | 1.40 | 0.78~0.92 | 0.64 | 1 | 北 | ? | ? | ? | 仰身直肢 | ? | ? | | B型II式陶圆腹罐 | | | 葬具不清 |
| Aa | | 82 | 205° | 2.30 | 0.55 | 2.40 | 0.55~0.56 | 1.90 | 4 | 1.85 | 0.55~0.68 | 0.60 | 1 | 南 | 东 | 男 | 35± | 仰身直肢 | | | | IV式陶壶1 | | 二 | 无葬具 |
| Aa | | 88 | 202° | 3.64 | 0.43~0.63 | 4.24 | 0.58~0.68 | 2.00 | 3 | 1.96 | 0.58~0.62 | 0.70 | 1 | 南 | 上 | 女 | 35± | 仰身直肢 | ? | ? | | B型I式陶塔式罐1,铁刖具1 | | 二 | 葬具不清 |
| Aa | | 137 | 192° | 2.30 | 0.48~0.70 | 2.52 | 0.48~0.70 | 1.67 | 2 | 2.16 | 0.70~0.86 | | 1 | 北 | ? | 男 | 30± | ? | 1.80 | | | A型IIIa式陶塔式罐1,残铁片 | 1 | 三 | |
| Aa | | 173 | 202° | 2.30 | 0.51~0.76 | 3.00 | 0.51~0.76 | 1.70 | 4 | 2.30 | 0.70 | 0.90 | 1 | 南 | 上 | 男 | 20~25 | 仰身直肢 | 1.70 | 0.32~0.44 | | A型II式陶塔式罐1 | | 三 | |
| Aa | | 176 | 207° | 1.85 | 0.50~0.55 | 1.85 | 0.50~0.55 | 1.31 | 1 | 1.40 | 0.57 | 0.55~0.60 | 1 | 北 | ? | ? | 15± | 仰身直肢 | 1.17 | 0.33~0.49 | | 残陶罐1 | | | |
| Aa | | 218 | 191° | 1.80 | 0.39~0.65 | 1.80 | 0.39~0.65 | 1.50 | 3 | 1.75 | 0.63~0.68 | 0.65 | 1 | ? | ? | ? | ? | ? | ? | ? | | C型I式陶双耳罐1,铜印章1 | | 三 | 葬具不清 |
| Aa | | 303 | 184° | 5.30 | 0.81 | 6.00 | 0.82~1.20 | 3.11 | | 2.70 | 1.20~1.24 | 1.12 | 1 | 南 | 上 | 男 | 40± | 仰身直肢 | 1.94 | 0.38~0.52 | | 陶灶1,IIb式陶壶1,铜带铃2,隋五铢钱3,铜镊子1 | 1 | 一 | |
| Ab | I | 3 | 205° | 2.00 | 0.59~0.72 | 2.00 | 0.59~0.72 | 1.60 | | 2.05 | 0.72~0.90 | 0.79 | 1 | 北 | 东 | 女 | 不小于35 | 仰身直肢 | 1.90 | 0.35~0.55 | | B型II式陶圆腹罐1 | | | |
| Ab | I | 47 | 204° | 2.12 | 0.54~0.56 | 2.04 | 0.48~0.62 | 1.02~1.19 | | 2.20 | 0.64~0.74 | 0.78 | 1 | 北 | ? | ? | ? | ? | ? | ? | | | | | 葬具不清 |
| Ab | I | 50 | 200° | 1.90 | 0.40~0.55 | 1.80 | 0.38~0.51 | 1.70 | | 1.25 | 0.51~0.61 | 0.70 | 1 | 北 | 东 | 男 | 40± | 仰身直肢 | 1.70 | 0.38~0.50 | | F型I式陶圆腹罐1 | | 三 | |

续表二

| 型别 | 式别 | 墓号 | 方向(度) | 墓道 | | | | | | 墓室 | | | 墓主 | | | | | | 葬具 | | | 随葬器物 | 殉人 | 期别 | 备注 |
|---|---|---|---|---|---|---|---|---|---|---|---|---|---|---|---|---|---|---|---|---|---|---|---|---|---|
| | | | | 口长 | 口宽 | 底长 | 底宽 | 深 | 台阶数 | 长 | 宽 | 高 | 人架 | 头向 | 面向 | 性别 | 年龄 | 葬式 | 长 | 宽 | 高 | | | | |
| Ab | I | 124 | 195° | 1.79 | 0.40~0.58 | 1.69 | 0.40~0.58 | 1.47 | | 1.70 | 0.48~0.55 | 0.56 | 1 | 北 | ? | 男 | 35± | ? | 1.38 | 0.40~0.45 | | 开元通宝钱1 | | | |
| Ab | I | 129 | 215° | 1.86 | 0.52~0.69 | 1.77 | 0.70 | 1.20~1.43 | | 1.80 | 0.63 | 0.54~0.76 | 1 | 北 | 西北 | 男 | 30~40 | 仰身直肢 | ? | ? | | C型铜钗1，残陶罐1，开元通宝钱1 | | | 葬具不清 |
| Ab | I | 138 | 200° | 2.70 | 0.48~0.60 | 2.65 | 0.48~0.60 | 0.82~1.30 | | 2.13 | 0.68 | 0.62~0.71 | 1 | 北 | 东 | 男 | 40± | 仰身直肢 | 1.80 | 0.42~0.61 | | | | | |
| Ab | I | 162 | 195° | 1.70 | 0.48~0.58 | 1.70 | 0.48~0.58 | 1.11~1.20 | | 1.75 | 0.58~0.90 | 0.60 | 1 | 北 | 东 | 女 | 20~25 | 仰身直肢 | 1.61 | 0.36~0.48 | | 三彩枕1 | | | 墓主头下有陶枕 |
| Ab | I | 178 | 206° | 2.04 | 0.47~0.59 | 1.84 | 0.47~0.58 | 1.00 | | 1.88 | 0.58~0.74 | 0.54 | 1 | 北 | 西 | 女 | 40± | 仰身直肢 | 1.84 | 0.41~0.56 | | D型II式陶圆腹罐1，骨梳1 | | 三 | |
| Ab | I | 335 | 235° | ? | ? | ? | ? | 2.40 | | 2.00 | 0.75~1.06 | ? | 1 | 南 | 上 | 女 | 35~40 | 仰身直肢 | 1.88 | 0.44~0.59 | | | | 一 | |
| Ab | I | 336 | 188° | 2.70 | 0.76~0.87 | 2.80 | 0.76~0.87 | 1.90 | | 1.70 | 0.75~0.87 | 0.61 | 1 | 南 | 西 | 女 | 15~20 | 仰身直肢 | 1.32 | 0.35~0.58 | | 隋五铢钱1 | | 一 | |
| Ab | II | 65 | 201° | 1.60 | 0.40~0.59 | 1.45 | 0.40~0.60 | 1.35~1.55 | | 1.70 | 0.60 | 0.60 | 1 | 北 | 东 | 男 | 30± | 仰身直肢 | 1.66 | 0.31~0.45 | | 隋五铢钱4 | | | |
| Ab | II | 133 | 200° | 1.91 | 0.40~0.65 | 1.91 | 0.40~0.65 | 1.40 | | 1.69 | 0.66~0.72 | 0.66 | 1 | 北 | 东 | 女 | 30± | 仰身直肢 | 1.68 | 0.38~0.49 | | B型I式陶塔式罐1，骨簪1 | | 三 | |
| Ab | II | 163 | 200° | 1.80 | 0.35~0.49 | 1.84 | 0.35~0.49 | 1.50 | | 1.66 | 0.60 | 0.50 | 1 | 北 | 西 | 女 | 30~40 | 仰身直肢 | 1.70 | 0.38~0.49 | | D型I式陶塔式罐1，开元通宝钱3 | 1 | 三 | |
| Ab | II | 174 | 195° | 1.80 | 0.45~0.66 | 1.80 | 0.45~0.66 | 1.30~1.40 | | 1.74 | 0.66 | 0.60 | 1 | 北 | ? | ? | | 仰身直肢 | 1.44 | 0.32~0.52 | | D型I式陶塔式罐1，残陶罐1，汉五铢钱1，开元通宝钱1 | | 三 | |

续表二

| 型别 | 式别 | 墓号 | 方向(度) | 墓道口长 | 墓道口宽 | 墓道底长 | 墓道底宽 | 深 | 台阶数 | 墓室长 | 墓室宽 | 墓室高 | 人架 | 头向 | 面向 | 性别 | 年龄 | 葬式 | 葬具长 | 葬具宽 | 葬具高 | 随葬器物 | 殉人 | 期别 | 备注 |
|---|---|---|---|---|---|---|---|---|---|---|---|---|---|---|---|---|---|---|---|---|---|---|---|---|---|
| Ab | Ⅱ | 181 | 201° | 1.80 | 0.37~0.59 | 1.80 | 0.37~0.59 | 1.40 | | 1.60 | 0.64 | 0.42~0.59 | 1 | 北 | 东 | 女 | 20~25 | 仰身直肢 | 1.55 | 0.39~0.48 | | D型Ⅰ式陶塔式罐1 | | 三 | |
| Ab | Ⅱ | 247 | 22° | ? | ? | ? | ? | 1.18 | | 1.40 | 0.56 | 0.48 | 1 | ? | ?? | ? | ? | ? | ? | ? | | | | | 葬具不清 |
| Ab | Ⅱ | 309 | 180° | 2.00 | 0.56~0.72 | 2.00 | 0.39~0.71 | 0.60~1.55 | | 1.75 | 0.68~0.76 | 0.40 | 1 | 北 | 上 | 女 | 60~70 | 仰身直肢 | 1.88 | 0.49~0.62 | | D型Ⅲ式陶塔式罐1 | 3 | 三 | |
| Ab | Ⅱ | 313 | 185° | 1.80 | 0.44~0.72 | 1.80 | 0.44~0.72 | 2.20~2.30 | | 1.80 | 0.73 | 0.50 | 1 | 北 | ? | ? | ? | 仰身直肢 | 1.77 | 0.37~0.52 | | Ⅰ式陶有孔罐1 | | | |
| Ab | Ⅱ | 324 | 187° | 1.86 | 0.40~0.64 | 1.86 | 0.48~0.68 | 2.12~2.32 | | 1.90 | 0.70 | 0.46 | 1 | 北 | 西 | 男 | 35~45 | 仰身直肢 | 1.83 | 0.35~0.47 | | D型Ⅰ式陶塔式罐1 | 1 | 三 | |
| Ab | Ⅱ | 327 | 205° | 1.80 | 0.42~0.55 | 1.80 | 0.42~0.55 | 1.42~1.96 | | 2.02 | 0.60~0.69 | 0.60~0.72 | 1 | ? | ? | ? | ? | ? | | | | | | | 无葬具 |
| Ab | Ⅱ | 328 | 209° | 2.00 | 0.41~0.60 | 2.00 | 0.41~0.60 | 1.14~1.48 | | 2.20 | 0.64 | 0.50 | 1 | ? | ? | ? | ? | 仅有头骨 | | | | | | | 无葬具 |
| Ab | Ⅲ | 94 | 198° | 1.76 | 0.46~0.57 | 1.86 | 0.46~0.70 | 1.70~2.04 | | 2.30 | 0.68 | 0.68 | 1 | 北 | ? | ? | ? | 仰身直肢 | 1.56 | 0.24~0.56 | | D型Ⅲ式陶塔式罐1,开元通宝钱2 | | 三 | |
| Ab | Ⅲ | 95 | 205° | 1.80 | 0.43~0.65 | 1.80 | 0.43~0.64 | 1.90 | | 1.84 | 0.64~0.76 | 0.65 | 1 | 北 | 西 | 女 | 大于50 | 仰身直肢 | 1.77 | 0.35~0.50 | | D型Ⅱ式陶圆腹罐1 | 1 | 三 | |
| Ab | Ⅲ | 150 | 197° | 1.70 | 0.56~0.65 | 1.70 | 0.50~0.60 | 1.40~1.70 | | 2.00 | 0.60 | 0.80 | 1 | 北 | 上 | 女 | 40± | 仰身直肢 | 1.74 | 0.30~0.36 | | D型Ⅰ式陶塔式罐1 | | 三 | |
| Ab | Ⅲ | 166 | 198° | 1.75 | 0.48~0.60 | 1.75 | 0.48~0.60 | 1.22 | | 1.50 | 0.56~0.59 | 0.55~0.89 | 1 | 北 | 西 | 女 | 30± | 仰身直肢 | 1.62 | 0.30~0.54 | | D型Ⅲ式陶塔式罐1 | | 三 | |

续表二

| 型别 | 式别 | 墓号 | 方向(度) | 墓道口 长 | 墓道口 宽 | 墓道底 长 | 墓道底 宽 | 墓道底 深 | 台阶数 | 墓室 长 | 墓室 宽 | 墓室 高 | 人架 | 墓主 头向 | 墓主 面向 | 墓主 性别 | 墓主 年龄 | 葬式 | 葬具 长 | 葬具 宽~高 | 随葬器物 | 殉人 | 期别 | 备注 |
|---|---|---|---|---|---|---|---|---|---|---|---|---|---|---|---|---|---|---|---|---|---|---|---|---|
| B | | 1 | 17° | 1.82 | 0.60~0.67 | 1.82 | 0.38~0.57 | 1.50 | | 0.38 | 0.60 | 0.54 | 1 | 北 | 东 | 女 | ? | 仰身直肢 | 1.75 | 0.35~0.50 | D型I式陶双耳罐1, 骨臂1, 蚌壳1 | | 三 | |
| B | | 22 | 202° | 2.00 | 0.55~0.62 | 2.00 | 0.57~0.67 | 0.97 | | 0.40 | 0.68 | 0.35 | 1 | 北 | 东 | 男 | 40± | 仰身直肢 | 1.84 | 0.41~0.52 | I式陶注子1 | | | |
| B | | 27 | 193° | 1.63 | 0.27~0.38 | 1.63 | 0.27~0.38 | 1.05 | | 0.28 | 0.38 | 0.35 | 1 | 北 | 上 | 男 | 20± | 仰身直肢 | 1.82 | 0.25~0.38 | | | | |
| B | | 37 | 203° | 2.14 | 0.44~0.60 | 1.80 | 0.47 | 1.25~1.37 | | 0.80 | 0.60 | 0.58 | 1 | 北 | 上 | 男 | 30± | 仰身直肢 | 1.60 | 0.34~0.46 | | | | |
| B | | 55 | 196° | 2.00 | 0.35~0.45 | 2.00 | 0.35~0.52 | 1.32 | | 0.40 | 0.52~0.60 | 0.39 | 1 | 北 | 西 | 女 | 30± | 仰身直肢 | 1.40 | 0.28~0.37 | Ba型IV式陶双耳罐1, 开元通宝钱2 | | 三 | |
| B | | 61 | 201° | 1.50 | 0.36~0.44 | 1.50 | 0.38~0.44 | 0.68 | | 0.40 | 0.44 | 0.38 | 1 | 北 | 西 | 男 | 40± | 仰身直肢 | 1.76 | 0.31~0.40 | D型I式陶圆腹罐1 | | 三 | |
| B | | 77 | 209° | 1.60 | 0.45~0.52 | 1.60 | 0.45~0.52 | 1.01 | | 0.40 | 0.52 | 0.41 | 1 | 北 | 东 | 男 | 35± | 仰身屈肢 | 1.86 | 0.34~0.50 | C型II式陶圆腹罐1 | | | |
| B | | 96 | 205° | 1.80 | 0.44~0.58 | 1.79 | 0.42~0.50 | 1.05~1.13 | | 0.79 | 0.53~0.56 | 0.61 | 1 | 北 | 东 | 女 | 45± | 仰身直肢 | 1.60 | 0.32~0.42 | Ba型I式陶双耳罐1, A型瓷盒1, 蚌壳1 | 1 | 三 | |
| B | | 106 | 203° | 1.51 | 0.40~0.55 | 1.51 | 0.40~0.45 | 0.65~0.80 | | 0.51 | 0.45~0.49 | 0.40 | 1 | 北 | 上 | 女 | 40± | 仰身直肢 | 1.64 | 0.31~0.44 | D型I式陶塔式罐1 | | | |
| B | | 116 | 207° | 1.85 | 0.40~0.63 | 1.79 | 0.39~0.61 | 1.00 | | 0.84 | 0.61~0.73 | 0.40 | 1 | 北 | ? | 女 | 45± | 仰身直肢 | 1.65 | 0.37~0.54 | | | | |
| B | | 123 | 25° | 1.51 | 0.46~0.57 | 1.51 | 0.46~0.57 | 1.00 | | 0.61 | 0.57~0.68 | 0.50 | 1 | 北 | 东 | 男 | 35± | 仰身直肢 | 1.78 | 0.40~0.51 | Bb型II式陶双耳罐1, 开元通宝钱1 | | | |

续表二

| 型别 | 式别 | 墓号 | 方向(度) | 墓道 口 长 | 墓道 口 宽 | 墓道 底 长 | 墓道 底 宽 | 墓道 深 | 台阶数 | 墓室 长 | 墓室 宽 | 墓室 高 | 人架 | 头向 | 墓主 面向 | 墓主 性别 | 墓主 年龄 | 葬式 | 葬具 长 | 葬具 宽 | 葬具 高 | 随葬器物 | 殉人 | 期别 | 备注 |
|---|---|---|---|---|---|---|---|---|---|---|---|---|---|---|---|---|---|---|---|---|---|---|---|---|---|
| B |  | 131 | 200° | 1.79 | 0.40~0.58 | 1.79 | 0.40~0.58 | 0.60 |  | 0.40 | 0.40~0.58 | 0.43 | 1 | 北 | 西 | 男 | 50± | 仰身直肢 | 1.90 | 0.37~0.47 |  | D型II式陶双耳罐1 |  | 三 |  |
| B |  | 142 | 207° | 1.75 | 0.44~0.58 | 1.65 | 0.35~0.49 | 1.00 |  | 0.88 | 0.49~0.55 | 0.51~0.82 | 1 | 北 | 东 | 女 | 20± | 仰身直肢 | 1.57 | 0.34~0.44 |  |  |  |  |  |
| B |  | 168 | 200° | 1.30 | 0.40~0.53 | 1.30 | 0.40~0.48 | 0.79 |  | 0.60 | 0.54~0.60 | 0.44 | 1 | ? | 上 | ? | ? | 仅有头骨灰 | 1.00 | 0.26~0.34 |  |  |  |  | 火葬 |
| B |  | 188 | 195° | 1.65 | 0.41~0.56 | 1.65 | 0.40~0.52 | 0.60~0.68 |  | 0.66 | 0.52~0.56 | 0.44 | 1 | 北 | 上 | 女 | 30± | 仰身直肢 | 1.85 | 0.26~0.50 |  | Ba型II式陶双耳罐1 |  |  |  |
| B |  | 189 | 190° | 1.80 | 0.40~0.58 | 1.80 | 0.46~0.56 | 0.60~0.78 |  | 0.39 | 0.58~0.62 | 0.43 | 1 | 北 | 上 | 男 | 25± | 仰身直肢 | 1.73 | 0.34~0.54 |  | Ba型II式陶双耳罐1, 开元通宝钱1 |  |  |  |
| B |  | 197 | 27° | 1.80 | 0.45~0.55 | 1.80 | 0.40~0.58 | 0.64~0.75 |  | 0.20 | 0.56~0.57 | 0.43 | 1 | 北 | 东 | 男 | 20± | 仰身直肢 | 1.90 | 0.41~0.52 |  | Bb型II式陶双耳罐1 |  | 三 |  |
| B |  | 198 | 200° | 1.50 | 0.37~0.48 | 1.50 | 0.40~0.49 | 0.58~0.73 |  | 0.40 | 0.49~0.52 | 0.46 | 1 | 北 | 上 | 女 | 40± | 仰身直肢 | 1.80 | 0.35~0.48 |  | Ba型III式陶双耳罐1 |  |  |  |
| B |  | 279 | 205° | 1.30 | 0.46~0.58 | 1.30 | 0.46~0.58 | 1.06 |  | 1.20 | 0.51~0.58 | 0.59 | ? | 北 | 上 | ? | ? | ? | 1.75 | 0.36~0.49 |  | D型III式陶塔式罐1, I式开元通宝钱1, II式开元通宝钱1 |  | 三 |  |
| C |  | 19 | 15° | 1.65 | 0.33~0.54 | 1.85 | 0.34~0.55 | 1.45 |  | 1.85 | 0.47 | 0.64 | 1 | 北 | 东 | ? | ? | 仰身直肢 | 1.71 | 0.33~0.40 |  | C型I式铜镜1, 瓷罐1, I式开元通宝钱4 |  |  |  |
| C |  | 25 | 14° | 2.07 | 0.45~0.55 | 2.15 | 0.52 | 1.50 |  | 2.13 | 0.65 | 0.60 | 1 | 北 | 上 | 男 | 45± | 仰身直肢 | 1.72 | 0.31~0.52 |  | D型I式陶塔式罐1 |  | 三 |  |
| C |  | 26 | 24° | 1.92 | 0.40~0.50 | 1.92 | 0.40~0.50 | 0.95 |  | 1.95 | 0.14~0.24 | 0.59 | 1 | 北 | 东 | 男 | 30± | 仰身直肢 |  |  |  | D型I式陶塔式罐1 |  | 三 | 无葬具 |

续表二

| 型别 | 式别 | 墓号 | 方向(度) | 墓道 口 长 | 口 宽 | 底 长 | 底 宽 | 深 | 台阶数 | 墓室 长 | 宽 | 高 | 人架 | 头向 | 面向 | 性别 | 年龄 | 葬式 | 葬具 长 | 宽 | 高 | 随葬器物 | 殉人 | 期别 | 备注 |
|---|---|---|---|---|---|---|---|---|---|---|---|---|---|---|---|---|---|---|---|---|---|---|---|---|---|
| C | | 51 | 17° | 2.00 | 0.29~0.54 | 2.00 | 0.29~0.54 | 1.19 | | 2.00 | 0.32~0.45 | 0.76 | 1 | 北 | 东 | 男 | 35± | 仰身直肢 | 1.74 | 0.32~0.37 | | B型I式陶圆腹罐1，I式开元通宝钱1 | 1 | | |
| C | | 97 | 20° | 2.00 | 0.37~0.57 | 1.93 | 0.33~0.38 | 1.58 | | 1.95 | 0.30~0.50 | 0.40 | 1 | 北 | 下 | 男 | 50± | 俯身直肢 | | | | | | | 无葬具 |
| C | | 108 | 15° | 2.20 | 0.40~0.58 | 2.10 | 0.40~0.60 | 2.25 | | 2.10 | 0.47~0.50 | 0.56 | 1 | 北 | 西 | 男 | 45± | 仰身直肢 | 1.78 | 0.35~0.45 | | C型铜钱1 | | | |
| C | | 155 | 8° | 2.10 | 0.35~0.60 | 2.10 | 0.40~0.60 | 1.35 | | 2.10 | 0.40~0.60 | 0.43 | 1 | 北 | 东 | 男 | 40± | 仰身直肢 | 1.90 | 0.30~0.53 | | Ba型II式陶双耳罐1 | | | |
| C | | 191 | 30° | 2.00 | 0.45~0.65 | 2.00 | 0.45~0.65 | 1.05 | | 2.00 | 0.40~0.66 | 0.45 | 1 | 北 | 西 | 男 | 45± | 仰身直肢 | 1.78 | 0.34~0.56 | | Bb型II式陶双耳罐1 | | | |
| C | | 238 | 25° | 2.01 | 0.30~0.59 | 2.03 | 0.30~0.59 | 1.49 | | 2.03 | 0.38~0.53 | 0.65 | 1 | 北 | 西 | 男 | 40± | 仰身直肢 | 1.92 | 0.40~0.55 | | D型II式陶塔式罐1，A型I式瓷碗1，I式开元通宝钱4，II式开元通宝钱23 | | 三 | |
| C | | 311 | 24° | 2.15 | 0.41~0.55 | 2.15 | 0.41~0.55 | 1.38 | | 2.20 | 0.40~0.50 | ? | 1 | 北 | 上 | 男 | 30± | 仰身直肢 | 1.98 | 0.39~0.49 | | D型II式陶塔式罐1 | | 三 | |
| C | | 317 | 25° | 1.90 | 0.45~0.69 | 1.90 | 0.25~0.45 | 1.70 | | 1.90 | 0.40~0.60 | ? | 1 | 北 | 西 | 女 | 50± | 仰身直肢 | 1.81 | 0.35~0.54 | | 残陶塔式罐1 | | 三 | |

半部分，无椎骨，计有右肱骨、尺、桡骨、肋骨、基本完整的盆骨、右股骨，女性，成年（图六三）。

**凤南 M238**　方向 25°。墓室顶较高，墓室南北长 2.03、东西宽 0.38～0.53、高 0.65 米。墓主头北足南，面向西，仰身直肢，男性，40 岁左右。棺长 1.92、宽 0.40～0.55 米。棺内墓主头前置 D 型 II 式陶塔式罐 1，墓主双手各握一枚 I 式开元通宝钱，右肩侧置开元通宝铜钱 25，其中 I 式开元通宝钱 2、II 式开元通宝钱 23，墓道北部近东壁处置 A 型 I 式瓷碗 1。墓道上口长 2.01、宽 0.30～0.59 米，底长 2.03、宽 0.30～0.59 米，上口距底深 1.49 米（图六四；图版三三，1）。

**凤南 M108**　方向 15°。墓室顶微拱，底平，南北长 2.10、东西宽 0.47～0.50、高 0.56 米。墓主头北足南，面向西，仰身直肢，男性，45 岁左右。棺长 1.78、宽 0.35～0.45 米。棺内墓主头骨顶部置 C 型铜钗 1。墓道上口长 2.20、宽 0.40～0.58 米，底长 2.10、宽 0.40～0.60 米，上口距底深 2.25 米（图版三三，2）。

**（三）丙类墓**

172 座（表三）。此类墓仅有一个竖穴土坑，无墓道，坑底部作墓室，一般是墓坑平面呈梯形，四壁较直。有很少的墓形状较特殊。墓坑较浅，深度多在 0.30～0.70 米之间，深者也不过 1 米余，墓口多为 1.50～2.00 米，墓口宽一般为 0.35～0.60 米。几乎都是南北向，墓主基本都头朝北，个别朝南。偶见东西向者，墓主头朝东。埋葬简单，部分墓无葬具，多数无随葬器物。分为六型：

**A 型**

164 座。计有凤南 M6、凤南 M7、凤南 M12、凤南 M38、凤南 M39、凤南 M66、凤南 M67、凤南 M69、凤南 M72、凤南 M78、凤南 M79、凤南 M80、凤南 M84、凤南 M85、凤南 M89、凤南 M90、凤南 M98、凤南 M99、凤南 M100、凤南 M102、凤南 M103、凤南 M104、凤南 M105、凤南 M107、凤南 M109、凤南 M110、凤南 M111、凤南 M112、凤南 M113、凤南 M114、凤南 M115、凤南 M117、凤南 M118、凤南 M119、凤南 M120、凤南 M121、凤南 M126、凤南 M127、凤南 M128、凤南 M132、凤南 M134、凤南 M145、凤南 M146、凤南 M147、凤南 M148、凤南 M149、凤南 M151、凤南 M156、凤南 M157、凤南 M159、凤南 M160、凤南 M161、凤南 M170、凤南 M171、凤南 M175、凤南 M177、凤南 M180、凤南 M182、凤南 M183、凤南 M185、凤南 M186、凤南 M187、凤南 M190、凤南 M192、凤南 M193、凤南 M194、凤南 M195、凤南 M196、凤南 M199、凤南 M201、凤南 M202、凤南 M203、凤南 M204、凤南 M205、凤南 M206、凤南 M207、凤南 M208、凤南 M209、凤南 M210、凤南 M211、凤南 M212、凤南 M213、凤南 M214、凤南 M215、凤南 M216、凤南 M217、凤南 M219、凤南 M220、凤南 M221、凤南 M223、凤南 M224、凤南 M225、凤南 M228、凤南 M229、凤南 M230、凤南 M231、凤南 M232、凤南 M233、凤南 M234、凤南 M235、凤南 M236、凤南 M237、凤南 M239、凤南 M240、凤南 M241、凤南 M243、凤南 M244、凤南 M245、凤南 M246、凤南 M249、凤南 M250、凤南 M251、凤南 M252、凤南 M253、凤南 M254、凤南 M255、凤南 M256、凤南 M258、凤南 M259、凤南 M260、凤南 M261、凤南 M262、凤南 M263、凤南 M264、凤南 M265、凤南 M266、凤南 M267、凤南 M268、凤南 M269、凤南 M270、凤南 M271、凤南 M272、凤南 M273、凤南 M274、

凤南 M275、凤南 M276、凤南 M277、凤南 M278、凤南 M280、凤南 M281、凤南 M282、凤南 M283、凤南 M284、凤南 M285、凤南 M286、凤南 M287、凤南 M288、凤南 M289、凤南 M290、凤南 M291、凤南 M292、凤南 M307、凤南 M308、凤南 M310、凤南 M312、凤南 M314、凤南 M315、凤南 M318、凤南 M321、凤南 M325、凤南 M326、凤南 M329、凤南 M332 和凤南 M334。

　　墓葬形制较规整，墓坑平面均呈梯形，一般是头向处较宽，四壁较直，室顶部几乎均平直，个别的南端斜低。

　　**凤南 M274**　　方向 20°。墓上口长 1.90、宽 0.35～0.60 米，坑底与上口长宽相同。上口距底深 0.69 米。墓主头北足南，面向上，仰身直肢，骨架长 1.56 米，女性，25 岁左右。棺长 1.77、宽 0.30～0.53 米。墓主头左侧置 D 型Ⅱ式陶塔式罐 1，双手各握Ⅱ式开元通宝铜钱 1，左股骨内侧置汉五铢钱 1（图六五）。

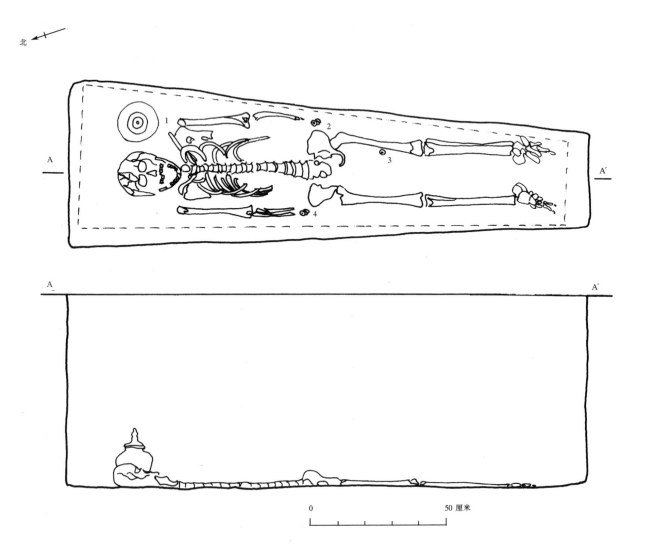

图六五　凤南丙类 A 型 M274 平、剖面图

1.D 型Ⅱ式陶塔式罐　2、3.Ⅱ式开元通宝　4.汉五铢

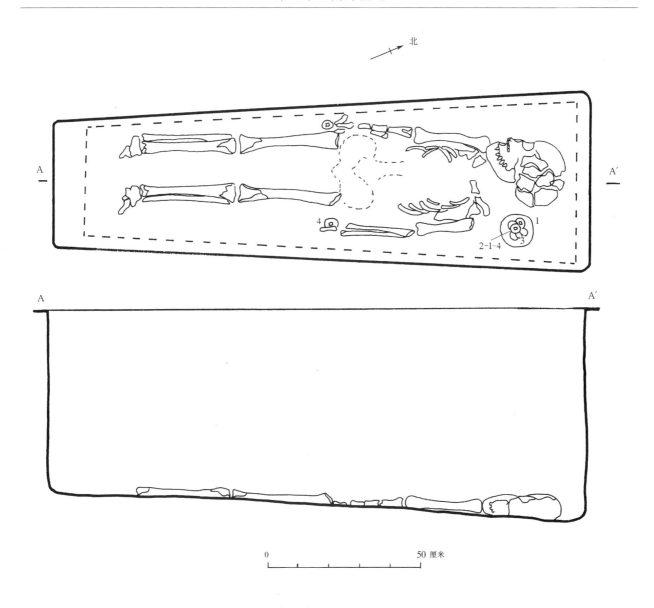

图六六　凤南丙类 A 型 M149 平、剖面图
1. Ⅱ式陶碗　2-1～4. Ⅱ式开元通宝钱　3. 铜铃　4-1、2. B 型 Ⅰ式乾元重宝钱

**凤南 M149**　方向 23°。墓上口长 1.80、宽 0.42～0.55 米，墓底与墓口长、宽相同，上口距底深 0.60～0.70 米。墓主头北足南，面向西，仰身直肢，骨架长 1.64 米，女性，20 岁左右。棺长 1.64、宽 0.35～0.52 米。墓主头左侧置 Ⅱ式陶碗 1，碗内放铜铃 1、Ⅱ式开元通宝钱 4、双手各握持 B 型 Ⅰ式乾元重宝钱 1（图六六；图版三四，1）。

**凤南 M170**　方向 25°。墓道上口长 2.10、宽 0.54～0.61 米，墓底与墓口长、宽相同，上口距底深 0.40 米。墓主头北足南，面向西，骨架斜置，即头在坑底东北角，腿向西南方向斜伸，仰身，右臂垂直，左臂屈折于胸部，左腿伸直，右腿屈折，脚压于左腿胫腓骨下，女性，20 岁左右。无葬具，无随葬品。

墓坑北部距上口 0.05 米深填土中，发现一个殉人个体，埋置部分人体骨骼，计有肋骨 8 根，左半盆骨连一残段股骨，左臂尺、桡骨连以手骨，股骨残长 0.15 米，尺、桡骨

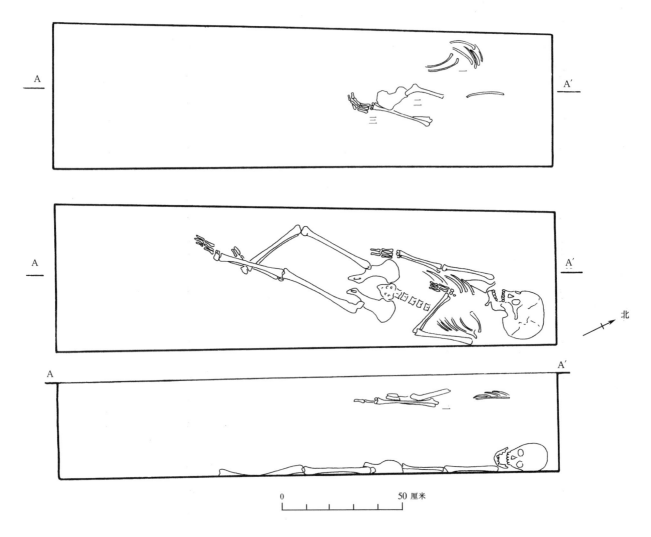

图六七　凤南丙类 A 型 M170 平、剖面图
殉人：一，肋骨 8 根长 0.15 米（残）　二，盆骨、股骨 0.15 米（残）　三，桡骨、手指骨 0.25 米（残）

长 0.25 米，性别、年龄不清楚（图六七）。

**凤南 M207**　方向 29°。墓上口长 2.00、宽 0.44～0.59 米，底长 2.00、宽 0.40～0.59 米，上口距底深 0.80 米。棺长 1.81、宽 0.36～0.57 米，棺内置人骨架 2 具，皆头朝北。西侧者面向西，仰身，双腿直伸，右臂屈折手置锁骨处，左臂肱骨斜置于盆骨处，尺骨置双膝部中间，骨架长 1.50 米，女性，20 岁左右。东侧为一小孩骨架，在成人骨架之体左侧，头骨碎为数片，其余骨骼仅见朽痕，可看出为仰身直肢，内架长 0.50 米，3 岁左右。成人骨架头左侧置塔式罐 1、右侧置陶罐盖 1。修复为 1D 型Ⅰ式陶塔式罐。

距墓坑上口 0.04～0.08 米深处的填土中发现殉人骨架 1 具，无头骨。足部朝南，头向西北，仰身直肢，右臂微屈，手置髋部，左臂骨缺，女性，成年（图六八；图版三四，2）。

**凤南 M318**　方向 15°。墓道上口长 1.90、宽 0.40～0.60 米，底长、宽与上口相同，

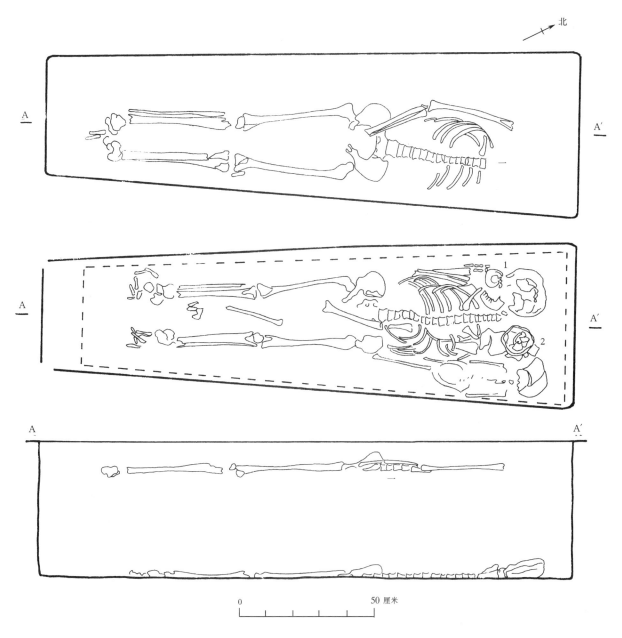

图六八　凤南丙类 A 型 M207 平、剖面图

1. 陶塔式罐座　2. 陶塔式罐罐身（1、2 修复为一件 D 型 I 式陶塔式罐）

一，殉人骨架（无头骨及左上肢骨）

上口距底深 0.67 米。墓主头北足南，面向西，侧身，右臂屈折于头上前方，手置胸处，左臂屈折于腹部，手压于右手下。双腿微屈。女性，60 岁左右。棺长 1.82、宽 0.31～0.53 米，有 C 型铜钗 1（图六九；图版三五，1）。

　　**凤南 M85**　方向 23°。墓道上口长 2.00、宽 0.50～0.58 米，底长 2.00、宽 0.60 米，上口距底深 1.20 米。墓主头北足南，面向东，仰身，双臂各垂于身侧，双腿屈伸呈"〈〉"形，男性，35 岁左右。骨骼保存较好。无葬具，无随葬品（图版三五，2）。

　　**凤南 M119**　方向 27°。墓道上口长 1.51、宽 0.31～0.40 米，底与上口长、宽相同，上口距底深 0.20 米。墓主头朝北，面向东，仰身，双臂直垂于身两侧，双腿伸直，15岁左右。棺长 1.42、宽 0.32～0.39 米。墓主头后下方置Ⅱ式陶釜 1，双手各握一枚开元通宝铜钱（图版三六，1）。

**凤南 M126** 方向 27°。墓道上口长 2.10、宽 0.39～0.46 米，底长 2.00、宽 0.39～0.46 米，上口距底深 0.20 米。墓主头北足南，面向上，仰身，右臂屈置于腹上，左臂屈折，手置于右肩处，右腿直伸，左腿稍屈脚置于右脚之上，女性，25 岁左右。骨骼保存较好，口含一枚开元通宝铜钱，残陶罐 1。无葬具（图版三六，2）。

**凤南 M182** 方向 10°。墓道上口长 1.80、宽 0.40～0.50 米，底与上口长、宽相同，上口距底深 0.35 米。墓主头朝北，面向西，仰身，双臂下垂，双腿直伸，女性，35 岁左右，骨骼保存较好。棺长 1.58、宽 0.38～0.48 米。墓主左腿下方外侧置Ⅱ式陶水盂 1（图版三七，1）。

**凤南 M185** 方向 262°。墓道上口长 1.70、宽 0.40～0.58 米，底与上口长、宽相同，上口距底深 0.40 米。墓主头朝西，足端朝东，面向南，仰身，左臂微屈，手置于小

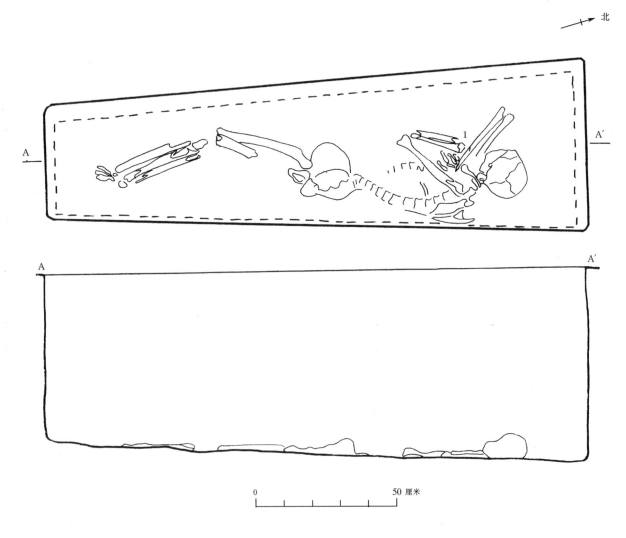

图六九　凤南丙类 A 型 M318 平、剖面图

1. C 型铜钗

腹处，右臂屈折，手置于胸部，男性，45 岁左右，骨骼保存较好。棺长 1.68、宽 0.37
～0.52 米。无随葬品（图版三七，2）。

**凤南 M223**　方向 22°。墓道上口长 1.70、宽 0.42～0.62 米，底与上口长、宽相同，
上口距底深 0.69 米。墓主头北足南，面向西，侧身，左臂屈置于腹部，右臂微屈于体
侧，右腿屈置，左腿直伸压于右腿之上。女性，30～35 岁，骨骼保存较好。棺长 1.65、
宽 0.36～0.52 米。无随葬品。

**凤南 M252**　方向 20°。墓道上口长 2.15、宽 0.42～0.61 米，底长、宽与上口相同，
上口距底 1.15 米。墓主头北足南，面向西，仰身微向西侧，右臂微屈下垂，左臂经头部
斜伸向头上部，右腿微屈，左腿屈折，脚置髋后部，男性，45 岁左右。棺长 1.75、宽
0.40 米。无随葬品（图七○；图版三八，1）。

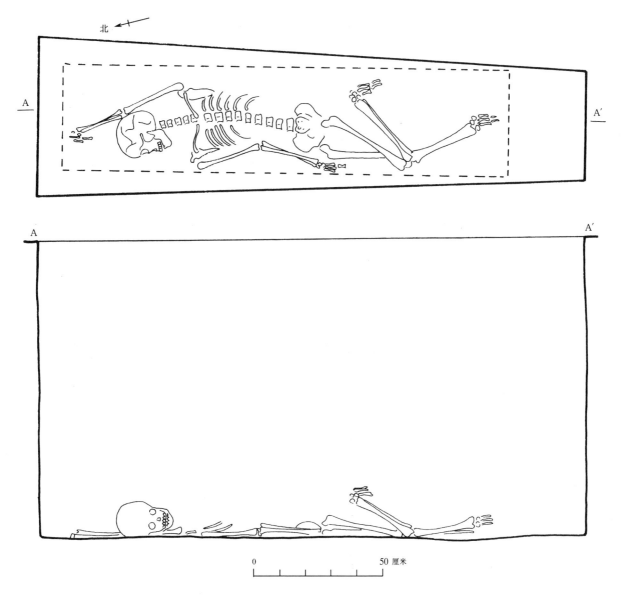

图七○　凤南丙类 A 型 M252 平、剖面图

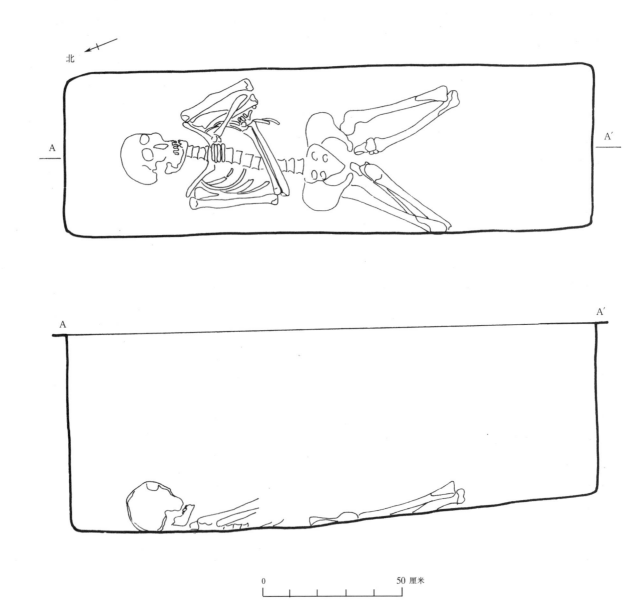

图七一　凤南丙类 A 型 M66 平、剖面图

**凤南 M66**　方向 21°。墓道上口长 1.88、宽 0.54～0.59 米，底与上口长、宽相同，上口距底深 0.60 米。墓主头朝北，面向上，仰身，左臂屈折，手置胸上部，右臂屈于腹部，手置胸左侧，双腿股骨略外撇前伸，胫、腓骨折回，双脚置盆骨处，男性，30 岁左右。无葬具，无随葬品（图七一；图版三八，2）。

**凤南 M201**　方向 15°。墓道上口长 2.00、宽 0.40～0.76 米，底与上口长、宽相同，上口距底深 0.90 米。墓主头北足南，面向上略偏东，仰身直肢，男性，45 岁左右。墓主头下枕板瓦 1，头左侧置板瓦 1、右侧置板瓦 2。棺长 1.74、宽 0.35～0.54 米，坑底西北角置 Ba 型 I 式陶双耳罐 1（图七二；图版三九，1）。

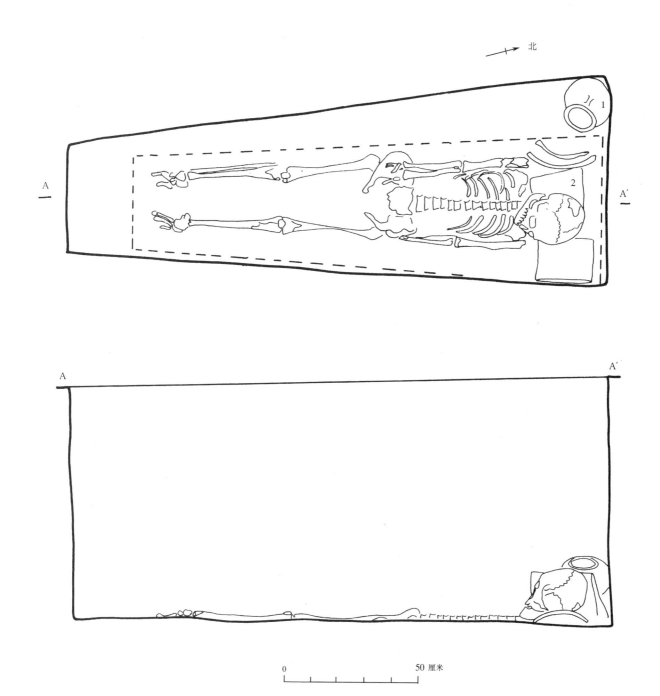

图七二　凤南丙类 A 型 M201 平、剖面图
1.Ba 型 I 式陶双耳罐　2.板瓦（4 件）

　　**凤南 M215**　方向 17°。墓道上口长 1.75、宽 0.34～0.39 米，底与上口长、宽相同，上口距底深 1.20 米。墓主头北足南，仰身直肢，右臂微屈，手置盆骨处，男性，18～20岁。头上扣一板瓦，瓦上扣置 II 式陶盆 1。无葬具（图七三；图版三九，2）。

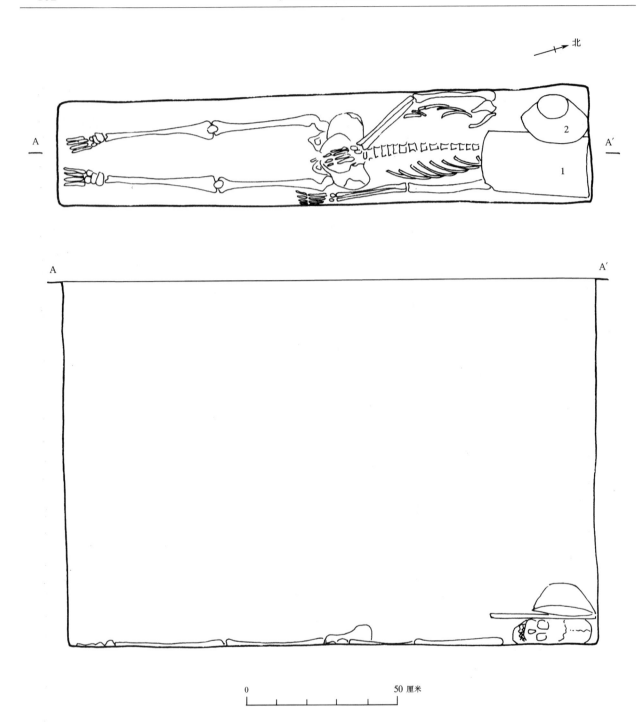

图七三　凤南丙类 A 型 M215 平、剖面图

1. 板瓦　2. Ⅱ式陶盆

**凤南 M224**　　方向 17°。墓道上口长 1.90、宽 0.45～0.62 米，底与上口长、宽相同，上口距底深 0.80 米。墓主头北足南，仰身，双臂屈折置左、右锁骨处，双腿伸直，头部和两腿胫、腓处各压一大石头。棺长 1.85、宽 0.38～0.53 米。无随葬品（图七四；图

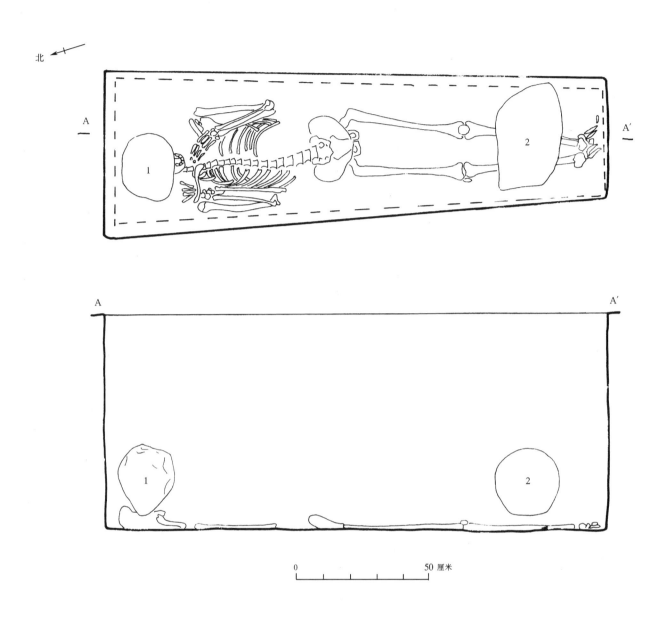

图七四　凤南丙类 A 型 M224 平、剖面图
1、2. 石头

版四〇，1）。

**凤南 M183**　方向 23°。墓道上口长 1.30、宽 0.60～0.64 米，底与上口长、宽相同，上口距底深 0.40 米。墓主为一小孩，10 岁左右，头北足南，面向西，仰身，上、下肢皆微屈。骨架上自头部至足部扣置四页板瓦，作为葬具。下腹处置一残陶罐底（图七五；图版四〇，2、四一，1）。

**凤南 M12**　方向 26°。墓道上口长 2.27、宽 0.52 米，底南低北高，底长 2.26、宽 0.40 米，上口距底深 0.62 米。墓主为一幼儿，骨骼朽残，长约 0.70 米，头北足南，仰身直肢，5 岁左右，仅占据坑底北端一小部分，骨架之上扣置三页板瓦。无随葬品（图

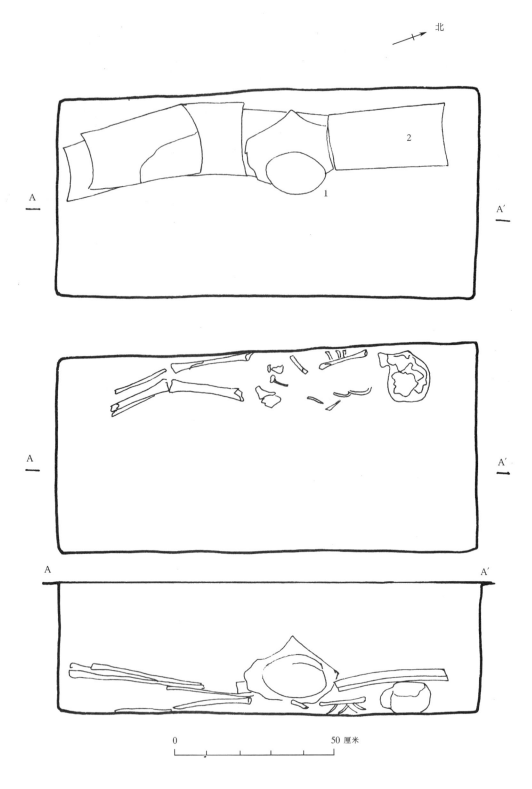

图七五　凤南丙类 A 型 M183 平、剖面图
1. 残陶罐　2-1~4. 板瓦（4件）

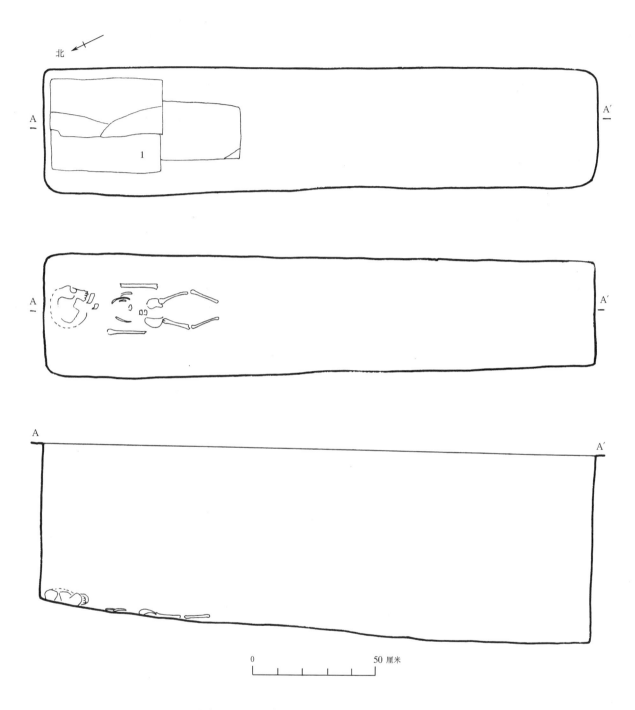

图七六　凤南丙类 A 型 M12 平、剖面图

1. 板瓦（3 件）

七六；图版四一，2、四二，1）。

**B 型**

2 座。计有凤南 M21 和凤南 M248。

基本形制与 A 型同，但墓坑之南端或北端下部作成斜坡形。

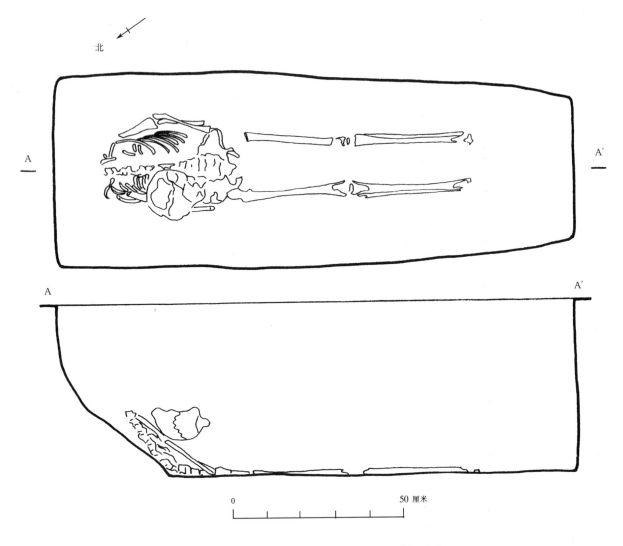

图七七　凤南丙类 B 型 M248 平、剖面图

**凤南 M248**　方向 35°。墓道上口长 1.50、宽 0.42～0.56 米，底与上口长、宽相同，上口距底深 0.65 米。墓主仰身直肢，足部朝南，体骨置坑底北端斜坡处，侧视椎骨作弯曲状，头骨脱离原位，置腹右侧及右上肢之上，骨骼齐全，男性，20 岁左右。无葬具，无随葬品（图七七；图版四二，2）。

**凤南 M21**　方向 25°。墓道上口长 1.76、宽 0.50～0.55 米，底与上口长、宽相同，上口距底深 0.65 米。墓主头北足南，面向东，俯身，双臂反背于身后，双手置盆骨处，双腿稍屈，胫、腓骨沿坑底南端斜坡埋置，足部向南上斜，骨骼齐全。无葬具，无随葬品（图七八；图版四三，1）。

**C 型**

1 座。墓坑平面为梯形，南端宽，北端窄，坑底南端有两级斜阶。

**凤南 M42**　方向 21°。墓道上口长 3.00、宽 0.54～0.88 米，底长 3.26、宽 0.64～0.86 米，上口距底深 1.33 米。墓坑中部被后代坑打破，墓主仅存胸以上骨骼，头朝北，面向上，6～8 岁。棺长 1.60、宽 0.40～0.50 米。墓主胸部和头左下部各置开元通宝钱

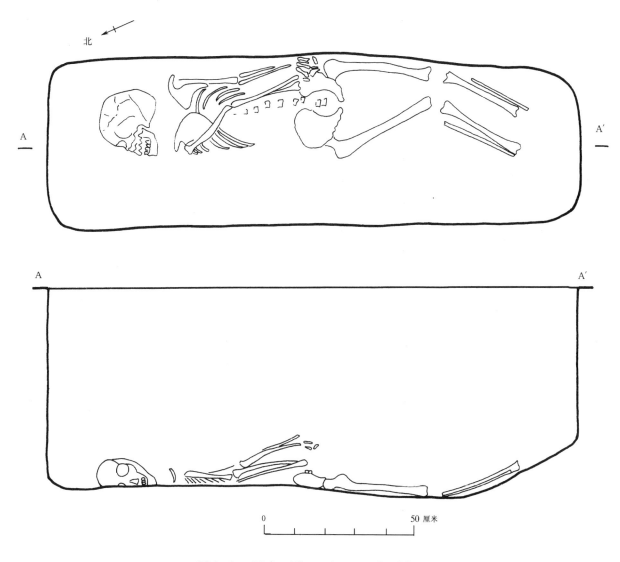

图七八　凤南丙类 B 型 M21 平、剖面图

2，银耳环 1、蚌壳 2、B 型瓷葫芦 1、Ac 型Ⅲ式铜镜 1（图七九）。

**D 型**

1 座。把墓坑南端部分挖出，较中、北部深，头骨与肢体骨分别埋置。

**凤南 M101**　方向 18°。墓道上口长 1.89、宽 0.40～0.54 米，坑底长、宽与上口相同，上口距底深北端为 0.35 米，中、北部为 0.20 米。头骨置南端坑内，头顶朝西，面向南，肢体骨置中、北部，足端朝北，骨骼位置较凌乱。无葬具，无随葬品（图八〇）。

**E 型**

2 座。计有凤南 M40 和凤南 M257。

墓坑小而浅，且形状不甚规整。

**凤南 M257**　方向 65°。墓坑大致呈东西向。墓道上口长 1.10、宽 0.63 米。底部自西向东斜低，上口距底深 0.10～0.30 米。墓主仅存胸部以上骨架，头朝东，面向南，仰身，性别不清，30 岁左右。无葬具，无随葬品（图八一）。

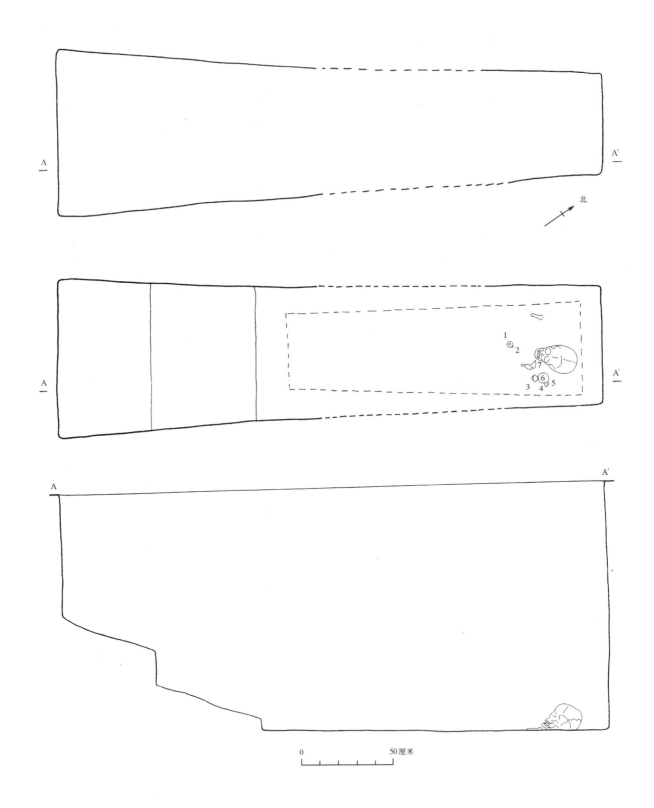

图七九　凤南丙类 C 型 M42 平、剖面图

1. 开元通宝钱　2. 银耳环　3.B 型瓷葫芦　4、5. 蚌壳　6.Ac 型Ⅲ式铜镜　7. 开元通宝钱

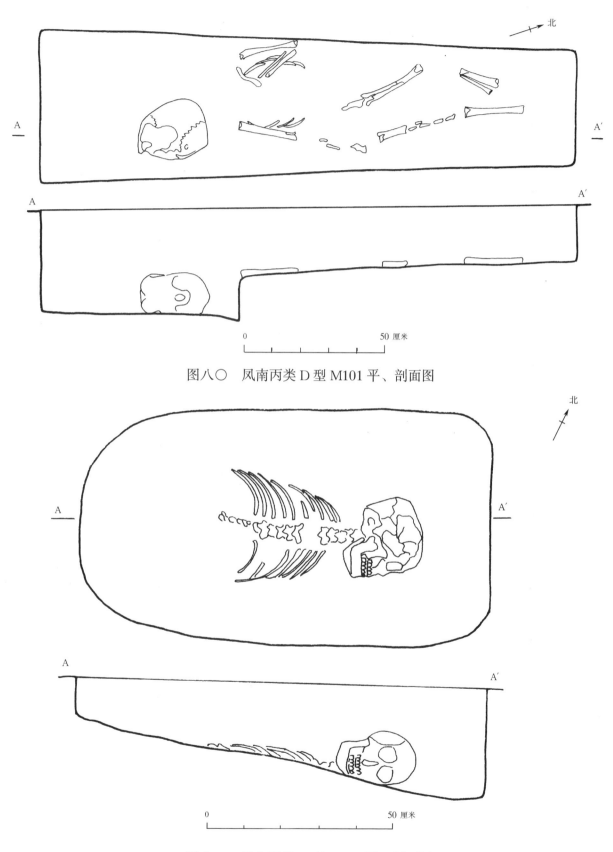

图八〇　凤南丙类 D 型 M101 平、剖面图

图八一　凤南丙类 E 型 M257 平、剖面图

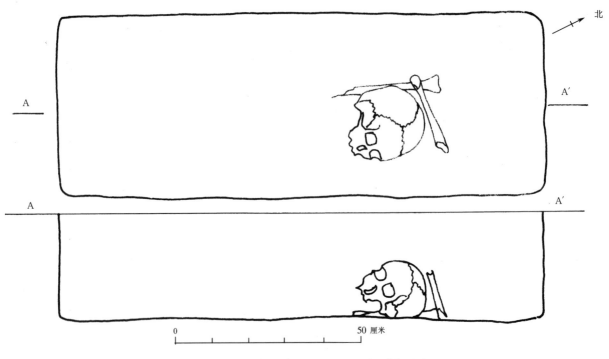

图八二　凤南丙类 E 型 M40 平、剖面图

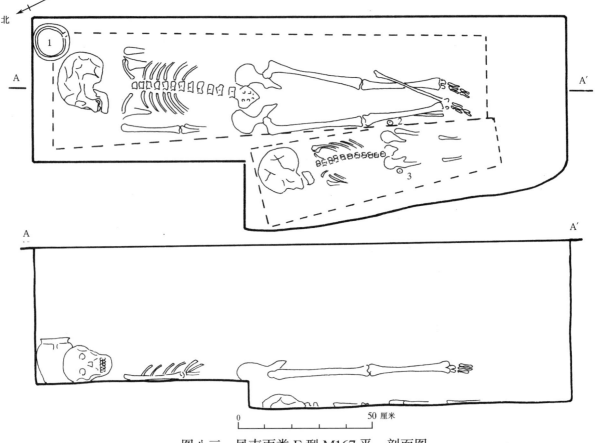

图八三　凤南丙类 F 型 M167 平、剖面图

1.Bb 型 I 式陶双耳罐　2、3.开元通宝

**凤南 M40**　方向23°。墓上口长1.30、宽0.48米，底有上口长、宽相同，上口距底深0.30米。坑底北部置一头骨，头顶朝北，面向上，头骨上部及右侧各置一肱骨，成年。无葬具，无随葬品（图八二）。

**F型**

2座。计有凤南M167和凤南M184。

为合葬需要，在竖穴土坑之侧再扩挖一小坑，形成二坑连体的不规则形状。

**凤南 M167**　方向24°。先挖一长方形墓坑，再在该墓坑之西侧中部以南扩挖一短墓坑。墓上口长1.20~2.00米，宽0.53~0.77米，底与上口长、宽相同，上口距底深0.50~0.60米。长坑底墓主头北足南，面向西，仰身直肢，女性，35岁左右。棺长1.62、宽0.30~0.40米。棺外东北角置Bb型I式陶双耳罐1。长坑西侧之短坑底低于长坑底0.10米，坑底置一小孩骨架，头北足南，面向西，仰身直肢，8岁左右。双手各握开元通宝铜钱1。棺长0.90、宽0.18~0.29米（图八三；图版四三，2）。

**凤南 M184**　方向15°。先挖一长方形墓坑，再在该墓坑之西侧近北端处往西南斜向扩挖一墓坑，长度不及长方形墓坑之南端，在二坑之北端中间向北再扩挖一凸出部分，

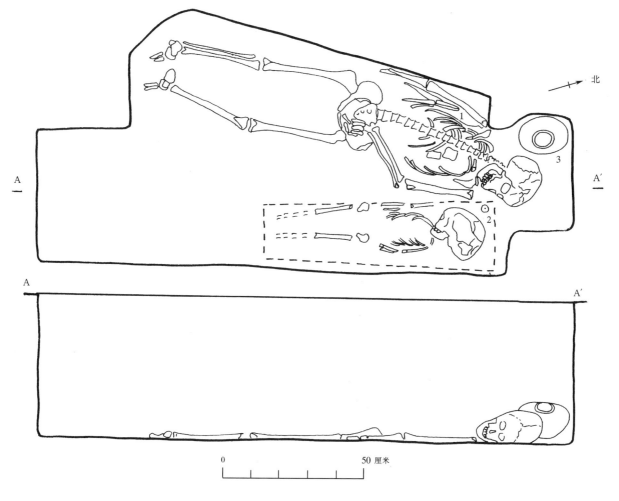

图八四　凤南丙类F型M184平、剖面图

1. 铁剪　2. 水晶柱　3. G型陶圆腹罐

## 凤翔南郊丙类隋唐墓登记表

表三

单位：米

| 型别 | 墓号 | 方向(度) | 墓坑 口 长 | 墓坑 口 宽 | 墓坑 底 长 | 墓坑 底 宽 | 深 | 人架 | 头向 | 面向 | 性别 | 年龄 | 葬式 | 葬具 长 | 葬具 宽 | 葬具 高 | 随葬器物 | 殉人 | 期别 | 备注 |
|---|---|---|---|---|---|---|---|---|---|---|---|---|---|---|---|---|---|---|---|---|
| A | 6 | 6° | 1.65 | 0.65~0.73 | 1.65 | 0.65~0.73 | 0.32 | 1 | 北 | 西北 | 男 | 35± | 仅有头骨、肱骨 | | | | | | | 无葬具 |
| A | 7 | 12° | 1.85 | 0.65~0.72 | 1.85 | 0.65~0.73 | 0.65 | 1 | 北 | 东 | 男 | 40± | 仰身直肢 | 1.70 | 51~36 | | | | | 墓主骨架上扣陶瓦3页 |
| A | 12 | 26° | 2.27 | 0.52 | 2.26 | 0.40 | 0.62 | 1 | 北 | 东 | ? | 5± | 仰身直肢 | | | | | | | 无葬具 |
| A | 38 | 34° | 1.80 | 0.46 | 1.80 | 0.46 | 0.40 | 1 | 北 | 东 | ? | 4± | ? | | | | 开元通宝钱1 | | | 无葬具 |
| A | 39 | 35° | 1.90 | 0.70 | 1.90 | 0.70 | 0.20 | 1 | 北 | 上 | ? | ? | 仰身屈肢 | | | | | | | 无葬具 |
| A | 66 | 21° | 1.88 | 0.54~0.59 | 1.88 | 0.54~0.59 | 0.60 | 1 | 北 | 上 | 男 | 30± | 仰身屈肢 | | | | | | | 无葬具 |
| A | 67 | 20° | 1.80 | 0.38 | 1.80 | 0.38 | 0.50 | 1 | 北 | 西 | 男 | 40± | 仰身直肢 | | | | | | | 无葬具 |
| A | 69 | 201° | 2.05 | 0.50~0.78 | 2.05 | 0.50~0.78 | 0.50 | 1 | 南 | 上 | 男 | 25± | 仰身直肢 | | | | Ba型I式陶双耳罐1 | | | 无葬具 |
| A | 72 | 13° | 2.10 | 0.60~0.68 | 2.10 | 0.60~0.68 | 0.35 | 1 | 北 | 西 | 男 | 30± | 仰身直肢 | 1.85 | 0.40~0.50 | | B型III式陶圆腹罐1 | | | |
| A | 78 | 14° | 1.90 | 0.48~0.50 | 1.90 | 0.48~0.50 | 0.40 | 1 | 北 | 西 | 男 | 30± | 仰身直肢 | | | | | | | 无葬具 |
| A | 79 | 2° | 2.20 | 0.45~0.56 | 2.19 | 0.42~0.59 | 0.74 | 1 | 北 | 西 | 男 | 40± | 仰身直肢 | | | | | | | 无葬具 |

续表三

| 型别 | 墓号 | 方向（度） | 墓坑口长 | 墓坑口宽 | 墓坑底长 | 墓坑底宽 | 深 | 人架 | 头向 | 面向 | 性别 | 年龄 | 葬式 | 葬具长 | 葬具宽 | 葬具高 | 随葬器物 | 殉人 | 期别 | 备注 |
|---|---|---|---|---|---|---|---|---|---|---|---|---|---|---|---|---|---|---|---|---|
| A | 80 | 26° | 2.10 | 0.46~0.55 | 2.10 | 0.44~0.55 | 0.87 | 1 | 北 | 上 | 女 | 40± | 仰身直肢 | 1.70 | 0.39~0.48 | | I型陶圆腹罐1 | | | |
| A | 84 | 198° | 1.00 | 0.45~0.65 | 1.90 | 0.45~0.65 | 0.74 | 1 | 南 | 上 | 男 | 45± | 仰身直肢 | 1.78 | 0.40~0.50 | | D型I式陶塔式罐1，开元通宝钱2 | 1 | 三 | |
| A | 85 | 23° | 2.00 | 0.50~0.58 | 2.00 | 0.60 | 1.20 | 1 | 北 | 东 | 男 | 35± | 仰身直肢 | | | | | | | 无葬具 |
| A | 89 | 13° | 1.91 | 0.50~0.55 | 1.91 | 0.50~0.55 | 0.35 | 1 | 北 | 上 | 男 | 40± | 仰身直肢 | | | | | | | 无葬具 |
| A | 90 | 15° | 1.80 | 0.40~0.43 | 1.80 | 0.40~0.43 | 0.70 | 1 | 北 | ? | ? | ? | 仰身直肢 | 1.69 | 0.35~0.42 | | | | | |
| A | 98 | 11° | 1.89 | 0.33~0.61 | 1.85 | 0.32~0.62 | 0.66 | 1 | 北 | 上 | ? | ? | 仰身直肢 | 1.76 | 0.29~0.52 | | | | | |
| A | 99 | 10° | 2.01 | 0.39~0.61 | 1.97 | 0.35~0.56 | 0.55 | 1 | 北 | 东 | 男 | 50± | 仰身直肢 | 1.72 | 0.29~0.42 | | | | | |
| A | 100 | 11° | 1.85 | 0.48~0.60 | 1.85 | 0.48~0.60 | 0.39 | 1 | 北 | 上 | 男 | 45± | 仰身直肢 | | | | | | | 无葬具 |
| A | 102 | 13° | 1.86 | 0.30~0.42 | 1.86 | 0.30~0.42 | 0.37 | 1 | 北 | 西 | 男 | 30± | 仰身直肢 | 1.80 | 0.29~0.40 | | | | | |
| A | 103 | 357° | 1.42 | 0.32~0.41 | 1.40 | 0.29~0.36 | 0.52 | 1 | 北 | 东 | 女 | 15~18 | 仰身直肢 | 1.37 | 0.27~0.34 | | | | | |
| A | 104 | 13° | 1.60 | 0.29~0.50 | 1.60 | 0.29~0.50 | 0.32 | 1 | 北 | 上 | ? | 15± | 仰身直肢 | 1.39 | 0.21~0.45 | | 陶杯1，碎瓷片，开元通宝钱1 | | | |

续表三

| 型别 | 墓号 | 方向(度) | 墓坑 口 长 | 墓坑 口 宽 | 墓坑 底 长 | 墓坑 底 宽 | 深 | 人架 | 头向 | 面向 | 性别 | 年龄 | 葬式 | 葬具 长 | 葬具 宽 | 葬具 高 | 随葬器物 | 殉人 | 期别 | 备注 |
|---|---|---|---|---|---|---|---|---|---|---|---|---|---|---|---|---|---|---|---|---|
| A | 105 | 35° | 2.20 | 0.42~0.60 | 2.15 | 0.40~0.51 | 0.85 | 1 | 北 | 东 | 男 | 50± | 仰身直肢 | 1.93 | 0.31~0.38 | | | | | |
| A | 107 | 11° | 1.90 | 0.32~0.51 | 1.90 | 0.30~0.47 | 0.60 | 1 | 北 | 西 | 女 | 20± | 仰身直肢 | 1.48 | 0.29~0.40 | | | | | |
| A | 109 | 18° | 2.25 | 0.40~0.55 | 2.15 | 0.34~0.46 | 1.00 | 1 | 北 | 东 | 男 | 40± | 仰身直肢 | 1.83 | 0.31~0.44 | | | | | 墓主头下枕砖 |
| A | 110 | 19° | 1.90 | 0.31~0.55 | 1.87 | 0.31~0.53 | 0.80 | 1 | 北 | 西 | 女 | 20± | ? | 1.76 | 0.28~0.49 | | | | | |
| A | 111 | 25° | 2.30 | 0.36~0.55 | 2.30 | 0.45 | 0.55 | 1 | 北 | 东 | ? | 10± | 仰身直肢 | | | | Ⅱ式开元通宝钱2 | | | 无葬具 |
| A | 112 | 21° | 1.90 | 0.50~0.60 | 1.90 | 0.39~0.63 | 1.06 | 1 | 北 | 西 | 男 | 大于45 | 仰身直肢 | 1.82 | 0.36~0.51 | | D型Ⅰ式陶塔式罐1，开元通宝钱1 | 1 | 三 | |
| A | 113 | 25° | 1.65 | 0.40~0.48 | 1.65 | 0.40~0.48 | 0.48 | 1 | 北 | 上 | 女 | 40± | 仰身直肢 | 1.59 | 0.36~0.45 | | | | | |
| A | 114 | 28° | 1.10 | 0.35~0.39 | 1.10 | 0.35~0.39 | 0.50 | 1 | 北 | 东 | ? | 5± | 仰身直肢 | ? | ? | | 瓷女俑1 | | | |
| A | 115 | 27° | 1.62 | 0.34~0.41 | 1.62 | 0.34~0.41 | 0.30 | 1 | 北 | 上 | 男? | 不小于25 | 仰身直肢 | 1.50 | 0.30~0.37 | | | | 三 | 葬具不清（被末墓破坏） |
| A | 117 | 19° | 1.90 | 0.43~0.52 | 1.90 | 0.43~0.52 | 0.50 | 1 | 北 | 西 | 女? | 18~22 | 仰身直肢 | 1.75 | 0.40~0.46 | | 残陶罐1 | | | |
| A | 118 | 37° | 1.89 | 0.36~0.60 | 1.87 | 0.34~0.57 | 0.95 | 1 | 北 | 东 | 男 | 35± | 仰身直肢 | 1.79 | 0.32~0.50 | | | | | |

续表三

| 型别 | 墓号 | 方向(度) | 墓坑口长 | 墓坑口宽 | 墓坑底长 | 墓坑底宽 | 深 | 人架 | 头向 | 面向 | 性别 | 年龄 | 葬式 | 葬具长 | 葬具宽 | 葬具高 | 随葬器物 | 殉人 | 期别 | 备注 |
|---|---|---|---|---|---|---|---|---|---|---|---|---|---|---|---|---|---|---|---|---|
| A | 119 | 27° | 1.51 | 0.31~0.40 | 1.51 | 0.31~0.40 | 0.20 | 1 | 北 | 东 | ? | 15± | 仰身直肢 | 1.42 | 0.32~0.39 | | II式陶釜1，开元通宝钱2 | | | |
| A | 120 | 205° | 1.50 | 0.40~0.48 | 1.50 | 0.40~0.48 | 0.35 | 1 | 南 | 上 | ? | 8± | ? | 0.96 | 0.29~0.38 | | | | | |
| A | 121 | 25° | 1.51 | 0.40~0.50 | 1.51 | 0.40~0.50 | 0.30 | 1 | 北 | 西 | ? | 8± | 仰身直肢 | 0.89 | 0.30~0.35 | | I式开元通宝钱1 | | | |
| A | 126 | 27° | 2.10 | 0.39~0.46 | 2.00 | 0.39~0.46 | 0.20 | 1 | 北 | 上 | 女 | 25± | 仰身直肢 | | | | 残陶罐1，开元通宝钱1 | | | 无葬具 |
| A | 127 | 27° | 1.86 | 0.38~0.58 | 1.86 | 0.38~0.58 | 1.09 | 1 | 北 | 西 | 男? | 成年 | 仰身直肢 | | | | | | | 无葬具 |
| A | 128 | 25° | 2.20 | 0.40~0.64 | 2.20 | 0.40~0.64 | 1.00 | 1 | 北 | 西 | ? | 5± | 仰身直肢 | 0.88 | 0.25~0.33 | | III式开元通宝钱1 | | | |
| A | 132 | 23° | 1.70 | 0.42~0.64 | 1.70 | 0.42~0.64 | 0.38 | 1 | 北 | 东 | 男 | 45± | 仰身直肢 | 1.61 | 0.30~0.53 | | B型IV式陶圆腹罐1 | 1 | 三 | |
| A | 134 | 16° | 1.10 | 0.38~0.42 | 1.10 | 0.38~0.42 | 0.40 | 1 | 北 | ? | ? | ? | ? | ? | ? | ? | | | 三 | 葬具不清 |
| A | 145 | 20° | 2.00 | 0.47~0.57 | 2.00 | 0.47~0.57 | 0.29 | 1 | 北 | 上 | 男 | 30± | 仰身直肢 | | | | I式唾盂1，开元通宝钱1 | | | 无葬具 |
| A | 146 | 17° | 1.30 | 0.46~0.50 | 1.30 | 0.46~0.50 | 0.33 | 1 | 北 | 上 | 男 | 45± | 仰身屈肢 | | | | 开元通宝钱2 | | | 无葬具 |
| A | 147 | 19° | 1.87 | 0.40~0.52 | 1.87 | 0.40~0.52 | 0.31 | 1 | 北 | 东 | 男? | 30~35 | 仰身直肢 | 1.82 | 0.36~0.45 | | II式开元通宝钱1 | 1 | | |

续表三

| 型别 | 墓号 | 方向(度) | 墓坑口长 | 口宽 | 底长 | 底宽 | 深 | 人架 | 头向 | 面向 | 性别 | 年龄 | 葬式 | 葬具长 | 宽 | 高 | 随葬器物 | 殉人 | 期别 | 备注 |
|---|---|---|---|---|---|---|---|---|---|---|---|---|---|---|---|---|---|---|---|---|
| A | 148 | 19° | 1.35 | 0.39~0.47 | 1.35 | 0.34~0.47 | 0.25 | 1 | 北 | 上 | ? | 10± | 仰身直肢 | 1.29 | 0.30~0.40 | | F型II式陶圆腹罐1 | | 三 | |
| A | 149 | 23° | 1.80 | 0.42~0.55 | 1.80 | 0.42~0.55 | 0.60~0.70 | 1 | 北 | 西 | 男 | 20± | 仰身直肢 | 1.64 | 0.35~0.52 | | II式陶碗1,铜铃1,II式开元通宝钱4,B型I式乾元重宝钱2 | | 二 | |
| A | 151 | 22° | 2.00 | 0.42~0.58 | 2.00 | 0.42~0.58 | 0.32 | 1 | 北 | 上 | 男 | 大于45 | 仰身直肢 | ? | ? | | | | | 葬具不清 |
| A | 156 | 18° | 1.50 | 0.40~0.55 | 1.50 | 0.38~0.52 | 0.35 | 1 | 北 | 上 | 男? | 成年 | 仰身直肢 | | | | I式开元通宝钱1 | | | 无葬具 |
| A | 157 | 22° | 1.71 | 0.40 | 1.71 | 0.40 | 0.30 | 1 | 北 | 西 | 男 | 35± | 仰身屈肢 | 1.60 | 0.35 | | | | | |
| A | 159 | 8° | 1.85 | 0.44~0.60 | 1.85 | 0.44~0.60 | 0.31 | 1 | 北 | 西 | 女 | 50± | 仰身直肢 | 1.65 | 0.32~0.48 | | A型瓷盒2,C型铜钗1,A型I式乾元重宝钱1 | | 三 | 以陶瓦为葬具 |
| A | 160 | 17° | 2.40 | 0.48~0.58 | 2.40 | 0.48~0.58 | 0.24~0.40 | 1 | 北 | ? | ? | ? | 部分肢骨 | | | | D式陶壶1 | | | |
| A | 161 | 26° | 1.50 | 0.51~0.56 | 1.50 | 0.51~0.56 | 0.30 | 1 | 北 | 西 | ? | ? | 侧身屈肢 | | | | | | | 无葬具 |
| A | 170 | 25° | 2.10 | 0.54~0.61 | 2.10 | 0.54~0.61 | 0.40 | 1 | 北 | 西 | 女 | 20± | 仰身屈肢 | | | | | 1 | 三 | 无葬具 |
| A | 171 | 18° | 2.00 | 0.30~0.44 | 2.00 | 0.30~0.44 | 0.40 | 1 | 北 | 西 | ? | 6± | ? | 1.10 | 0.26~0.35 | | H型陶圆腹罐1,C型陶葫芦1,开元通宝钱1 | | | |
| A | 175 | 9° | 1.50 | 0.31~0.50 | 1.50 | 0.31~0.50 | 0.65 | 1 | 北 | 上 | ? | 5± | 仰身直肢 | | | | | | | 墓主骨架上扣陶瓦6页 |

续表三

| 型别 | 墓号 | 方向（度） | 墓坑口长 | 墓坑口宽 | 墓坑底长 | 墓坑底宽 | 深 | 人架 | 头向 | 面向 | 性别 | 年龄 | 葬式 | 葬具长 | 葬具宽 | 葬具高 | 随葬器物 | 殉人 | 期别 | 备注 |
|---|---|---|---|---|---|---|---|---|---|---|---|---|---|---|---|---|---|---|---|---|
| A | 177 | 27° | 2.00 | 0.44~0.58 | 2.00 | 0.35~0.56 | 0.40 | 1 | 北 | 东 | 男 | 35~40 | 仰身直肢 | 1.84 | 0.29~0.52 | | | | | |
| A | 180 | 20° | 2.00 | 0.41~0.57 | 2.00 | 0.41~0.57 | 0.65 | 1 | 北 | 东 | 男 | 40± | 仰身直肢 | 1.86 | 0.39~0.53 | | | | | |
| A | 182 | 10° | 1.80 | 0.40~0.50 | 1.80 | 0.40~0.50 | 0.30 | 1 | 北 | 西 | 女 | 35± | 仰身直肢 | 1.58 | 0.38~0.48 | | II式陶水盂 1 | | | |
| A | 183 | 23° | 1.30 | 0.60~0.64 | 1.30 | 0.60~0.64 | 0.35 | 1 | 北 | 西 | ? | 10± | 仰身直肢 | | | | | | | 墓主背架上扣陶瓦4页 |
| A | 185 | 262° | 1.70 | 0.40~0.58 | 1.70 | 0.40~0.58 | 0.40 | 1 | 西 | 南 | 男 | 45± | 仰身直肢 | 1.68 | 0.37~0.52 | | 残陶罐 1 | | | |
| A | 186 | 24° | 1.95 | 0.33~0.45 | 1.95 | 0.33~0.45 | 0.35 | 1 | 北 | 西 | 男? | 25~35 | 仰身直肢 | | | | | | | 无葬具 |
| A | 187 | 22° | 2.00 | 0.41~0.56 | 2.00 | 0.38~0.63 | 0.45 | 1 | 北 | 东 | 女 | 40± | 仰身直肢 | 1.61 | 0.30~0.51 | | | | | |
| A | 190 | 27° | 1.50 | 0.42~0.51 | 1.50 | 0.42~0.51 | 0.85 | 1 | 北 | 上 | ? | 10± | 仰身直肢 | 1.18 | 0.28~0.34 | | | | | |
| A | 192 | 27° | 1.80 | 0.41~0.54 | 1.50 | 0.41~0.54 | 0.50 | 1 | 北 | 上 | 女 | 35± | 仰身直肢 | 1.66 | 0.38~0.49 | | | | 三 | |
| A | 193 | 24° | 2.00 | 0.37~0.58 | 2.00 | 0.37~0.58 | 0.40 | 1 | 北 | 东 | 男 | 45± | 仰身直肢 | 1.95 | 0.35~0.50 | | III式开元通宝钱 1 | | | |
| A | 194 | 20° | 1.50 | 0.40~0.45 | 1.50 | 0.40~0.44 | 0.60 | 1 | 北 | ? | ? | 8± | ? | 1.06 | 0.33~0.35 | | | | | |

续表三

| 型别 | 墓号 | 方向(度) | 墓坑口长 | 墓坑口宽 | 墓坑底长 | 墓坑底宽 | 深 | 人架 | 头向 | 面向 | 性别 | 年龄 | 葬式 | 葬具长 | 葬具宽 | 葬具高 | 随葬器物 | 殉人 | 期别 | 备注 |
|---|---|---|---|---|---|---|---|---|---|---|---|---|---|---|---|---|---|---|---|---|
| A | 195 | 19° | 1.70 | 0.38~0.51 | 1.70 | 0.38~0.51 | 0.40 | 1 | 北 | 东 | 男? | 成年 | 仰身直肢 | 1.67 | 0.35~0.40 | | | | | |
| A | 196 | 20° | 1.10 | 0.44 | 1.10 | 0.45 | 0.50 | 1 | 北 | 西 | ? | 6± | ? | 1.00 | 0.27~0.35 | | | | | |
| A | 199 | 45° | 2.00 | 0.42~0.59 | 2.00 | 0.42~0.59 | 0.30 | 1 | 北 | 东 | 女 | 45± | 仰身直肢 | 1.73 | 0.38~0.51 | | Bb型Ⅲ式陶双耳罐1，C型铜钗1 | | 三 | |
| A | 201 | 15° | 2.00 | 0.40~0.76 | 2.00 | 0.40~0.76 | 0.75 | 1 | 北 | 上 | 男 | 45± | 仰身直肢 | 1.74 | 0.35~0.54 | | Ba型Ⅰ式陶双耳罐1 | | | 墓主头下枕瓦 |
| A | 202 | 13° | 1.80 | 0.37~0.59 | 1.80 | 0.37~0.59 | 0.90 | 1 | 北 | 东 | 女 | 30± | 仰身直肢 | 1.76 | 0.34~0.53 | | D型Ⅱ式陶圆腹罐1 | | 三 | |
| A | 203 | 21° | 0.95 | 0.41~0.48 | 0.95 | 0.41~0.48 | 0.43 | 1 | 北 | 上 | ? | 6± | 仰身直肢 | 0.90 | 0.21~0.28 | | | | | |
| A | 204 | 27° | 1.80 | 0.38~0.55 | 1.80 | 0.38~0.55 | 0.43 | 1 | 北 | ? | ? | ? | 仰身屈肢 | 1.62 | 0.35~0.46 | | | | | |
| A | 205 | 25° | 1.40 | 0.34~0.51 | 1.40 | 0.34~0.51 | 0.42 | 1 | 北 | 东 | ? | 12± | 仰身直肢 | 1.14 | 0.26~0.36 | | | | | |
| A | 206 | 5° | 2.00 | 0.43~0.49 | 2.00 | 0.43~0.49 | 0.35 | 1 | 北 | 西 | 男 | 30± | 仰身直肢 | 1.80 | 0.38~0.47 | | Ⅰ式陶有孔罐1 | | | |
| A | 207 | 29° | 2.00 | 0.44~0.59 | 2.00 | 0.40~0.59 | 0.80 | 2 | 北 | 西 | 女? | 20±3± | 仰身直肢 | 1.81 | 0.36~0.57 | | D型Ⅰ式陶塔式罐1 | 1 | 三 | 母子合葬 |
| A | 208 | 20° | 0.90 | 0.30~0.36 | 0.90 | 0.30~0.36 | 0.50 | 1 | 北 | ? | ? | 6± | ? | | | | | | | 以陶瓦为葬具 |

续表三

| 型别 | 墓号 | 方向(度) | 墓坑 口 长 | 口 宽 | 底 长 | 底 宽 | 深 | 人架 | 头向 | 面向 | 墓主 性别 | 年龄 | 葬式 | 葬具 长 | 葬具 宽 | 随葬器物 | 殉人 | 期别 | 备注 |
|---|---|---|---|---|---|---|---|---|---|---|---|---|---|---|---|---|---|---|---|
| A | 209 | 14° | 1.40 | 0.40~0.50 | 1.40 | 0.40~0.50 | 0.25 | 1 | 北 | 东 | ? | 15± | 仰身直肢 | 1.16 | 0.29~0.41 | | | | |
| A | 210 | 12° | 1.85 | 0.35~0.54 | 1.85 | 0.35~0.54 | 0.20 | 1 | 北 | 东 | 男 | 45± | 仰身直肢 | 1.79 | 0.33~0.49 | 开元通宝钱1 | | | |
| A | 211 | 10° | 0.85 | 0.25~0.33 | 0.85 | 0.25~0.33 | 0.52 | 1 | 北 | 上 | ? | 5± | 仰身直肢 | 0.82 | 0.20~0.30 | | | | |
| A | 212 | 22° | 1.90 | 0.43~0.58 | 1.90 | 0.43~0.58 | 0.25 | 1 | 北 | 东 | 女 | 25± | 仰身直肢 | 1.80 | 0.40~0.52 | D型I式陶双耳罐1 | | | |
| A | 213 | 37° | 1.90 | 0.42~0.51 | 1.90 | 0.42~0.51 | 0.50 | 1 | 北 | 西 | 女 | 50± | 仰身直肢 | 1.68 | 0.37~0.46 | | | | |
| A | 214 | 20° | 2.00 | 0.41~0.49 | 2.00 | 0.41~0.49 | 1.10 | 1 | 北 | 东 | 男 | 40± | 仰身屈肢 | 1.81 | 0.39~0.47 | | | | |
| A | 215 | 17° | 1.75 | 0.34~0.39 | 1.75 | 0.34~0.39 | 0.80 | 1 | 北 | 东 | 男 | 18~20 | 仰身直肢 | | | II式陶盆1 | | 三 | 以陶瓦为葬具 |
| A | 216 | 22° | 1.85 | 0.37~0.59 | 1.85 | 0.37~0.59 | 1.20 | 1 | 北 | 东 | 女 | 50± | 仰身屈肢 | 1.75 | 0.35~0.51 | | | | |
| A | 217 | 16° | 1.20 | 0.32~0.40 | 1.20 | 0.32~0.40 | 0.50 | 1 | 北 | 西 | ? | 5± | 仰身屈肢 | 0.99 | 0.24~0.34 | 开元通宝钱1 | | | |
| A | 219 | 109° | 1.95 | 0.31~0.58 | 1.95 | 0.31~0.58 | 0.55 | 1 | 东 | 北 | 男 | 40± | 仰身直肢 | 1.87 | 0.30~0.40 | 残陶罐1，I式开元通宝钱1，II式开元通宝钱1 | | | |
| A | 220 | 19° | 2.00 | 0.40~0.57 | 2.00 | 0.40~0.57 | 0.94 | 1 | 北 | 上 | 女 | 35± | 仰身直肢 | 1.80 | 0.35~0.49 | II式开元通宝钱1 | | | |

续表三

| 型别 | 墓号 | 方向(度) | 墓坑 口 长 | 口 宽 | 底 长 | 底 宽 | 深 | 人架 | 墓主 头向 | 面向 | 性别 | 年龄 | 葬式 | 葬具 长 | 宽 | 高 | 随葬器物 | 殉人 | 期别 | 备注 |
|---|---|---|---|---|---|---|---|---|---|---|---|---|---|---|---|---|---|---|---|---|
| A | 221 | 40° | 2.10 | 0.35~0.45 | 2.10 | 0.35~0.54 | 0.75 | 1 | 北 | 东 | 女 | 40± | 仰身直肢 | 1.81 | 0.34~0.49 |  | Ad型铜镜1, B型Ⅰ式陶圆腹罐1 |  | 二 |  |
| A | 223 | 22° | 1.70 | 0.42~0.62 | 1.70 | 0.42~0.62 | 0.69 | 1 | 北 | 西 | 女 | 30~35 | 仰身直肢 | 1.65 | 0.36~0.52 |  |  |  |  |  |
| A | 224 | 17° | 1.90 | 0.45~0.62 | 1.90 | 0.45~0.62 | 0.69 | 1 | 北 | 上 | 男 | 35± | 仰身直肢 | 1.85 | 0.38~0.53 |  |  |  |  |  |
| A | 225 | 18° | 2.00 | 0.54~0.62 | 2.00 | 0.54~0.62 | 0.80 | 1 | 北 | 东 | 女 | 50± | 仰身直肢 | 1.76 | 0.36~0.48 |  | Ba型Ⅰ式陶双耳罐1, 开元通宝钱1 |  | 二 |  |
| A | 228 | 25° | 1.80 | 0.45~0.58 | 1.80 | 0.45~0.58 | 0.75 | 1 | 北 | 西 | 女 | 25± | 仰身直肢 | 1.75 | 0.40~0.45 |  | 铜耳环1, 铜钗1, 开元通宝钱1 |  |  |  |
| A | 229 | 35° | 1.20 | 0.33~0.37 | 1.20 | 0.33~0.37 | 1.20 | 1 | 北 | 东 | ? | 6± | 仰身直肢 | 1.13 | 0.28~0.30 |  |  |  |  |  |
| A | 230 | 23° | 1.90 | 0.40~0.53 | 1.90 | 0.40~0.53 | 0.60 | 1 | 北 | 西 | 男 | 40± | 仰身直肢 | 1.87 | 0.36~0.48 |  |  |  |  |  |
| A | 231 | 12° | 1.80 | 0.43~0.57 | 1.80 | 0.43~0.57 | 0.60 | 1 | 北 | 东 | 男 | 20± | 仰身直肢 | 1.74 | 0.40~0.53 |  | Ⅲ式开元通宝钱1 |  | 三 |  |
| A | 232 | 2° | 1.70 | 0.46~0.68 | 1.70 | 0.46~0.68 | 0.60 | 1 | 北 | 东 | 女 | 25± | 仰身屈肢 | 1.63 | 0.39~0.61 |  | 三彩注子1 |  |  |  |
| A | 233 | 11° | 1.25 | 0.37~0.38 | 1.25 | 0.37~0.38 | 0.68 | 1 | 北 | 西 | ? | 12± | 仰身直肢 | 1.09 | 0.25~0.35 |  |  |  |  |  |
| A | 234 | 25° | 1.80 | 0.46~0.58 | 1.80 | 0.46~0.58 | 0.60 | 1 | 北 | 东 | 男 | 25± | 仰身直肢 | 1.74 | 0.40~0.51 |  | Ⅲ式开元通宝钱1 |  | 三 |  |

续表三

| 型别 | 墓号 | 方向(度) | 墓坑 | | | | | 人架 | 墓主 | | | | | 葬具 | | | 随葬器物 | 殉人 | 期别 | 备注 |
|---|---|---|---|---|---|---|---|---|---|---|---|---|---|---|---|---|---|---|---|---|
| | | | 口 | | 底 | | 深 | | 头向 | 面向 | 性别 | 年龄 | 葬式 | 长 | 宽 | 高 | | | | |
| | | | 长 | 宽 | 长 | 宽 | | | | | | | | | | | | | | |
| A | 235 | 19° | 2.00 | 0.40~0.63 | 2.00 | 0.40~0.63 | 0.56 | 1 | 北 | 西 | 女 | 35± | 仰身直肢 | 1.93 | 0.35~0.56 | | E型I式陶圆腹罐1 | | 三 | |
| A | 236 | 20° | 1.80 | 0.39~0.60 | 1.80 | 0.39~0.60 | 0.63 | 1 | 北 | 西 | ? | 30± | 仰身直肢 | 1.70 | 0.37~0.53 | | | | | |
| A | 237 | 300° | 2.40 | 0.48~0.82 | 2.40 | 0.48~0.82 | 0.57 | 1 | 西 | 上 | 女 | 45± | 仰身直肢 | 1.80 | 0.41~0.59 | | | | | |
| A | 239 | 15° | 1.85 | 0.45~0.50 | 1.85 | 0.45~0.50 | 0.90 | 1 | 北 | 西 | 男 | 40± | 仰身直肢 | 1.78 | 0.42~0.45 | | Bb型III式陶双耳罐1 | | 三 | |
| A | 240 | 15° | 1.80 | 0.40~0.50 | 1.80 | 0.40~0.50 | 0.60 | 1 | 北 | 西 | 女 | 50± | 仰身直肢 | 1.71 | 0.34~0.43 | | | | | |
| A | 241 | 23° | 1.90 | 0.59~0.69 | 1.90 | 0.59~0.69 | 1.20 | 1 | 北 | 东 | 男 | 50± | 仰身直肢 | 1.76 | 0.47~0.60 | | II式陶有孔罐1，B型瓷葫芦1 | | 三 | |
| A | 243 | 23° | 1.90 | 0.40~0.54 | 1.90 | 0.40~0.54 | 0.43 | 1 | 北 | 上 | 女 | 20± | 仰身直肢 | 1.83 | 0.34~0.51 | | C型III式铜镜1 | | 二 | |
| A | 244 | 15° | 1.90 | 0.40~0.49 | 1.90 | 0.40~0.49 | 0.74 | 1 | 北 | 上 | ? | ? | ? | 1.82 | 0.36~0.50 | | | | | |
| A | 245 | 17° | 1.90 | 0.47~0.60 | 1.90 | 0.47~0.60 | 0.60 | 1 | 北 | 东 | 女 | 45± | 侧身直肢 | 1.64 | 0.37~0.49 | | B型瓷葫芦1 | | | |
| A | 246 | 21° | 1.35 | 0.29~0.44 | 1.35 | 0.29~0.44 | 0.35 | 1 | 北 | 西 | ? | 15± | 仰身直肢 | 1.29 | 0.25~0.40 | | | | | |
| A | 249 | 36° | 2.00 | 0.45~0.55 | 2.00 | 0.45~0.55 | 0.55 | 1 | 北 | 上 | 女 | 45± | 仰身直肢 | 1.95 | 0.36~0.50 | | 铜丝1 | | | |

续表三

| 型别 | 墓号 | 方向(度) | 墓坑 口 长 | 口 宽 | 底 长 | 底 宽 | 深 | 人架 | 头向 | 面向 | 性别 | 年龄 | 葬式 | 葬具 长 | 宽 | 高 | 随葬器物 | 殉人 | 期别 | 备注 |
|---|---|---|---|---|---|---|---|---|---|---|---|---|---|---|---|---|---|---|---|---|
| A | 250 | 23° | 1.85 | 0.54~0.67 | 1.85 | 0.54~0.67 | 0.95 | 1 | 北 | 东 | 女 | 40± | 仰身直肢 | 1.73 | 0.46~0.54 |  | A型Ⅲ式陶双耳罐1，砖1 |  |  |  |
| A | 251 | 22° | ? | 0.40 | 1.10 | 0.40 | 0.82 | 1 | 北 | ? | ? | ? | ? | ? | ? | ? |  |  |  | 葬具不清 |
| A | 252 | 20° | 2.15 | 0.42~0.61 | 2.15 | 0.42~0.61 | 1.15 | 1 | 北 | 西 | 男 | 45± | ? | 1.75 | 0.40 |  |  |  |  |  |
| A | 253 | 15° | 1.90 | 0.40~0.60 | 1.90 | 0.40~0.60 | 0.60 | 1 | 北 | 西 | 女 | 40± | 仰身直肢 | 1.81 | 0.34~0.54 |  |  |  |  |  |
| A | 254 | 205° | 1.80 | 0.50~0.62 | 1.80 | 0.50~0.62 | 0.52 | 1 | 南 | 东 | 男 | 45± | 侧身屈肢 |  |  |  |  |  |  | 无葬具 |
| A | 255 | 22° | 2.10 | 0.47~0.57 | 2.10 | 0.47~0.57 | 0.60 | 1 | 北 | 西 | 男 | 25± | 仰身屈肢 | 1.77 | 0.44~0.47 |  |  |  |  |  |
| A | 256 | 15° | 1.52 | 0.36~0.50 | 1.52 | 0.36~0.50 | 0.58 | 1 | 北 | 东 | ? | 15± | 仰身直肢 | 1.28 | 0.27~0.38 |  |  |  |  |  |
| A | 258 | 290° | 1.77 | 0.32~0.36 | 1.77 | 0.32~0.36 | 0.60 | 1 | 西 | 上 | 女 | 40± | 仰身直肢 |  |  |  |  |  |  | 无葬具 |
| A | 259 | 30° | 1.95 | 0.38~0.42 | 1.95 | 0.38~0.42 | 0.74 | 1 | 北 | ? | 男 | 45± | 仰身直肢 | ? | ? |  |  |  |  | 葬具不清 |
| A | 260 | 205° | 1.00 | 0.57 | 1.00 | 0.57 | 0.40 | 1 | 南 | 东 | ? | ? | 仰身直肢 |  |  |  |  |  |  | 无葬具 |
| A | 261 | 57° | 1.90 | 0.40~0.51 | 1.90 | 0.40~0.51 | 0.32 | 1 | 东 | 上 | ? | ? | 仰身直肢 | 1.86 | 0.36~0.46 |  |  |  |  |  |

续表三

| 型别 | 墓号 | 方向(度) | 墓坑 口 长 | 口 宽 | 底 长 | 底 宽 | 深 | 人架 | 头向 | 墓主 面向 | 性别 | 年龄 | 葬式 | 葬具 长 | 宽 | 高 | 随葬器物 | 殉人 | 期别 | 备注 |
|---|---|---|---|---|---|---|---|---|---|---|---|---|---|---|---|---|---|---|---|---|
| A | 262 | 19° | 1.35 | 0.28~0.44 | 1.35 | 0.28~0.44 | 0.33 | 1 | 北 | 上 | ? | 15± | 仰身直肢 | 1.29 | 0.23~0.36 | | I式陶釜1，开元通宝钱2 | | | |
| A | 263 | 5° | 1.25 | 0.31~0.44 | 1.25 | 0.31~0.44 | 0.37 | 1 | 北 | 西 | ? | 10± | ? | 1.15 | 0.26~0.37 | | | | | |
| A | 264 | 25° | 1.20 | 0.33~0.41 | 1.20 | 0.33~0.41 | 0.44 | 1 | 北 | 西 | ? | 8± | 仰身直肢 | 1.03 | 0.29~0.37 | | | | | |
| A | 265 | 15° | 1.20 | 0.39~0.40 | 1.20 | 0.39~0.40 | 0.59 | 1 | 北 | 东 | ? | 12± | 仰身直肢 | 1.10 | 0.23~0.32 | | I式陶水盂1 | | | |
| A | 266 | 15° | 1.18 | 0.39~0.44 | 1.18 | 0.39~0.44 | 0.49 | 1 | 北 | ? | ? | 10± | 仰身直肢 | | | | III式唾盂1，A型II式乾元重宝钱1，开元通宝钱2 | | 三 | 无葬具 |
| A | 267 | 15° | 1.90 | 0.39~0.64 | 1.90 | 0.39~0.64 | 0.60 | 1 | 北 | 上 | 男 | 45± | 仰身直肢 | 1.82 | 0.35~0.48 | | | | | |
| A | 268 | 27° | 2.00 | 0.41~0.64 | 2.00 | 0.41~0.64 | 0.62 | 1 | 北 | 西 | 女 | 45± | 仰身直肢 | 1.82 | 0.37~0.56 | | II式开元通宝钱1 | | | |
| A | 269 | 25° | 1.20 | 0.29~0.40 | 1.20 | 0.29~0.40 | 0.50 | 1 | 北 | 西 | ? | 8± | 仰身直肢 | 1.08 | 0.24~0.32 | | | | | |
| A | 270 | 15° | 1.90 | 0.37~0.58 | 1.90 | 0.37~0.58 | 0.60 | 1 | 北 | 西 | 男 | 35± | 仰身直肢 | 1.83 | 0.34~0.53 | | | | | |
| A | 271 | 8° | 2.00 | 0.37~0.69 | 2.00 | 0.37~0.69 | 0.71 | 1 | 北 | 上 | 女 | 30± | 仰身直肢 | 1.67 | 0.33~0.53 | | | | | |
| A | 272 | 20° | 1.50 | 0.32~0.52 | 1.50 | 0.32~0.52 | 0.57 | 1 | 北 | 东 | 女 | 15± | 仰身直肢 | 1.37 | 0.30~0.45 | | 铜耳环1，料珠14，料蝉1，II式开元通宝钱1，B型II式乾元重宝钱1，骨珠3 | | | |

续表三

| 型别 | 墓号 | 方向(度) | 口长 | 口宽 | 底长 | 底宽 | 深 | 人架 | 头向 | 面向 | 性别 | 年龄 | 葬式 | 葬具长 | 葬具宽 | 葬具高 | 随葬器物 | 殉人 | 期别 | 备注 |
|---|---|---|---|---|---|---|---|---|---|---|---|---|---|---|---|---|---|---|---|---|
| A | 273 | 20° | 0.80 | 0.36~0.40 | 0.80 | 0.36~0.40 | 0.40 | 1 | 北 | 西 | ? | 6± | ? | 0.75 | 0.23~0.30 |  |  |  |  |  |
| A | 274 | 20° | 1.90 | 0.35~0.60 | 1.90 | 0.35~0.60 | 0.69 | 1 | 北 | 上 | 女 | 25± | 仰身直肢 | 1.77 | 0.30~0.53 |  | D型Ⅱ式陶塔式罐1，汉五铢钱1，Ⅱ式开元通宝钱2 |  | 三 |  |
| A | 275 | 20° | 1.80 | 0.35~0.60 | 1.80 | 0.35~0.60 | 0.50 | 1 | 北 | 西 | 男 | 30± | 仰身直肢 |  |  |  |  |  |  | 无葬具 |
| A | 276 | 15° | 1.80 | 0.40~0.55 | 1.80 | 0.40~0.55 | 0.58 | 1 | 北 | 东 | 男 | 45± | 仰身直肢 | 1.73 | 0.35~0.47 |  | 残陶罐1 |  |  |  |
| A | 277 | 42° | 1.20 | 0.31~0.45 | 1.20 | 0.31~0.45 | 0.40 | 1 | 北 | 上 | ? | 12± | 仰身直肢 | 1.14 | 0.23~0.36 |  |  |  |  |  |
| A | 278 | 30° | 1.95 | 0.41~0.58 | 1.95 | 0.41~0.58 | 0.60 | 1 | 北 | 西 | 女 | 25± | 仰身直肢 | 1.82 | 0.34~0.49 |  |  |  |  |  |
| A | 280 | 185° | 1.80 | 0.42~0.57 | 1.80 | 0.42~0.57 | 0.60 | 1 | 南 | 上 | 男 | 35± | 仰身直肢 | 1.73 | 0.35~0.53 |  | 开元通宝钱2 |  |  |  |
| A | 281 | 20° | 1.50 | 0.42~0.59 | 1.50 | 0.42~0.59 | 0.51 | 1 | 北 | 上 | 女 | 20± | 仰身直肢 | 1.43 | 0.31~0.49 |  | B型Ⅱ式陶圆腹罐1，三彩带流罐1，贝1，蚌壳2，铁钗1，残漆器1 |  |  |  |
| A | 282 | 20° | 1.40 | 0.31~0.45 | 1.40 | 0.31~0.45 | 0.51 | 1 | 北 | 东 | ? | 12± | 仰身直肢 | 1.26 | 0.28~0.39 |  |  |  |  |  |
| A | 283 | 15° | 1.10 | 0.23~0.40 | 1.10 | 0.23~0.40 | 0.50 | 1 | 北 | 东 | ? | 10± | 仰身直肢 | 1.05 | 0.23~0.33 |  | 开元通宝钱2 |  |  |  |
| A | 284 | 205° | 1.80 | 0.41~0.44 | 1.80 | 0.41~0.44 | 0.60 | 1 | 南 | 上 | 男 | 40± | 仰身直肢 |  |  |  |  |  |  | 无葬具 |

续表三

| 型别 | 墓号 | 方向(度) | 墓口 长 | 墓口 宽 | 墓坑底 长 | 墓坑底 宽 | 深 | 人架 | 头向 | 面向 | 墓主 性别 | 墓主 年龄 | 葬式 | 葬具 长 | 葬具 宽 | 葬具 高 | 随葬器物 | 殉人 | 期别 | 备注 |
|---|---|---|---|---|---|---|---|---|---|---|---|---|---|---|---|---|---|---|---|---|
| A | 285 | 22° | 1.65 | 0.32~0.45 | 1.65 | 0.32~0.45 | 50 | 1 | 北 | 西 | 女 | 20± | 仰身直肢 | 1.60 | 0.28~0.42 | | | | | |
| A | 286 | 34° | 1.80 | 0.37~0.54 | 1.80 | 0.37~0.54 | 0.61 | 1 | 北 | 东 | 女 | 20± | 仰身直肢 | 1.58 | 0.35~0.48 | | Ⅰ式开元通宝钱1，Ⅱ式开元通宝钱1 | | | |
| A | 287 | 5° | 1.05 | 0.22~0.42 | 1.05 | 0.22~0.42 | 0.35 | 1 | 北 | 西 | ? | 8± | 仰身直肢 | 0.97 | 0.20~0.35 | | Ⅱ式陶注子1 | | | |
| A | 288 | 15° | 1.40 | 0.28~0.39 | 1.40 | 0.28~0.39 | 0.55 | 1 | 北 | 东 | ? | 15± | 仰身直肢 | | | | | | | 无葬具 |
| A | 289 | 17° | 1.80 | 0.44~0.67 | 1.80 | 0.44~0.67 | 0.98 | 1 | 北 | 上 | 女 | 30± | 仰身直肢 | 1.72 | 0.39~0.57 | | Ⅱ式开元通宝钱1 | | | |
| A | 290 | 97° | 1.75 | 0.37~0.48 | 1.75 | 0.37~0.48 | 0.70 | 1 | 北 | 东 | 女 | 40± | 仰身直肢 | | | | | | | 无葬具 |
| A | 291 | 35° | 0.95 | 0.32~0.41 | 0.95 | 0.32~0.41 | 0.35 | 1 | 北 | 东 | ? | 5± | 仰身直肢 | | | | | | | 无葬具 |
| A | 292 | 34° | 1.90 | 0.40~0.56 | 1.90 | 0.40~0.56 | 0.65 | 1 | 北 | 东 | 男 | 45± | 仰身直肢 | | | | | | | 无葬具 |
| A | 307 | 15° | 1.80 | 0.38~0.55 | 1.80 | 0.38~0.55 | 0.68 | 1 | 北 | 上 | 女 | 50± | 仰身直肢 | 1.72 | 0.35~0.48 | | | | | |
| A | 308 | 17° | 1.80 | 0.40~0.50 | 1.80 | 0.40~0.50 | 0.54 | 1 | 北 | 东 | 女 | 30± | 仰身直肢 | 1.73 | 0.34~0.47 | | 开元通宝钱1 | | | |
| A | 310 | 42° | 1.90 | 0.40~0.60 | 1.90 | 0.40~0.60 | 0.89 | 1 | 北 | 东 | 男 | 50± | 仰身直肢 | 1.77 | 0.35~0.51 | | | | | |

续表三

| 型别 | 墓号 | 方向(度) | 墓坑 口 长 | 口 宽 | 底 长 | 底 宽 | 深 | 人架 | 头向 | 面向 | 墓主 性别 | 年龄 | 葬式 | 葬具 长 | 葬具 宽 | 葬具 高 | 随葬器物 | 殉人 | 期别 | 备注 |
|---|---|---|---|---|---|---|---|---|---|---|---|---|---|---|---|---|---|---|---|---|
| A | 312 | 15° | 1.85 | 0.38~0.59 | 1.85 | 0.38~0.59 | 1.91 | 1 | 北 | 东 | 女 | 50± | 仰身直肢 | 1.76 | 0.30~0.52 | | C型I式陶圆腹罐1 | | | |
| A | 314 | 27° | 1.80 | 0.33~0.52 | 1.80 | 0.33~0.52 | 0.70 | 1 | 北 | ? | 女 | 17~22 | 仰身直肢 | 1.65 | 0.32~0.47 | | | | | |
| A | 315 | 20° | 2.00 | 0.47~0.62 | 2.00 | 0.47~0.62 | 1.60 | 1 | 北 | 东 | 女 | 60± | 仰身直肢 | 1.89 | 0.40~0.50 | | C型铜钗1 | | | |
| A | 318 | 15° | 1.90 | 0.40~0.60 | 1.90 | 0.40~0.60 | 0.67 | 1 | 北 | 西 | 女 | 60± | 侧身屈肢 | 1.82 | 0.31~0.53 | | C型铜钗1 | | | |
| A | 321 | 24° | 2.10 | 0.37~0.73 | 2.10 | 0.37~0.73 | 1.25 | 1 | 北 | 西 | 男 | 35~40 | 仰身直肢 | 1.92 | 0.33~0.58 | | Ab型陶圆腹罐1 | | | |
| A | 325 | 13° | 1.90 | 0.46~0.60 | 1.90 | 0.46~0.60 | 0.75 | 1 | ? | ? | ? | ? | ? | 1.72 | 0.32~0.51 | | II式陶唾盂1，三彩罐1，料珠9 | | | |
| A | 326 | 12° | 1.75 | 0.45~0.56 | 1.75 | 0.45~0.56 | 1.40 | 1 | 北 | 东 | 女 | 50± | 仰身直肢 | 1.68 | 0.40~0.51 | | A型瓷盒1 | | | |
| A | 329 | 20° | 1.70 | 0.37~0.55 | 1.70 | 0.37~0.55 | 1.35 | 1 | 北 | 西 | 女 | 20± | 仰身屈肢 | | | | E型陶双耳罐1，残陶盆，III式开元通宝钱1 | | 三 | 无葬具 |
| A | 332 | 22° | 2.00 | 0.51~0.60 | 2.00 | 0.51~0.60 | 1.62 | 1 | 北 | 西 | ? | ? | 仰身直肢 | 1.82 | 0.32~0.53 | | D型II式陶塔式罐1 | | 三 | |
| A | 334 | 24° | 2.00 | 0.70~0.80 | 2.00 | 0.70~0.80 | 1.50 | 1 | 北 | 西 | 女 | 20~25 | 仰身直肢 | 1.88 | 0.48~0.68 | | 残陶塔式罐1，C型IV式铜镜1 | | 三 | |
| B | 21 | 25° | 1.76 | 0.50~0.55 | 1.76 | 0.50~0.55 | 0.65 | 1 | 北 | 西 | ? | ? | 俯身屈肢 | | | | | | | 无葬具 |

续表三

| 型别 | 墓号 | 方向（度） | 墓坑 口 长 | 墓坑 口 宽 | 墓坑 底 长 | 墓坑 底 宽 | 深 | 人架 | 头向 | 面向 | 墓主 性别 | 墓主 年龄 | 葬式 | 葬具 长 | 葬具 宽 | 葬具 高 | 随葬器物 | 殉人 | 期别 | 备注 |
|---|---|---|---|---|---|---|---|---|---|---|---|---|---|---|---|---|---|---|---|---|
| B | 248 | 35° | 1.50 | 0.42~0.56 | 1.50 | 0.42~0.56 | 0.50 | 1 | 北 | ? | 男 | 20± | 仰身直肢 | | | | Ac 型铜镜 1，B 型瓷葫芦 1，蚌壳 2，银耳环 1，开元通宝线 2 | | | 无葬具 |
| C | 42 | 201° | 3.00 | 0.54~0.88 | 3.26 | 0.64~0.86 | 1.32 | 1 | 北 | 上 | ? | 6~8 | ? | 1.60 | 0.40~0.50 | | | | | |
| D | 101 | 18° | 1.89 | 0.40~0.54 | 1.89 | 0.40~0.54 | 0.20~0.35 | 1 | ? | ? | ? | ? | ? | | | | | | | 骨架朽化殆尽，无葬具 |
| E | 40 | 23° | 1.30 | 0.48 | 1.30 | 0.48 | 0.30 | 1 | ? | ? | ? | ? | 仅有头骨肢骨 | | | | | | | 无葬具 |
| E | 257 | 65° | 1.10 | 0.63 | 1.10 | 0.63 | 0.10~0.30 | 1 | 东 | 南 | ? | 30± | ? | | | | | | | 无葬具 |
| F | 167 | 24° | 1.20~2.00 | 0.53~0.77 | 1.20~2.00 | 0.53~0.77 | 0.50~0.60 | 2 | 北 | 西 | 女 ? | 30~40 8± | 仰身直肢 | 1.60 | 1.62~0.90 | 0.30~0.40 0.18~0.29 | Bb 型 I 式陶双耳罐 1，开元通宝线 2 | | | 母子合葬 |
| F | 184 | 15° | 1.57~1.90 | 0.38~0.90 | 1.57~1.90 | 0.38~0.90 | 0.50 | 2 | 北 | 西 | 东 ? 女 | 6± 45± | 仰身直肢 | 0.82 | 0.19~0.25 | | G 型陶圆腹罐 1，水晶柱 1，铁剪 1 | | 三 | 母子合葬，母无葬具 |

形状很不规则，但底部在一个平面上。墓上口长 1.57～1.90 米，宽 0.38～0.90 米，底与上口长、宽相同，上口距底深 0.50 米。东侧长坑底置幼儿骨架 1 具，位于北半部，头北足南，面向西，仰身直肢，6 岁左右。头右上部置水晶柱 1。棺长 0.82、宽 0.19～0.25 米。西侧斜出部分的坑底为一成人骨架，骨架长 1.50 米，女性，40～45 岁。头北足南，头骨位于北端凸出部分，面向东，仰身，右臂下垂，左臂稍屈于下腹部，手置髋部。无葬具。头后上部置 G 型陶圆腹罐 1，胸右侧置铁剪 1（图八四；图版四四，1）。

## 二、葬具、葬式和葬俗

### （一）葬　具

发掘的 337 座墓，大多数墓发现有葬具。除葬具情况不清和无葬具者外，可辨清有葬具者 235 座，占发掘墓总数的 75.69%。葬具情况不清的 36 座墓，其中甲类墓 25 座，乙类墓 6 座，丙类墓 5 座。这主要是由于墓室进水或后世营造墓葬和生产活动使室内遗迹遭到很大扰动所致。这些墓中有部分墓在清理时发现零星板灰痕迹，当系棺木板灰遗痕，说明有葬具的墓葬比例当更大些。能确知无葬具者共 46 座墓，其中甲类墓 5 座，占该类墓总数 102 座墓的 4.8%；乙类墓 5 座，占该类墓总数 63 座墓的 7.92%；丙类墓 36 座，占该类墓总数 172 座墓的 20.93%。可知无葬具者以丙类墓比例为高。这部分墓的墓主骨架下未发现任何铺垫物，应是埋葬时将尸体直接陈放于墓底。

葬具有两种，一种是木棺，一种是以陶瓦作为简单葬具。前者占绝大多数。

木棺均已朽化为板灰，因此对其确认是以遗留的板灰为依据。据观察，木棺的形制是头大尾小，前高后低。棺长一般在 1.70～1.90 米之间，大头宽多为 0.50 米左右，小头宽多为 0.30～0.35 米。高度大多数不能辨明。棺板厚度普遍较薄。小孩棺长一般在 1.00 米以下。棺具的大小大体与死者身长有关，即个子大的棺具长，个子小的棺具短，基本上是以恰能容置死者为度。如 M188，墓主骨架长 1.75 米，棺长 1.85、宽 0.26～0.50 米；凤南 M182，墓主骨架长 1.45 米，棺长 1.58、宽 0.38～0.48 米。凤南 M227 是规模最大的三天井的斜阶式墓道刀形土洞室墓，棺长 2.30、宽 0.49～0.60 米。因是夫妻合葬，棺具就显得宽大，当属个别情况。有些屈肢葬的墓，木棺尺寸很小，如凤南 M298，墓主系成人，葬式为仰身屈肢，棺长仅 1.22 米。这也是不多见的情况。在所有墓葬中，凤南 M45 的棺木痕迹是最为全面、清晰的，此墓棺长 1.90、宽 0.42～0.52 米，墓壁上的印痕高度是 0.26～0.46 米。该墓棺之长、宽尺寸属前述木棺的常见尺寸，因此，推测多数木棺的高度应与此棺高度相当。

在有棺木痕迹的不少墓葬中，发现有铁质棺钉，有些墓中未见棺钉出土，这些没有棺钉的墓，当是使用衽木约束的棺木。在凤南 M23 棺具两侧，发现七枚处于等距离位置的小铜泡，可能是木棺上的装饰品。

在甲类墓中，有十座墓设生土台棺床，木棺置于棺床之上。绝大多数墓则直接将木棺置于墓室地面上。

以板瓦作葬具的均见于丙类墓，共发现 6 座。其中一座墓主为成人，其余皆为小孩。瓦葬具的使用，是先将死者陈放于墓坑底，然后在尸体上纵向叠置陶瓦数页，将尸体全部盖埋。一般是用四页或三页瓦，多的有六页，也有盖置一页瓦的，如凤南 M215，墓主系成人，仅在墓主头部盖一页瓦，肢体部分暴露在外。

有三座墓的墓主头下发现有枕具。如凤南 M162 发现的枕具是三彩陶枕，制作考究，花纹精美，当为墓主生前的实用品。凤南 M109 墓主头下则枕以砖块。凤南 M201 墓主是以一页陶瓦作为枕具。其余墓葬是否原有其它质料的枕具，已不得而知。

**（二）葬　式**

这批墓绝大多数的墓向为南北向。东西向的有 6 座，皆属丙类墓。大多数骨架保存较好，除 23 座墓由于骨骼朽化严重或无骨架外，其余 314 座墓均可辨明墓主头向。墓主头向北者有 285 座，占绝大多数；头向南者 15 座；头向西者 11 座；头向东者 3 座。结合墓葬形制考虑，墓主头向排列似乎带有一定规律性：（1）墓主头向北在甲、乙、丙三类墓中均占大多数，其中甲类墓中见于 D 型 Ⅱ 式～Ⅶ 式和 E 型。（2）墓主头向南的 15 座墓中，丙类墓有 7 座；乙类墓 6 座，限于 Aa 型和 Ab 型 Ⅰ 式；甲类墓仅有 2 座，其中 A 型即弯背刀形墓 1 座。（3）墓主头向西的 11 座墓，其中丙类墓 3 座，其余八座皆为甲类墓，属 B 型即十字形墓 1 座、C 型即靴形墓 6 座、D 型 Ⅰ 式即铲形墓 1 座，而不见于其它型式。这三种形式的墓，就是通常所谓的东西宽、南北窄的横室墓。（4）墓主头向东的 3 座墓，均为丙类墓。

墓主身肢放置形式多样，除 59 座墓由于骨架朽化严重和骨骼凌乱不明葬式外，其余 278 座墓可见有以下七种情况：

1. 仰身直肢。此种葬式最为常见，达 248 座。墓主面向不尽相同，有的向上，有的向东，有的向西，身肢最普遍的姿势是，身平仰，双臂垂直或微屈，双手紧贴于髋部两侧或置于腹下部，两腿并齐伸直。有的一臂垂直或微屈，另一臂作 90° 弯屈，手置于胸部或搭于垂直一臂的肘处或尺、桡骨处，如丙类墓凤南 M7、丙类墓凤南 M100 等。有的双臂屈折于胸侧，双手各置左、右肩处，如丙类墓凤南 M280。有的双腿在胫、腓骨处相交，一足压于另一足上，如丙类墓凤南 M180 等。凤南 M242 墓主的双臂和双腿均作斜向伸开，形状很不规整。

2. 仰身屈肢。共 20 座。墓主面向上或侧向一边，体仰平，双臂垂直或微屈，双手置髋骨处或腹下部，有的一臂伸直，另一臂屈折向上，手置头前方。双腿皆弯屈或一腿伸直，另一腿弯屈，有的双腿弯屈成 "（）" 或 "◇" 形，如甲类墓凤南 M54、甲类墓凤南 M58。

3. 侧身屈肢。共 6 座。墓主面向东或向西，身体随面向侧向一边，多为半侧半仰，双腿作弯屈形与身体同方向侧向一边，压于身体下的一臂一般作垂直或微屈状，在身体之上的一臂则弯屈于腹侧，或双臂皆垂直或弯屈。有的只是一腿弯屈而压于下边的一腿则伸直，只少数微屈。有的侧屈特甚，如甲类墓凤南 M91，体骨弓弯，向西侧卧，下肢弯屈较甚，右臂自身下作 90° 弯屈，左臂肱骨朝前斜伸，尺、桡骨向体部屈回，手置下肢两股骨间。甲类墓凤南 M319 亦为典型之一例（见 "墓葬形制与举例" 一节）。

4. 侧身直肢。仅见丙类墓凤南 M245 一座墓。墓主面向东，身亦侧向东，双臂微屈于腹侧，双腿基本作平行伸直。

5. 俯身直肢。1 座。乙类墓凤南 M97，墓主面朝下，俯身，身体右高左低，右臂稍弯屈，手置于髋骨右侧，左臂紧贴于腹侧，手压于髋下，双腿并齐直伸。

6. 俯身屈肢。1 座。丙类墓凤南 M21，墓主面朝下，俯身，双手反背交叉于背部，双腿弯屈作"（）"形。

7. 跪肢。1座。丙类墓凤南 M66，墓主面向上，仰身，双臂弯屈，双手置于胸前，双腿屈折，左、右胫、腓骨各与股骨重叠在一条直线上，双足压于盆骨之下，屈折的双腿呈"八"字形。

### （三）葬　俗

这批墓葬，可确知墓主骨架数目者331座。有六座墓的墓主骨架数目不清，其中甲类墓5座，乙类墓1座，丙类墓全可辨明。单身葬有322座。双人合葬者9座，其中甲类墓占6座，丙类墓3座。

合葬墓中有母子合葬、夫妻合葬、二男合葬三种。母子合葬墓3座，即丙类墓的凤南 M207、凤南 M167 和凤南 M184；夫妻合葬墓3座，即甲类墓的凤南 M172、凤南 M227 和凤南 M305；二男合葬墓1座，即甲类墓的凤南 M322。而凤南 M200 和凤南 M300 两座墓由于骨骼零碎无法辨清性别。乙类墓未发现合葬现象。

合葬墓中的墓主骨架，多数是一具保存较好而另一具较凌乱，在三座夫妻合葬墓中，均见男性骨架保存较完整，女性骨架则较凌乱。三座母子合葬墓，小孩骨架较为整齐，母亲骨架较凌乱。这可能与迁葬有关，即保存较好的骨架为原葬，凌乱者系迁葬。凤南 M322 是一座二男合葬墓，仅有二个头骨，头骨均经火烧，年龄约40岁左右，属迁葬。

合葬棺具以共用一棺居多，共6座。有夫妻合葬的凤南 M227 和凤南 M305；二男合葬的凤南 M322；母子合葬的凤南 M207 以及不明性别的凤南 M200 和凤南 M300。二人各葬一棺的有母子合葬的凤南 M167 和夫妻合葬的凤南 M172。前者是小孩棺木置于母亲棺木之侧旁，而后者则是两棺并列放置。据观察，凤南 M167 是先作母亲的墓坑，再沿其坑边扩挖一个小坑，然后置棺以埋葬小孩。凤南 M184 仅小孩盛以木棺，母亲则无葬具。此墓是先作好小孩墓坑，然后再于其坑边扩挖一坑，以作埋葬母亲之用。

单人葬中，大多数墓主骨架保存完整，少数墓骨架较为零散或十分凌乱，骨骼一般不全。主要见于甲类墓。这些零散或凌乱骨架，多数遭到自然或人为破坏，但其中也有一部分未见扰动痕迹，可见这些骨架埋葬时就是凌乱的。凤南 M155，墓主骨骼基本完整，但锁骨脱离原位置于颈椎骨处，左桡骨置于两股骨间。凤南 M165 墓主骨架自盆骨以下保持原位，头骨与体骨则放置较凌乱。属于这种情况的墓有20座左右，推测应是迁葬造成的。

墓主尸骨上压有石头的个体发现两例，均见丙类墓。如凤南 M311，墓主头部压一直径约0.15米的石头。凤南 M224 的墓主头部和胫、腓骨处压有两块大石头。大约与某种习俗或信仰有关。

属于乙类墓的凤南 M168，棺内北部置一堆烧化的骨灰和烧为碎片的墓主头骨。而凤南 M322 同棺合葬的二个男性墓主之头骨，亦经火烧过，下颌及枕骨均呈黑色。

无骨架的墓葬发现凤南 M306 一例。属甲类墓中规模较大的墓。墓中未发现任何骨骼和葬具痕迹。

有些墓中还有堆置谷物的现象。如凤南 M49 和凤南 M323 墓室底部均有直径约0.30米的一堆谷类颗粒，已朽化为黑色。

### 三、随葬品组合与位置

发掘的 337 座墓中有 113 座墓无随葬品，其中丙类墓 94 座，占该类墓总数的半数以上；乙类墓 11 座；甲类墓 5 座。其余 224 座墓皆有随葬品。这批墓基本未经盗掘，除少部分墓由于遭受自然或其他的人为因素的破坏而使墓室扰动外，大多数墓葬的随葬器物均保持原有数量和原来位置。

### （一）组　合

随葬品的组合，大体可分为四类：

第一类：具有陶天王俑、陶镇墓兽、陶马、陶骆驼或只有其中两三种（个别仅有一种），再配以陶男、女俑、陶动物及其它器物。随葬品数量较多，一般有十多件，个别可达三十余件，十件以下者很少见。此类随葬品有 17 座墓。

凤南 M227 和凤南 M127 是墓地随葬品最多的墓葬，总数在 30 件以上。凤南 M227 有双陶天王俑、双陶镇墓兽、双陶马、单陶驼。凤南 M127 为单陶天王俑、双陶镇墓兽、双陶马、单陶驼，比凤南 M227 少一件陶天王俑，但多了陶男、女骑马俑各 2 件。

陶天王俑、陶镇墓兽、陶马、陶骆驼俱全并均为一件的有凤南 M4、凤南 M17、凤南 M36、凤南 M83、凤南 M92、凤南 M316 和凤南 M320 等 7 座墓。凤南 M87 四件俱全且为双马。这些墓随葬品总数都在十件以上，有的有二十余件。此外，凤南 M41 少一件陶镇墓兽，凤南 M58 少陶天王俑、陶马各一件，凤南 M164 和凤南 M200 各少一件陶骆驼，凤南 M18 有一陶骆驼、一陶马，凤南 M45 仅有一陶马，是为特例。

随葬品作此类组合的墓，仅见甲类墓 D、E 型。

第二类：有一至数件陶男、女俑，但无陶天王俑、陶镇墓兽、陶马及陶骆驼等，除陶男、女俑外，一般还有其它器物，如陶罐等，数量一至数件不等。随葬品多为五六件，个别有十余件。随葬品为此类组合的墓有凤南 M13、凤南 M15、凤南 M23、凤南 M30、凤南 M32、凤南 M34、凤南 M143、凤南 M169、凤南 M170、凤南 M179、凤南 M226、凤南 M293、凤南 M295、凤南 M300、凤南 M322、凤南 M323 和凤南 M331 等 17 座，亦均见于甲类墓 D、E 型。其中凤南 M30，随葬品有陶男女俑 8 件、陶塔式罐 2 件、开元通宝铜钱 2 枚，共 12 件，陶俑数量多，形体高大，为其它墓所不及。

第三类：随葬品数量一般为五六件，多为陶器、瓷器、铜器和日常用具剪刀、砚及装饰品铜泡、蚌壳等，有的有一至数枚铜钱，不见俑类。

这类随葬品组合的墓有凤南 M10、凤南 M19、凤南 M28、凤南 M42、凤南 M43、凤南 M62、凤南 M63、凤南 M74、凤南 M86、凤南 M149、凤南 M153、凤南 M154、凤南 M238、凤南 M281、凤南 M294、凤南 M296、凤南 M297、凤南 M299、凤南 M301、凤南 M303、凤南 M305、凤南 M325、凤南 M330 和凤南 M331 等 24 座，甲、乙、丙三类墓都有。凤南 M43 虽无俑类随葬，但随葬的小件器物都很丰富，计有漆盘 1、漆盒 2（漆器仅有漆皮）、铜镊子 1、料珠 13、银小盒 1、蚌壳 3、水晶柱 1、三彩罐 1、骰子 4、铜铃 1、铜环 2、铁器残块、铜指甲壳 3、铜镜 1、陶塔式罐 1、陶双耳罐 1、开元通宝铜钱 1 枚、铁残片等，近 40 件，居此类组合墓之首。

第四类：随葬品多数只有一件或两件。常见的是陶罐，或陶罐加一二枚铜钱；或只有一至数枚铜钱；或陶、瓷、铜质日常用具和装饰品等。多出现于乙、丙类墓，甲类墓少见。

通过对以上随葬品组合类别的分析，我们发现：（1）一、二类组合均见于甲类墓，并集中于 D、E 型之中，尤以带天井的墓为常见。随葬品数量普遍较多，尤其是有镇墓兽、马和骆驼的墓，数量相对更多。（2）一、二类组合的墓，皆出有陶塔式罐，有些形制较大的墓，还有两件陶塔式罐，如凤南 M227、凤南 M172 和凤南 M30。（3）尽管随葬品数量的多少与墓葬形制大小有关，即形制大的墓随葬品多，反之随葬品则少。但在同形制的墓中，随葬品数量相差悬殊的情况也相当明显。

（二）位　置

随葬品放置的位置，有一定规律。现分述如下：

**1．陶　俑**

陶俑基本都置于墓主棺外一侧空旷处，个别置于棺内。

凡有陶镇墓兽的墓，不管陶俑之数量多少，陶天王俑和陶镇墓兽的位置比较固定，通常都安置在室内近室口处，一般是陶天王俑在西，陶镇墓兽在东，并排而置，面皆朝南（即室口），如凤南 M87 和凤南 M164 等。有的墓陶天王俑和陶镇墓兽的方位与位置有所变化，如凤南 M320 是陶天王俑在东，陶镇墓兽在西。又如凤南 M83，两者虽也位于近墓口处，但不是并排放置，而是沿墓主棺东侧纵向排列，即陶镇墓兽在南，陶天王俑置其北，面皆朝南。双陶天王俑、双陶镇墓兽的墓，有将一陶天王俑、一陶镇墓兽置墓室口，而将另一陶天王俑和陶镇墓兽置于室中部，如凤南 M227。凤南 M172 的情况更为特殊，位于墓室口最前端的不是陶镇墓兽，而是一陶女俑，其后有数排陶男、女俑、陶马、陶骆驼及陶骑马男、女俑、陶天王俑和陶镇墓兽被安置于室中部以北的俑群中间。其它各种陶俑的放置，也带有一定规律。如陶马、陶骆驼多在室口陶镇墓兽之后，通常是并排放置，驼西马东，其头部前方各有一陶牵俑。陶男、女俑的安置，多者密布，少者作等距离并排放置，多一排两件。

不出陶镇墓兽和陶马、陶骆驼而俑数较少的墓，一般也是并排放置，很有次序，如凤南 M169，墓室口内棺东侧置陶塔式罐一件，陶男俑四件呈东西并排列于棺内墓主头骨东侧，双手各握一枚开元通宝铜钱。凤南 M293，两件陶男俑并排置于棺外北头东侧，陶塔式罐靠近室东壁。放置无次序者少见。

**2．陶器、瓷器和漆器**

陶器最常见的是陶罐，此外还有少量陶壶和钵等。陶罐在所有随葬品中数量最多。陶罐的放置位置，由于墓葬类型的不同而有所不同。甲类墓（除 C 型之外）基本都在棺外，通常置室内东侧，多数偏北。随葬陶俑类的墓，陶塔式罐多置于陶俑群之后近北壁处。甲类 C 型墓的陶罐多置棺内。乙、丙类墓陶罐置棺外、棺内的皆有，棺外者多置于棺之北部，仅个别墓置于棺外南端，如凤南 M221 等。棺内者通常放在墓主头左侧或右侧，也有置于墓主足部或髋部处的，如凤南 M182 和凤南 M165。

瓷器和漆器发现不多。瓷器有碗和盒等，漆器见有盘和盒，多放于棺内墓主头部附近。有些置棺外距棺较近处，见于凤南 M294 等。

**3．金属品及小件器物**

多为日常用具和装饰品，主要有铜镜、剪刀、钗、带扣和蚌壳等。多数放置棺内，如凤南 M92 和凤南 M301 等。铜镜一般放在墓主头部不远处。少数置于棺外。凤南

M43，棺内放置有铜指甲等，棺外又置以铜镜、铜铃、铜镊子和蚌壳等用器。

**4. 铜　钱**

铜钱出土很普遍。多数一座墓出一两枚或数枚。基本都出于棺内。出土时大多在墓主双手处和头部。根据迹象推断，大部分铜钱原是握于墓主手中和含于口内的。少数墓铜钱数量较多，如凤南 M238，除墓主双手各有一枚铜钱外，左肩侧有一摞堆叠整齐的铜钱，共 25 枚，可能是用绳穿贯后置于棺内的。

## 第三节　殉人综述

发掘这批墓葬时，发现了一个值得注意的现象，就是在 53 座墓葬中，除墓主尸骨之外，还伴出有其他人骨架或数量不等的人体骨骼。无葬具和随葬品（其中 M44 一号殉人头部盖置两页瓦为孤例）骨骼大部分是随意抛置。由发掘现场观察，这些人骨均与墓主同时埋入，但其埋葬部位和埋葬方式与墓主有很大的区别，具有明显的人殉特征。在前面 "墓葬形制" 一节墓葬举例时，对其中的凤南 M17、凤南 M18、凤南 M23、凤南 M31、凤南 M33、凤南 M41、凤南 M43、凤南 M51、凤南 M52、凤南 M54、凤南 M68、凤南 M86、凤南 M88、凤南 M93、凤南 M130、凤南 M139、凤南 M163、凤南 M170、凤南 M172、凤南 M207、凤南 M226、凤南 M227、凤南 M297、凤南 M298、凤南 M302、凤南 M303、凤南 M316、凤南 M322、凤南 M323 和凤南 M333 共 30 座墓例中的殉人情况已作了记述。现将其余二十三座墓葬的殉人情况分述之。这些墓是凤南 M2、凤南 M14、凤南 M44、凤南 M45、凤南 M46、凤南 M56、凤南 M63、凤南 M64、凤南 M76、凤南 M84、凤南 M91、凤南 M95、凤南 M96、凤南 M112、凤南 M122、凤南 M125、凤南 M128、凤南 M140、凤南 M147、凤南 M165、凤南 M309、凤南 M324 和凤南 M331（表四）。

**凤南 M2**　刀形土洞室墓，属甲类 Ec 型 I 式。在墓道与墓道坑龛间发现殉人骨架 1 具。此坑龛位于墓道中部西壁，是置放殉人时沿西壁扩挖而成的。龛身 0.63 米，并向西北偏斜，龛北端宽出墓道西壁 0.23 米，南端与墓道西壁平行。殉人骨架右上半部置龛底，其余部分则在墓道填土中。头朝北，面向西，仰身直肢，两臂微向内屈，双手置髋部左右，骨架保存基本完整，身长 1.60 米。男性，35～40 岁（图八五）。

**凤南 M14**　刀形土洞室墓，属甲类 Ec 型 V 式。墓室发现一个殉人个体。殉人位于墓主棺外东侧，骨骼基本齐全，头骨位于最北边，头顶朝北，面向上，下颌骨脱离原位，在头骨紧南，头骨之南有股骨、盆骨、胫、腓骨、肱、尺、桡骨等，集中堆置于胸部。男性，30～40 岁。墓室靠近东北角处，置 A 型 IIIa 式陶塔式罐 1 件（图八六）。

**凤南 M44**　刀形土洞室墓，属于甲类 Ec 型 I 式。墓道填土发现三个殉人个体，编号一～三号。一号殉人位于墓道南端，距上口 0.34 米处置骨架 1 具，头朝北，面向上，仰身，右臂垂直，手置髋部，左臂微屈，手置腹下部。头部扣置板瓦 2 页，下肢压于棉织厂围墙下未清理。女性，20～30 岁。二号殉人位于墓道北端，距上口 0.36 米，有保持骨架原位的下肢骨、盆骨、部分右上肢及零星椎骨、肋骨、锁骨等。三号殉人距上口 0.90 米，有一个头颅骨、肱骨一段，部分椎骨和手指骨。性别不清，年龄 30～35 岁。

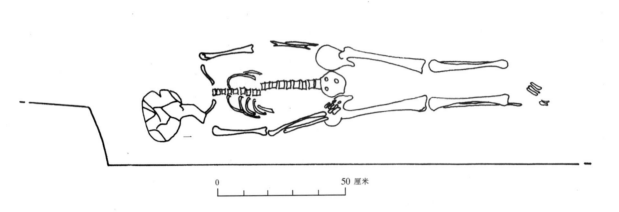

0　　　　　　　　50 厘米

图八五　凤南甲类 Ec 型 I 式 M2 墓道殉人平面图

一，墓道填土上部一号殉人

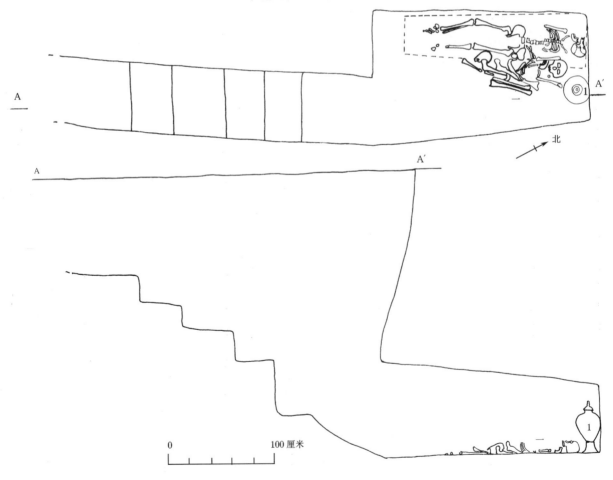

0　　　　　　　100 厘米

图八六　凤南甲类 Ec 型 V 式 M14 平、剖面及殉人图

1. A 型 IIIa 式塔式罐　　一，棺外殉人骨架

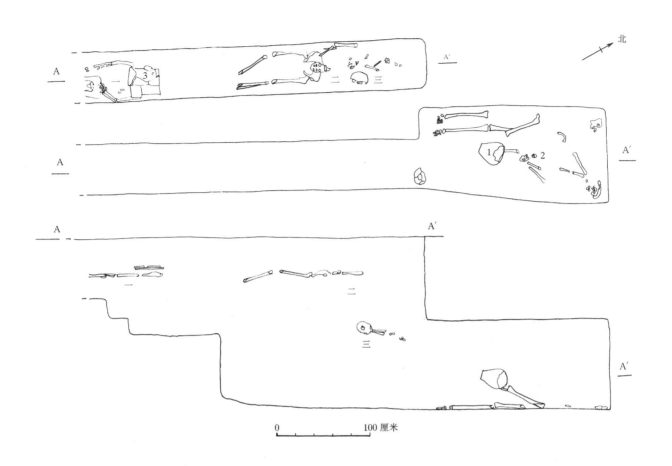

图八七 凤南甲类 Ec 型 I 式 M44 平、剖面及殉人图

1.A 型陶圆腹罐 2. 开元通宝钱 3. 板瓦

一，一号殉人骨架 二，二号殉人部分肢体骨 三，三号殉人头颅骨及部分肢体骨

墓主位置在墓室内靠西壁处，但由于墓室早年进水，使股骨以上骨骼连同随葬品被移位，零散分布于墓室内。随葬品有 A 型陶圆腹罐、开元通宝钱各 1（图八七；图版四四，2、图版四五，1）。

**凤南 M45** 刀形土洞室墓，属甲类 Ec 型 I 式。墓道填土发现殉人骨架 2 具，编号为一、二号。一号位于墓道北部，距上口 0.48 米，头朝北，面向东，仰身，左臂垂直，右臂微屈，手置盆骨上，双腿伸直，骨架长 1.60 米，女性，25～30 岁。二号殉人位于墓室上顶。该墓墓道挖置特别，即墓室南按通常习见的斜坡墓道，并将墓道北部顺沿至墓室顶部，下挖一个与南部墓道通连一体的竖道，竖道南北长 1.70 米，东西宽与墓道北端同，深 1.40 米，底距洞室顶 0.96 米。二号殉人即埋置于此，头朝南，面向西，仰身直肢，骨架长 1.60 米，女性，20～30 岁。安置墓主的墓室内随葬品有 I 式陶砚 1，A 型 I 式陶塔式罐 1，A 型 I b 式陶幞头男侍俑 1，A 型 I a 式陶幞头男侍俑 1，A 型 II 式陶马 1（图八八）。

**凤南 M46** 刀形土洞室墓，属甲类 Ec 型 I 式。墓道填土和墓室发现六个殉人个体。编号为一～六号。一号殉人位于墓道中部西壁的壁龛与墓道之间。壁龛宽 0.16、深 1.12

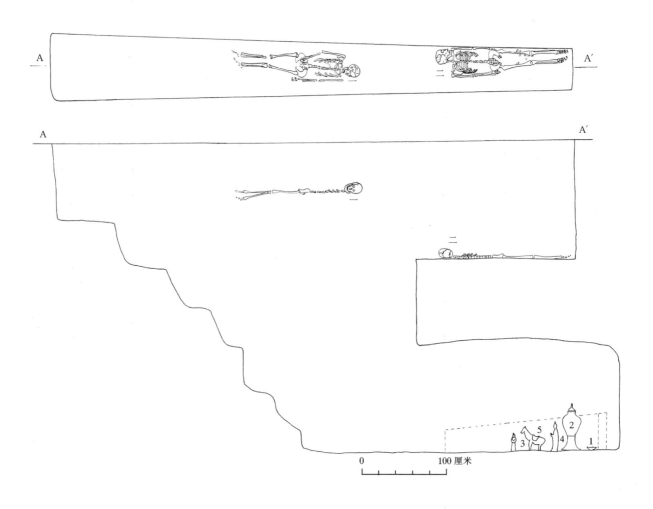

图八八　凤南甲类 Ec 型 I 式 M45 墓道填土上部和中部一、二号殉人

1. I 式陶砚　2.A 型 I 式陶塔式罐　3.A 型 I b 式陶幞头男侍俑　4.A 型 I a 式陶幞头男侍俑　5.A 型 II 式陶马

米，北距墓道北壁 2.96 米。殉人骨架置于龛台与墓道之间，距墓道上口 0.62～0.80 米。仅有右上、下肢、左下肢，仰身，南北向直伸，右上、下肢完整，足至龛台南端。左下肢自胫、腓骨中段以下残缺。骨架保留长度 1.40 米，男性。二号殉人位于墓道中部偏北，低于一号殉人 0.22 米，仅有胸以下骨骼，侧身，双腿股、胫骨与胫、腓骨作 90° 向西弯屈于龛台之处。双臂肱骨中段以上残缺，骨架之北头骨处置大小不等的石头 6 块，骨架残长 1.50 米，男性，成年。三号殉人为一头盖骨，位于墓道北部，低于二号殉人 0.36 米，顶朝下，男性，大于 20 岁。四号殉人位于墓道近北端，为一头盖骨，深度与三号殉人大致相同。五号殉人为一头骨的颜面骨，位于墓室口近顶处，年龄大于 30 岁。六号殉人为一下颌骨，紧靠五号殉人之下，年龄不大于 35 岁。五号和六号殉人原位置当在墓道近墓室处，由于自然作用力墓道填土拥入墓室时被移动到现在的位置。墓主骨架位于墓室内西侧，随葬开元通宝钱 1 枚（图八九；图版四五，2、图版四六，1）。

**凤南 M56**　刀形土洞室墓，属甲类 Ec 型 II 式。墓道填土发现一个殉人个体。殉人位于墓道北端，距上口 1.06～1.62 米，沿北壁埋置。头骨在上，头顶朝西，面向下，下

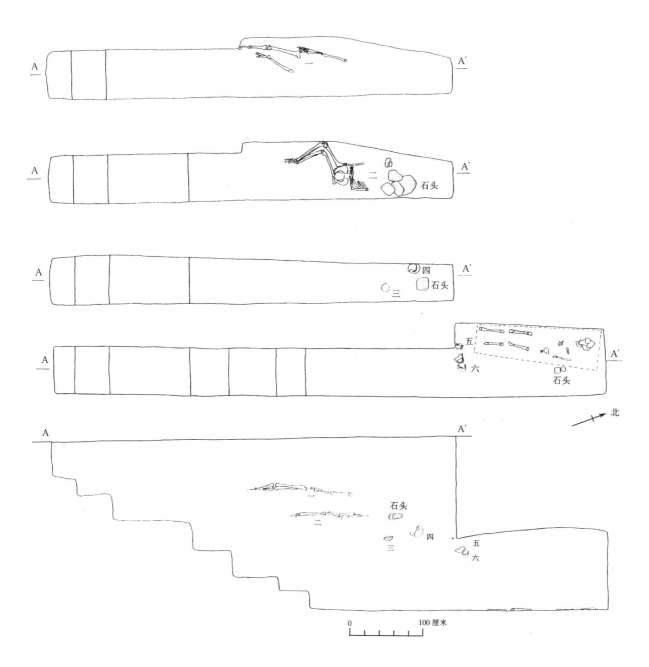

图八九　凤南甲类 Ec 型 I 式 M46 平、剖面及殉人图

1. 开元通宝钱

一，殉人骨骼　二，殉人腰以下骨架　三、四，头盖骨　五，肋骨　六，下颌骨

颌骨脱离原位置最下部，其间置锁骨 2、股骨残段一节，股骨残长 0.30 米，男性，35～45 岁。墓主骨架位于墓室的西侧，左手握开元通宝钱 1，头部有数片铁片，棺外西南角置 Aa 型陶圆腹罐 1（图九〇）。

　　**凤南 M63**　刀形土洞室墓，属甲类 Ec 型 II 式。墓道填土与墓室发现四个殉人个体，编号为一～四号。一号殉人位于墓道北端近北壁处，距上口 0.68～1.00 米。仅见胸部以

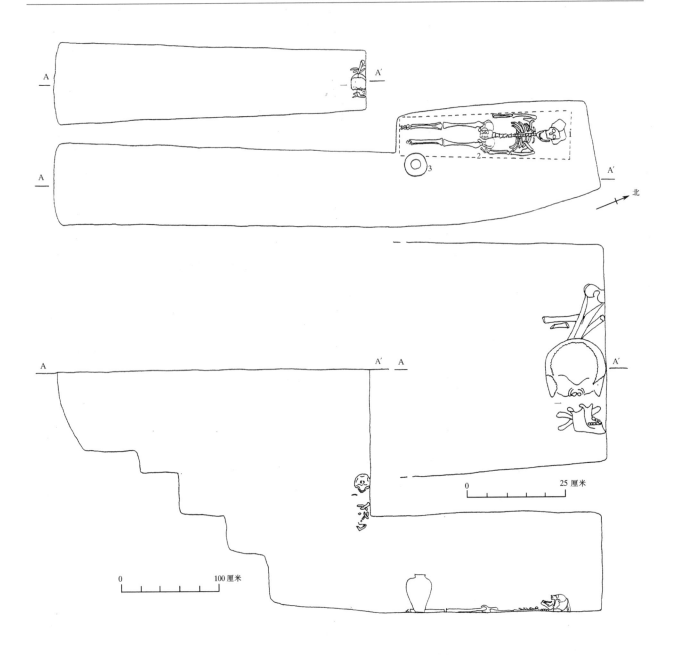

图九○　凤南甲类 Ec 型 II 式 M56 平、剖面图

1. 铁片　2. 开元通宝钱　3. Aa 型陶圆腹罐　一，一号殉人

上骨骼，头骨完整，头向后仰，嘴巴大张，状甚痛苦。左、右肱骨只保留上半截，残长分别为 0.16、0.20 米。男性，35～45 岁。二号殉人在一号殉人之南 0.24 米处，置一陶盆，陶盆下扣置胫、腓骨各 2 根及脚骨，胫骨长 0.35 米，腓骨残长 0.27 米左右。三号殉人在一号殉人之下 0.10 米处，头骨头顶朝下，面向西北，头骨西侧斜插胫骨 2 根，头骨之北斜置股骨 2 根，还有腓骨和肱骨各 2 根。男性，30～35 岁。四号殉人位于墓室内口上部，有头颅骨 1 个，并伴出马腿骨一残段和尾骨一块，由位置观之，四号殉人与前述凤南 M46 的五号、六号殉人情况相似，亦应是由墓道移位于墓室口上部的。墓主随葬

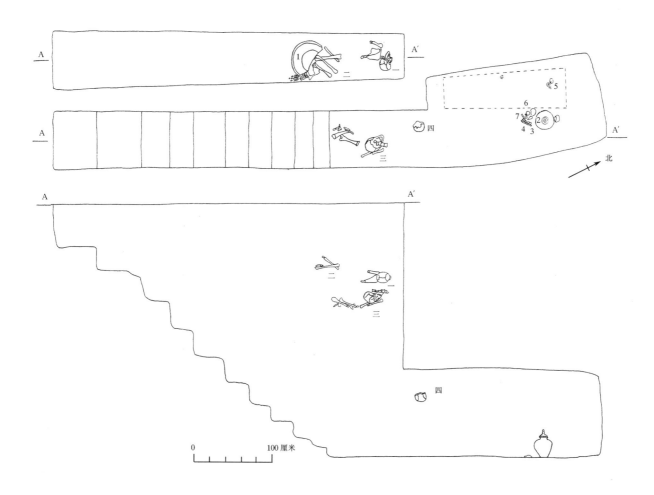

图九一　凤南甲类 Ec 型 II 式 M63 平、剖面及殉人图

1. I 式陶盆　1.B 型 I 式陶塔式罐　3.铜剪子　4.B 型铜臂钏　5.开元通宝钱　6.蚌壳　7.铜饰件

殉人：一，殉人胸部以上骨架　二，殉人骨骼　三，殉人头骨、股骨等　四，头颅

品有 I 式陶盆 1、B 型 I 式陶塔式罐 1、铜剪子 1、B 型铜臂钏 1、开元通宝钱 1、蚌壳 1、铜饰 1（图九一；图版四六，2、图版四七，1）。

**凤南 M64**　刀形土洞室墓，属甲类 Ec 型 V 式。墓道填土发现三个殉人个体，编号为一～三号，均在墓道北端。一号殉人距上口 0.72 米，双下肢自股骨中段断开，以下骨骼缺，以上骨骼齐全，头朝北，后仰，嘴大张，体略侧，右臂微屈垂下，左臂肱骨向左平出，尺、桡骨下垂，作痛苦挣扎状。男性，35～40 岁。二号殉人压在一号殉人之下，头骨在南，略高出其它骨骼，肢体骨自髋上部分为两段，较杂乱地置于头骨北侧。男性，25～30 岁。三号殉人在二号殉人之下 0.05 米处，有头骨 1 个，缺面骨，其下有锁骨、桡骨、腓骨残段各 1 根，男性，45～55 岁。墓主随葬品为 Aa 型陶圆腹罐 1（图九二；图版四七，2、图版四八，1）。

**凤南 M76**　刀形土洞室墓，属甲类 Ec 型 V 式。墓室发现一个殉人个体，为部分肢体骨。位于墓主棺外东侧（原似应置于墓主棺上），双下肢骨略高于墓主骨架而平行放置，脚朝南，左下肢骨骼完整，伸直，大转子骨之北有左尺、桡骨并连以手指骨，手指

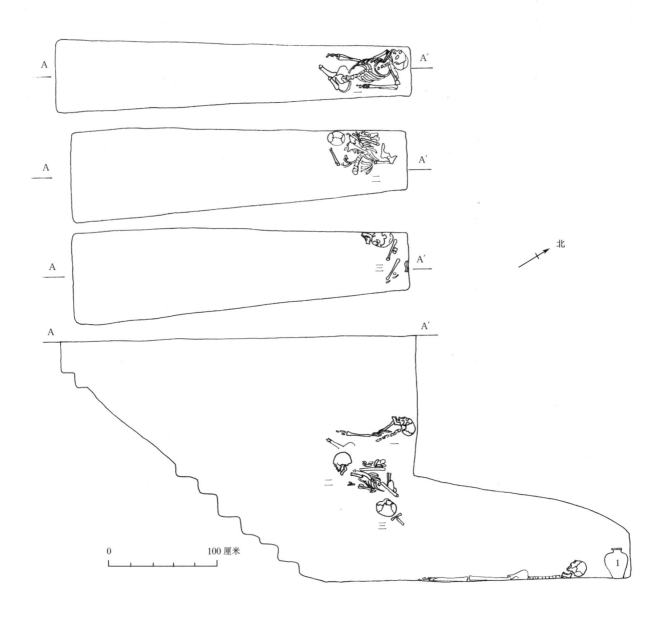

图九二　凤南甲类 Ec 型 V 式 M64 平、剖面及殉人图

1.Aa 型陶圆腹罐

殉人：一，殉人骨架　二，殉人骨骼　三，殉人头骨

骨在左大转子骨之上。左下肢长 0.82 米。右下肢与左下肢平行，盆骨右半置其膝部，右股骨残断，无大转子端，左肱骨置墓主棺北端外，盆骨左半置左尺、桡骨西侧。墓主随葬品有 II 式开元通宝钱 2、III 式开元通宝钱 1（图九三；图版四八，2）。

　　**凤南 M84**　竖穴土坑墓，属丙类 A 型。墓底发现一个殉人个体。墓主左臂下压一斜置的人体左尺、桡骨并连手骨等骨骼。墓主双手各握一开元通宝钱，头右侧置 D 型 I 式陶塔式罐（图九四）。

　　**凤南 M91**　刀形土洞室墓，属甲类 Ec 型 V 式。墓室发现三个殉人个体，编号为一～三号。原均置于墓主棺上。一号殉人为一完整头骨，置墓主肩部，头顶朝上，面向

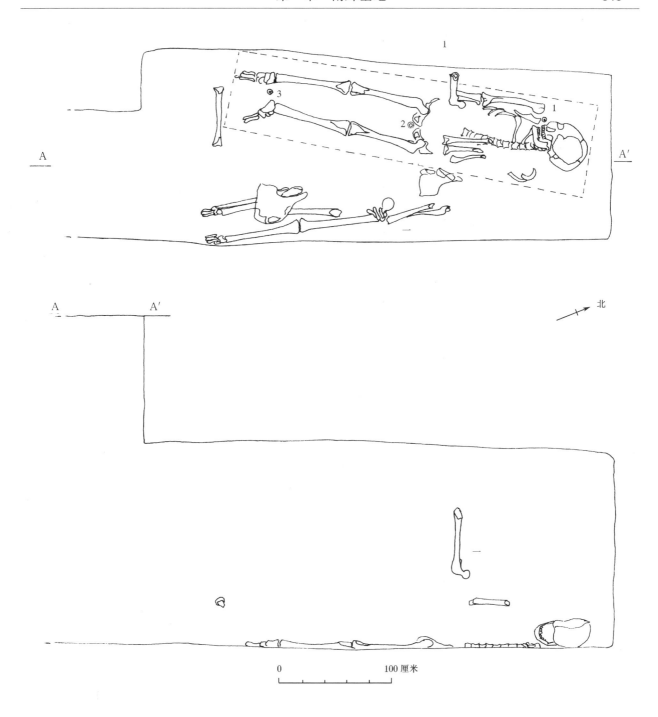

图九三　凤南甲类 Ec 型 V 式 M76 平、剖面及殉人图
1、2.Ⅱ式开元通宝钱　3.Ⅲ式开元通宝钱　一，殉人骨骼

南，男性，15~20岁。二号殉人为一头骨及尺、桡骨各1根，头骨位于墓主膝上前方，下颌骨脱离原位位于墓主膝下部。尺、桡骨置墓主胫骨前。男性，20~25岁。三号殉人有骶骨、胫骨各2根，股骨长0.35米，胫骨残长0.30米，散乱置于墓室南部东侧。墓室西北角置一骨手杖把（木质杖体已朽），中部靠东壁有B型瓷碗1（图九五；图版四九，1）。

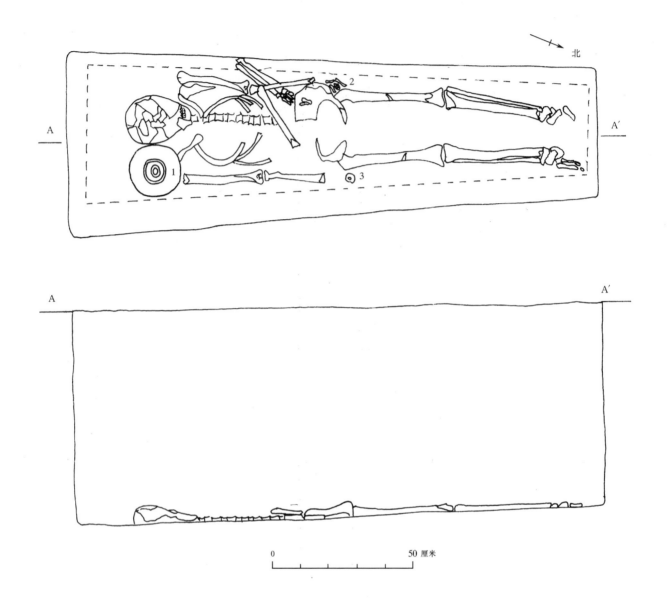

图九四　凤南丙类 A 型 M84 平、剖面及殉人图
1.D 型Ⅰ式陶塔式罐　2、3. 开元通宝钱
殉人：一，人体一侧上肢骨

**凤南 M95**　竖穴直洞墓，属乙类 Ab 型Ⅲ式。墓道填土发现殉人骨架 1 具，距上口
0.42～0.54 米，头朝北，面向上，头部低，足部高。仰身，右臂微屈，手置盆骨上，左
臂屈折于身左侧，手置左胸部。左腿基本伸直，右腿股骨向右斜出，胫、腓骨与股骨呈
100°向内弯屈，脚置左腿胫、腓骨中部。女性，35～45 岁。墓主头左上侧随葬 D 型Ⅲ式
陶圆腹罐 1（图九六；图版四九，2）。

**凤南 M96**　竖穴半洞室，属乙类 B 型。墓道南部距上口 0.09 米，靠西壁处置殉人
头颅骨 1 个，无面骨，头顶向下，30～40 岁。墓主随葬品有 Ba 型Ⅰ式陶双耳罐 1，A 型

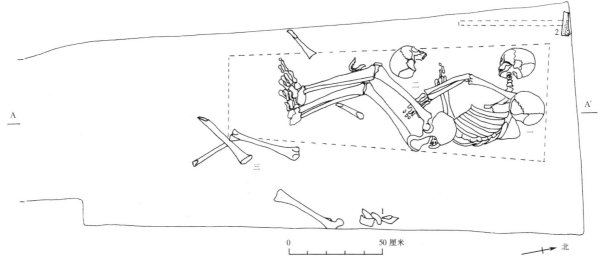

图九五 凤南甲类 Ec 型 V 式 M91 墓室底及殉人平面图
1.B 型瓷碗 2. 骨手杖把
殉人：一，头骨 二，头骨、桡骨 三，股骨、胫骨

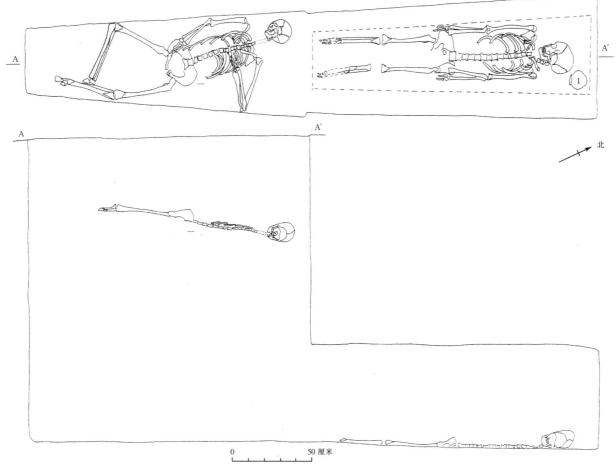

图九六 凤南乙类 Ab 型 Ⅲ 式 M95 平、剖面及殉人图
1.D 型 Ⅲ 式陶圆腹罐
殉人：一，殉人骨架

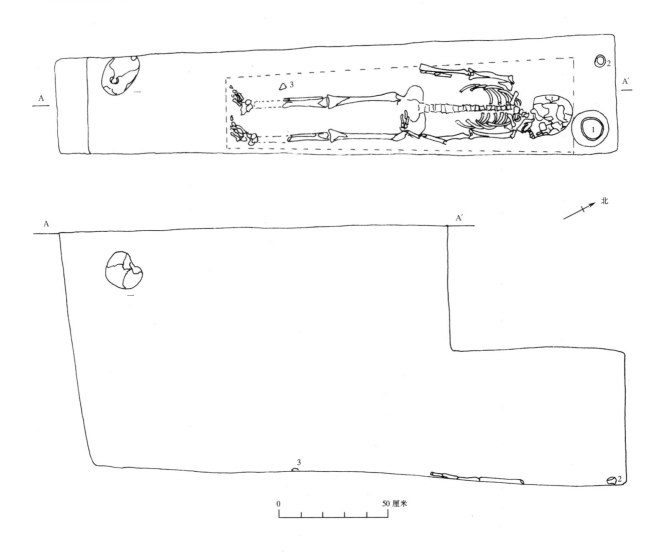

图九七　凤南乙类 B 型 M96 平、剖面及殉人图
1.Ba 型Ⅰ式陶双耳罐　2.A 型瓷盒　3. 蚌壳
殉人：一，头颅骨

瓷盒 1，蚌壳 1（图九七）。

**凤南 M112**　竖穴土坑墓，属丙类 A 型。墓坑填土发现殉人骨架 1 具，距上口 0.21 ～0.51 米，头北足南，面向东，仰身直肢，头部高，足部低。15～20 岁。墓主口含开元通宝钱 1，头左侧置 D 型Ⅰ式陶塔式罐 1（图九八；图版五〇，1）。

**凤南 M122**　刀形土洞室墓，属甲类 Ec 型Ⅰ式。墓道填土发现三个殉人个体，编号为一～三号。一号殉位于墓道中部距上口 1.16 米处，为一个头骨个体的额骨和枕骨部分，紧靠西壁埋置。二号殉人位于一号殉人之北，距上口 1.84 米，为一头颅骨，头顶朝下，紧靠西壁埋置。三号殉人为一股骨残段，长 0.28 米，在二号殉人之下 0.08 米处。墓主随葬品有三彩水盂和 B 型Ⅰ式陶塔式罐各 1（图九九）。

**凤南 M125**　刀形土洞室墓，属甲类 Ec 型Ⅰ式。墓室发现殉人骨架 1 具，位于墓主

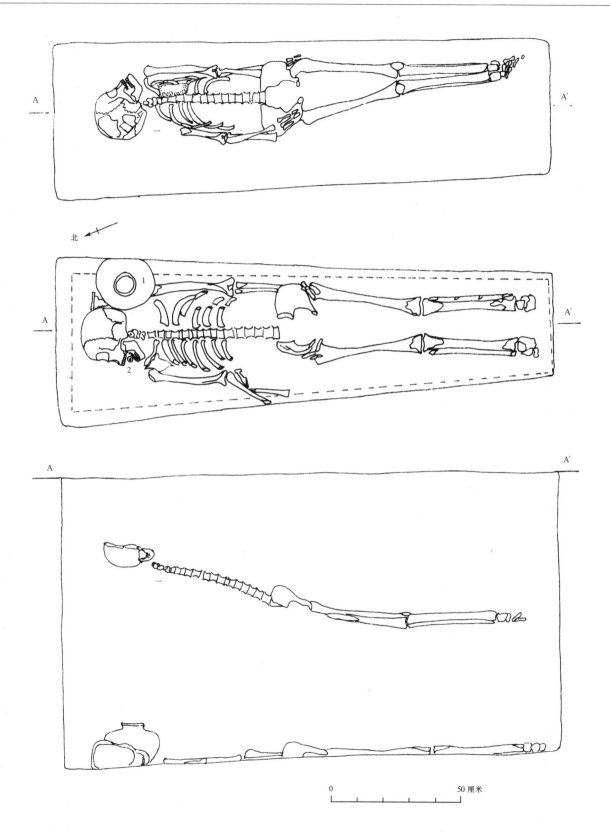

北

0　　　　　　　50 厘米

图九八　凤南丙类 A 型 M112 平、剖面及殉人图
1.D 型 I 式陶塔式罐　2.开元通宝钱

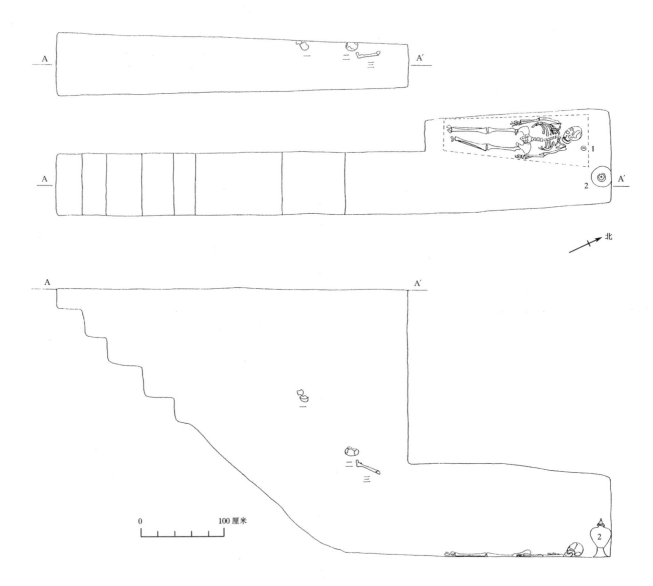

图九九　凤南甲类 Ec 型 I 式 M122 平、剖面及殉人图

1.三彩水盂　2.B 型 I 式陶塔式罐

殉人：一，额骨、枕骨　二，头颅骨　三，股骨残段

棺外东侧，头朝北，面向西，仰身，双臂垂直，双手置髋部，胸部交叉放置左、右二股骨，胫、腓骨连同脚骨并列置于体骨之下，无盆骨，其余骨骼齐全。男性，25～30 岁（图一○○）。

　　**凤南 M128**　竖穴土坑墓，属丙类 A 型。墓坑填土发现殉人骨架 1 具，距上口 0.98米。未见头骨，肢体骨不全，见有双下肢骨、盆骨、左上肢骨及左边的三根肋骨保存较好，左桡骨脱离原位斜置于左肱骨之右上方，其余骨骼缺。双腿直伸，脚触墓坑南壁。墓主为一幼儿，其手旁置 III 式开元通宝钱 1（图一○一）。

　　**凤南 M140**　刀形土洞室墓，属甲类 Ec 型 V 式。墓道填土发现殉人骨架 1 具。位于墓道北端，距上口 0.62～1.02 米。骨架无头骨，体部朝北，俯身，右臂伸直，左臂微屈

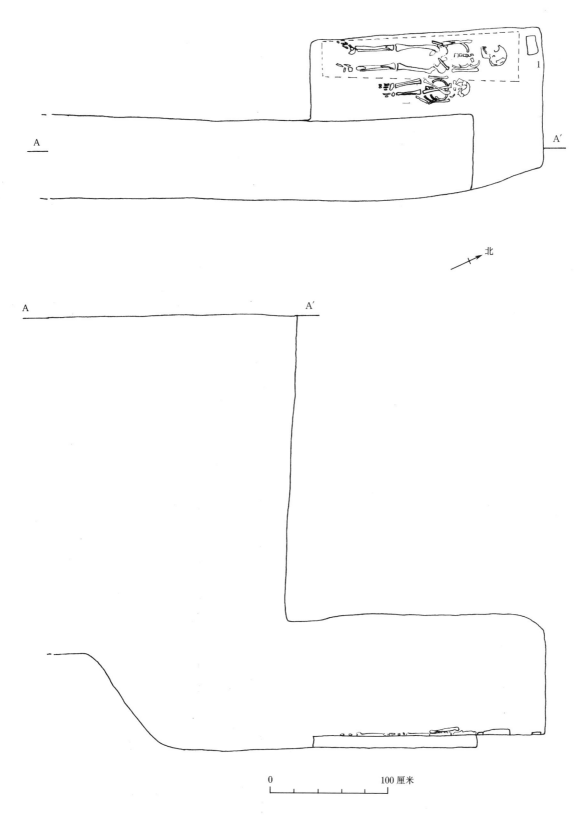

北

0　　　　　　　　　　100 厘米

图一〇〇　凤南甲类 Ec 型 I 式 M125 平、剖面及殉人图

1. 铁片　　一，殉人骨架

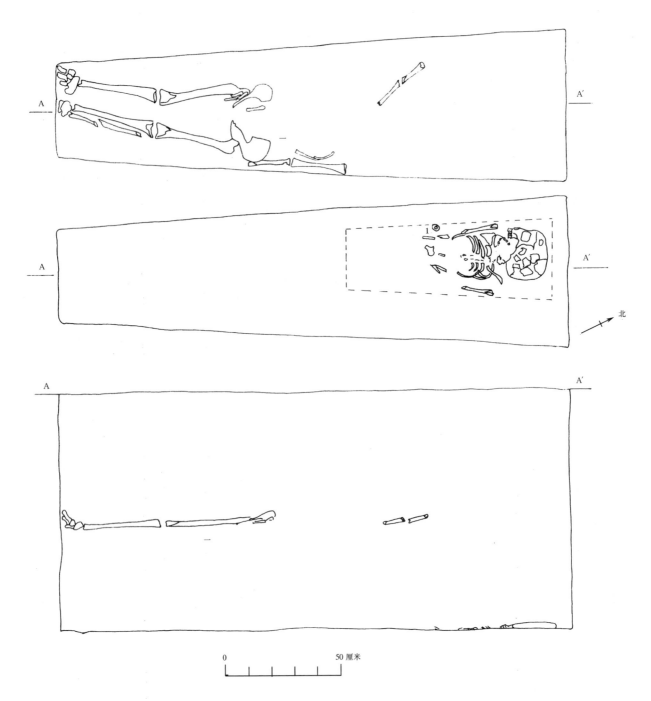

0　　　　　　　　　　50 厘米

图一〇一　凤南丙类 A 型 M128 平、剖面及殉人图

1.Ⅲ式开元通宝钱　一，殉人下肢及左上肢骨架

并尺、桡骨自中部以下残缺，双腿直伸，胫、腓骨中段以下残缺，骨架残长 1.10 米，成年女性。墓主随葬品为 Aa 型陶圆腹罐 1（图一〇二；图版五〇，2）。

　　**凤南 M147**　竖穴土坑墓，属丙类 A 型。墓坑填土发现小孩骨架 1 具，头向北，面向东，仰身直肢，骨架长 0.60 米，4 岁左右。墓主随葬Ⅱ式开元通宝钱 1（图一〇三；图版五一，1）。

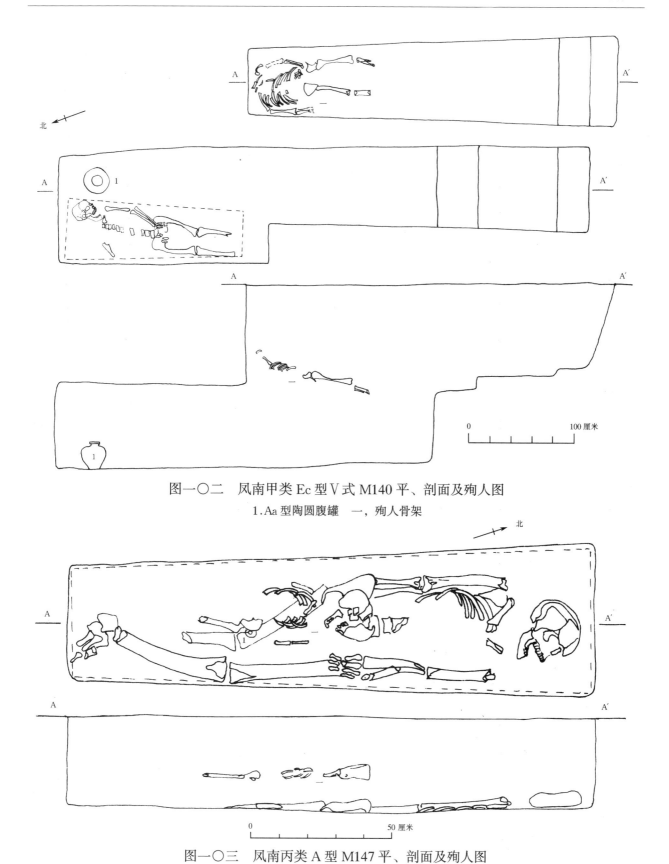

图一〇二　凤南甲类 Ec 型 V 式 M140 平、剖面及殉人图
1.Aa 型陶圆腹罐　一，殉人骨架

图一〇三　凤南丙类 A 型 M147 平、剖面及殉人图
1.Ⅱ式开元通宝钱　一，小孩骨架

**凤南 M165**　刀形土洞室墓，属甲类 Ec 型 I 式。墓道填土发现殉人个体 1 个。位于墓道中部上口紧挨西壁处，有枕骨一块，直径 0.10 米，胫骨 2 根，左胫骨残长 0.15 米，右胫骨残长 0.39 米，成年。

**凤南 M309**　竖穴直洞墓，属乙类 Ab 型 II 式。墓道底部发现三个殉人个体，编号为一～三号。一号殉人骨架头北足南，面向东，头骨、左上肢及双下肢保存较好，右上肢、肋骨皆朽为粉末，仰身直肢，骨架长 1.50 米。女性，30～40 岁。二号殉人骨骼散乱地分布于一号殉人头部周围，计有右股骨 1 根，残长 0.40 米，左胫骨 1 根，残长 0.32 米，右胫、腓骨各 1 根，残长 0.26 米，左肱骨 1 根，长 0.31 米。成年。三号殉人骨骼位于一号殉人胸部两边，紧靠东、西墓道壁埋置。计有下颌骨 1 个，左肱骨 1 根，长 0.27 米，左股骨连左半盆骨，股骨长 0.30 米，右股骨连胫、腓骨，残长 0.45 米。女性，不大于 20 岁。墓主随葬 D 型 III 式陶塔式罐 1（图一〇四）。

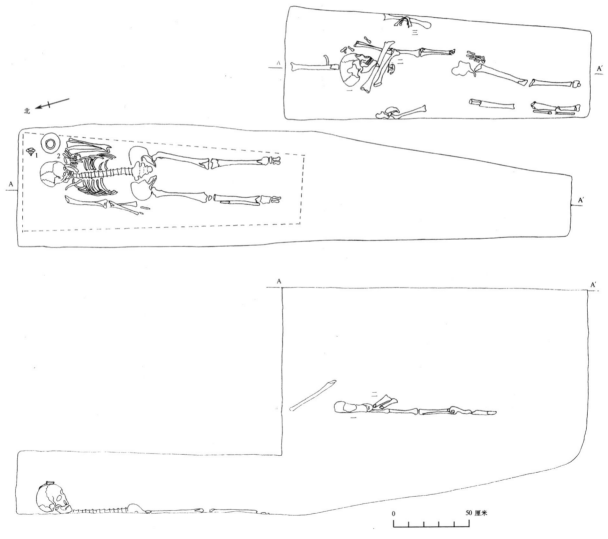

图一〇四　凤南乙类 Ab 型 II 式 M309 平、剖面及殉人图
1.陶塔式罐罐身　2.陶塔式罐盖（1、2 修复为一件 D 型 III 式陶塔式罐）
一，殉人骨架　二，右股骨、胫骨、腓骨等　三，下颌骨、右腿骨、盆骨连左股骨等

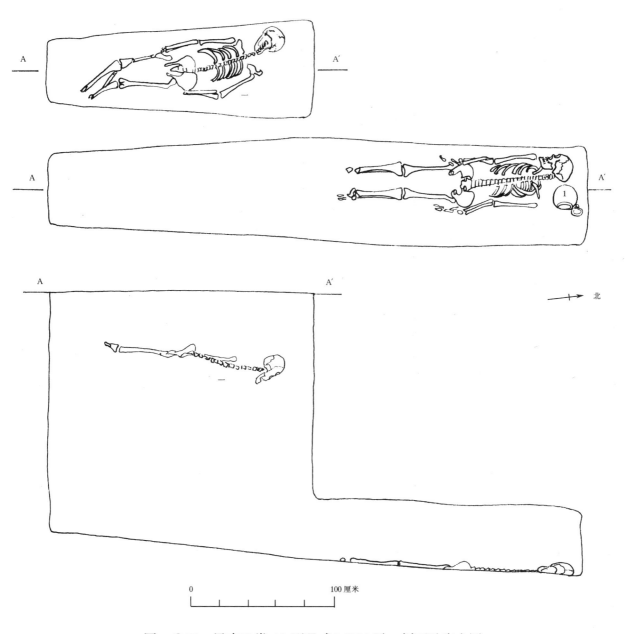

图一〇五　凤南乙类 Ab 型Ⅱ式 M324 平、剖面及殉人图

1.D 型Ⅰ式陶塔式罐　一，殉人骨架

**凤南 M324**　竖穴直洞墓，属乙类 Ab 型Ⅱ式。墓道填土发现殉人骨架 1 具，距上口 0.30～0.60 米，头北足南，面朝下，俯身，头部低于肢体骨部位，左臂伸直，手置髋侧，右臂微屈，手压于盆骨左侧下，双腿微屈，无双脚骨。骨架残长 1.50 米，女性，25～30 岁。墓主随葬 D 型Ⅰ式陶塔式罐 1（图一〇五；图版五一，2）。

**凤南 M331**　刀形土洞室墓，属甲类 Eb 型Ⅰ式。墓道填土发现殉人头颅骨 1 个，距上口 1.21 米，紧靠北壁埋置，头顶朝下，面向北，男性，25～35 岁。

上述有殉人的墓葬，共 53 座，计有殉人 148 个个体。情况较为复杂，略作归纳分析如下。

现对这批殉人的情况归纳如下：

## 一、位　置

殉人的位置不固定，有的出自墓道，有的出自天井，有的出自墓室，有的出自甬道。同一座墓的殉人往往出自不同的位置。

墓道埋置殉人最多，见于四十二座墓中的九十八个个体。绝大多数是墓道填土时顺便埋入。其中有五座墓的五个殉人个体，埋在有意挖造的龛台上。挖筑龛台墓有凤南M2、凤南M23、凤南M46、凤南M54和凤南M298。其中四个龛台是沿墓道西壁扩挖而成，位于西壁南端或中部，另一座在墓道东壁中部。深0.30～1.12米，长仅能容纳殉人骨架。龛台的外边沿皆不与墓道边沿走向相并行，即龛台一端宽，一端窄，殉人骨架都埋置于龛台与墓道填土交界间，即骨架半边位于龛台上，另半边位于墓道填土之中。应是墓道填土至一定高度时，扩挖龛台后埋置的。

天井埋置殉人有七座墓的二十三个个体。

墓室埋置殉人有十三座墓的二十五个个体。殉人骨架或骨骼大多数置于墓主棺外侧，如凤南M33、凤南M76等。或置于墓主棺上，如凤南M51、凤南M93。个别殉人置于墓主棺内，如凤南M84。凤南M297则置殉人于墓室内特意挖掘的龛中。

甬道埋置殉人有两座墓的三个个体。其中凤南M227的一○号殉人，埋置在甬道西壁掏挖的一个长方形龛中。

殉人埋葬部位的不同，或许有某些特定的因素。

## 二、埋置形式

殉人的埋置形式多样，主要有以下几种情况。

（一）骨架完整，葬式明确，共25人。有四种葬式：第一种为仰身直肢，19人。多出自墓道。葬式大多是双臂垂直或微屈，双手置髋两侧，或一臂伸直，一臂弯屈于胸前，如凤南M298。双腿并拢伸直。第二种为仰身屈肢，3人，皆发现于天井。双臂前屈，下肢弯屈。股骨与胫、腓骨的夹角在45°～110°之间。凤南M333的三号殉人，双腿弯屈作"〈〉"形。第三种为侧身屈肢，3人，见于墓道1人，天井2人，双臂前屈，下肢作100°左右弯屈。

（二）葬式明确，骨架不够完整，共2人。墓室和墓道各一人。其中凤南M33殉人为仰身直肢，左脚骨缺，置于墓室。凤南M324的殉人出于墓道填土，作俯身屈肢，双脚骨均缺。

（三）骨骼齐全或基本齐全，埋置散乱，共7人。其中埋于墓道4人，墓室2人，天井1人。此类殉人骨骼，头骨及肢体骨多数齐全，或断缺个别肢、体骨，放置较凌乱，无一定葬式。有些骨架的部分部位整齐而部分骨骼散乱，如凤南M323的三号殉人，头与体骨和左上肢的骨骼均保持原位，双下肢与右上肢骨骼却散乱放置。凤南M125的殉人与此相类似。有的骨骼则分开放置。如凤南M172的二号殉人，肢体骨齐全而整齐，为仰身直肢，仅头骨脱离肢体骨放置。凤南M64的二号殉人是将肢体骨自盆骨以上断为两截，堆于头骨之侧，但两段肢、体骨均保持骨骼原位。有的骨骼十分凌乱，如凤南

M17 墓道发现的两具骨架，头骨与肢、体骨置于一堆，扭作一团，无法辨其所属。凤南 M14 墓室的殉人骨骼，亦是堆置杂乱，毫无次序。

（四）无头骨，肢体骨齐全或大体齐全，共 11 个个体。这类骨架均未见头骨，肢体骨齐全者有 2 具，不齐全者 9 具，骨架基本成形。除墓室与天井各发现二人外，其余皆出于墓道。肢体骨齐全的两具骨架，皆为仰身屈肢。肢体骨不全的九具骨架，有的缺一上肢骨，如凤南 M207；有的缺骨盆以上的左半或右半边肢体骨，如凤南 M51 和凤南 M44 的二号殉人、凤南 M128；有的骨盆以上体骨及一边的上肢骨缺，仅保留一上肢骨，如凤南 M54 一号殉人、凤南 M76；有的体骨与下肢骨自盆骨处分离，骨架不连为一起，如凤南 M226 的四号；有的骨架基本齐全但双下肢下段断缺或上肢骨亦残缺不全，如凤南 M139 和凤南 M140。

（五）骨架成形但不齐全，共 9 个个体。多数发现与墓道。葬式仰身、侧身、俯身均有。有的自骨盆以下骨骼缺，仅存头骨有体骨及上肢骨，或上肢骨也断缺不全，如凤南 M322 的二、三号殉人，凤南 M316 的二号殉人，凤南 M323 的二号殉人；有的自胸部以上的骨骼缺，如凤南 M46 的二号殉人；有的则仅存胸以下的骨骼，如凤南 M63 的一号殉人；有的双下肢自股骨或胫、腓骨中段以下断缺，如凤南 M46 的一号殉人，凤南 M64 的一号殉人；有的仅存右半部分体骨及上肢骨，下肢骨凌乱，如凤南 M227 的一〇号殉人。

（六）仅有头骨，共 57 人，其中完整头骨 12 个，不完整头骨或仅具有头骨某个部分的个体 45 个。多出自墓道填土，少数见于墓室和天井。不完整头骨中，缺下颌骨的 3 个，缺颜面骨的 1 个，仅有颅骨的 24 个，头盖骨 5 个，下颌骨 8 个，另有额骨 2 块，枕骨与额骨相连者 1 块，颜面骨 1 块。出土头骨以一墓出一、二个或三个者为多见，出土头骨数量较多的也有数例，如凤南 M130 墓道填土出土头骨竟有 12 个之多。

（七）头骨伴有部分肢体骨者共 16 个个体。此类殉人，往往与头骨同出数块肢体骨。头骨有的完整，有的仅为头骨的某个部分。其中完整头骨 7 个，仅有颅骨部分的 3 个，头盖骨 2 个，下颌骨 3 个，枕骨部分 1 块。肢体骨以股骨、胫、腓骨肱骨常见，还有锁骨及肩胛骨、肋骨、尺、桡骨等。

（八）仅有部分或零星肢体骨，共 22 个个体。有的埋置较凌乱，有的则较有秩序如凤南 M86 一号殉人、凤南 M170 殉人等。

### 三、对殉人处死方式的推断

据观察，墓地出土的 148 个殉人个体无论是骨骼齐全的完整骨架，还是大致完整或缺骨较多的骨架，基本都保持了人体骨骼的本来位置，就是那些堆埋凌乱或零星的骨骼，也能见到不少典型骨骼，如椎骨、手指骨、趾骨等都保留了人体骨骼原位。凤南 M64 的二号殉人，虽将人体分开为三部分，即头置一边，身体从盆骨处断为两截，但肢、体骨均保持了骨骼原位；凤南 M227 的四号殉人，为一个完整盆骨连以左、右上肢骨，肱骨和尺、桡骨连同手指骨，骨骼齐全并都保持原位，等等。这种情况，只能是埋葬尸体才会产生的迹象，而搬迁尸骨是无法实现的。

表　四　　　　　　　　凤翔南郊隋唐墓殉人登记表

| 序号 | 墓号 | 墓葬类型 | 位置 | 个体 | 距墓口深度（米） | 骨骼情况 | 葬式 | 性别 | 年龄 | 备注 |
|---|---|---|---|---|---|---|---|---|---|---|
| 1 | 2 | 甲Ec型Ⅰ式 | 墓道填土 | 1 | 0.63 | 完整骨架 | 仰身直肢 | 男 | 35～40 | |
| 2 | 14 | 甲Ec型Ⅴ式 | 墓室内 | 1 | | 骨骼基本齐全，堆于一起 | 埋置较乱 | 男 | 30～40 | |
| 3 | 17 | 甲Eb型Ⅲ式 | 墓道填土 | 2 | 1.48～1.98 | 骨骼基本齐全，二个体扭绞于一起，无法辨清所属。北部有腿骨1根 | 埋置较乱 | 男<br>男 | 30～40<br>30～35 | |
| 4 | 18 | 甲Eb型Ⅱ式 | 墓道填土 | 2 | 0.47<br>0.56 | 一号：完整头骨；二号：完整头骨，左右肱骨2根 | 肱骨并列置于二头骨之间 | 男<br>男 | 30～40 | |
| 5 | 23 | 甲Ea型Ⅱ式 | 墓道填土 | 5 | 0.30<br>0.26<br>0.28<br>0.40<br>0.55 | 一号：完整骨架；二号：完整骨架；三号：完整骨架；四号：完整骨架；五号：完整骨架 | 仰身直肢<br>仰身直肢<br>仰身直肢<br>俯身屈肢<br>仰身直肢 | 女<br>男<br>男<br>男<br>？ | 35～40<br>成年<br>35～40<br>30～35<br>6～9 | |
| 6 | 31 | 甲Eb型Ⅱ式 | 墓道填土 | 2 | 0.70<br>1.04 | 一号：头骨<br>二号：下颌骨、锁骨、胫骨、肱骨各1 | 埋置较乱<br>？ | 男<br>？ | 30～35<br>？ | |
| 7 | 33 | 甲Ec型Ⅲ式 | 墓室内 | 1 | | 骨架左脚骨缺 | 仰身直肢 | 男 | 30～40 | |
| 8 | 41 | 甲Ec型Ⅰ式 | 墓道填土 | 2 | 0.23～0.25 | 一号：完整头骨<br>二号：完整头骨 | | 男<br>男 | 20～30<br>25～30 | |
| 9 | 43 | 甲D型Ⅵ式 | 天井填土 | 4 | 0.96<br><br><br>1.25<br><br>1.66<br>1.80 | 一号：左肱骨1、左、右尺、桡骨4节，部分椎骨、肋骨和趾骨<br>二号：下颌骨、左肱骨、胫骨、锁骨各1<br>三号：下颌骨<br>四号：完整头骨 | 埋置较乱 | ？<br><br><br>？<br><br>？<br>男？ | ？<br><br><br>35～40<br><br>35～40<br>25～35 | |

续表四

| 序号 | 墓号 | 墓葬类型 | 位　置 | 个体 | 距墓口深度（米） | 骨骼情况 | 葬　式 | 性别 | 年　龄 | 备　注 |
|---|---|---|---|---|---|---|---|---|---|---|
| 10 | 44 | 甲 Ec 型 I 式 | 墓道填土 | 3 | 0.34<br>0.36<br>0.90 | 一号：完整骨架（?）<br>二号：无头骨，肢体骨不齐全<br>三号：头颅骨及部分肢体骨 | 仰身<br><br>埋置较乱 | 女<br>?<br>? | 20~30<br>?<br>30~35 | 一号下肢未清理 |
| 11 | 45 | 甲 Ec 型 I 式 | 墓道填土 | 2 | 0.48<br>1.40 | 一号：完整骨架<br>二号：完整骨架 | 仰身直肢<br>仰身直肢 | 女<br>女 | 20~30<br>20~30 | |
| 12 | 46 | 甲 Ec 型 I 式 | 墓道填土<br><br><br>墓道填土<br><br>墓道填土<br>墓道填土<br>墓道填土<br>墓室内 | 6 | 0.62~0.80<br><br><br>1.02<br><br>1.38<br>1.38 | 一号：骨架（右下肢及左下肢胫、腓骨中段以下缺）<br>二号：骨架（胸以上骨骼缺）<br>三号：头盖骨<br>四号：头盖骨<br>五号：颜面骨<br>六号：下颌骨 | 仰身直肢<br><br><br>侧身屈肢 | 男<br><br><br>男<br><br>男<br>?<br>?<br>? | ?<br><br><br>成年<br><br>大于20<br>?<br>大于30<br>不大于35 | |
| 13 | 51 | 乙 C 型 | 墓室内 | 1 | | 骨架头骨及肢体骨左半部分缺 | 仰身直肢 | 女 | 成年 | |
| 14 | 52 | 甲 D 型 III 式 | 墓道填土 | 1 | 2.60 | 头颅骨（下颌骨缺） | | 男 | 25~30 | |
| 15 | 54 | 甲 Ec 型 V 式 | 墓道填土 | 2 | 0.30 | 一号：骨架（盆骨以上的体骨及右上肢骨、头骨缺）<br>二号：头颅骨（下颌骨缺） | 仰身直肢 | ?<br><br><br>男 | ?<br><br><br>25~30 | |
| 16 | 56 | 甲 Ec 型 II 式 | 墓道填土 | 1 | 1.06~1.62 | 头骨、锁骨2、股骨残段 | 埋置较乱 | 男 | 35~45 | |
| 17 | 63 | 甲 Ec 型 II 式 | 墓道填土<br>墓道填土<br>墓道填土<br><br>墓室内 | 4 | 0.68~1.00<br>1.24<br>1.34 | 一号：胸部以上骨骼<br>二号：胫骨、腓骨及脚骨<br>三号：头骨、肱骨、股骨、胫骨、腓骨各2节堆埋一起<br>四号：头颅骨 | 埋置较乱 | 男<br>男<br><br>男<br><br><br>? | 35~45<br>?<br><br>30~35<br><br><br>? | 与三号伴出马腿骨一残段和尾骨一块 |

续表四

| 序号 | 墓号 | 墓葬类型 | 位 置 | 个体 | 距墓口深度（米） | 骨骼情况 | 葬 式 | 性别 | 年 龄 | 备 注 |
|---|---|---|---|---|---|---|---|---|---|---|
| 18 | 64 | 甲 Ec 型Ⅴ式 | 墓道填土 | 3 | 0.72<br>0.85<br><br>0.90 | 一号：骨架股骨中段以下骨骼缺<br>二号：肢体骨至髋上部分为两段，堆埋于头骨之侧<br>三号：头骨（颜面骨缺），锁骨、桡骨、腓骨残段各1节 | 埋置较乱 | 男<br>男<br><br>男 | 35～40<br>25～30<br><br>45～55 | |
| 19 | 68 | 甲 Eb 型Ⅱ式 | 天井<br>天井<br>天井<br>天井<br>墓室内 | 5 | 1.60<br>1.72<br>1.96<br>2.10 | 一号：完整骨架<br>二号：完整骨架<br>三号：头颅骨<br>四号：下颌骨<br>五号：头骨颜面骨缺 | 仰身屈肢<br>仰身屈肢 | 男<br>男<br>男<br>男<br>？ | 30～40<br>30～35<br>35～40<br>30～40<br>？ | |
| 20 | 76 | 甲 Ec 型Ⅴ式 | 墓室内 | 1 | | 骨架（缺右上肢骨、盆骨以上体骨和头骨） | 埋置较乱（原似应置墓主棺上） | ？ | ？ | |
| 21 | 84 | 丙 A 型 | 墓坑底 | 1 | | 肱骨、尺、桡骨并连以手骨，骨骼全 | 埋置较整齐 | ？ | ？ | |
| 22 | 86 | 甲 Ec 型Ⅴ式 | 墓道填土 | 5 | 0.46～0.84<br><br>0.86<br>0.96<br><br>1.54<br><br>1.62 | 一号：双下肢骨，骨骼全<br>二号：左、右股骨<br>三号：右上肢骨，骨骼全<br>四号：左肱骨1、右上肢骨、肱骨数根<br>五号：额骨 | 左直右屈<br><br>埋置较乱 | ？<br><br>？<br>？<br><br>？<br><br>？ | ？<br><br>？<br>？<br><br>？<br><br>？ | |
| 23 | 88 | 乙 Aa 型 | 墓道填土 | 1 | 0.80 | 完整头骨 | | 男 | 30± | |
| 24 | 91 | 甲 Ec 型Ⅴ式 | 墓室内 | 3 | | 一号：完整头骨<br>二号：完整头骨，尺、桡骨<br>三号：股骨、胫骨各2节 | | 男<br>男<br><br>？ | 15～20<br>20～25<br><br>？ | |
| 25 | 93 | 甲 A 型 | 墓室内 | 4 | | 一号：完整头骨<br>二号：头颅骨<br>三号：下颌骨<br>四号：头颅骨 | | 男<br>男？<br>女？<br>女 | 20～30<br>30±<br>35～40<br>35～40 | |

续表四

| 序号 | 墓号 | 墓葬类型 | 位　置 | 个体 | 距墓口深度（米） | 骨骼情况 | 葬　式 | 性别 | 年　龄 | 备　注 |
|---|---|---|---|---|---|---|---|---|---|---|
| 26 | 95 | 乙 Ab 型Ⅲ式 | 墓道填土 | 1 | 0.42～0.54 | 完整骨架 | 仰身屈肢 | 女 | 35～45 | |
| 27 | 96 | 乙 B 型 | 墓道填土 | 1 | 0.09 | 头颅骨 | | ? | 30～40 | |
| 28 | 112 | 丙 A 型 | 墓坑填土 | 1 | 0.21～0.51 | 完整骨架 | 仰身直肢 | ? | 15～20 | |
| 29 | 122 | 甲 Ec 型Ⅰ式 | 墓道填土 | 3 | 1.16<br>1.84<br>1.92 | 一号：头骨（仅存额骨、枕骨部分）<br>二号：头颅骨<br>三号：股骨残段 | | ?<br>?<br>? | ?<br>?<br>? | |
| 30 | 125 | 甲 Ec 型Ⅰ式 | 墓室内 | 1 | | 骨架（骨骼齐全，下肢骨不在原位） | 仰身 | 男 | 25～30 | |
| 31 | 128 | 丙 A 型 | 墓坑填土 | 1 | 0.98 | 骨架（头骨、右上肢、椎骨及右侧肋骨缺） | 仰身直肢 | ? | ? | |
| 32 | 130 | 甲 Ec 型Ⅰ式 | 墓道填土<br>墓道填土<br>墓道填土<br>墓道填土<br>墓道填土<br>墓道填土<br>墓道填土<br>甬道<br>甬道<br>墓道填土<br>墓道填土<br>墓道填土 | 12 | 0.64<br>0.71<br>0.82<br>1.02<br>1.06<br>0.30<br>0.30<br><br><br>1.06<br>1.40<br>1.40 | 一号：完整头骨<br>二号：头颅骨<br>三号：头颅骨<br>四号：头颅骨<br>五号：头颅骨<br>六号：额骨<br>七号：头盖骨<br>八号：头颅骨<br>九号：头颅骨<br>一〇号：下颌骨<br>一一号：下颌骨<br>一二号：下颌骨<br>此外，有股骨 3、胫骨 2、肱骨 1、肋骨 3 根、左半盆骨 | 堆埋一起 | 男<br>?<br>男<br>男<br>男<br>女?<br>?<br>?<br>?<br>?<br>男<br>?<br>?<br>? | 成年<br>未成年<br>成年<br>成年<br>大于 45<br>成年<br>成年<br>成年<br>?<br>成年<br>成年<br>?<br>成年<br>成年 | |
| 33 | 139 | 甲 Ec 型Ⅴ式 | 墓道填土 | 1 | 0.20 | 骨架（头骨、脚骨缺） | 俯身直肢 | 男 | 成年 | |
| 34 | 140 | 甲 Ec 型Ⅴ式 | 墓道填土 | 1 | 0.62～1.02 | 骨架（头骨、双下肢胫、腓骨中段以下及左上肢尺、桡骨中段以下缺） | 俯身直肢 | 女 | 成年 | |
| 35 | 147 | 丙 A 型 | 墓坑填土 | 1 | | 完整骨架 | 仰身直肢 | ? | 4± | |
| 36 | 163 | 乙 Ab 型Ⅱ式 | 墓道填土 | 1 | 0.45 | 完整骨架 | 仰身直肢 | 女 | 16～18 | |
| 37 | 165 | 甲 Ec 型Ⅰ式 | 墓道填土 | 1 | | 枕骨、左右胫骨 | | ? | 成年 | |

续表四

| 序号 | 墓号 | 墓葬类型 | 位置 | 个体 | 距墓口深度（米） | 骨骼情况 | 葬式 | 性别 | 年龄 | 备注 |
|---|---|---|---|---|---|---|---|---|---|---|
| 38 | 170 | 丙A型 | 墓坑填土 | 1 | 0.05 | 肋骨8根，左半盆骨连肢骨、左尺、桡骨连手骨，堆埋一起 | 埋置凌乱 | ? | ? | |
| 39 | 172 | 甲Eb型I式 | 墓道填土 | 2 | 0.90 | 一号：左、右股骨，胫骨共4节，右腓骨1节，下颌骨1 | 埋置凌乱 | 男 | 成年 | |
| | | | 天井 | | 1.15～1.56 | 二号：头骨与肢体骨分置，骨骼齐全 | 仰身直肢 | 女 | 18～22 | |
| 40 | 207 | 丙A型 | 墓坑填土 | 1 | 0.04 | 骨架（头骨和左上肢骨缺） | 仰身直肢 | 女 | 成年 | |
| 41 | 226 | 甲Eb型II式 | 墓道填土 | 11 | 0.42 | 一号：头骨及部分肢体骨堆于一起 | 埋置较乱 | 女 | 25～35 | |
| | | | 墓道填土 | | 0.58 | 二号：头盖骨及双下肢骨 | | ? | 成年 | |
| | | | 墓道填土 | | 0.38 | 三号：头盖骨及部分肢体骨散置 | | 女 | 成年 | |
| | | | 墓道填土 | | 1.14 | 四号：骨架头骨缺，自盆骨处肢、体骨分离，骨骼不全 | | 女 | 成年 | |
| | | | 墓道填土 | | 1.36 | 五号：头盖骨 | | ? | 成年 | |
| | | | 墓道填土 | | 1.40 | 六号：一段椎骨连肋骨、肱骨、锁骨各1 | | ? | 成年 | |
| | | | 墓道填土 | | 1.52 | 七号：头颅骨及右股骨1、颈椎1节 | | 男 | 30～45 | |
| | | | 墓道填土 | | 1.60 | 八号：完整盆骨及椎骨一段，左、右股骨 | | 女 | 成年 | |
| | | | 墓道填土 | | 1.65 | 九号：头颅骨 | | 男 | 25～35 | |
| | | | 墓道填土 | | 1.71 | 一〇号：头骨及肩胛骨1 | | 女 | 30～40 | |
| | | | 墓道填土 | | 1.74 | 一一号：头颅骨及股骨1节 | | 男 | 30～35 | |

续表四

| 序号 | 墓号 | 墓葬类型 | 位　置 | 个体 | 距墓口深度（米） | 骨骼情况 | 葬　式 | 性别 | 年　龄 | 备　注 |
|---|---|---|---|---|---|---|---|---|---|---|
| 42 | 227 | 甲Ea型I式 | 墓道填土 | 10 | 2.22 | 一号：头颅骨 | 埋置较乱 | 女 | 30～40 | |
| | | | 天井 | | 2.44 | 二号：头颅骨 | | 男 | 40～45 | |
| | | | 天井 | | 2.40 | 三号：头颅骨 | | 男 | 20～30 | |
| | | | 天井 | | 2.27 | 四号：完整盆骨连左、右股骨 | | 男 | 成年 | |
| | | | 天井 | | 2.35 | 五号：头颅骨 | | 男 | 35～40 | |
| | | | 墓道填土 | | 2.47 | 六号：头颅骨 | | 男 | 30～40 | |
| | | | 墓道填土 | | 2.47 | 七号：完整头骨 | | 女 | 20± | |
| | | | 墓道填土 | | 2.47 | 八号：头颅骨 | | 男 | 35～45 | |
| | | | 墓道填土 | | 2.47 | 九号：头颅骨 | | 男 | 20～25 | |
| | | | 甬道（龛） | | | 一〇号：骨架（脊椎骨、左上肢骨及盆骨左半缺，下肢骨凌乱） | 仰身 | 男 | 20～25 | |
| 43 | 297 | 甲D型I式 | 墓道填土 | 4 | 1.38 | 一号：头颅骨 | 埋置较乱 | 男 | 35～40 | |
| | | | 墓道填土 | | 1.40 | 二号：头颅骨 | | 男 | 30± | |
| | | | 墓道填土 | | 1.48 | 三号：头颅骨 | | 女 | 20～30 | |
| | | | 墓室龛内 | | | 四号：肱骨、胫骨、骶骨等堆于一起 | | ？ | 成年 | |
| 44 | 298 | 甲C型I式 | 墓道龛台 | 1 | 0.30 | 完整骨架 | 仰身直肢 | 男 | 20～30 | |
| 45 | 302 | 甲C型I式 | 墓道填土 | 1 | 2.00 | 完整头骨 | | 女 | 25～35 | |
| 46 | 303 | 乙Aa型 | 墓道填土 | 1 | 0.22 | 完整骨架 | 仰身直肢 | ？ | 成年 | |
| 47 | 309 | 乙Ab型II式 | 墓道底部 | 3 | | 一号：完整骨架 | 仰身直肢 | 女 | 30～40 | |
| | | | 墓道底部 | | | 二号：右股骨、胫、腓骨、左肱骨、胫骨 | 散乱 | ？ | 成年 | |
| | | | 墓道底部 | | | 三号：下颌骨及左肱骨、盆骨左半连股骨，右股骨连胫、腓骨 | 较散乱 | 女 | 不大于20 | |
| 48 | 316 | 甲Eb型II式 | 墓道填土 | 2 | 0.35 | 一号：完整骨架 | 侧身屈肢 | 女 | 17～22 | |
| | | | 墓道填土 | | 0.54 | 二号：骨架（仅存头骨、部分体骨及肱骨上半部分） | 仰身 | 男 | 30～35 | |

续表四

| 序 号 | 墓 号 | 墓 葬 类 型 | 位　置 | 个 体 | 距墓口深度（米） | 骨 骼 情 况 | 葬 式 | 性 别 | 年　龄 | 备　注 |
|---|---|---|---|---|---|---|---|---|---|---|
| 49 | 322 | 甲D型V式 | 天井 | 13 | 1.40 | 一号：桡骨1 | | ? | 成年 | |
| | | | 天井 | | 1.42 | 二号：骨架（盆骨以下骨骼缺） | 仰身 | 男 | 35~40 | |
| | | | 天井 | | 1.63 | 三号：骨架（盆骨以下骨骼缺） | 俯身 | 男 | 35~45 | |
| | | | 墓道填土 | | 1.89 | 四号：左、右胫骨 | | ? | 成年 | |
| | | | 墓道填土 | | 3.38 | 五号：右股骨、胫、腓骨 | | ? | 成年 | |
| | | | 墓道填土 | | 3.53 | 六号：右胫、腓骨 | | ? | 成年 | |
| | | | 墓室内 | | | 七号：右上肢骨 | | ? | 成年 | |
| | | | 墓室内 | | | 八号：右上肢骨 | | ? | 未成年 | |
| | | | 墓室内 | | | 九号：左胫、腓骨 | | ? | 成年 | |
| | | | 墓室内 | | | 一〇号：一段椎骨连肋骨数根 | | ? | 成年 | |
| | | | 墓室内 | | | 一一号：头颅骨 | | 女 | 18~22 | |
| | | | 墓室内 | | | 一二号：头盖骨 | | ? | 成年 | |
| | | | 墓室内 | | | 一三号：下颌骨 | | ? | 20~25 | |
| 50 | 323 | 甲Eb型I式 | 天井 | 3 | 0.24 | 一号：完整头骨 | | 女 | 15~20 | |
| | | | 天井 | | 0.18 | 二号：骨架（缺双下肢骨及左肱骨） | 侧身 | 男 | 25± | |
| | | | 墓道填土 | | 3.70~3.98 | 三号：骨架（头骨及体骨基本保持人体原位，下肢骨及右上肢骨散置，骨骼全） | 埋置较乱 | 男 | 20~30 | |
| 51 | 324 | 乙Ab型II式 | 墓道填土 | 1 | 0.30~0.60 | 骨架（双脚骨缺） | 俯身屈肢 | 女 | 25~30 | |
| 52 | 331 | 甲Eb型I式 | 墓道填土 | 1 | 1.21 | 头颅骨 | | 男 | 25~35 | |
| 53 | 333 | 甲Eb型II式 | 天井 | 5 | 2.00 | 一号：完整骨架 | 仰身屈肢 | 女 | 15~20 | |
| | | | 天井 | | 1.90 | 二号：完整骨架 | 仰身屈肢 | 女 | 30~40 | |
| | | | 天井 | | 2.00 | 三号：完整骨架 | 仰身屈肢 | 男 | 30~40 | |
| | | | 天井 | | 2.10 | 四号：完整骨架 | 侧身屈肢 | 女 | 30~40 | |
| | | | 天井 | | 2.05 | 五号：完整骨架 | 侧身屈肢 | 男 | 40~45 | |

　　殉人处死方式比较复杂，经体质人类学专家对我们采集的部分殉人骨骼观察鉴定，发现凤南 M52 殉人和凤南 M68 五号殉人头骨上，有使用凶器或工具猛烈击打遗留的创口伤，根据创口周围未见骨组织修复的现象，认定该两个个体在受击的同时即死亡。由于这两个殉人只有头骨而未有肢体骨，故不排除身体其他部位受创伤的可能。另外，凤南 M130 的殉人左股骨上，发现有三处经利刃器具砍伤的痕迹。需要说明的是，由于殉人骨骼保存状况欠佳，采集的殉人骨骼标本有限，经鉴定的骨骼标本仅占殉人总数约五分之一，实际创伤例证，想必会超过这三个个体。鉴定结果表明，这些受击打当即死亡的人，应与立即作掩埋有关。使我们知道，殉人中的一些人，是经某种器具击打或砍戳某个致命部位，致死后当即埋入墓内。同时说明，不同葬式与不同尸骨情况的殉人，可能采用了不同的致死手段。下面我们根据殉人尸骨情况的不同，对其处死手段作一些分析考察。

　　（一）属于埋置形式第一种的完整骨架葬式整齐，骨骼齐全。很显然，尸体是经过有意摆置的。这些骨架骨骼完整而保持原位，在其头骨等部分也未发现创伤痕迹，因此推测可能是采用了缢绝或药死的手段。但也不排除杀死的可能。

　　（二）埋置形式第二种即缺少脚骨的殉人，推测是在施行刖足后缢绝或杀死而殉葬的。

　　（三）埋置形式第三种，有的骨骼齐全，有的不够齐全，埋置均较散乱，可能是砍杀和肢解造成的。

　　（四）埋置形式第四种，均无头骨，肢体骨完整者似系砍头后埋入墓中，肢体骨不全者不排除遭受砍劈的可能。

　　（五）埋置形式第五种，大部分仅存骨架的半截，可能是受腰斩或胸斩所致。个别仅存半边骨架者，亦有可能遭受砍劈。

　　（六）仅有头骨的埋置形式第六种，由于在采集的标本中，发现三例受器具打击的创口骨伤，因此推测有些殉人是在头部受打击毙命，又被肢解使头骨脱离肢体骨而埋入墓中。有些殉人则可能是被直接砍下头颅的。

　　（七）埋置形式第七种和第八种，可能是肢解所造成的。

　　根据以上分析推断，可知对于殉人的处死手段有缢死（或药死）、击杀、斩杀等三种，处死形式有砍足、砍劈、腰斩（或胸斩）、砍头、肢解等，而斩杀为其主要的处死手段，肢解系最为常见的处死形式。相对而言，缢死或药死较之其它手段的残忍性要弱些。处死手段和形式的不同，可能有着较复杂的原因。

# 第四节　随葬品

337 座墓共出土各类随葬品 928 件。今分类叙述于下。

## 一、陶　俑

出土陶俑共 211 件（其中 46 件残碎，详见墓葬登记表）。

陶俑质地多较坚硬，有些显得松软，这与烧制方法和火候高低以及墓葬中的湿度所造成的保存条件都有一定关系。胎体颜色大多数为红色和橙黄色，有少许胎体为灰色。

陶俑表面一般都施有一层白粉，并加彩绘。个别镇墓兽还施以描金或贴金，显得华丽贵重。由于保存程度的差别，所绘色彩和线条，虽也有一些完整无缺的精美之品，但大多数俑的 彩绘已脱落不显，或仅残存白衣。

现对完整和比较完整的 165 件陶俑分类叙述如下。

**（一）镇墓俑**

主要有镇墓兽和天王俑两类。

**1．镇墓兽**

16 件。其中凤南 M323 出土的一件陶镇墓兽耳朵不包括在内。有人面和兽面两种，一墓同出两件者，为人面、兽面各一件。现据人面、兽面的不同，分型、分式叙述。

**A 型**

9 件。人面兽身，踞坐于方形或马蹄形的薄托板上。可分为三式：

Ⅰ式　1 件。体不甚雄壮，肩部无竖毛。

**凤南 M320:9**，面庞丰满，双目圆睁，两耳斜伸，头发竖起呈螺旋状。前肢足作奇蹄形，蹲坐于方形薄托板上。胸前墨绘莲瓣纹，笔道工整圆润。通高 28.4、俑高 27.2 厘米（图一〇六，1；图版五二，1）。

Ⅱ式　6 件（出自凤南 M172、凤南 M316、凤南 M58、凤南 M227、凤南 M83 和凤南 M152）。体雄健，双肩各有薄片状竖毛三束，头发呈螺旋状或叶状高竖。面耳涂红彩，墨画须眉。

**凤南 M172:23**，面庞浑圆，双耳斜竖，两目怒睁，嘴巴两侧下抽，唇上墨画"八"字胡。头发呈螺旋状高竖，双肩各有竖毛三束。前肢足作偶蹄形，踞蹲于方形薄托板上。通高 31.5、俑高 30.3 厘米（图一〇六，2；图版五二，2）。

**凤南 M316:2**，面庞浑圆，双耳斜竖，头发呈叶状高竖，双肩各有竖毛三束，前肢足作奇蹄形。下具方形薄托板。通高 32.8、俑高 32 厘米（图一〇六，3；图版五二，3）。

**凤南 M58:9**，造型基本与凤南 M316:2 相同，通高 33、俑高 32.1 厘米。彩绘保存甚好，面、耳部施红彩，墨画眉、目、须、发，胸、腹四肢及竖毛皆以黑色画以精美的图案（图一〇六，4；彩版一；图版五二，4）。

**凤南 M83:1**，造型基本与凤南 M58:9 相同，四肢黑彩尚存，肩部竖毛残断。通高 33、俑高 32 厘米（图一〇七）。

Ⅲ式　2 件（出自凤南 M4 和凤南 M164）。体略显消瘦，双耳硕大，头发作叶形或尖锥状高竖。

**凤南 M4:13**，双目圆睁，嘴角两边向下抽斜，双耳甚大而向外翻卷竖起，头发作尖锥状高竖，前肢足作奇蹄形，踞蹲于马蹄形薄托板上。双肩似原有竖毛。墨画眉、目、须、发（图一〇六，5）。

**B 型**

7 件。猪首面，兽身，耳、角俱全，踞蹲于方形或马蹄形薄托板上。多施彩绘。可分为四式：

Ⅰ式　1 件。体略显瘦，双肩无竖毛。

**凤南 M200:2**，嘴巴宽大，双目鼓圆，眉骨显突，双耳斜竖，双耳间竖起前、后排

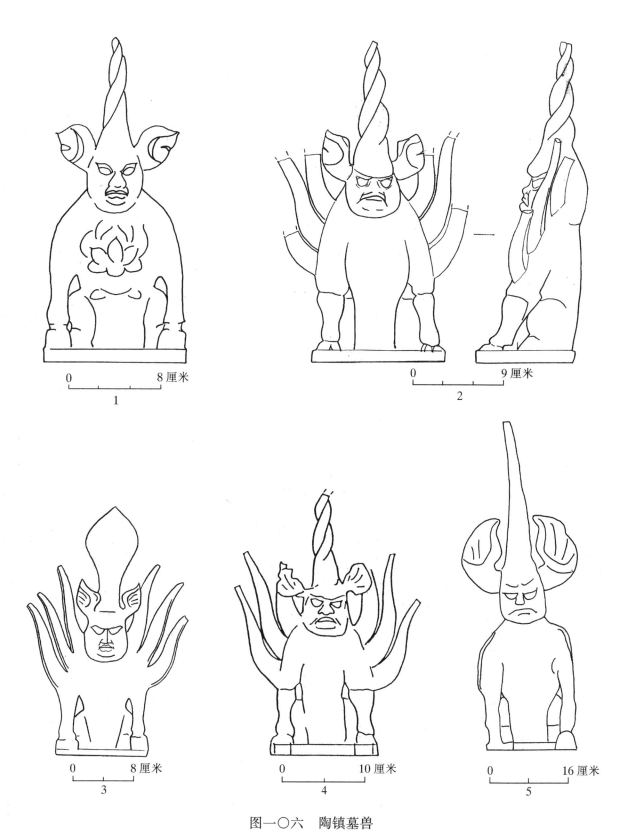

图一〇六　陶镇墓兽

1. A型Ⅰ式（凤南 M320:9）　　2. A型Ⅱ式（凤南 M172:23）　　3. A型Ⅱ式（凤南 M316:2）

4. A型Ⅱ式（凤南 M58:9）　　5. A型Ⅲ式（凤南 M4:13）

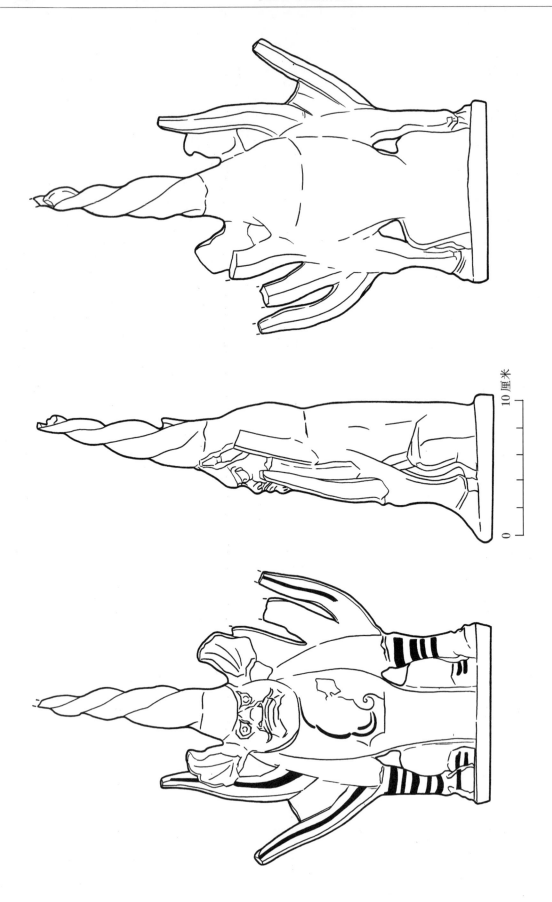

10 厘米

0

图一〇七　A 型 II 式陶镇墓兽（凤南 M83∶1）

列的二角，脑后又竖一弯曲状高尖，前肢直撑，足作奇蹄形。胸前墨画莲花纹。通高33.6、俑高32.1厘米（图一〇八，1；图版五三，1）。

Ⅱ式　4件（出自凤南M227、凤南M87、凤南M172和凤南M92）。基本特点与Ⅰ式同，唯体较雄健，双肩各有竖毛三束。

**凤南M227：3**，嘴宽扁，双目圆睁，双耳斜竖，脑门上有二角，脑后竖起一弯曲状高尖。双肩各有竖毛三束。通高36.6、俑高35.4厘米（图一〇八，2；图版五三，2）。

**凤南M87：22**，嘴宽扁，双耳位于眼上方，双肩各有竖毛三束。通高33、俑高32.5厘米（图一〇八，3）。

**凤南M92：9**，嘴宽扁，双耳竖于眼上方，双肩各有竖毛三束，通高36、俑高35厘米（图一〇九）。

Ⅲ式　1件。面容较Ⅱ式显得凶恶，身肢不及前面两式规整。

**凤南M36：14**，嘴巴大张，双目圆睁，头顶毛发斜竖，脑后弯曲状高尖亦斜向一侧。前肢斜撑，足作偶蹄形，下具马蹄形薄托板。通高31.5、俑高30.5厘米（图一〇八，4；图版五三，3）。

Ⅳ式　1件。猪首面逼真，丑恶而狰狞。

**凤南M17：20**，面目狰狞，双耳斜出，脑门上竖起左右排列的两角，脑后有弯曲状高尖，后肢屈蹲，右前肢斜伸起，爪状足伸开，左前肢下压一蛇，下具方形薄托板。面、耳和爪足皆施红彩，身、肢有墨画图案。通高43.5、俑高42厘米（图一〇八，5；图版五三，4）。

**2．天王俑**

16件。分为四式：

Ⅰ式　9件（出自凤南M41、凤南M83、凤南M320、凤南M92、凤南M172、凤南M200、凤南M316和凤南M152，凤南M172出2件）。头戴盔胄，身穿铠甲，双臂伸于胸前，两足分开，下踏一兽。

**凤南M41：1**，体魄健壮，神态威武，装饰华丽。头戴尖顶翻沿盔胄，脸部涂粉红色，以墨色画出眉、目、口、须，描绘精细，一丝不苟，面容俊美而肃穆。身着铠，中心纵束甲带，腰系带，裙垂膝部，鹘尾，下缚吊腿，身体微向右倾。下踏一牛，左腿伸直踩于牛背，右腿屈伸踏在牛头之上。墨画眉、目、须、发，周身以黑、红二色施彩绘，尤其是铠前面及盔胄上的宝相花及云气纹等图案甚为精美。铠后面以黑色画虎皮纹。通高47.2、俑高41.7厘米（图一一〇，1；图版五四，1）。

**凤南M83：2**，面、臂部施粉红色彩，盔、裙等处用黑、红、赭色彩描绘，牛身绘黑彩。通高50、俑高44厘米（图一一一；彩版二，1；图版五四，2）。

**凤南M320：10**，双目圆睁，神情端庄，身姿和服饰等与上件相似，铠前面及盔胄上花纹保存较好，系在粉地上用墨色画出宝相花、云气纹等，图案简洁，线条流畅，素雅秀美。通高45.6、俑高39.3厘米（图一一〇，2；图版五四，3）。

**凤南M92：8**，神情威武，足下踩羊，面部及双臂施粉红色彩，盔、裙、铠甲绘以黑、红等色彩，羊身粉衣较厚。通高46.8、俑高40.2厘米（图一一二；彩版二，2）。

Ⅱ式　3件（出自凤南M227和凤南M87，凤南M227出两件）。基本造型和服饰与Ⅰ式相似，唯面部和服饰个别部分有所变化。

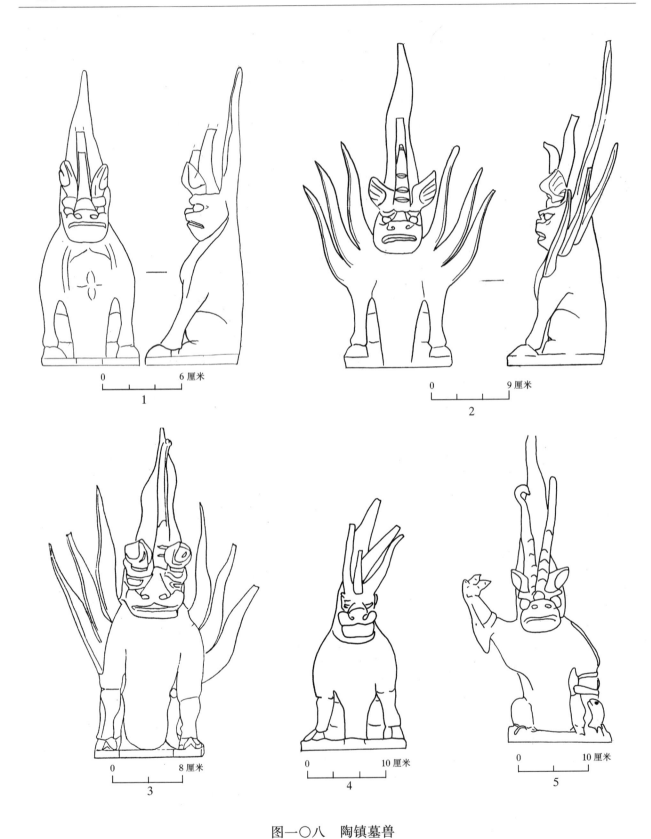

图一〇八　陶镇墓兽

1.B型Ⅰ式（凤南 M200∶2）　　2.B型Ⅱ式（凤南 M227∶3）　　3.B型Ⅱ式（凤南 M87∶22）

4.B型Ⅲ式（凤南 M36∶14）　　5.B型Ⅳ式（凤南 M17∶20）

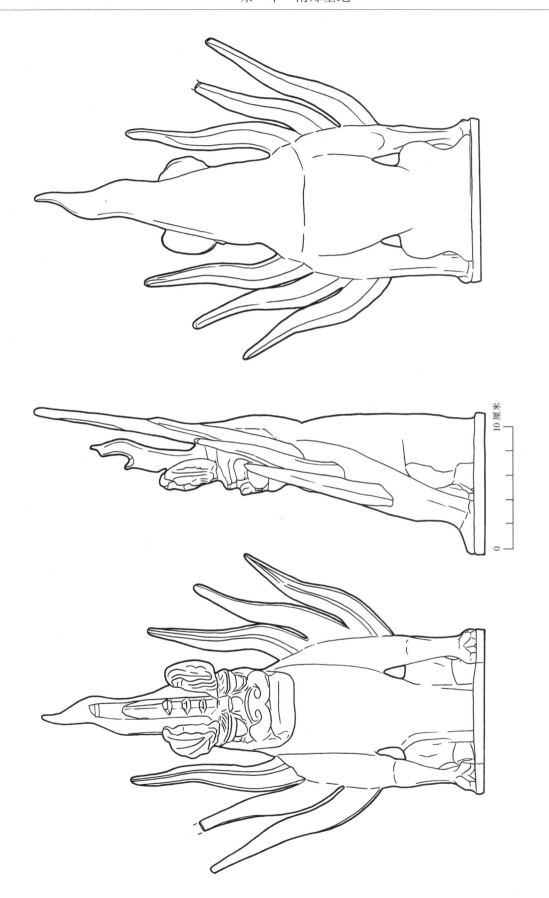

图一〇九　B型Ⅱ式陶镇墓兽（凤南 M92∶9）

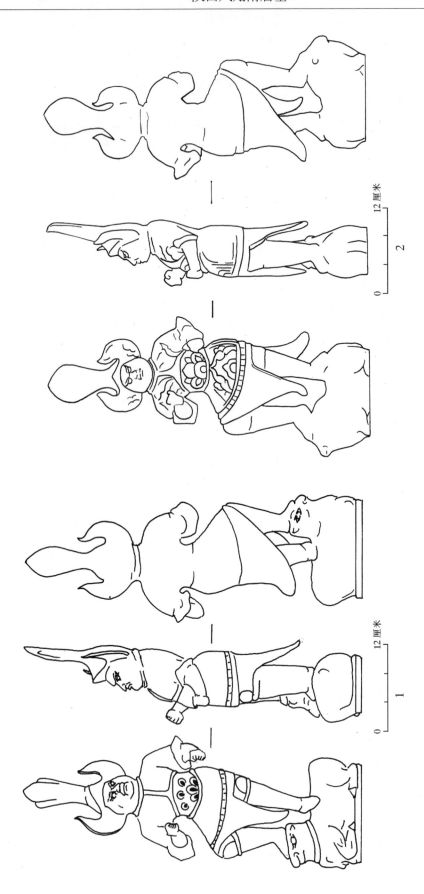

图一一〇 陶天王俑
1. Ⅰ式（凤南 M41∶1）　2. Ⅰ式（凤南 M320∶10）

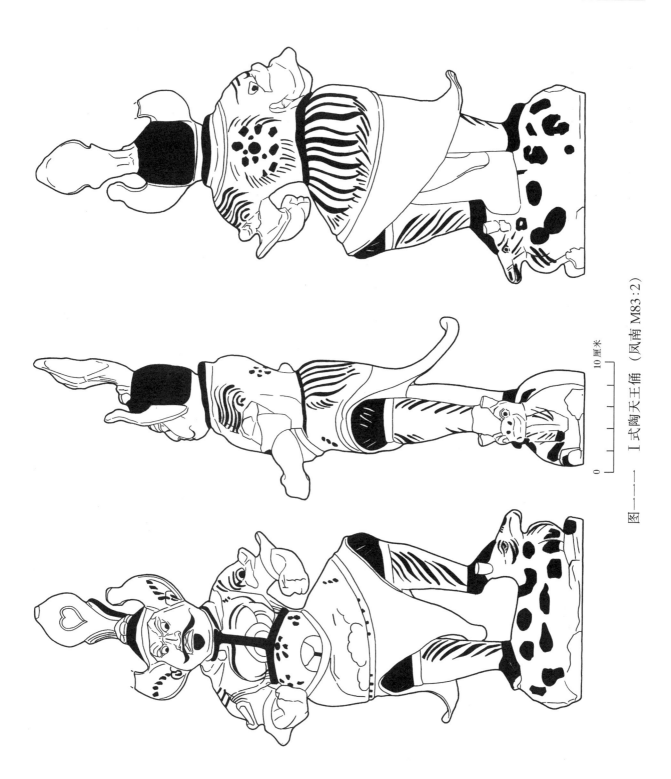

图一一一 I 式陶天王俑（凤南 M83 : 2）

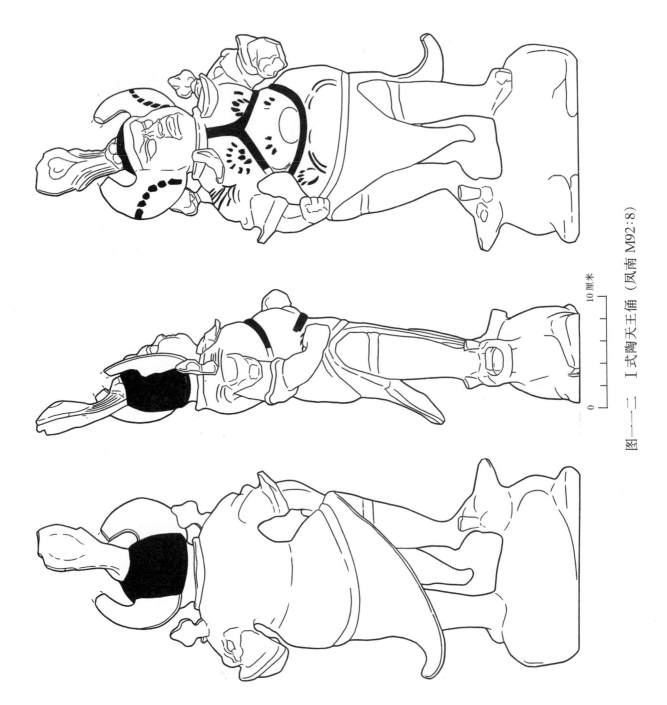

图一一三　Ⅰ式陶天王俑（凤南 M92∶8）

**凤南 M227：18**，头戴尖顶翻沿盔胄，尖顶作成牡丹叶形。面部肌肉显突，双目圆睁，不及Ⅰ式天王俑俊秀而稍显英武。双臂屈抬于胸前，颈部围一护脖，身着铠，中心纵束甲带，腰系带，裙垂膝部，鹘尾，下缚吊腿，膝部衣褶明显。足下踏羊，右腿直立，踏于羊背，左腿屈伸，立于羊头之上。面部施红彩，其余部位仅见粉色。通高52.4、俑高46.2厘米（图一一三，1；图版五四，4）。

**凤南 M87：21**，造型基本同凤南 M227：18，通高50、俑高49.5厘米（图一一三，2）。

**Ⅲ式**　3件（出自凤南 M17、凤南 M164 和凤南 M4）。盔胄和服饰与前两式有别，装饰华丽，神情更显威武。

**凤南 M164：1、凤南 M4：12**，头戴尖顶卷沿盔胄，沿至脑后及头两侧翻卷向上。前者左腿直立踩于牛背，后者右腿直立踩于牛背。前者身微向右倾，后者身则微下左倾。两者均通高48、俑高47.5厘米（图一一四，1、2）。

**凤南 M17：21**，头戴尖顶卷沿盔胄，沿至脑后及头两侧翻卷向上，头向左侧，双目圆瞪，表情威严。身着明光铠，胸前两个大圆护，腹部正中有一个大圆护，肩覆披膊，装饰华丽。左手叉腰，右臂屈举于胸侧，身微向右倾。裙至膝部，下缚吊腿，鹘尾，左腿直立，踩于牛背，右腿屈起踏在牛头之上，甚为雄健、刚毅。面部红色，遍体施红、黑色彩绘，腹部圆护采用贴金装饰，更显华贵富丽。通高55、俑高47.2厘米（图一一三，3；图版五五，1）。

**Ⅳ式**　1件。面容略显狰狞，足下踩一小鬼，稍显粗陋。

**凤南 M36：13**，头戴尖顶卷沿盔胄，面部肌肉暴显，但眉目不够清晰。右手叉腰，左臂屈抬于胸侧，身向左倾。着明光铠，胸部两侧各有一大圆护，腹上亦有一圆护，裙至双膝，下缚吊腿，鹘尾，右腿微弯，左腿屈起，双足下踏一小鬼，小鬼卧于薄托板之上。胄铠及裙均有褐色彩绘。通高39.2、俑高35.2厘米（图一一四，3；图版五五，2）。

**（二）男　俑**

72件。

男俑无论在种类、造型、服饰，都多种多样。而冠帽的变化尤为明显。这里主要根据冠帽的区别，进行分类。每类之中再分型、式。

**1．风帽骑马吹笙俑**　1件。

**凤南 M172：20**，头戴风帽，风帽冠带垂背部，身穿圆领宽袖衣，腰束带，双足踏镫。双臂屈肘，两手握一排笙，举至唇前，作吹奏状。马首前伸，后腿微屈，鞍鞯俱全。下有薄托板，仅见粉衣，不见彩绘。通高27.9厘米（图一一五，1；图版五五，3）。

**2．尖帽男俑**

3件（出自凤南 M172 和凤南 M200，凤南 M172 出土 2件）。造型特征相同。

**凤南 M200：13**，头戴卷沿帽，帽顶一高尖，面部垂圆。墨画眉、目，唇上画"八"字胡，脑后头发亦以墨色画出。两目圆睁，神情威武严肃。身穿圆领窄袖长袍，腰间束带，双手隐于袖内，合抱胸前。露双足尖。通高20厘米（图一一五，2；图版五五，4）。

**3．幞头男俑**

68件。

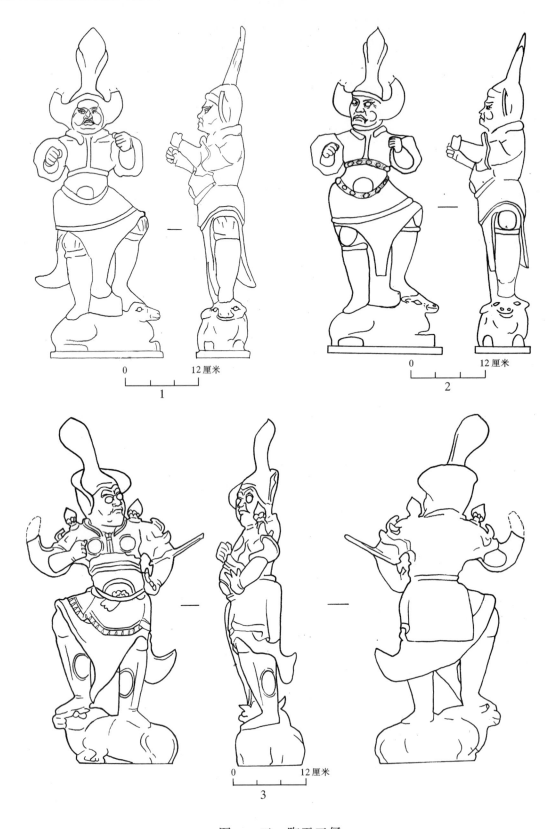

图一一三　陶天王俑

1. Ⅱ式（凤南 M227:18）　2. Ⅱ式（凤南 M87:21）　3. Ⅲ式（凤南 M17:21）

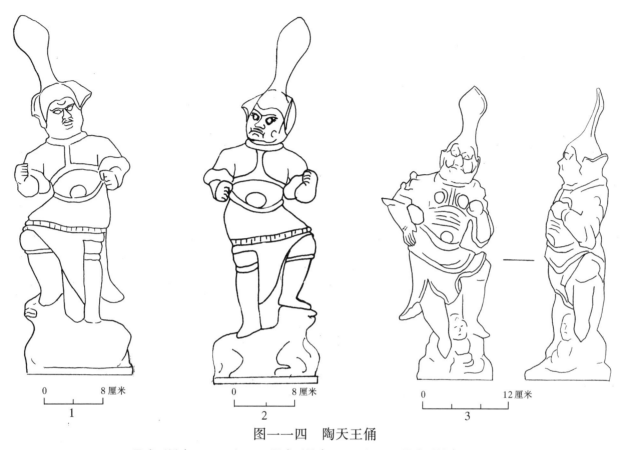

图一一四　陶天王俑

1. Ⅲ式（凤南 M164:1）　　2. Ⅲ式（凤南 M4:12）　　3. Ⅳ式（凤南 M36:13）

**（1）幞头文吏俑**　2件。同出凤南 M83。造型、服饰基本相同，大小略有差别。

**凤南 M83:5－1**，幞头较高，略呈尖状。面施白粉，墨画眉目须发。身着圆领宽袖长袍，双手隐于袖内，合拱胸前，腰系博带，脚穿如意头鞋，露出裳外。幞头与博带皆涂黑彩。高 21 厘米（图一一五，3；图版五六，1）。

**凤南 M83:5－2**，幞头不呈尖状，其余均与凤南 M83:5 略同（图一一五，4）。

**（2）幞头宦俑**　2件。可分两型。

**A 型**　1件。

**凤南 M30:6**，幞头内裹两个并列圆髻，深目高鼻，下颌肥大，面容丑陋，身穿圆领半宽袖长袍，双手隐袖，拱于胸前，腰束带。足蹬尖头鞋，两足尖朝外。幞头与腰带涂为黑色，面部及服饰施很厚的一层白粉。高 33.2 厘米（图一一五，5；图版五六，2）。

**B 型**　1件。

**凤南 M87:20**，幞头内为一单髻，硕大而高起，容貌极丑陋，神情严肃。身着鸡心领长袍，左手隐于袖，右手露出袖外，搭于左手之上，合抱胸前。束带低近膝部，双足分开，履尖高翘。通体施白粉，幞头有束带涂有黑彩。高 31 厘米（图一一五，6；图版五六，3）。

**（3）幞头侍俑**　61件。分为六型。

**A 型**　37件。分以下五式：

**Ⅰ式**　23件。分三个亚式：

图一一五　陶风帽骑马吹笙男俑、尖帽男俑、幞头文吏俑和幞头宦俑

1. 风帽骑马吹笙男俑（凤南 M172:20）　2. 尖帽男俑（凤南 M200:13）　3. 幞头文吏俑（凤南 M83:5－1）

4. 幞头文吏俑（凤南 M83:5－2）　5. A型幞头宦俑（凤南 M30:6）　6. B型幞头宦俑（凤南 M87:20）

Ⅰa式　2件（出自凤南 M18 和凤南 M45）。幞头内裹两个并列圆髻，发髻饱满，着圆领宽袖长袍，体态肥腴，腰束革带。面容清秀，神态谦和。

**凤南 M18：5**，双手隐于袖内，合拱胸前，两足外露出袍，足尖朝外，身稍向左侧。白粉地较厚。高 31.7 厘米（图一一六，1；图版五六，4）。

**凤南 M45：4**，头微向右偏，右臂下垂，手隐于袖内，左臂屈于胸侧，手露出袖外，食指伸出，指向前上方。长袍垂地，左足尖出露。彩绘皆已脱落，唯见白粉。高 33.6 厘米（图一一六，2；图版五七，1）。

**Ⅰb式**　10件（出自凤南 M13、凤南 M87、凤南 M320、凤南 M92、凤南 M58、凤南 M152 和凤南 M45，凤南 M13、凤南 M92、凤南 M152 皆出 2 件）。幞头内裹双髻，双髻界分稍明显，髻位于头顶略前，面庞宽圆，身着圆领宽袖长袍，双手隐于袖，拱于胸前，腰束带，双足并齐，足尖出露。体较扁薄。高 20 厘米左右。

**凤南 M152：5**，面微向右侧。彩绘大部分已脱落，唯见腰带和幞头处有黑彩，并以黑彩画出幞头两巾脚，长垂至背中部。高 20.7 厘米（图一一六，3）。

**凤南 M87：17**，彩绘保存部位较多，面部墨画眉目须发，幞头涂黑，袍前面以黑彩所画图案依稀可见。高 19.5 厘米（图一一六，4）。

**凤南 M13：4**，可参看图版五七，2；凤南 M13：5 可参看图版五七，3。

凤南 M45：3、凤南 M320：8、凤南 M13：4、凤南 M92：7 和凤南 M92：6 可参看图一一六，5～9。

**Ⅰc式**　11件（出自凤南 M200、凤南 M227、凤南 M34、凤南 M41、凤南 M316、凤南 M172 和凤南 M169，凤南 M41 出 2 件，凤南 M227 出 4 件）。幞头内为单髻，略宽扁，向前斜上倾，伸出额前。面庞较丰腴，身穿圆领半宽袖长袍，双手隐于袖，拱胸前，腰束带，足尖露出袍外。高在 11.5～20.5 厘米之间。

**凤南 M200：12**，五官清秀，神态谦恭。双足并拢。彩绘大部脱落。幞头和身背部见有黑彩痕迹。白衣保留较多。高 18.6 厘米（图一一七，1；图版五七，4）。

**凤南 M227：20**，面带微笑，双足分开，左足尖朝前，右足朝右前方斜出。彩绘脱落殆尽，白衣保留甚少。高 12.8 厘米（图一一七，2；图版五八，1）。

**凤南 M227：16**，可参看图一一七，3；凤南 M169：2 则可参看图一一七，4。

**Ⅱ式**　3件。同出凤南 M30，造型、服饰特点相同，尺寸亦基本相同。幞头内单髻，略斜高，脸庞微长，但显丰满。墨画眉目须发，唇涂红彩，身着圆领半宽袖长袍，双手拱于胸前，腰间系带，双腿分开，足蹬尖头履。幞头与革带等处以黑彩描绘。

**凤南 M30：8**，面部及幞头彩绘保存基本完好，眉清目秀，幞头两巾脚自脑后长垂至背中部。双手隐于袖内，合拱胸前。双足向左、右斜出，身微向右斜倾，体态端庄自如。高 20.6 厘米（图一一七，5；图版五八，2）。

凤南 M30：7 与凤南 M30：8 基本雷同，可参看图一一七，6。

**Ⅲ式**　11件（出自凤南 M36、凤南 M17 和凤南 M4。三座墓依次出 4 件、5 件、2 件）。幞头内裹双髻，或个别单髻，丰满而略显高耸。身着圆领长袍。造型和姿态有异。彩绘多已脱落。高在 10.9～21.2 厘米之间。

**凤南 M36：8**，幞头双髻高耸，身着圆领半宽袖长袍，双手隐于袖，拱胸前。腰间系带。胯部左倾，双足分开，足尖出露。头部白衣保留较多。高 12.5 厘米（图一一七，7；

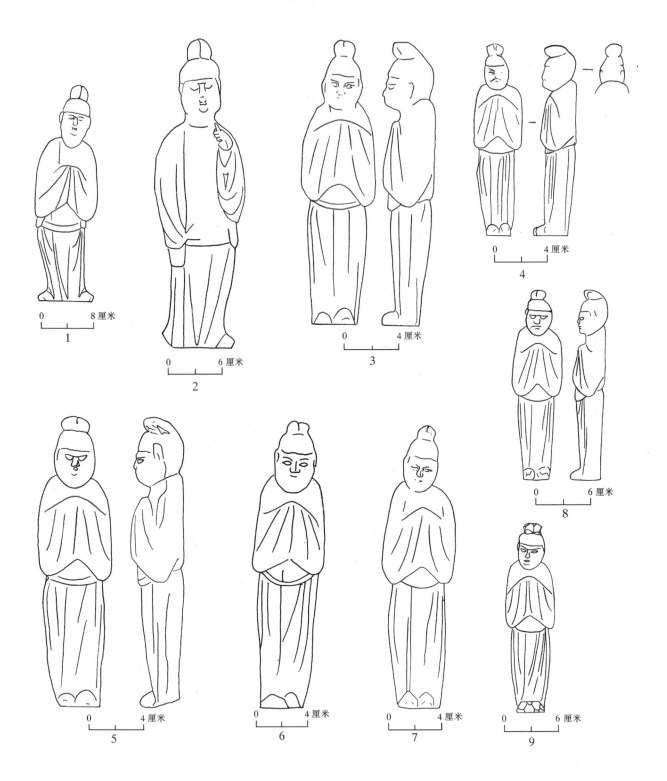

图一一六　陶幞头男侍俑

1.A型Ⅰa式（凤南 M18:5）　　2.A型Ⅰa式（凤南 M45:4）　　3.A型Ⅰb式（凤南 M152:5）

4.A型Ⅰb式（凤南 M87:17）　　5.A型Ⅰb式（凤南 M45:3）　　6.A型Ⅰb式（凤南 M320:8）

7.A型Ⅰb式（凤南 M13:4）　　8.A型Ⅰb式（凤南 M92:7）　　9.A型Ⅰb式（凤南 M92:6）

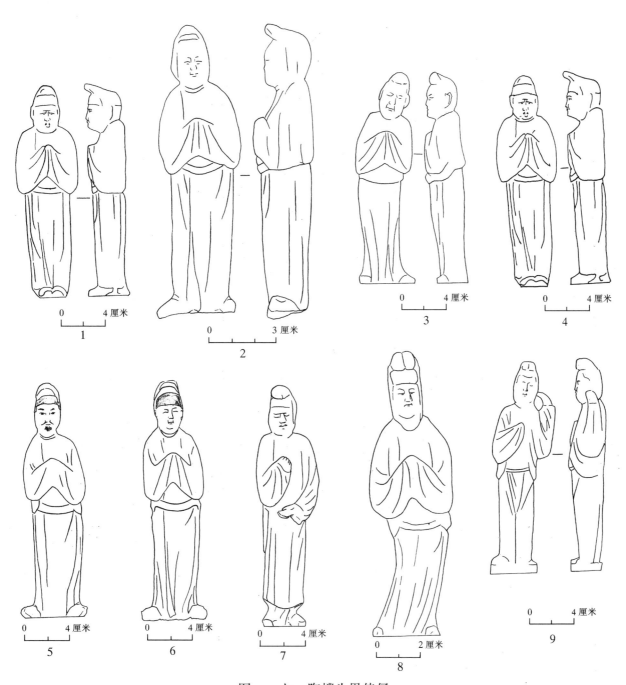

图一一七　陶幞头男侍俑

1. A型Ⅰc式（凤南 M200:12）　　2. A型Ⅰc式（凤南 M227:20）　　3. A型Ⅰc式（凤南 M227:16）

4. A型Ⅰc式（凤南 M169:2）　　5. A型Ⅱ式（凤南 M30:8）　　6. A型Ⅱ式（凤南 M30:7）

7. A型Ⅲ式（凤南 M36:8）　　8. A型Ⅲ式（凤南 M36:12）　　9. A型Ⅲ式（凤南 M17:14）

图版五八，3）。

**凤南 M36:12**，幞头内双髻界分不甚明显。身着圆领窄袖短外衣，下裳较窄，长不及足。左臂弯屈，手置腹下部，右臂屈折向上，手置胸前。头部白衣保存较好。高 21.2 厘米（图一一七，8；图版五八，4）。

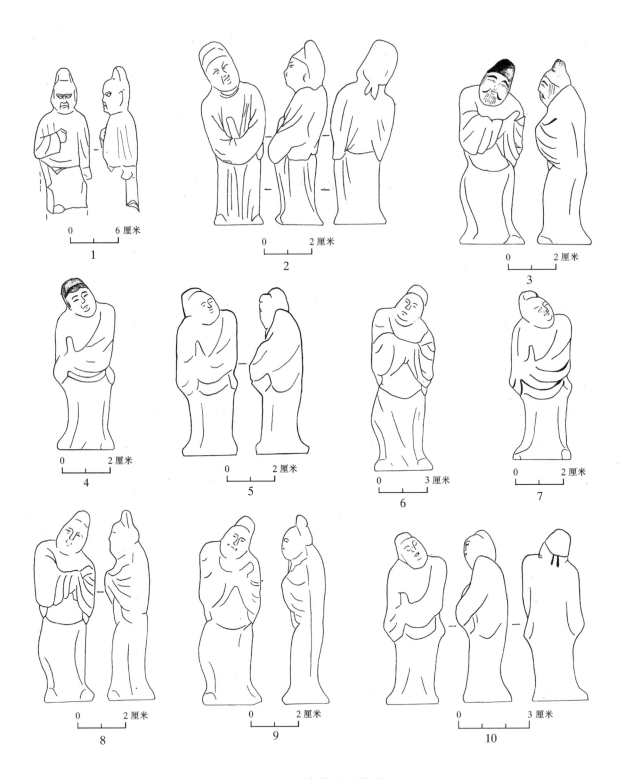

图一一八　陶幞头男侍俑

1.B型（凤南 M87:24）　2.C型（凤南 M164:5）　3.D型（凤南 M179:4）　4.D型（凤南 M87:8）

5.D型（凤南 M227:6）　6.D型（凤南 M18:8）　7.D型（凤南 M41:6）

8.D型（凤南 M23:9）　9.D型（凤南 M164:7）　10.D型（凤南 M200:7）

**凤南 M17：14**，身穿圆领窄袖短外衣，下裳较窄。右臂屈置于胸前，手隐于袖内，左臂自胸左侧屈折向上，手弯至腮部。足下置半圆形薄板。面部及手上施红彩。余处彩绘已脱落，仅见白衣。通高 9.3、俑高 8.5 厘米（图一一七，9；图版五九，1）。

**B 型**　1 件。

**凤南 M87：24**，腿中段以下残。幞头平直，顶部方尖。两目圆瞪，嘴角下抽，神情威严。身着圆领窄袖长袍，腰束带。左臂下垂，手半握，右臂屈折，手握拳置于胸前。彩绘脱落，仅见白衣。残高 17.7 厘米（图一一八，1；图版五九，2）。

**C 型**　1 件。

**凤南 M164：5**，幞头宽过脑后两侧，塑出两脚垂于肩背处。身着圆领长袍，双手合抱于腹下部，持一长方体物置腹前。头偏向右侧，身右倾，两足分开，袍下出两足尖。面部施红彩，幞头施黑彩。高 7.6 厘米（图一一八，2；图版五九，3）。

**D 型**　22 件（出自凤南 M87、凤南 M200（2 件）、凤南 M227（2 件）、凤南 M23、凤南 M164（2 件）、凤南 M172（3 件）、凤南 M17、凤南 M41（3 件）、凤南 M4、凤南 M58、凤南 M18、凤南 M179（2 件）和凤南 M30（2 件））。形制皆很小。幞头较平直，立于后脑顶之上。身着圆领宽袖长袍，腰间系带，双足尖出露。头歪向一侧，肩一边耸起，另一边斜低，双手隐于袖，合抱于胸或腹一侧，持一长方体物，一腿直立，另一腿弓弯，姿态十分生动。均墨画眉目须发。革带、幞头及两脚，多数已脱落。

**凤南 M179：4**，头向左歪，右肩耸起，左肩斜低，双手合抱拱于胸前左侧，左腿直立，右腿弓弯。彩绘保存很好。面部涂粉彩，以黑彩画、涂眉目须发和幞头，口唇以红彩点绘，描画笔法洗练，形象生动传神。高 7.6 厘米（图一一八，3；图版五九，4）。

**凤南 M87：8**，头向右歪，左肩高而右肩低，双手合抱于腹右侧。面涂红彩，墨画眉目须发和革带、幞头及两角。高 7.2 厘米（图一一八，4；图版六〇，1）。

另外，同型的陶幞头男侍俑如凤南 M227：6、凤南 M18：8、凤南 M41：6、凤南 M23：9、凤南 M164：7、凤南 M200：7 等还可参看图一一八的 5～10。

**E 型**　2 件（出自凤南 M87 和凤南 M17）。

**凤南 M17：6**，头低垂，双手拱于胸前，躬腰，身向右前倾，腰带系于腹下部，腰带长垂，幞头见有黑彩痕迹。高 6.1 厘米（图一一九，1；图版六〇，2）。

**F 型**　3 件（出自凤南 M23、凤南 M17 和凤南 M152）。形制很小。幞头内裹双髻，面庞臃肿，自耳部垂下两条带状物，合于胸前。身穿圆领宽袖长袍，长袍曳地。腰束带。左臂垂于髋侧，右臂屈弯，手握右边带状物置胸前。

**凤南 M152：9**，下端有部分残缺。面部及幞头上见有少许红、黑彩痕迹。高 8.4 厘米（图一一九，2）。

**凤南 M17：16**，幞头双髻界分不甚明显，脑后塑出两脚垂于肩背处。自双耳处垂下两条带状物，颌下正中又垂下一条，三条合于一起。双手隐于袖，合拱于胸前，袍下露两足尖。幞头黑彩可见，余处仅见白衣。高 8.1 厘米（图一一九，3；图版六〇，3）。

**凤南 M23：10**，可参看图一一九，4。

**（4）幞头牵马俑**　1 件。

**凤南 M17：7**，幞头内圆形单髻饱满。深目高鼻，头两侧发际及下颌有络腮大胡，作半圆形，微前翘。身穿圆领窄袖短衫，下裳较窄。左臂垂下，屈肘握拳，向左伸出。右

图一一九　陶幞头男侍俑和幞头牵马俑

1. E 型幞头男侍俑（凤南 M17:6）　2. F 型幞头男
侍俑（凤南 M152:9）　3. F 型幞头男侍俑（凤南
M17:16）　4. F 型幞头男侍俑（凤南 M23:10）
5. 幞头牵马俑（凤南 M17:7）

臂屈举向上，拳紧握。面朝右上方，形象生动逼真。通体施粉衣彩绘。面颈部及手臂施
红彩，幞头绘黑彩。余处彩绘已脱落。高 25.6 厘米（图一一九，5；图版六○，4）。

**（5）幞头骑马拍鼓俑**　2 件。

**凤南 M172:22**，人俑服饰特征同幞头男侍俑 A 型 I c 式，骑于马上，面朝右前方。
双足踏镫。两臂屈抱于腹侧，双手间置一腰鼓，作拍打状。马首前伸，后腿稍屈，前腿
伸直，鞍鞯俱全。下有薄托板。人俑及马身上皆施粉衣。通高 25.2 厘米（图一二○，1；
图版六一，1）。

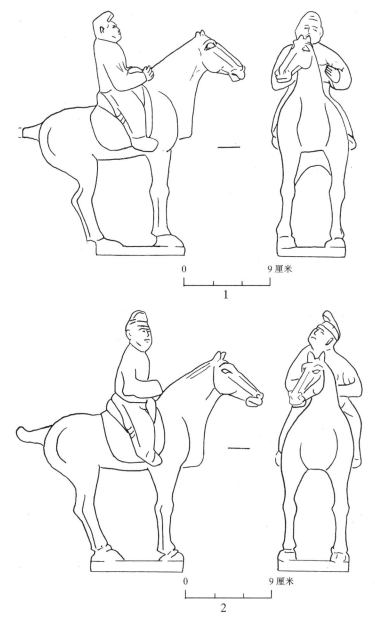

图一二○　陶幞头骑马拍鼓俑
1. 幞头骑马拍鼓俑（凤南 M172：22）
2. 幞头骑马拍鼓俑（凤南 M172：21）

凤南 **M172：21**，人俑服饰与造型特征与上件凤南 M172：22 大同小异。骑于马上，双足踩镫。人面侧转向右前上方，双手间置一细腰鼓，左臂屈置于腹前，手掌朝下，指尖翘起，右臂屈伸于腹前侧，掌心朝左手，作击拍腰鼓状。马造型及其它特征也与凤南 M172：22 相同。通高 28 厘米（图一二○，2；图版六一，2）。

（三）女　俑

61 件。

女俑的造型和服饰形式多样。皆饰彩绘，多装饰华丽。其发髻特征最为显著，式样多变，并具有一定的时代特点。依发髻的不同，分出型和式。

**1. 高髻女侍俑**　27 件。发总梳头顶，束成高髻。分为八型：

**A 型**　3 件（出自凤南 M152，凤南 M17 出 2 件）。头发自头顶向前出，作并列的花瓣形双髻，肥大而高耸。长裙曳地，足蹬尖足履，足尖露出裙外。通体施彩绘。

凤南 **M152：4**，脸垂圆，樱桃小嘴，眉清目秀。上穿圆领宽袖襦，长裙高束胸部，双手隐于袖，拱于胸前，长袖下垂至地。衣褶刻划自然而精致，履尖高高翘起。面部朱绘口唇，墨画眉目及发髻，襦裙以朱红彩涂绘，美观而华丽。高 35.2 厘米（图版六一，3）。

凤南 **M17：5**，面部丰腴，细眉长眼，神情稳重。身穿圆领宽袖长裙，腰间系带，左臂屈抬于胸侧，右臂自腹侧斜伸向右前方，手掌朝前，五指翘起。履尖斜出于裙下两侧。彩绘基本全部脱落，发髻仅存部分黑彩痕迹。高 40 厘米（图一二一，1；图版六一，4）。

**B 型**　1 件。

凤南 **M143：10**，发髻总束头顶，高髻正面如扇形。面部丰满。身着圆领宽袖长裙垂地，双手隐于袖，合拱胸前。彩绘大部分脱落。高 8.8 厘米（图一二一，2）。

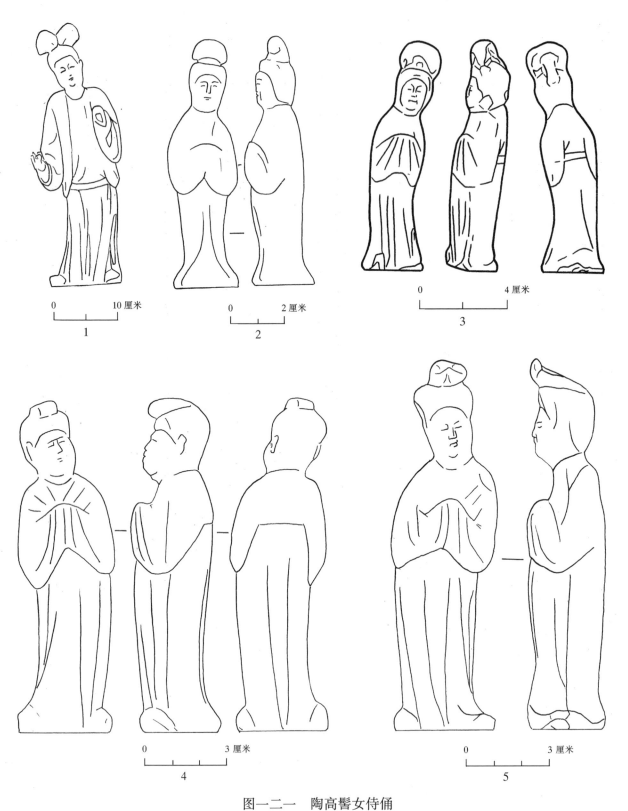

0　　　　10厘米

1

0　　2厘米

2

0　　　4厘米

3

0　　　3厘米

4

0　　　3厘米

5

图一二一　陶高髻女侍俑

1.A型（凤南 M17:5）　　2.B型（凤南 M143:10）　　3.C型（凤南 M83:12）

4.D型Ⅰ式（凤南 M227:10）　　5.D型Ⅱ式（凤南 M36:7）

**C 型**　2 件（同出于凤南 M83）。

**凤南 M83：12**，高髻硕大，面部浑圆，身着曳地长裙，双手拱于胸前。发髻黑彩，面饰红彩，裙施粉衣。高 10.4 厘米（图一二一，3；图版六二，1）。

**D 型**　10 件。分两式：

**Ⅰ 式**　8 件（出自凤南 M227（2 件）、凤南 M320（2 件）和凤南 M34，还包括凤南 M70 的一件同型式残俑头）。头发上梳，头顶正中向前出一高髻，面容丰腴，上穿圆领宽袖襦，长裙束至胸部，双手隐袖拱于胸前，双足尖出露，右足尖斜出。神态自然。

**凤南 M227：10**，面朝左前方，身微向后倾，体态端庄。通体施粉衣。高 11.9 厘米（图一二一，4；图版六二，2）。

**Ⅱ 式**　2 件（均出自凤南 M36）。头发上梳，额上头发高阔，自头顶正中向前出一髻，向左上方高倾。面庞较丰满。身着圆领宽袖曳地长裙，双手合拱于胸前。双足尖露出于裙下。头微低垂，神情安详。

**凤南 M36：7**，身稍向左倾，左足尖斜出。通体施粉衣。高 13.2 厘米（图一二一，5；图版六二，3）。

**E 型**　1 件。

**凤南 M87：19**，头发上梳，自脑后向前出并列二高髻。面部绘红彩，墨画眉眼，口唇涂朱。上穿宽袖襦，下着曳地长裙，腰系带。右履尖斜出。身向右后方侧倾，面朝左上方，作凝思眺望状。周身施彩绘，发髻黑彩，襦衫亦以黑彩为底，用白、红二彩在其上点绘梅花图案。裙着褐色。高 29.5 厘米（图一二二，1；彩版三，1；图版六二，4）。

**F 型**　3 件（出自凤南 M34、凤南 M64 和凤南 M30）。皆为小型俑。头顶梳挽两个分向左右的高大发髻，二髻之间装饰一梅花形发饰，面容稍显臃肿。上穿开领袒胸襦，长裙束至胸部，外披帛。左臂弯垂于胯侧，右臂屈抬，手置胸前。

**凤南 M34：5**，面部见有朱红色彩痕迹，发髻黑彩，余处仅见粉衣。高 7.9 厘米（图一二二，2；图版六三，1）。

**凤南 M30：5**，可参看图一二二，3。

**G 型**　3 件（出自凤南 M17、凤南 M152 和凤南 M143）。头顶梳起两个并列的高髻，面显臃肿，着长裙，外披帛，颈部系帛带，飘于胸两侧。双手拱于胸前。

**凤南 M152：8**，面部保留部分粉红色彩，发髻黑彩，余处见粉衣。高 8.1 厘米（图一二二，4；图版六三，2）。

**凤南 M143：9**，可参看图一二二，5。

**H 型**　4 件（出自凤南 M87、凤南 M200 和凤南 M227，凤南 M200 出 2 件）。自头顶向前出两个并列发髻，面部浑圆。着长裙，外披帛，帛带系于颈部，飘于胸两侧。双手拱于胸前。形制很小。

**凤南 M87：6**，彩绘脱落，通体仅见粉衣。高 7 厘米（图一二三，1；图版六三，3）。

凤南 M200：8 和凤南 M227：4，则可参看图一二三，2、3。

**2．博鬓女侍俑**　3 件。两鬓头发蓬松博大，头顶束成髻鬟。可分两型：

**A 型**　2 件。可分两式：

**Ⅰ 式**　1 件。头顶悬束两个扁圆型发髻，面容丰满秀丽，神情和善。上穿圆领半宽袖襦衫，双手隐于袖，拱于胸前，下着长裙，腰束带。身微向右倾。

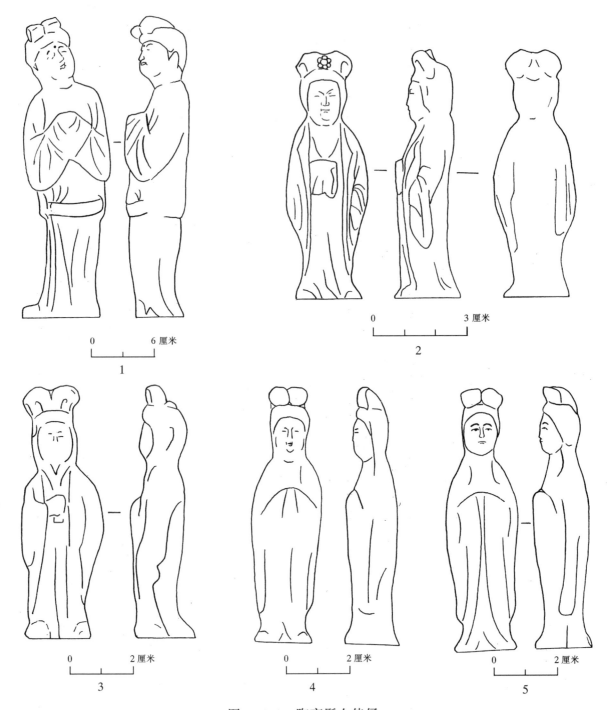

图一二二　陶高髻女侍俑

1.E 型（凤南 M87:19）　2.F 型（凤南 M34:5）　3.F 型（凤南 M30:5）

4.G 型（凤南 M152:8）　5.G 型（凤南 M143:9）

　　**凤南 M92:3**，发髻黑彩，余处彩绘脱落，仅见粉衣。高 34.2 厘米（图一二四，1；图版六三，4）。

　　**Ⅱ式**　1件。头顶左出一发髻，面容丰腴，上穿半宽袖襦，下着长裙曳地，身微向右倾。

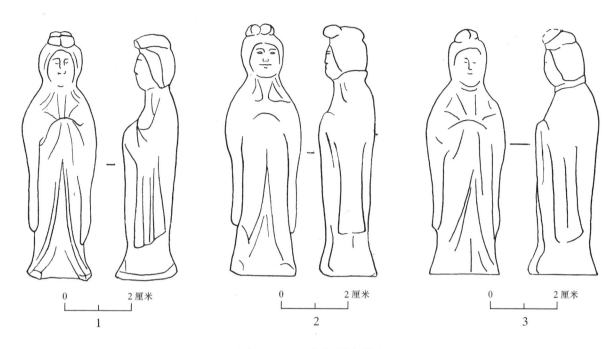

图一二三 陶高髻女侍俑

1.H 型（凤南 M87:6）　2.H 型（凤南 M200:8）　3.H 型（凤南 M227:4）

**凤南 M92:2**，发髻黑彩可见，余处仅见粉衣。高 31.8 厘米（图一二四，2；图版六四，1）。

**B 型**　1 件。

**凤南 M87:18**，自头顶向前出两并列髻鬟，髻前端肥大呈圆球形。面容丰腴，神情端庄。面施粉红色彩。身着圆领宽袖长裙曳地，双臂屈肘悬抱于胸前，半握拳。身姿丰满、舒展，美丽而华贵。发髻及裙上施黑彩。高 33.5 厘米（图一二四:3；图版六四，2）。

**3. 垂发梳髻女俑**　26 件（其中有大件是残俑，即凤南 18、凤南 M23、凤南 M164、凤南 M172、凤南 M226 和凤南 M323 各一件）。发自两鬓向后脑下垂，披至肩际，头顶梳成髻鬟。形体大小有别。

**（1）垂发梳髻女侍俑**　24 件。分为五型：

**A 型**　3 件（出自凤南 M83、凤南 M13 和凤南 M15）。发髻自后脑前倾，后端细，愈向前愈大，偏于头顶左侧。着长裙，双手隐于袖拱胸前。神情文静，体态优美。

**凤南 M83:9**，上穿圆领宽袖襦，长裙高束于胸际，足蹬花尖履。发髻黑彩，面部、衣袖及履尖施红彩，肩及腹以下仅见粉衣。高 33.3 厘米（图一二五，1；彩版三，2；图版六四，3）。

**B 型**　2 件（出自凤南 M36 和凤南 M30）。

**凤南 M36:3**，发髻自脑后正中前倾，前端形成一宽扁大髻，向前伸出于头顶。头微偏，左侧低垂，表情沉默。上着开领宽袖襦，长裙高束胸际，双手隐于袖合抱胸前。彩绘脱落，仅见粉衣。高 29.2 厘米（图一二五，2；图版六五，1）。

**C 型**　5 件（出自凤南 M179、凤南 M17、凤南 M23（2 件）和凤南 M143）。形体均

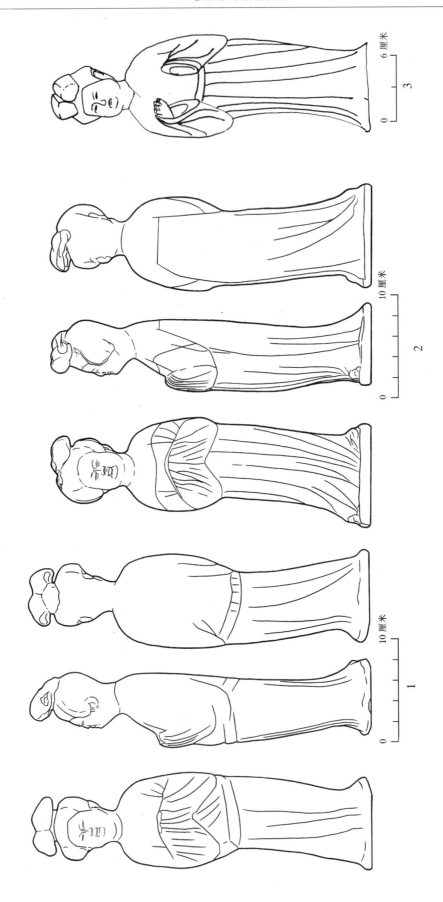

图一二四　陶博鬓女侍俑

1.A型Ⅰ式（凤南 M92：3）　2.A型Ⅱ式（凤南 M92：2）　3.B型（凤南 M87：18）

很小，发髻自头顶向左前方高出，身着圆领宽袖长裙，双手拱于胸前。

凤南 **M179：2**，身直立，长裙曳地，两足分开。发髻黑彩，面涂红色，墨绘眉目，裙施赭彩。高 9.1 厘米（图一二五，3；图版六五，2）。

凤南 **M17：18**，头微低垂，两腿并拢。发髻黑彩，面施粉红色，裙着浅绿色彩绘。高 7.7 厘米（图版六五，3）。

**D 型**　13 件（出自凤南 M316（5 件）、凤南 M172（3 件）、凤南 M58、凤南 M87、凤南 M200、凤南 M323 和凤南 M41）。自头顶正中向前出一发髻，髻小而低。身着长裙，双手拱于胸前，或双臂屈肘于胸前。小型者居多。

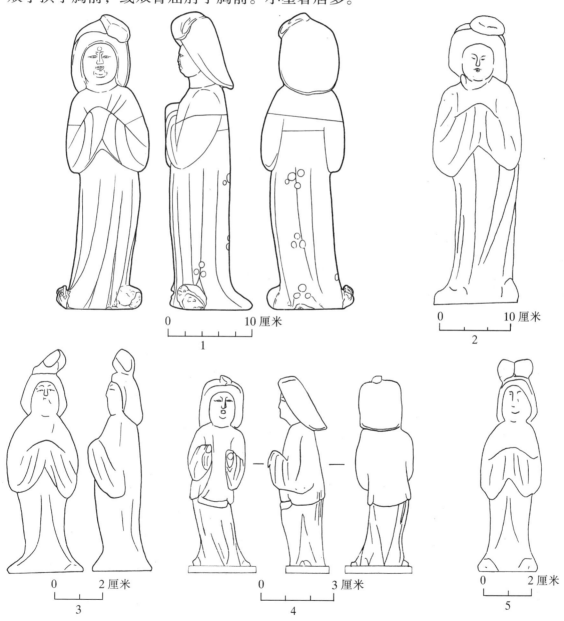

图一二五　陶垂发梳髻女侍俑

1.A 型（凤南 M83：9）　2.B 型（凤南 M36：3）　3.C 型（凤南 M179：2）

4.D 型（凤南 M172：1）　5.E 型（凤南 M58：6）

　　凤南 **M316：6**，头微向左倾，身稍向右后方倾，上穿圆领宽袖襦，披帛，长裙高束至胸际，足蹬花尖履，双手相交于腹下部。身肢优美，神态安详。面部施粉红色彩，发髻及披帛着黑色，裙饰赭色彩。高 30.3 厘米（图版六五，4）。

　　凤南 **M172：1**，头稍向右侧，身向左倾。面部稍显臃肿。上着圆领宽袖襦，下着裙，腰束带。出露足尖。双臂屈抬于胸前侧，站于薄托板之上。面部保留粉红色彩绘痕迹，余处彩绘脱落。通高 31.6，俑高 30.5 厘米（图一二五，4；图版六六，1）

　　凤南 **M316：10**，面部丰腴，上穿宽袖襦，长裙高束胸际。双手隐于袖，拱于胸上部。发髻黑彩，襦着深红色，裙施橘黄彩。高 11.4 厘米（图版六六，2）。

　　凤南 **M58：4**，身着宽袖襦，长裙曳地，双手拱于胸前，体态稍显臃肿。彩绘脱落，仅见粉衣。高 8.8 厘米（图版六六，3）。

　　**E 型**　1 件。

　　凤南 **M58：6**，脑后顶束起并列两发髻，宽袖长裙曳地，双手拱于胸前。稍显臃肿。彩绘全部脱落，保留粉衣。高 8.6 厘米（图一二五，5；图版六六，4）。

　　（2）**垂发梳髻女舞俑**　1 件。

　　凤南 **M34：4**，发髻不甚明显，面容丰满。头向左倾，着圆领长袖长裙，腰间束带，腰带前面正中及右侧有两个圆形饰。左臂弓弯，右臂屈肘抬起于肩侧，右腿屈起，作舞蹈状。扭动的长袖、翻起的裙角，都烘托了舞蹈的动感，形象生动。发髻黑彩，面部有红彩痕迹，余处彩绘脱落，但粉衣较厚。高 7.2 厘米（图一二六，1；图版六七）。

　　（3）**垂发梳髻骑马女俑**　1 件。

　　凤南 **M172：19**，女俑发髻同垂发梳髻女侍俑 E 型。上穿开领宽袖襦，长裙高束胸际，骑于马上，双足踩蹬，双手隐于袖拱胸前。马首稍仰，偏于右侧。鞍鞯俱

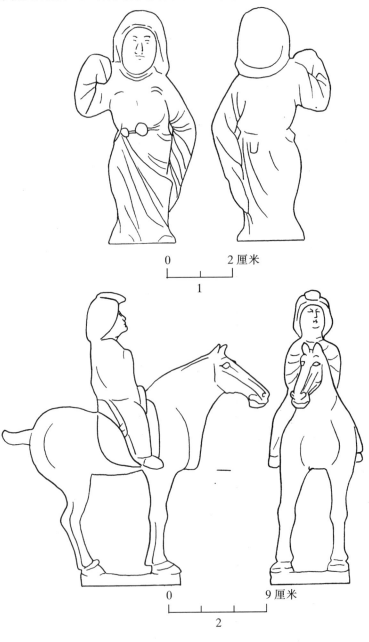

0　　　　　2 厘米
1

0　　　　　9 厘米
2

图一二六　陶垂发梳髻女舞俑和垂发梳髻骑马女俑
1. 垂发梳髻女舞俑（凤南 M34：4）
2. 垂发梳髻骑马女俑（凤南 M172：19）

全。下有薄托板。彩绘脱落，仅见粉衣。通高27.5厘米（图一二六，2；图版六八，1）。

**4. 垂双髻女侍俑** 5件（出自凤南M83、凤南M58、凤南M172和凤南M13）。头发分梳，在头两侧各束一垂下的髻鬟，紧抱两鬓。着长裙，表情自然。

**凤南M83：10**，面部丰润，头稍后仰，面朝左前方，身右倾。着圆领宽袖长裙，双手隐于袖，合拱胸前。腰束带。面部施粉红彩，裙着紫色彩，以红、白彩点绘梅花图案。高28.8厘米（图一二七，1；彩版三，3；图版六八，2）。

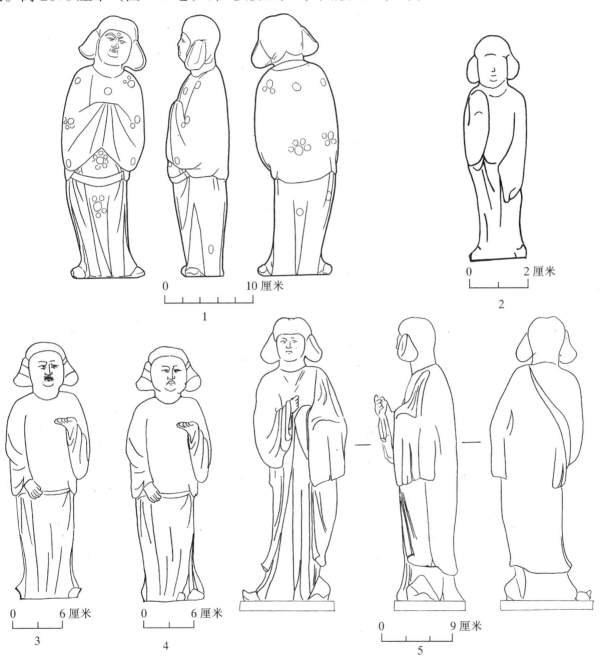

图一二七 陶垂双髻女侍俑

1. 垂双髻女侍俑（凤南M83：10） 2. 垂双髻女侍俑（凤南M58：5） 3. 垂双髻女侍俑（凤南M58：8）

4. 垂双髻女侍俑（凤南M13：6） 5. 垂双髻女侍俑（凤南M172：9）

　　**凤南 M58:5**，头微向左侧，上穿圆领宽袖襦，下着长裙，腰束带。右臂弯垂于腹下部右侧，手置腰带处，左臂屈抬于胸左前方，手平伸，掌心向上。面部见有粉红彩痕迹。余处仅见粉衣。高 31.5 厘米（图一二七，2；图版六八，3）。

　　**凤南 M58:8**，可参看图一二七，3。

　　**凤南 M172:9**，头向右侧，身微向右倾。上穿开领宽袖襦，下着长裙曳地，外着长袍垂至膝下部，由左肩向右搭一披巾，胸左侧巾一角翻起。足尖上翘，露于裙下。足下有薄托板。左臂屈肘，手置胸侧，被披巾覆盖。右臂屈抬于胸前侧，手出露，食指伸出。头小体大，比例稍有失调。发髻黑彩，面部施红彩，裙着褐色，均保留不多，大部分地方露粉衣。通高 36、俑高 34.8 厘米（图一二七，5；图版六八，4）。

　　**凤南 M13:6**，面朝前方，右臂微曲下垂，手置于腹前，左臂抬起，手掌向上平置于胸前。高 31 厘米（图一二七，4）。

## 二、动物模型

　　37 件。不包括残器。

　　**（一）陶马**　19 件。以鞍具的有无分为两型：

　　**A 型**　18 件。马引颈，昂首，背部塑出鞍、鞯，站立于长方形薄托板上。根据造型特点分为三式：

　　**Ⅰ 式**　4 件（出自凤南 M172、凤南 M227，各为 2 件）。头小颈短而粗壮，胸宽阔，前两腿之间距离宽，屁股肥大，腿细，雄健有力。腹下圆孔很小，前后足距离甚近，托板作方形。

　　**凤南 M227:17**，颈上中间有一纵向窄槽，用以插入"鬃毛"，尻部有一用以插"尾"的小圆孔。彩绘脱落，仅存留粉衣。通高 29.8、马高 28.9、长 25.2 厘米（图一二八，1；图版六九，1）。

　　**凤南 M172:17**，颈部中间有一纵向扁棱，象征鬃毛，尻部做

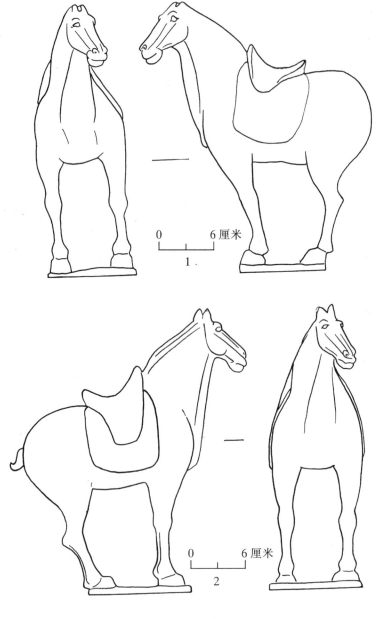

0　　　　　6 厘米

图一二八　陶马

1.A 型Ⅰ式（凤南 M227:17）　　2.A 型Ⅱ式（凤南 M172:17）

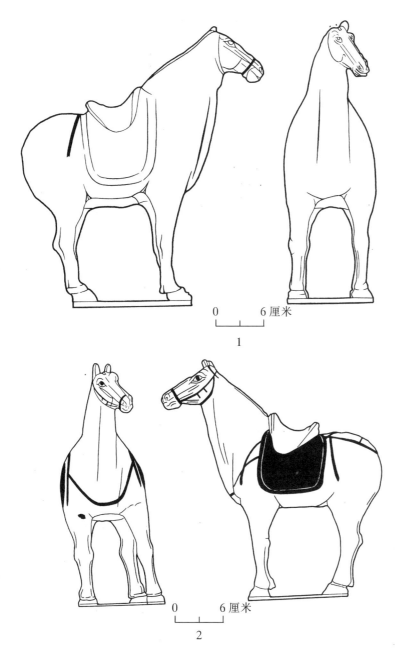

图一二九　陶马

1.A型Ⅱ式（凤南 M92：4）　2.A型Ⅱ式（凤南 M83：4）

出一勾弯状短尾。通体有粉衣。通高 31.2、马高 30.4、长 26.4 厘米（图一二八，2；图版六九，2）。

Ⅱ式　13 件（出自凤南 M92、凤南 M83、凤南 M41、凤南 M87、凤南 M200、凤南 M164、凤南 M320、凤南 M316、凤南 M4、凤南 M152、凤南 M18 和凤南 M45，凤南 M87 出 2 件）。头小，颈粗壮，胸宽阔，腿较细，屁股大，腹下圆孔较小。前后足距离略远，托板作长方形。膘肥体健。

凤南 M92：4，颈上中部有用以插"鬃毛"的纵向窄槽，尻部有用以插"尾"的小圆孔。通体彩绘，鞍着红彩，鞯为黑彩，以黑彩绘出辔带、璎珞，装饰华丽。通高 37.5、马高 36.4、长 30.6 厘米（图一二九，1；图版六九，3）。

凤南 M83：4，马身较短小，伸颈昂首。鞍施红彩，以黑色绘出鞯、辔带、璎珞，马身粉衣较厚。通高 31.6、马高 30.7 厘米（图一二九，2；彩版四，1）。

凤南 M41：5，马颈上中部有一象征鬃毛的宽扁棱，尻部有勾弯形短尾。周身着彩，鞍、鞯和颈前中间、蹄部为粉色，颈左、右两侧以粉色为底，深红色彩点画，其余部位皆涂以深红色彩，并以墨色绘出璎珞，美丽而庄重。通高 31.5、马高 30.5、长 28.5 厘米（图一三〇，1；彩版四，2；图版六九，4）。

Ⅲ式　1 件。

凤南 M36：6，马头较长，颈左右窄而上下宽，胸不及前两式宽阔，屁股较小，腹下圆孔作圆角长方形，前后腿之间距离较大，托板呈长条形。颈上部光平，尾已脱落。保留粉衣。通高 30.8、马高 29.6、长 24.8 厘米（图一三〇，2；图版七〇，1）。

　　**B 型**　1 件。

　　**凤南 M17:4**，背部无鞍具。屈颈勾首，张口嘶鸣，颈上正中有一用作插"鬃毛"的纵向窄槽，腹下部一圆孔，尻部有用以插尾的小圆孔。体魄肥大，雄健有力，立于长方

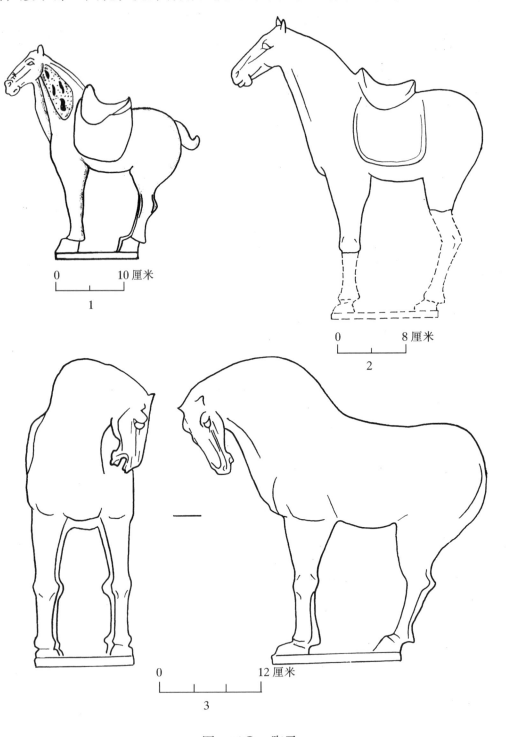

图一三〇　陶马

1.A 型Ⅱ式（凤南 M41:5）　　2.A 型Ⅲ式（凤南 M36:6）　　3.B 型（凤南 M17:4）

形托板之上。见有粉衣。通高 36.4、马高 35.2、长 36.1 厘米（图一三〇，3；图版七〇，2）。

**（二）陶骆驼**　15 件（包括凤南 M227 一件残骆驼）。以有无加塑垫毯分为两型：

**A 型**　6 件。皆塑出垫毯。直立于长方形薄托板上。分为两式：

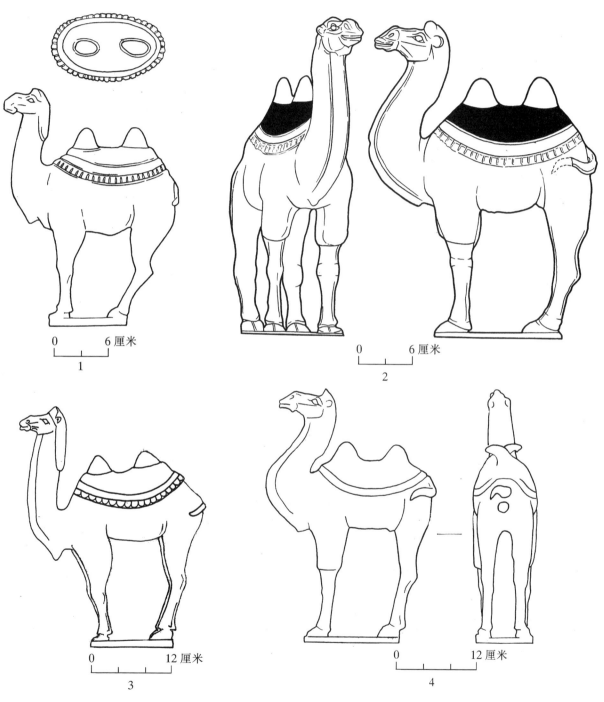

图一三一　陶骆驼

1.A 型Ⅰ式（凤南 M316:4）　2.A 型Ⅰ式（凤南 M83:8）

3.A 型Ⅰ式（凤南 M152:13）　4.A 型Ⅱ式（凤南 M36:5）

Ⅰ式　5件（出自凤南 M316、凤南 M83、凤南 M152、凤南 M172 和凤南 M18）。驼颈直昂或微向后倾，颈较细，头平伸或微上仰，背有二峰，背部塑出椭圆形垫毯，腹下正中一圆孔，孔较小。前、后足距离远。均施彩绘。

**凤南 M316:4**，头、颈、肩部见有深红色彩，峰、臀部施褐色。通高 35.6、骆驼高 34.4、长 26 厘米（图一三一，1；图版七〇，3）。

**凤南 M83:8**，驼峰绘以红彩，垫毯黑彩，驼身施浅褐色彩。通高 36.6、骆驼高 35.4 厘米（图一三一，2；彩版四，3；图版七〇，4）。

**凤南 M152:13**，全身依稀可见深红色彩，垫毯中部以褐色画以裘皮状图案，由二峰间分垂两侧。通高 36.3、骆驼高 35.2、长 28.5 厘米（图一三一，3；图版七一，1）。

Ⅱ式　1件。

**凤南 M36:5**，驼颈后倾，颈较粗肥，头微仰，背部二峰前峰右倾，后峰左倾，背部塑出椭圆形垫毯，但线条模糊。腹下一大孔，为圆角长方形。前后足距离较大。驼臀部尾下有一直径 1.6 厘米的圆孔，与腹腔相通，可能是象征肛门。是一特例。通体粉衣较厚。通高 38、骆驼高 37.2、长 25.6 厘米（图一三一，4；图版七一，2）。

**B 型**　8件。皆不塑出垫毯，少数以彩色画有垫毯。直立于长方形薄托板上。分为三式：

Ⅰ式　6件（出自凤南 M41、凤南 M320、凤南 M87、凤南 M227、凤南 M92 和凤南 M58）。驼颈直挺或略后倾，头平伸，背有二峰，腹下一圆孔，颈较细，颈后部距肩部距离较远，腹下圆孔直径较小。

**凤南 M41:3**，通体施彩绘，保存较好。头部、二峰端及膝、蹄部着深红色，前肢上部外侧、后肢膝上部及身上施褐彩，颈前部正中纵向画一道赭色彩。颈部两侧墨画鬃毛。背部以粉色、褐色和黑色绘画垫毯，由二峰中间分垂两侧。通高 36.8、骆驼高 35.6、长 26.8 厘米（图一三二，1；彩版四，4；图版七一，3）。

**凤南 M320:6**，颈稍后倾，头上扬，周身粉衣较厚。通高 32.8、骆驼高 31.6、长 21.2 厘米（图版七一，4）。

**凤南 227:12**，周身粉衣较厚。通高 35.9、骆驼高 34.8、长 25.7 厘米（图一三二，2；图版七二，1）。

Ⅱ式　1件。

**凤南 M17:24**，颈向后倾弯，头上扬，腹下圆孔较大。前、后肢距离较远。形体高大。头、颈部、双峰和四肢着深红色彩，余处仅见粉衣。通高 44、骆驼高 43、长 29.6 厘米（图一三二，3；图版七二，2）。

Ⅲ式　1件。

**凤南 M4:6**，驼颈稍后倾，头微上扬，体瘦，腹下部孔作长方形。头、颈、双峰及四肢见有深红色彩绘痕迹。通高 33.6、骆驼高 32.8、长 24.1 厘米（图一三二，4；图版七二，3）。

**（三）陶　牛**

2件。同出土于凤南 M17。灰陶，形制相同。

**凤南 M17:23**，牛头前伸，颈肥粗，立于长方形框架上。采用空腔手法做成。通高 7.2、牛高 6.3、长 13.1 厘米（图一三三，1；图版七二，4）。

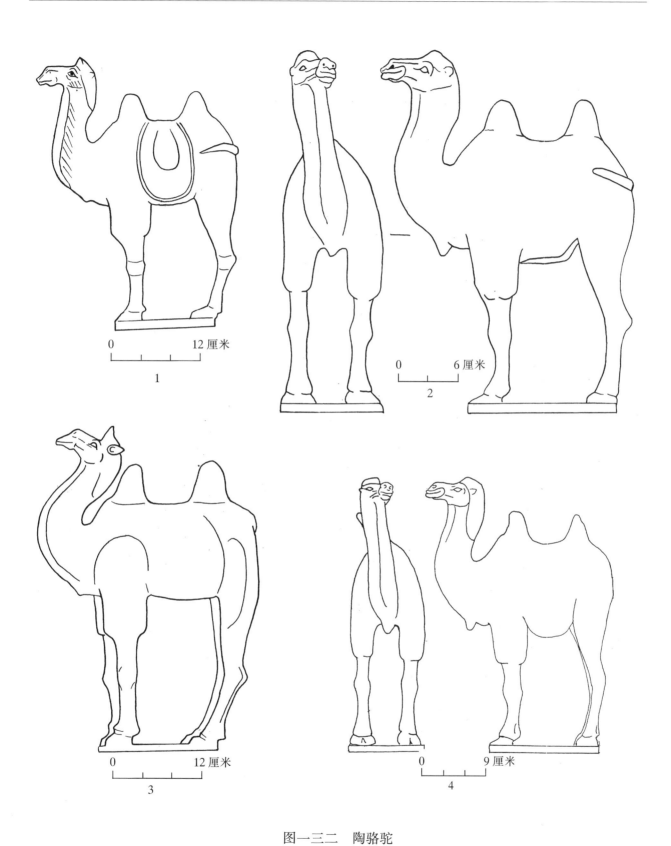

0　　　　　12 厘米
1

0　　　6 厘米
2

0　　　　　12 厘米
3

0　　　9 厘米
4

图一三二　陶骆驼

1.B 型 I 式（凤南 M41:3）　2.B 型 I 式（凤南 M227:12）　3.B 型 II 式（凤南 M17:24）　4.B 型 III 式（凤南 M4:6）

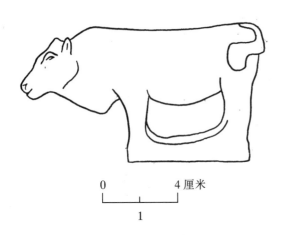

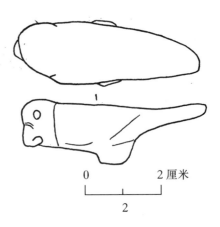

图一三三　陶牛和陶鹦鹉

1. 陶牛（凤南 M17：23）　　2. 陶鹦鹉（凤南 M87：13）

**（四）陶鹦鹉**　1 件。

**凤南 M87：13**，尖喙圆目，神态生动，作站立状。手制，捏塑手法洗练。施粉衣。高 2.1，长 4.9 厘米（图一三三，2；图版七二，5）。

## 三、陶　器

陶器是随葬品中最普遍数量较多的器物，共有 219 件。罐类数量最大，而其中又以塔式罐占大多数。此外还有圆腹罐、双耳罐、有孔罐、壶、葫芦、注子、碗、釜、盆、盘、杯、水盂、唾盂、钵、香熏、砚和灶等。大多为实用器。

陶质以泥质灰陶占绝大部分，火候普遍较高，质地较硬，呈青灰色。少量为泥质红陶，为橙红色或暗红色。质地细密，陶土经淘洗过。

制法以轮制为主，一些小件器物系手制。双耳罐等器物的器身系轮制，双耳则是手制成后粘接上去。少数器物在焙烧前经对器表进行打磨，器表光滑。

器物表面，除素面者外，以彩绘纹饰为多见。部分器物饰有刻划纹、压纹、凸棱或暗纹。

彩绘绝大部分见于陶塔式罐，但 Ba 型陶双耳罐也偶见施彩。其作法是在烧成后的器物表面先施一层粉衣，再以彩色彩绘。出土时大部分彩绘已褪色或脱落，仅少数保存较好。粉衣普遍较厚，多数保存较好。彩绘颜色以黑、红两色最为常见，还有白、赭、蓝等色，有些为矿物质颜料。彩绘纹样以宝相花最为常见，且多见绘于器腹中部作为主体纹饰的粗枝大叶的简式宝相花，而少见规整对称的图案宝相花。其次为莲瓣纹，有仰莲瓣和覆莲瓣之分，以仰覆莲瓣和覆莲瓣为常见。多施于器之颈肩、下腹部和器座、器盖部位，图案性较强。另外还有叶蔓纹、勾云纹、菊花纹及短直斜线、方格等简单图案，主要起陪衬装饰作用。

刻划纹是轮制陶坯时，用尖锐工具刻划出很细的平行纹带，形成阴弦纹，多见于罐、壶的肩部或腹部。

压纹是用工具在轮制陶坯时人，压出较宽的凹带，形成瓦槽状纹样。多见于 A 型塔式罐腹下部。

凸棱也是在轮制陶坯时以器具按压器壁，形成凸起的平行纹带，称为凸棱或阳弦纹，见于罐肩部。

暗纹是轮制陶坯时以器具反复压磨，形成一道道不甚规整的平行纹带。多见于罐、双耳罐腹部。饰有暗纹的器物器壁一般都平滑光亮。

**（一）陶　罐**

173 件（其中残破者 20 件，包括残塔式罐 6 件，其他类残罐 14 件。有两件塔式罐座未计入）。能作分类研究的 153 件，分为以下三类：

**1．塔式罐**

79 件。此类陶罐，都有一个如塔形的盖，故名。部分有底座。皆施粉衣，大部分有彩绘。根据底座的有无和形体大小及形制差别分为四型：

**A 型**　41 件。罐体及盖、座齐全。均饰彩绘。分为四式：

**Ⅰ 式**　7 件（出自凤南 M83、凤南 M323、凤南 M154、凤南 M63、凤南 M4、凤南 M41 和凤南 M45）。盖顶犹如一覆置的宽沿小钵，塔尖形空心高纽，阶紧凑，阶棱明显，棱圆形饱满，乳头状尖，有子口，正好与器口扣合。罐身特点是，矮颈，直口，方唇，肩部浑圆，由腹部以下作弧形收为小平底，最大径在腹上部。座体较高，上部壁较直，下部外侈，沿微卷。整体有挺拔之感。

**凤南 M83:3**，通体彩绘花纹。盖纽着朱红色彩，顶饰覆莲瓣等花纹。罐身腹中部以上以黑色画两朵简式宝相花纹饰样，着红彩，笔调粗犷奔放。座以黑色画一周覆莲瓣纹。通高 50.3 厘米，盖高 9、径 10.2 厘米，罐身高 27.3、口径 10.5、腹径 23、底径 10.1 厘米，座高 14、上径 10.5、底径 21 厘米（图一三四，1；图版七三，1）。

凤南 M41:10 和凤南 M323:2，情况与凤南 M83:3 略同，可参看图一三四，2、3。

**Ⅱ 式**　15 件（出自凤南 M87、凤南 M200（2 件）、凤南 M179、凤南 M35、凤南 M227、凤南 M172（2 件）、凤南 M320、凤南 M331、凤南 M31、凤南 M58、凤南 M74、凤南 M43 和凤南 M173）。腹上部略显胖，腹下部稍带收分，底座中腰内弧，喇叭口外侈较明显。

**凤南 M87:3**，通体饰彩绘。粉衣较厚。盖上以黑、红色彩绘圈线、蝶鬓纹，罐身腹中部以黑色绘画对称的四朵宝相花图案，着红、白、橙色彩。图案规整，线条细密流畅。腹下部墨画一周覆莲瓣纹。座上画一周覆莲瓣纹。通高 54 厘米，盖高 12.2、径 11.2 厘米，罐身高 28.1、口径 11.1、腹径 25.5、底径 10.1 厘米，座高 16、上径 10.1、底径 21.5 厘米（图一三五，1；图版七三，2）。

**凤南 M200:5**，盖纽着朱红色彩，罐腹画简式宝相花纹样，保留有部分赭色彩，大部分彩绘脱落，粉衣较厚。通高 55.5 厘米，盖高 10.7、径 11 厘米，罐身高 29.7、口径 12、腹径 25、底径 11 厘米，座高 16、上径 10.3、底径 20.2 厘米（图一三五，2；图版七三，3）。

**凤南 M179:1**，盖纽着朱红色彩，顶以朱红彩绘蝶鬓纹。罐身腹中部以黑色画对称的两朵简式宝相花图案，着朱红色彩，其余空处以黑色画枝、叶、蔓及花苞纹，花苞填以朱红彩，笔调浪漫，不拘一格。座上花纹脱落。通高 51.5 厘米，盖高 9.6、径 10.1

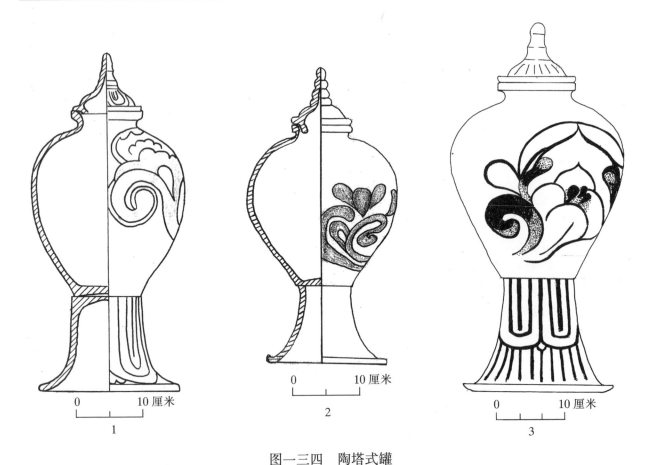

图一三四　陶塔式罐

1.A型Ⅰ式（凤南 M83∶3）　　2.A型Ⅰ式（凤南 M41∶10）　　3.A型Ⅰ式（凤南 M323∶2）

厘米，罐身高 26.1、口径 9.9、腹径 23、底径 9.9 厘米，座高 15.5、上径 10.2、底径 18.6 厘米（图一三五，3；彩版五；图版七三，4）。

**Ⅲ式**　12 件。两个亚式：

**Ⅲa 式**　11 件（出自凤南 M17、凤南 M36、凤南 M164、凤南 M18、凤南 M293、凤南 M81、凤南 M143、凤南 M14、凤南 M30 和凤南 M137，凤南 M30 出土 2 件）。盖纽或近似尖状，阶棱不甚显，或较粗壮，空孔近尖端，子口开始蜕化。肩部弧鼓，最大径一般在腹中部或中部稍偏上。底座较矮，座口外侈。

**凤南 M17∶3**，盖纽较粗大，子口甚短。罐腹浑圆，座较低矮。座口外侈。盖纽有赭色彩绘痕迹，身、座仅见粉衣。通高 43.7 厘米，盖高 9.3、径 9.3 厘米，罐身高 22.8、口径 10、腹径 21.5、底径 9.2 厘米，座高 12、上径 8.5、下径 19 厘米（图一三六，1；图版七四，1）。

**凤南 M36∶4**，盖纽近似尖状，腹圆鼓，座稍低，座上墨画覆莲瓣纹，盖、罐身仅见粉衣。通高 48 厘米（图一三六，2；图版七四，2）。

**凤南 M164∶4**，盖纽较粗矮，罐腹外鼓，腹较深，座矮粗。腹部赭色彩绘斑驳，粉衣较厚。通高 50.5 厘米，盖高 8.6、径 11 厘米，罐身高 31、口径 10.8、腹径 24.4、底径 9.6 厘米，座高 11.4、上径 10.4、下径 20 厘米（图一三六，3；图版七四，3）。

**凤南 M30∶10、11**，可参看图一三六，4、5。

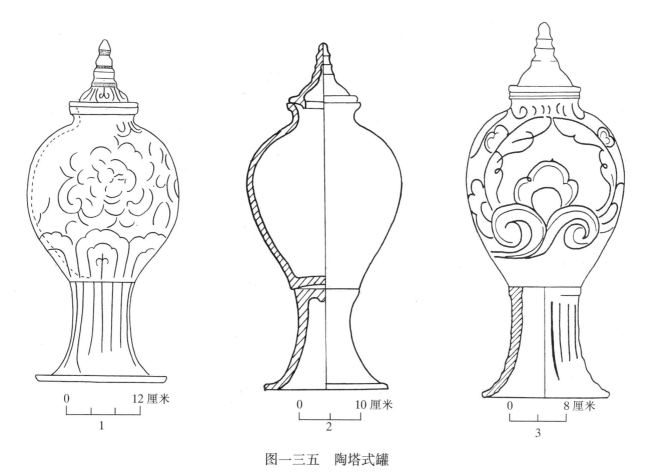

图一三五　陶塔式罐

1.A型Ⅱ式（凤南 M87：3）　　2.A型Ⅱ式（凤南 M200：5）　　3.A型Ⅱ式（凤南 M179：1）

**Ⅲb式**　1件。

**凤南 M92：1**，盖纽层阶模糊，罐腹外鼓，底座上部直，下部外敞。通高 50 厘米，盖高 10.4、径 13.2 厘米，罐身高 28.8、口径 11.6、腹径 24.8、底径 11.6 厘米，座高 11、上径 12.8、下径 24 厘米（图一三六，6；图版七四，4）。

**Ⅳ式**　7件（出自凤南 M300、凤南 M295、凤南 M304、凤南 M152、凤南 M33、凤南 M86 和凤南 M139）。座低矮，顶部出一平沿，座口大侈。盖纽或粗大，或实心，子口大部分蜕化消失，有的盖作浅腹钵形，覆置于罐口。罐身颈很矮几乎消失，卷唇，腹部圆鼓，腹近底部处略有收分，最大径在腹中部或稍偏上处。

**凤南 M300：3**，盖纽粗大，子口近平。盖纽着朱红彩，罐腹以黑、赭色彩绘简式宝相花，笔画十分简略，空处填以莲花纹或叶蔓纹。通高 44 厘米，盖高 9.2、径 10 厘米，罐身高 22.8、口径 10.2、腹径 22.2、底径 10.2 厘米，座高 12、上径 11.2、下径 18 厘米（图一三七，1；图版七五，1）。

**凤南 M295：4**，盖凹下呈平板状，卷沿，盖纽近似圆柱形，近实心，子口完全消失。盖纽着朱红彩，身座彩绘脱落。通高 40.8 厘米，盖高 6.4、径 9.6 厘米，罐身高 23.8、口径 10.8、腹径 23.2、底径 8.8 厘米，座高 10.4、上径 9、下径 14.8 厘米（图一三七，2）。

**凤南 M304：2**，盖作浅腹钵形。盖上以红彩点绘莲瓣纹，罐腹有红色彩绘痕迹。通

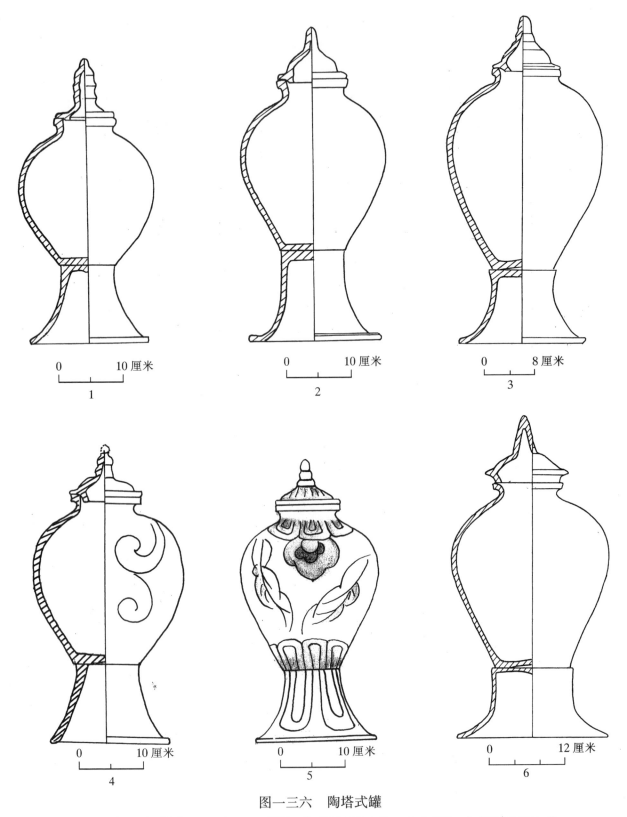

图一三六　陶塔式罐

1.A型Ⅲa式（凤南 M17∶3）　2.A型Ⅲa式（凤南 M36∶4）　3.A型Ⅲa式（凤南 M164∶4）

4.A型Ⅲa式（凤南 M30∶10）　5.A型Ⅲa式（凤南 M30∶11）　6.A型Ⅲb式（凤南 M92∶1）

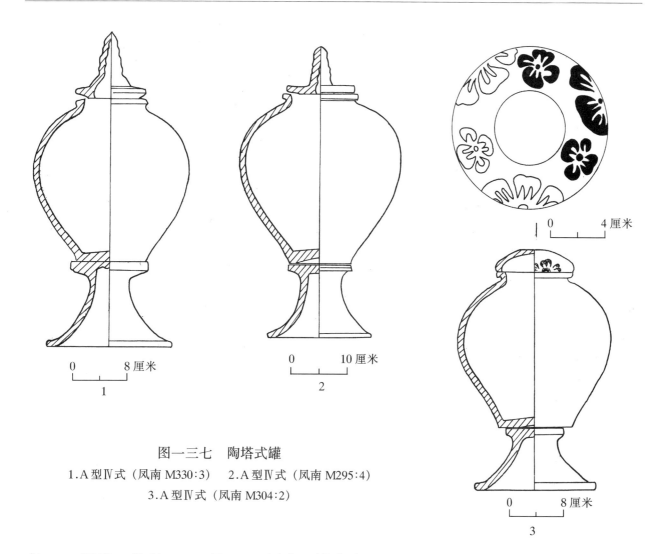

图一三七　陶塔式罐
1.A型Ⅳ式（凤南 M330∶3）　　2.A型Ⅳ式（凤南 M295∶4）
3.A型Ⅳ式（凤南 M304∶2）

高 34.2 厘米，盖高 3.2、径 11.6 厘米，罐身高 22、口径 11、腹径 22、底径 11 厘米，座高 8.8、上径 8.4、下径 17.6 厘米（图一三七，3）。

　　**B 型**　17 件。皆无底座。均施粉衣、彩绘。主要根据口沿部位及罐体的不同，分为两式：

　　**Ⅰ 式**　15 件（出自凤南 M48、凤南 M52、凤南 M227、凤南 M316、凤南 M2、凤南 M122、凤南 M165、凤南 M330、凤南 M63、凤南 M33、凤南 M169、凤南 M5、凤南 M153、凤南 M158 和凤南 M88）。盖有塔形尖高纽，空心，阶棱紧凑而饱满，盖顶如一覆置的宽沿小钵，罐身矮颈，方唇，圆鼓肩，腹下部作弧形收为小平底。

　　**凤南 M330∶1**，盖顶及纽上有红色彩绘图案，罐腹以红、黑色彩画对称的两朵简式宝相花图案，余处填以枝、蔓叶花纹。盖纽尖残，残通高 34 厘米，盖高 7.2、径 12 厘米，罐身高 26.8、口径 12、腹径 25.2、底径 9.6 厘米（图一三八，1；图版七五，2）。

　　**凤南 M48∶1**，盖顶用赭色彩画出四朵覆莲瓣纹，罐腹部以红彩绘画两朵简式宝相花图案，仅保留部分色彩。通高 34.3 厘米，盖高 10、径 11.6 厘米，罐身高 26、口径 11.6、腹径 20.4、底径 9.6 厘米（图一三八，2；图版七五，3）。

　　凤南 M153∶8 和凤南 M63∶2，可参看图一三八，3、4。

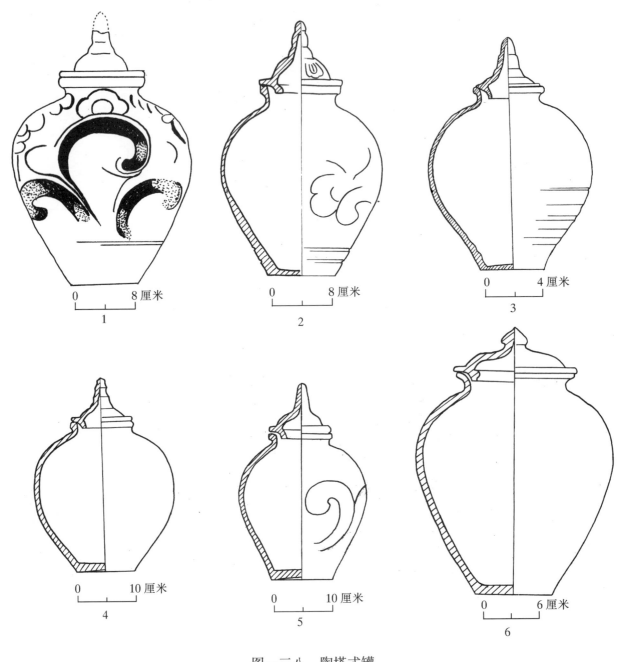

图一三八　陶塔式罐

1.B型Ⅰ式（凤南 M330:1）　2.B型Ⅰ式（凤南 M48:1）　3.B型Ⅰ式（凤南 M153:8）
4.B型Ⅰ式（凤南 M63:2）　5.B型Ⅱ式（凤南 M130:1）　6.C型（凤南 M222:3）

**Ⅱ式**　2件（出自凤南 M68 和凤南 M130）。器体较Ⅰ式略小，颈很矮，圆唇或方唇。盖纽阶棱一般不显突，略呈尖锥状内空，上半部实心。

**凤南 M130:1**，盖纽略呈尖锥形，上半部实心。罐颈很矮，薄方唇，鼓腹。腹部彩绘花纹，红色，仅以常见的简式宝相花纹的其中一笔代替一朵宝相花纹，环绕罐体布施三朵，十分简练，并在花纹间添画几笔短线图案，较为粗率。粉衣保留很少。通高34厘米，盖高 9.5、径 10.5 厘米，罐身高 25.3、口径 10.3、腹径 22、底径 10.5 厘米（图一三八，5；图版七五，4）。

**C 型**　1 件。无座。

**凤南 M222：3**，盖纽低矮，呈笠帽式。罐颈较矮，薄唇外卷，鼓肩，腹下部较瘦。彩绘全部脱落，粉衣保留很少。通高 27.8 厘米，盖高 5.7、径 12.8 厘米，罐身高 22.8、口径 12.2、腹径 20.6、底径 8 厘米（图一三八，6；图版七六，1）。

**D 型**　20 件。器体均很小。无座。皆未见彩绘，粉衣保留很少。依罐身口部和形体及盖式样的不同，分为三式：

**Ⅰ 式**　12 件（出自凤南 M181、凤南 M163、凤南 M106、凤南 M133、凤南 M174、凤南 M324、凤南 M150、凤南 M25、凤南 M26、凤南 M84、凤南 M112 和凤南 M207）。盖纽高大，阶棱宽肥，犹如葫芦形，笠帽式顶尖，上述覆钵形盖顶已不存在，而与纽融为一体成为纽的一部分，有沿，内空，子口很短，颈极矮，一般为圆卷唇，偶有薄方唇，斜肩鼓腹，最大径在腹中部。

**凤南 M181：1**，薄方唇平折。通高 28.5 厘米，盖高 11、径 10.2 厘米，罐身高 18.3、口径 10.2、腹径 15.6、底径 9 厘米（图一三九，3；图版七六，2）。

**凤南 M163：1**，圆卷唇，器壁很厚。通高 25.8 厘米，盖高 8.1、径 7.2 厘米，罐身高 18.6、口径 7.5、腹径 15.3、底径 7.7 厘米（图一三九，1；图版七六，3）。

**凤南 M106：1**，圆卷唇。通高 25 厘米，盖高 7.5、径 10 厘米，罐身高 18、口径 10、腹径 16.5、底径 9.5 厘米（图一三九，2；图版七六，4）。

D 型Ⅰ式的陶塔式罐还可参看凤南 M133：2、凤南 M26：1 和凤南 M150：1（图一三九，4~6）。

**Ⅱ 式**　4 件（出自凤南 M274、凤南 M238、凤南 M311 和凤南 M332）。盖平，盖纽近似尖锥状，阶棱不明显，空心或实心，子口近平。罐体扁圆，短唇无颈。

**凤南 M274：1**，盖纽空心。通高 24.5 厘米，盖高 9.5、径 8.7 厘米，罐身高 15.3、口径 8.7、腹径 16.5、底径 8.1 厘米（图一四〇，1；图版七七，1）。

**凤南 M238：2**，盖纽实心。通高 20.4 厘米，盖高 7.1、径 7.5 厘米，罐身高 13.8、口径 8.4、腹径 15.6、底径 8.4 厘米（图版七七，2）。

**Ⅲ 式**　4 件（出自凤南 M166、凤南 M309、凤南 M94 和凤南 M279）。盖纽简化，无颈，矮唇几近消失，腹体较矮。

**凤南 M94：1**，通高 21.2 厘米，盖高 8.8、径 9.3 厘米，罐身高 15、口径 9.6、腹径 15.5、底径 8 厘米（图一四〇，2；图版七七，4）。

**凤南 M166：1**，通高 19.2 厘米，盖高 6、径 7.5 厘米，罐身高 13.8、口径 7.5、腹径 14.7、底径 7.8 厘米（图一四〇，3；图版七七，3）。

**2．圆腹罐**

41 件。器形较复杂，分为以下九型：

**A 型**　15 件。分两个亚型：

**Aa 型**　12 件（出自凤南 M34、凤南 M140、凤南 M20、凤南 M60、凤南 M10、凤南 M15、凤南 M44、凤南 M56、凤南 M16、凤南 M136、凤南 M64 和凤南 M144）。直口方唇或圆唇，鼓肩弧腹。皆可见彩绘痕迹。此型罐的特征与 A、B 型塔式罐罐身风格相

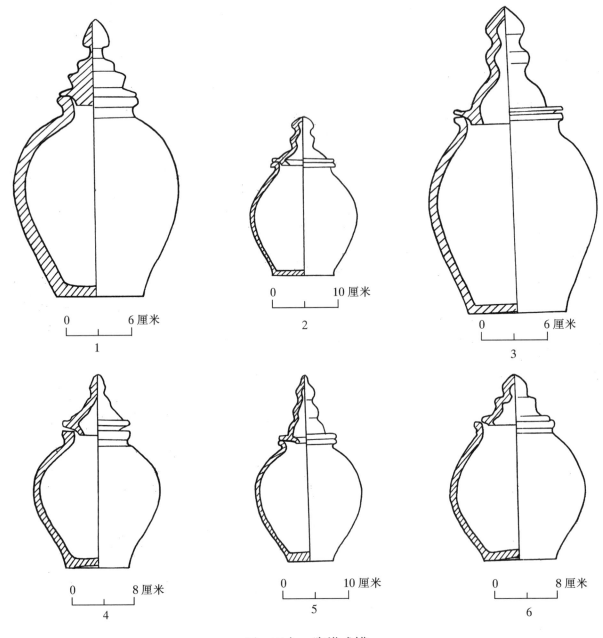

图一三九　陶塔式罐

1.D型Ⅰ式（凤南 M163：1）　2.D型Ⅰ式（凤南 M106：1）　3.D型Ⅰ式（凤南 M181：1）
4.D型Ⅰ式（凤南 M133：2）　5.D型Ⅰ式（凤南 M26：1）　6.D型Ⅰ式（凤南 M150：1）

同，当为塔式罐而未配盖、座者。

**凤南 M34：1**，直口方唇，鼓肩圆腹。彩绘大部脱落，粉衣较厚。高29.2、口径9.5、腹径23、底径8.8厘米（图一四一，1；图版七八，1）。

**凤南 M140：1**，圆卷唇。腹部以黑、红色彩绘花纹，大部分脱落，粉衣较厚。高24.4厘米、口径8.2、腹径23、底径11.2厘米（图版七八，2）。

**Ab型**　3件（出自凤南305、凤南 M321，其中凤南 M305出2件）。圆唇，腹浑圆。

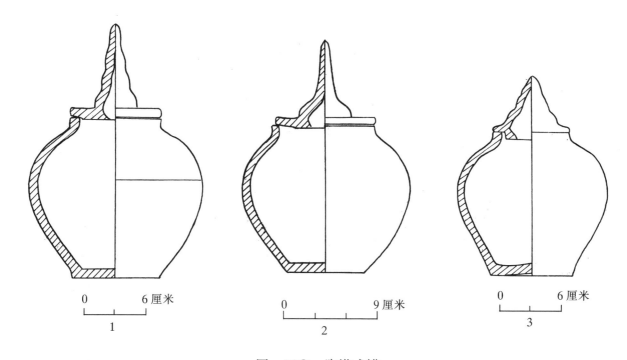

图一四〇　陶塔式罐

1.D型Ⅱ式（凤南 M274:1）　　2.D型Ⅲ式（凤南 M94:1）　　3.D型Ⅲ式（凤南 M166:1）

**凤南 M305:1**，口径较大，颈稍高。腹部见有红色彩绘痕迹，粉衣较厚。高 28、口径 14、腹径 25.6、底径 10 厘米（图一四一，2；图版七八，3）。

**凤南 M305:2**，腹部有红色彩绘痕迹，粉衣较厚。高 28.4、口径 11.2、腹径 25.2、底径 10.4 厘米（图版七八，4）。

**B 型**　12 件。器形皆较胖，矮颈，卷沿，鼓腹，平底。分为四式：

**Ⅰ式**　4 件（出自凤南 M226、凤南 M51、凤南 M65 和凤南 M221）。卷沿，唇较厚，弧肩，鼓腹，自腹部以下弧形收为平底。最大径在腹中部。

**凤南 M226:1**，高 17.3、口径 10.2、腹径 16.2、底径 9 厘米（图版七八，5）。

**凤南 M51:1**，圆唇，矮颈，圆腹，平底。高 20、口径 11.5、腹径 20.5、底径 12 厘米（图一四一，3；图版七八，6）。

**Ⅱ式**　5 件（出自凤南 M3、凤南 M9、凤南 M319、凤南 M59 和凤南 M281）。唇较薄，鼓肩，弧腹，腹下部略有收分，最大径在腹上部。

**凤南 M3:1**，高 23、口径 13、腹径 22、底径 10.5 厘米（图一四一，4；图版七九，1）。

**Ⅲ式**　2 件（出自凤南 M242 和凤南 M72）。唇较薄，鼓肩弧腹，体扁矮。最大径在肩部。

**凤南 M242:1**，高 15.8、口径 13、腹径 20.2、底径 10.6 厘米（图一四一，5；图版七九，2）。

**Ⅳ式**　1 件。

**凤南 M132:1**，圆唇，直口，鼓肩，弧腹，体宽扁。高 14.2、口径 10.3、腹径

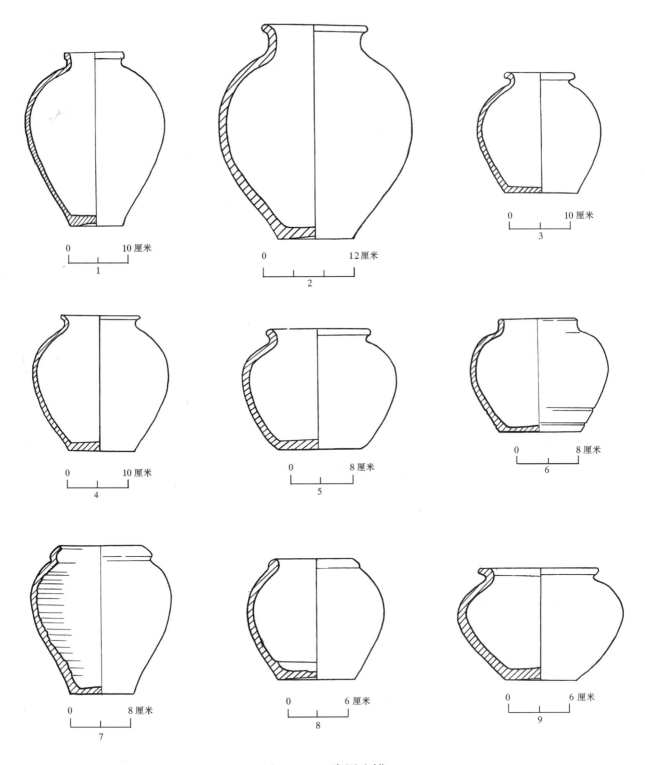

图一四一　陶圆腹罐

1.Aa 型（凤南 M34∶1）　　2.Ab 型（凤南 M305∶1）　　3.B 型Ⅰ式（凤南 M51∶1）　　4.B 型Ⅱ式（凤南 M3∶1）

5.B 型Ⅲ式（凤南 M242∶1）　　6.B 型Ⅳ式（凤南 M132∶1）　　7.C 型Ⅰ式（凤南 M312∶1）

8.C 型Ⅱ式（凤南 M77∶1）　　9.D 型Ⅰ式（凤南 M62∶1）

17.2、底径 10.8 厘米（图一四一，6；图版七九，3）。

**C 型** 2 件。唇翻卷，鼓肩，平底。分两式：

**I 式** 1 件。

**凤南 M312：1**，器体较高，口径大，底径小。卷唇较宽，腹下部较瘦。高 19.4、口径 12.1、腹径 17.3、底径 8.3 厘米（图一四一，7；图版七九，4）。

**II 式** 1 件。

**凤南 M77：1**，器体较矮，弧肩，鼓腹。高 11.9、口径 7.7、腹径 13.5、底径 7.5 厘米（图一四一，8；图版七九，5）。

**D 型** 5 件。器体扁矮，口大底小。分为两式：

**I 式** 2 件。

**凤南 M62：1**，圆唇外卷，颈很矮，弧斜肩，腹外鼓，往下急收为小平底。高 11.1、口径 11.5、腹径 16.5、底径 6.9 厘米（图一四一，9；图版七九，6）。

**凤南 M61：1**，矮卷唇，无颈，鼓肩，弧腹，小平底。高 10.2、口径 10.2、腹径 14.4、底径 6 厘米（图版八〇，1）。

**II 式** 3 件（出自凤南 M202、凤南 M178 和凤南 M95）。

**凤南 M202：1**，平唇，无颈，斜肩，鼓腹，底内凹。高 11.2、口径 8、腹径 13.2、底径 5.6 厘米（图一四二，1；图版八〇，2）。

**凤南 M178：2**，圆唇，唇下部有一道凹弦纹将唇分为两层，盖纽如螺形，内空，沿径小于罐口径，系随意配置。盖高 6.1、口径 9.4、腹径 17.6、底径 7.8 厘米（图版八〇，3）。

**E 型** 2 件。大口，卷唇，无颈，鼓肩，弧腹，平底。分为两式：

**I 式** 1 件。

**凤南 M235：1**，厚卷唇，鼓肩，弧腹。高 11.1、口径 13.4、腹径 15.2、底径 8.2 厘米（图版八〇，4）。

**II 式** 1 件。

**凤南 M141：1**，卷唇矮小，鼓腹。腹部施弦状暗纹。高 11.2、口径 12.1、腹径 16.3、底径 9 厘米（图一四二，2；图版八〇，5）。

**F 型** 2 件。鼓肩，弧腹，底下有假实圈足。分两式：

**I 式** 1 件。

**凤南 M50：1**，口径大，卷唇较厚，鼓肩，弧腹，假实圈足径大。高 10.2、口径 12.4、腹径 15、足径 8.8 厘米（图一四二，3；图版八〇，6）。

**II 式** 1 件。

**凤南 M148：1**，小口，薄卷唇，颈很矮，圆鼓肩，腹弧鼓，假实圈足径小。高 10.5、口径 7.9、腹径 14.2、圈足径 7.2 厘米（图一四二：4；图版八一，1）。

**G 型** 1 件。

**凤南 M184：3**，器体宽扁，矮直颈，圆唇微卷，弧斜肩，肩、腹交界处和腹下部各有一道明显的折线，腹壁中部近直，底下有实心圈足。高 14.8、口径 12、腹径 19.8、圈足径 13.2 厘米（图一四二，5；图版八一，2）。

**H 型** 1 件。

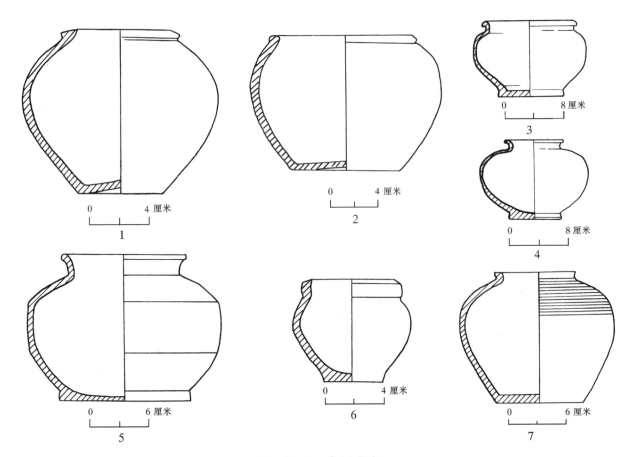

图一四二　陶圆腹壶

1.D 型Ⅱ式（凤南 M202:1）　2.E 型Ⅱ式（凤南 M141:1）　3.F 型Ⅰ式（凤南 M50:1）

4.F 型Ⅱ式（凤南 M148:1）　5.G 型（凤南 M184:3）

6.H 型（凤南 M171:1）　7.I 型（凤南 M80:1）

**凤南 M171:1**，器体很小，方卷唇，无颈，鼓肩，腹下部有收分，小平底。高 7.2、口径 6.8、腹径 8、底径 4 厘米（图一四二，6）。

**I 型**　1 件。

**凤南 M80:1**，矮唇，鼓肩，平底，肩部有十几周弦纹。高 13.4、口径 8.4、腹径 15.9、底径 9 厘米（图一四二，7；图版八一，3）。

**3．双耳罐**

30 件。分为五型：

**A 型**　6 件。方唇，矮颈，鼓腹，平底，肩部有对称双耳，系为附着于肩部的凸纽中间钻一小孔而成。分为三式：

**Ⅰ式**　2 件（出自凤南 M227 和凤南 M302）。

**凤南 M302:2**，方唇，束颈，斜肩，鼓腹，腹下部稍有收分。肩部两周阴弦纹，腹部一周阴弦纹。造型规整。高 15.1、口径 8.8、腹径 14.7、底径 7 厘米（图一四三，1；图版八一，4）。

**Ⅱ式**　2 件（出自凤南 M298）。斜方唇，微束颈，腹圆鼓。腹部有三周阴弦纹。

凤南 **M298:1**，高 17.4、口径 9.1、腹径 15.3、底径 7.5 厘米（图一四三，2；图版八一，5）。

**Ⅲ式**　2 件（出自凤南 M337 和凤南 M250）。

凤南 **M337:5**，斜方唇微卷，鼓肩，圆腹，平底内凹，体略胖。高 16、口径 9.8、腹径 16、底径 8.8 厘米（图一四三，3；图版八一，6）。

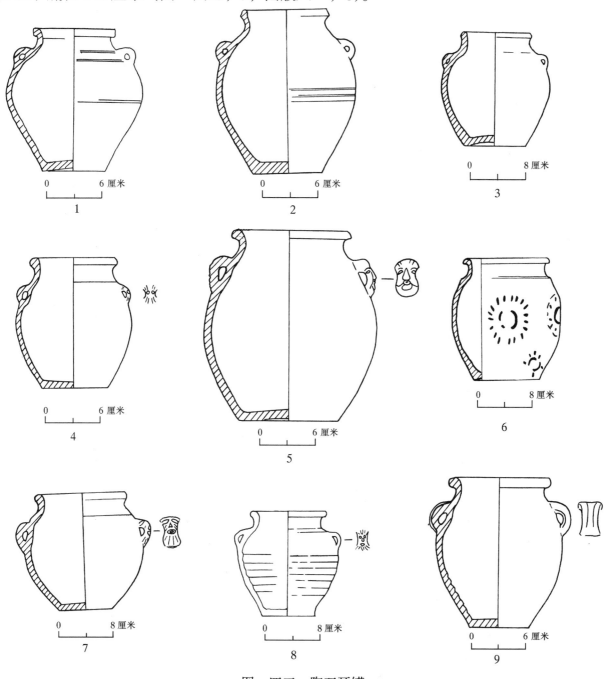

图一四三　陶双耳罐

1.A 型Ⅰ式（隋，凤南 M302:2）　　2.A 型Ⅱ式（隋，凤南 M298:1）　　3.A 型Ⅲ式（凤南 M337:5）
4.A 型Ⅲ式（凤南 M250:1）　　5.Ba 型Ⅰ式（凤南 M201:1）　　6.Ba 型Ⅱ式（凤南 M155:1）
7.Ba 型Ⅲ式（凤南 M197:1）　　8.Ba 型Ⅳ式（凤南 M55:3）　　9.Bb 型Ⅰ式（凤南 M167:1）

凤南 **M250∶1**，可参看图一四三，4。

**B 型**　16 件。分两个亚型。

**Ba 型**　9 件。卷唇，束颈，鼓腹，平底。肩附对称双耳，耳正面塑成一人面。人面圆目高鼻，眉骨显著，胡须发达，似为胡人形象。两耳处器壁凹陷，是由于捺耳受力所致。分为四式：

Ⅰ**式**　4 件（出自凤南 M201、凤南 M69、凤南 M96 和凤南 M225）。

凤南 **M201∶1**，器体稍大。颈微束，斜弧肩，鼓腹，最大径在腹中部偏下处。耳稍宽大。高 20、口径 12、腹径 18.6、底径 10.8 厘米（图一四三，5；图版八二，1）。

Ⅱ**式**　3 件（出自凤南 M155、凤南 M168 和凤南 M188）。器体小于Ⅰ式。颈、肩交界处有一折棱，颈部明显内束。最大径在腹中部。其中两件有彩绘。

凤南 **M155∶1**，双耳脱落。肩部密布竖直线暗纹，腹部施弦状暗纹，暗纹之上以红、白二色绘画形似莲花的图案三处。高 17.4、口径 10、腹径 15.6、底径 9 厘米（图一四三，6；图版八二，2）。

Ⅲ**式**　1 件。

凤南 **M197∶1**，器体小。鼓肩，圆腹，体宽大于高。双耳正面塑形似人面的图案。高 16.6、口径 12.4、腹径 17.2、底径 7.6 厘米（图一四三，7；图版八二，3）。

Ⅳ**式**　1 件。

凤南 **M55∶3**，器体小，薄卷唇，弧肩鼓腹，腹下部有收分，小平底。腹中部以下有数道瓦棱形纹。高 11.5、口径 9.2、腹径 11.2、底径 5.2 厘米（图一四三，8；图版八二，4）。

**Bb 型**　7 件。卷唇，颈、肩交界处有一折棱，使颈部明显内束，鼓腹，平底，肩部附对称双耳，耳面正中纵凹作瓦槽形。分为三式：

Ⅰ**式**　1 件。圆卷唇，弧肩鼓腹，最大径处在腹中部。

凤南 **M167∶1**，高 16、口径 10.2、腹径 14、底径 6.3 厘米（图一四三，9；图版八二，5）。

Ⅱ**式**　4 件（出自凤南 M43、凤南 M123、凤南 M189 和凤南 M191）。圆卷唇，器形较Ⅰ式稍胖，斜肩鼓腹，最大径在腹下部。

凤南 **M43∶26**，出自墓道天井中部填土中。肩饰密布的竖直道暗纹，腹部施数周弦状暗纹。高 18、口径 11、腹径 16、底径 8.5 厘米（图版八二，6）。

凤南 **M123∶1**，高 17.4、口径 13.2、腹径 16.8、底径 9.9 厘米（图一四四，1；图版八三，1）。

Ⅲ**式**　2 件（出自凤南 M199 和凤南 M239）。斜方唇微卷，鼓肩，圆腹，体宽大于高。

凤南 **M199∶1**，高 14.9、口径 12、腹径 17、底径 8.4 厘米（图一四四，2；图版八三，2）。

**C 型**　4 件。器体较高大。侈口，方唇，无颈，鼓肩，弧腹，小平底。肩附对称的中间纵凹如瓦槽形的双耳。分为两式：

Ⅰ**式**　3 件（出自凤南 M218、凤南 M29 和凤南 M28）。罐体较瘦，口部以下密饰刻划的短直竖线纹，每排竖线纹之间以二道阴弦纹间隔。

凤南 **M218：1**，高 27.8、口径 14.2、腹径 20.8、底径 9.2 厘米（图一四四，3；图版八三，3）。

凤南 M28：5 和凤南 M29：1，则可参看图一四四，4、5。

**Ⅱ式**　1 件。体较Ⅰ式略宽矮，身无纹饰。

凤南 **M43：21**，高 23、口径 16、腹径 20.5、底径 8.6 厘米（图一四四，6；图版八三，4）。

**D 型**　3 件。敛口，圆唇，无颈，圆腹，平底。肩附对称双耳，唇下施二周阴弦纹。

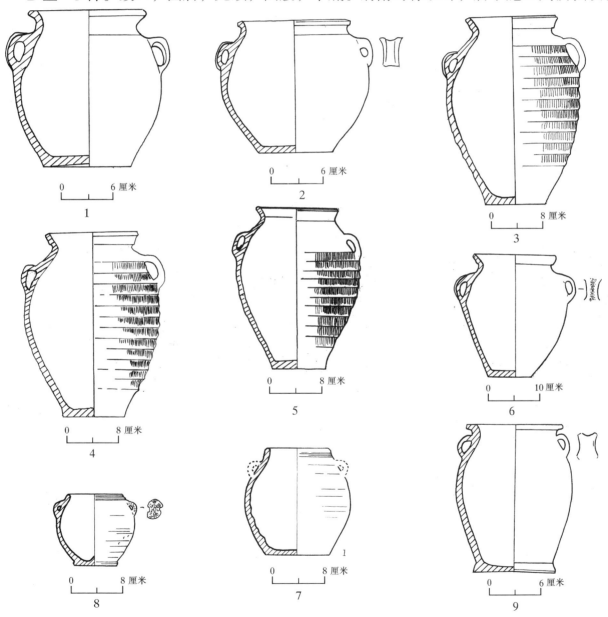

图一四四　陶双耳罐

1.Bb 型Ⅱ式（凤南 M123：1）　2.Bb 型Ⅲ式（凤南 M199：1）　3.C 型Ⅰ式（凤南 M218：1）

4.C 型Ⅰ式（凤南 M28：5）　5.C 型Ⅰ式（凤南 M29：1）　6.C 型Ⅱ式（凤南 M43：21）

7.D 型Ⅰ式（凤南 M1：1）　8.D 型Ⅱ式（凤南 M131：1）　9.E 型（凤南 M329：2）

分为两式：

**I 式** 2件（出自凤南 M213 和凤南 M1）。斜肩，腹浑圆，体较高胖，耳为中间纵凹的瓦槽形。

**凤南 M1：1**，肩部密布竖直线暗纹，腹饰弦状暗纹数周。高 16.2、口径 9.6、腹径 15.8、底径 9.6 厘米（图一四四，7；图版八三，5）。

**II 式** 1件。

**凤南 M131：1**，体较小，弧肩鼓腹，底有矮假实圈足。双耳正面塑出圆目、高鼻、大须胡人面形象。高 10.6、口径 8.8、腹径 12、底径 6.4 厘米（图一四四，8；图版八三，6）。

**E 型** 1件。

**凤南 M329：2**，侈口，薄方唇，沿宽平，矮颈，肩、腹弧鼓，底下有假实圈足，肩附瓦槽形宽扁双耳。高 16.8、口径 11.1、腹径 13.5、足径 9.3 厘米（图一四四，9；图版八四，1）。

**4．有孔罐**

3件。圆肩鼓腹，肩正中开一圆口，无颈；无唇，平底，肩部钻一个或对称的两个小圆孔。分为两式：

**I 式** 2件（出自凤南 M206 和 M313）。腹下部略有收分，平底。肩部一侧有一小圆孔，孔系焙烧前所钻，由于陶坯松软，孔周围凹下。

**凤南 M206：1**，肩以下至底部，布施数周瓦槽状纹。高 18、口径 5.6、腹径 14.4、底径 7.8 厘米（图一四五，1；图版八四，2）。

**II 式** 1件。

**凤南 M241：1**，腹下部圆弧，近底部紧收，底下有矮假实圈足。肩部有对称的小圆孔两个，系烧成后钻孔。高 18.4、口径 8.4、腹径 16.4、足径 8.6 厘米（图一四五，2；图版八四，3）。

**（二）壶**

13件。小口，细颈，鼓肩弧腹，小平底，体瘦高。依口、颈、腹部的不同分为四式：

**I 式** 5件（出自凤南 M93 和凤南 M294，凤南 M93 出土 3件，凤南 M294 出土 2件）。侈口，方唇折沿，束颈，颈较高。有的肩、腹部饰数道阴弦纹。

**凤南 M93：6**，肩至腹上部有四组阴弦纹，上边一组为一周弦纹，下边三组各为四周弦纹。腹下部有两周短斜线刻划纹。高 26.4、口径 10.6、腹径 18.6、底径 8.5 厘米（图一四五，3；图版八四，4）。

**凤南 M93：5**，可参看图一四五，4。

**II 式** 2件。分两个亚式：

**II a 式** 1件。

**凤南 M296：2**，口微侈，圆唇，高颈，圆肩弧腹，底径略大。高 19.8、口径 8.6、腹径 14.4、底径 7.2 厘米（图一四五，5；图版八四，5）。

**II b 式** 1件。

**凤南 M303：2**，侈口尖唇，鼓肩，腹下部微内收，体较小。高 3.8、口径 2.3、腹径 3.5、底径 1.5 厘米（图一四五，6）。

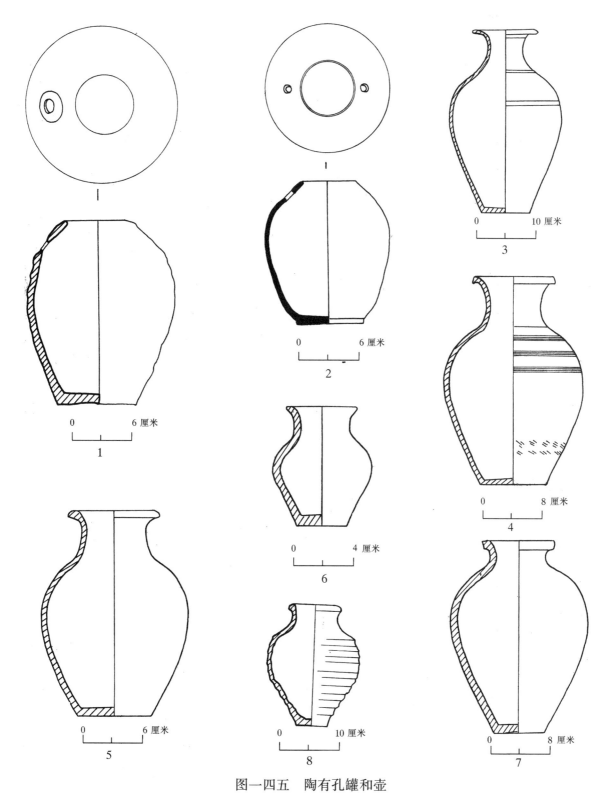

图一四五　陶有孔罐和壶

1. I式有孔罐（凤南 M206:1）　　2. II式有孔罐（凤南 M241:1）　　3. I式壶（隋，凤南 M93:6）

4. I式壶（隋，凤南 M93:5）　　5. IIa式壶（隋，凤南 M296:2）　　6. IIb式壶（隋，凤南 M303:2）

7. III式壶（凤南 M73:1）　　8. IV式壶（凤南 M35:1）

Ⅲ式　1件。

凤南 M73:1，口微侈，方唇，矮颈，圆肩，圆鼓腹，腹下部略有收分。高 24.8、口径 9.4、腹径 18.2、底径 6.4 厘米（图一四五，7；图版八四，6）。

Ⅳ式　5件（出自凤南 M35、凤南 M330、凤南 M143、凤南 M82 和凤南 M160）。

凤南 M35:1，口微侈，圆卷唇，圆肩弧腹，腹下部略有收分，底径很小。肩至底部有十余道瓦槽形纹。高 15.4、口径 6.6、腹径 12.8、底径 4.2 厘米（图一四五，8；图版八五，1）。

凤南 M330:3，腹部有数道瓦槽形纹。高 13、口径 5.6、腹径 10.2、底径 4.2 厘米（图版八五，2）。

（三）陶葫芦

5件。细颈，深腹，小平底。以口、腹部的不同分为三型：

A 型　2件（同出于 M297 中）。形制、大小、纹饰皆同。

凤南 M297:4，盘口，细束颈，圆肩罐腹，器壁较厚。肩部有数周阴弦纹。高 13.7、口径 5.4、腹径 9.6 厘米（图一四六，1；图版八五，3）。

B 型　2件（同出于 M299 中）。形制、大小、纹饰皆相同。

凤南 M299:3，盘口，斜肩，垂圆腹。颈至腹上部有数周阴弦纹。高 16.3、口径 5.4、腹径 10、底径 4 厘米（图一四六，2；图版八五，4）。

C 型　1件。

凤南 M171:2，敛口斜收，细束颈，斜肩鼓腹。高 8.8、口径 12、腹径 6、底径 3.6 厘米（图一四六，3；图版八五，5）。

（四）陶注子

2件。圆肩，平底，肩一侧有一圆筒形流，与流对应的一侧有一矮纽。分为两式：

Ⅰ式　1件。

凤南 M22:1，肩部以上残，流、纽亦残。圆肩弧腹，器体浑圆。红陶。残高 13.7、腹径 14.8、底径 8.8 厘米（图一四六，4；图版八五，6）。

Ⅱ式　1件。

凤南 M287:1，流、纽及肩以上皆残。圆鼓肩，腹作微弧形向下斜收至底，底有矮假实圈足。残高 12.7、腹径 12.4、底径 8.1 厘米（图一四六，5；图版八六，1）。

（五）陶　碗

4件。可分两式：

Ⅰ式　3件（出自凤南 M301 和凤南 M34，其中凤南 M301 出土 2件）。

凤南 M301:1，直口，尖唇，深腹，厚壁，有假实圈足。口沿下两周阴弦纹。高 7.9、口径 14、足径 5.3 厘米（图一四六，6；图版八六，2）。

Ⅱ式　1件。

凤南 M149:1，敞口外侈，尖唇，腹壁较斜，平底附假实圈足。器壁厚。高 4.1、口径 10、足径 4.5 厘米（图一四六，7；图版八六，3）。

（六）陶　釜

2件。据口、唇不同分为两式：

Ⅰ式　1件。

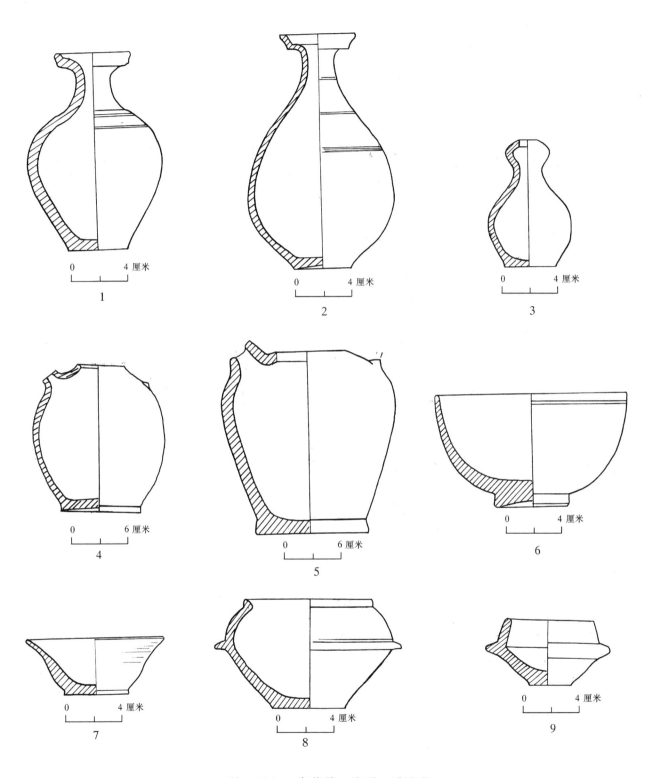

图一四六　陶葫芦、注子、碗和釜

1.A 型葫芦（隋，凤南 M297:4）　2.B 型葫芦（隋，凤南 M299:3）　3.C 型葫芦（凤南 M171:2）

4.I 式注子（凤南 M22:1）　5.II 式注子（凤南 M287:1）　6.I 式碗（隋，凤南 M301:1）

7.II 式碗（凤南 M149:1）　8.I 式釜（凤南 M262:1）　9.II 式釜（凤南 M119:1）

　　**凤南 M262:1**，矮卷唇，腹上部弧鼓，腹下部斜收为小平底，腹中部施一周凸棱以便安置于灶上。胎壁厚。棱上一周阴弦纹。底部有较厚的烟炱。高7.6、口径9、腹径12、底径5.2厘米，腹间棱宽0.7厘米（图一四六，8；图版八六，4）。

　　**Ⅱ式**　1件。

　　**凤南 M119:1**，圆唇，腹上部壁较斜直，自口部往下略外扩，腹下部作弧斜形急收为小平底，腹中部一周凸棱。胎壁厚。高4.6、口径6.4、腹径7.3、底径3.4厘米，棱宽0.7厘米（图一四六，9）。

　　**（七）陶　盆**

　　2件。分为两式：

　　**Ⅰ式**　1件。

　　**凤南 M63:1**，出自墓道一号殉人骨架之上，倒扣放置。圆卷唇，腹壁斜直，平底，底壁厚。口沿下至底部饰数周阴弦纹。高17.5、口径48.5、底径22.5厘米（图一四七：

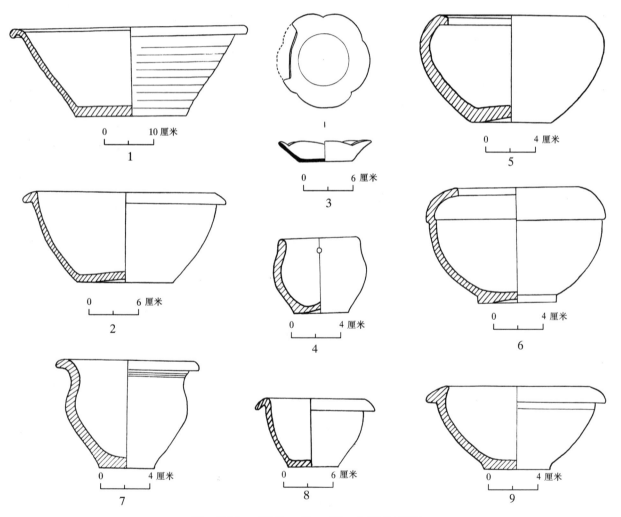

图一四七　陶盆、盘、杯、水盂和唾盂

1. Ⅰ式盆（隋，凤南 M63:1）　2. Ⅱ式盆（隋，凤南 M215:1）　3. 盘（凤南 M329:1）
4. 杯（凤南 M104:1）　5. Ⅰ式水盂（凤南 M265:1）　5. Ⅱ式水盂（隋，凤南 M182:1）
7. Ⅰ式唾盂（凤南 M134:1）　8. Ⅱ式唾盂（凤南 M325:1）　9. Ⅲ式唾盂（凤南 M266:1）

1；图版八六，5）。

Ⅱ式　1件。

**凤南 M215：1**，唇翻卷，腹壁弧斜，平底微内凹。高 10.8、口径 21.9、底径 11.7 厘米（图一四七，2；图版八六，6）。

**（八）陶盘**　1件。

**凤南 M329：1**，五葵瓣形口沿，浅腹，平底，腹壁斜直，胎壁很薄。高 3、口径 15.4、底径 9.3 厘米（图一四七，3）。

**（九）陶杯**　1件。

**凤南 M104：1**，尖唇，腹微鼓，底似有假圈足。高 6、口径 6.2、腹径 7.4、底径 4.1 厘米（图一四七，4；图版八七，1）。

**（一〇）陶水盂**

2件。依口、底部特征的不同分为两式：

Ⅰ式　1件。

**凤南 M265：1**，敛口方唇，鼓腹，平底内凹。高 8.4、口径 10.4、腹径 14.8 厘米（图一四七，5；图版八七，2）。

Ⅱ式　1件。

**凤南 M182：1**，腹上部宽出一棱折，向上作弧形敛折，形成敛口，圆唇，腹弧鼓，底有假圈足。高 9.1、口径 9.6、腹径 14、足径 6.4 厘米（图一四七，6；图版八七，3）。

**（一一）陶唾盂**

3件。分为三式：

Ⅰ式　1件。侈口卷唇，束颈，鼓腹，小平底。

**凤南 M134：1**，泥质红陶，胎壁厚。口沿下饰数周阴弦纹。高 8.6、口径 11.8、腹径 10、底径 4.5 厘米（图一四七，7；图版八七，4）。

Ⅱ式　1件。

**凤南 M325：1**，口微敛，唇翻卷，腹微鼓，小平底。高 8.2、口径 14.4、腹径 11.6、底径 6.2 厘米（图一四七，8；图版八七，5）。

Ⅲ式　1件。

**凤南 M266：1**，敛口，唇翻卷，弧形腹壁，底为矮假圈足。高 6.6、口径 11、足径 5.4 厘米（图一四七，9；图版八七，6）。

**（一二）陶　钵**

6件。其中完整者 4件，凤南 M306 有两件残钵。形体小，胎壁厚。依腹、底部特征的不同分为三式：

Ⅰ式　2件（出自凤南 M296 和凤南 M299）。圆唇，腹壁较斜直，平底。

**凤南 M296：1**，高 3.9、口径 10.4、底径 5.6 厘米（图一四八，1；图版八八，1）。

**凤南 M299：1**，可参看图一四八，2。

Ⅱ式　1件。

**凤南 M83：7**，腹壁斜敞，底径较Ⅰ式为小。高 3.5、口径 10.8、底径 3.9 厘米（图一四八，3；图版八八，2）。

Ⅲ式　1件。

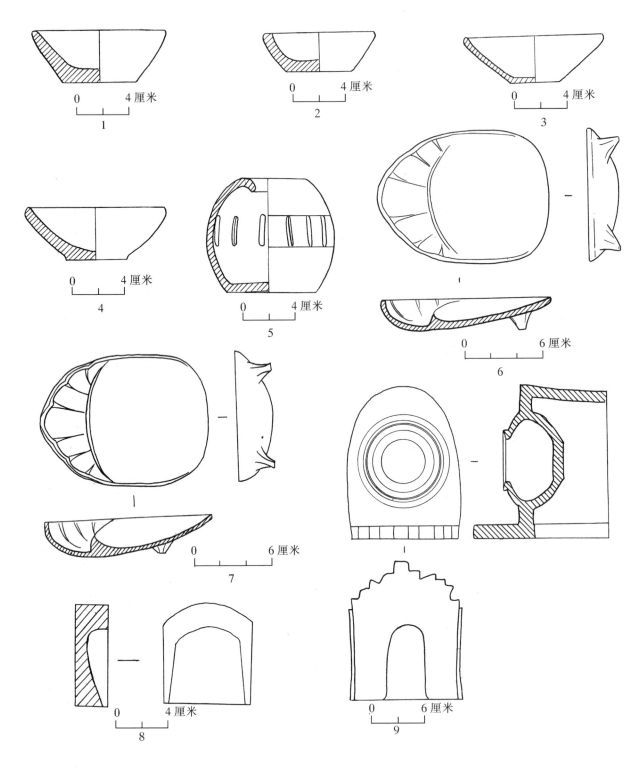

图一四八　陶钵、香熏、砚和灶

1. Ⅰ式钵（隋，凤南 M296:1）　2. Ⅰ式钵（隋，凤南 M299:1）　3. Ⅱ式钵（凤南 M83:7）

4. Ⅲ式钵（凤南 M86:3）　5. 香熏（凤南 M227:24）　6. Ⅰ式砚（凤南 M45:1）

7. Ⅰ式砚（凤南 M34:2）　8. Ⅱ式砚（凤南 M152:7）　9. 灶（隋，凤南 M303:1）

凤南 **M86：3**，腹壁斜敞，底有矮假圈足。高 3.9、口径 10.9、足径 4.6 厘米（图一四八：4；图版八八，3）。

**（一三）陶香熏**　1 件。

凤南 **M227：24**，形似鼓形，敛口，圆唇内卷，圆腹，平底微内凹，腹中部有长条形和三角形镂孔 12 个。造型美观，制作精致。高 8.5、口径 1、腹径 9.9、底径 7 厘米（图一四八，5；图版八八，4）。

**（一四）陶　砚**

3 件。皆作箕形，分为两式：

Ⅰ式　2 件（出自凤南 M34 和凤南 M45）。

凤南 **M45：1**，器一端为墨池，另一端塑有莲瓣形纹饰。墨池一端底下有两个纽状矮足。墨池内残留有墨块。高 3、长 13、宽 9.8 厘米（图一四八，6；图版八八，5）。

凤南 **M34：2**，可参看图一四八，7。

Ⅱ式　1 件。

凤南 **M152：7**，造型简单，宛如一箕形，前端平齐，后端作圆形，后端及左右两侧有矮缘。胎厚质松。长 8.2、宽 7 厘米（图一四八，8）。

**（一五）陶灶**　1 件。

凤南 **M303：1**，前方后圆，前有上圆下方的火门，底空，火门之上有一中间高起、两侧低，并作齿状的挡壁，灶面中心做出一矮颈，肩饰三道阴弦纹的罐，与灶连体。灶后面一侧有一烟孔。高 15.6、长 17.1、宽 12.9 厘米（图一四八，9；图版八八，6）。

另外，凤南 M83 还出土陶圆形器 1 件，直径 8～8.5、厚约 1.5 厘米，用途不明。

**四、三彩器**

8 件。胎白色，质坚硬，釉有黄、绿、乳白和蓝色、褐色等，色彩鲜艳，器体皆小。

**（一）三彩罐**　1 件。

凤南 **M325：2**，圆卷唇，斜弧肩，鼓腹，腹下部有斜收，底附假圈足。釉为绿色或乳白色，腹下部釉不满。高 4.6、口径 2.6、腹径 4.5、底径 2.5 厘米（图一四九，1；图版八九，1）。

**（二）三彩提梁罐**　1 件。

凤南 **M10：2**，厚圆唇，圆肩鼓腹，底有假圈足，口部有弓起的索状提梁。梁施黄色釉，口沿和肩、腹部施黄、绿、乳白三色釉。高 6、口径 4、腹径 5.6、足径 2 厘米（图一四九，2；彩版六，1；图版八九，2）。

**（三）三彩带流罐**　1 件。

凤南 **M281：2**，矮圆唇，弧肩鼓腹，底附饼状假圈足，肩部有一兽首形短流。口及腹中部施绿、白色釉，腹下部及足部露胎。高 4、口径 4.5、腹径 6.1、足径 3.3 厘米，流长 0.6 厘米（图一四九，3；彩版六，2；图版八九，3）。

**（四）三彩盏**　1 件。

凤南 **M10：3**，口微敛，圆卷唇，弧腹，饼状假圈足。口沿至足部满施黄、绿、蓝三色釉。高 3、口径 5.3、底径 2.9 厘米（图一四九，4；彩版六，3；图版八九，4）。

**（五）三彩水盂**　2 件（出凤南 M43 和凤南 M122）。形制、釉色基本相同。体扁矮，

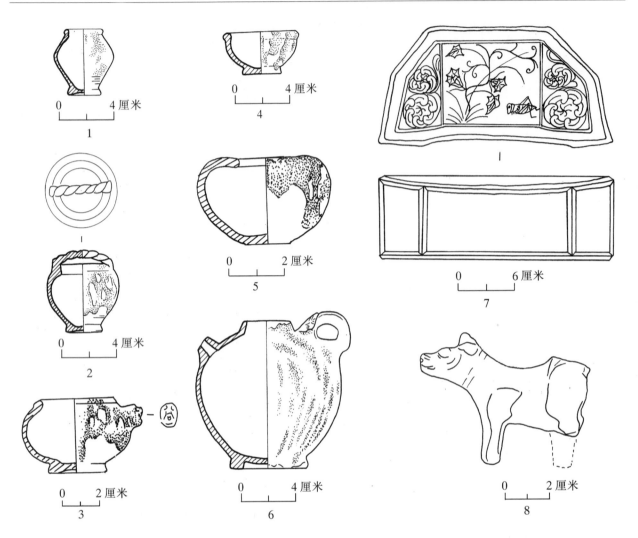

图一四九　三彩罐、提梁罐、带流罐、盏、水盂、注子、枕，釉陶狗

1. 三彩罐（凤南 M325：2）　2. 三彩提梁罐（凤南 M10：2）　3. 三彩带流罐（凤南 M281：2）

4. 三彩盏（凤南 M10：3）　5. 三彩水盂（凤南 M43：14）　6. 三彩注子（凤南 M232：1）

7. 三彩枕（凤南 M162：1）　8. 釉陶狗（凤南 M152：16）

敛口，圆鼓肩，鼓腹，小平底。肩、腹部施绿、黄、褐色三色釉，腹中部以下露胎。

**凤南 M43：14**，高 2.9、口径 2、腹径 4.7、底径 1.9 厘米（图一四九，5；图版八九，5）。

（六）**三彩注子**　1 件。

**凤南 M232：1**，小口，尖唇，广圆肩，鼓腹，底附矮圈足。肩部一短筒状流，与流对应的一侧有一鋬，鋬近口处塑出一正面兽首形象，下连双股环形鋬以为兽身，十分生动。通体施绿、白色釉。通高 10.9、口径 3.5、腹径 10.8、足径 5.5、流长 1.1、径 1.5 厘米（图一四九，6；彩版六，4；图版八九，6）。

（七）**三彩枕**　1 件。

**凤南 M162：1**，六棱台形，枕面微凹，枕面正中阴刻荷花纹一朵，两边各阴刻由卷涡纹组成的两个圆形图案，枕侧面均塑出由花草纹组成的菱形图案。釉彩为黄、绿、白三色。长 25.5、中宽 12.2、高 8.2 厘米（图一四九，7；彩版六，5；图版九〇，1）。

**五、釉陶器**　1 件。

**釉陶狗**　1 件。

**凤南 M152：16**，采用圆雕手法塑成，耳竖起，嘴前伸，颈束一圈状物，尾附于臀上。红陶胎，通体施草绿色釉。高 5.8、长 7.1 厘米（图一四九，8；图版九〇，2）。

**六、瓷　器**

15 件。胎体青白色或橙白色，釉色有白、黑、橙黄、姜黄、棕黄色。器类有以下几种。

**（一）瓷　碗**

5 件。分为三型：

**A 型**　3 件。分为两式：

**Ⅰ式**　2 件。口微敛，圆尖唇，浅腹，腹壁弧斜，壁形矮圈足。胎灰白色，橙黄色釉，内壁满釉，外壁腹中部以下露胎。

**凤南 M238：1**，釉质较好。高 4.4、口径 13.4、足径 6.3 厘米（图一五〇，1；图版九〇，3）。

**凤南 M331：6**，釉不甚光洁。高 4、口径 12.9、足径 7.2 厘米（图一五〇，2；图版九〇，4）。

**Ⅱ式**　1 件。

**凤南 M300：6**，大敞口，圆唇，浅腹，腹壁斜直，壁形圈足很矮。胎体厚重。器内壁及外壁足部以上施白色釉，釉光亮。足底露胎。高 3.9、口径 15.2、足径 8.5 厘米（图一五〇，3；彩版七，1；图版九〇，5）。

**B 型**　1 件。

**凤南 M91：1**，口微敛，圆唇，弧形腹壁，矮圈足。器内壁腹中部有一周双道阴弦纹，腹底刻饰莲花纹。腹外口沿下刻一周阳弦纹，下刻出双线"八"字形纹，其下饰两周阴弦纹。内、外壁均饰姜黄色釉，内壁满釉，外壁釉不及底。高 7.2、口径 16.6、足径 6.3 厘米（图一五〇，4；彩版七，2；图版九〇，6）。

**C 型**　1 件。

**凤南 M92：10**，侈口尖唇，腹壁微弧，大平底，矮圈足。内壁施白釉，外壁为黑釉。釉厚质润。高 7.3、口径 21.8、足径 12.6 厘米（图一五〇，5；彩版七，3；图版九一，1）。

**（二）瓷葫芦**

4 件。分为两型：

**A 型**　1 件。

**凤南 M28：4**，直口微侈，宽厚唇翻卷，唇下一阶，细束颈，肩、腹圆鼓，假圈足。胎橙白色。腹中部以上施黄棕色釉，质晶润。高 13.8、口径 5、腹径 11、足径 5.8 厘米（图一五〇，6；彩版七，4；图版九一，2）。

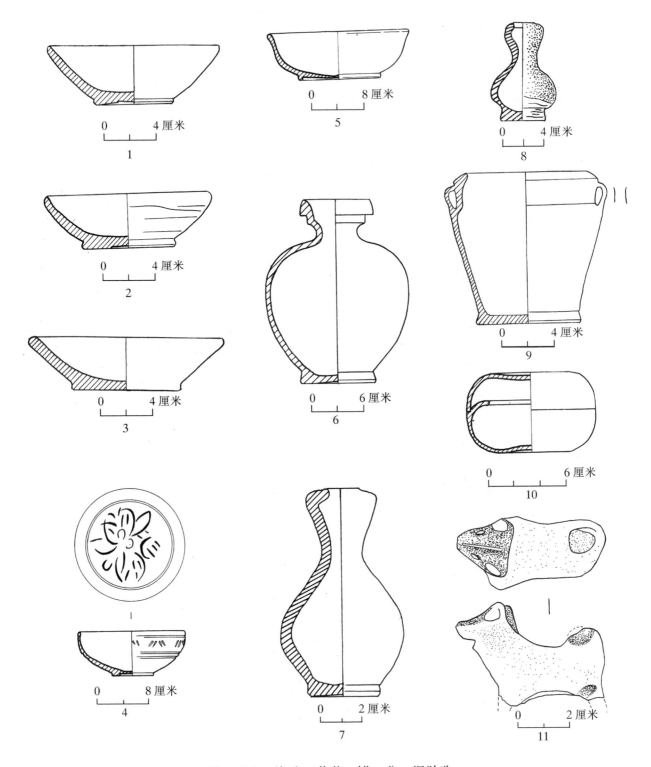

图一五〇　瓷碗、葫芦、罐、盆，泥胎狗

1. A型Ⅰ式瓷碗（凤南 M238:1）　2. A型Ⅰ式瓷碗（凤南 M331:6）　3. A型Ⅱ式瓷碗（凤南 M300:6）

4. B型瓷碗（凤南 M91:1）　5. C型瓷碗（凤南 M92:10）　6. A型瓷葫芦（凤南 M28:4）

7. B型瓷葫芦（凤南 M245:1）　8. B型瓷葫芦（凤南 M42:3）　9. 瓷罐（凤南 M19:2）

10. B型瓷盒（凤南 M92:13）　11. 泥胎狗（凤南 M87:12）

**B 型**　3 件（出自凤南 M42、凤南 M241 和凤南 M245）。敛口，口径很小，细束颈，斜肩垂腹，假圈足。

**凤南 M245:1**，腹浑圆，足矮。胎灰白色。口部至胎中部施浅黄色釉，腹中部以下无釉。高 9.6、口径 1.5、腹径 6、足径 3.4 厘米（图一五〇，7；彩版七，5；图版九一，3）。

**凤南 M42:3**，敛口，圆唇，束颈，斜肩，垂腹，假圈足较高，整个器形宛如一葫芦。胎灰白色。腹部以上施黑色釉。高 4.8、口径 1.1、腹径 3.1、足径 2.2 厘米（图一五〇，8；图版九一，4）。

**（三）瓷罐**　1 件。

**凤南 M19:2**，直口微敛，卷唇，微束颈，圆肩，肩、腹分界明显，腹壁较斜直，矮假圈足，口沿下至肩部有对称双耳。口沿至腹下部施黑色釉，釉质滋润，足部露胎。高 11.4、口径 9.4、底径 8 厘米（图一五〇，9；图版九一，5）。

**（四）瓷　盒**

5 件。分为两型：

**A 型**　4 件（出自凤南 M159、凤南 M96 和凤南 M326，其中凤南 M159 出土 2 件）。直口微敛，尖唇，腹在口沿下作直角突出，腹外壁端直，腹下部斜直收至底部，假圈足。有盖，盖顶弧鼓。

**凤南 M159:2**，盖及腹中部施很薄的一层白色釉，盖部以黑色彩绘出花纹，盖顶中心为五瓣花图案，周围为连作的叶蔓纹图案，盖侧点绘叶形纹图案。腹下部及足部露胎，胎灰白色。通高 4.9、体高 3.4、口径 5.5、腹径 7、足径 4 厘米（图一五一，1；彩版八，1；图版九二，1）。

**凤南 M159:3**，釉色及施釉情况与上件同，盖侧无纹饰，盖顶为菊花形图案。通高 5.7、体高 3.6、口径 5.8、腹径 7.3、足径 3.5 厘米（图一五一，2；彩版八，2；图版九二，2）。

**凤南 M326:1**，胎体白色，盖及腹中部施黑釉，釉质晶润。通高 5.2、体高 3.8、口径 6.4、腹径 7.6、足径 4.2 厘米（图版九二，3）。

**B 型**　1 件。

**凤南 M92:13**，由盖、体组成，盖顶中间凹下。子母口，口向内敛，腹微鼓，平底内凹。盖、腹施白色釉，底露胎，胎白色，釉厚而滋润。通高 6、体高 6、口径 6.4、腹径 9.8、底径 5.6 厘米（图一五〇，10；彩版九，1；图版九二，4）。

**（五）瓷女俑**　1 件。

**凤南 M114:1**，头梳双髻，面部丰腴，双膝并齐作跪状，双手垂置于膝两侧，腹部以上施白釉。胎白色。高 3.9 厘米（图版九二，5）。

**七、泥胎器**

10 件。有俑和动物模型狗两类。

**1. 泥胎狗**

2 件。造型基本相同，大小有别。系手捏而成。站立，昂首张口，两耳斜竖，作叶状。手法夸张，形象传神，极富动感。

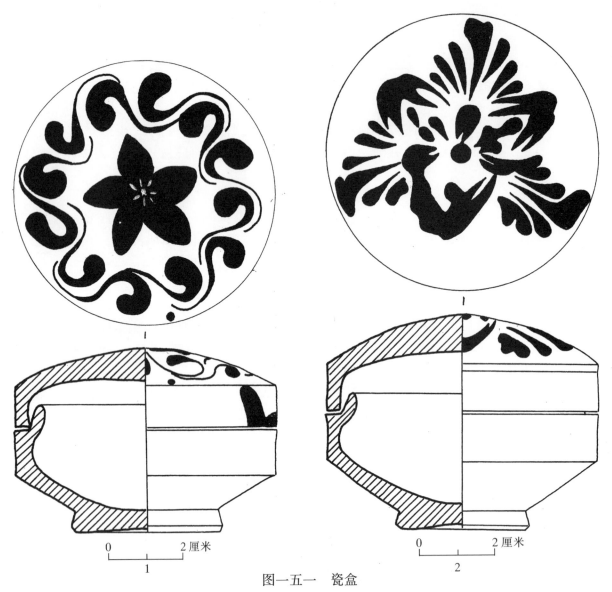

图一五一　瓷盒

1.A 型瓷盒（凤南 M159:2）　　2.A 型瓷盒（凤南 M159:3）

**凤南 M331:9**，基本完整。施粉衣。高 3.6、长 4.7 厘米。

**凤南 M87:12**，保留粉衣。残高 3.8、长 6 厘米（图一五〇，11；图版九二，6）。

**2．泥胎俑**

出土于凤南 M331，共 8 件，皆已碎为粉末。

**八、铜　器**

铜器共 102 件，计有镜、钗、镊子、剪子、盒、臂钏、铃、合页、指甲壳、环、饰件等十余种。

**（一）铜　镜**

13 面。根据形制的不同（其中凤南 M17 出土的一面锈甚，不辨其形），分为三型：

**A 型**　4 面。圆形镜。依镜背纹饰的不同，分为四个亚型：

**Aa 型**　1 面。

**凤南 M331：2**，鸾兽葡萄镜。窄高缘。兽纽。有一周凸棱将花纹分为内、外两区：内区花纹上环绕镜纽布施狮子、狻猊等四海兽，间饰葡萄纹；外区饰弯鸟葡萄纹。花纹繁缛细密，光洁明亮。径 10、胎厚 0.3、缘高 0.8 厘米（图一五二，1；图版九三，1）。

**Ab 型**　1 面。

**凤南 M75：1**，为柿蒂四叶纹小镜。薄胎，窄缘，桥形纽。主纹为一柿蒂纹，柿蒂纹

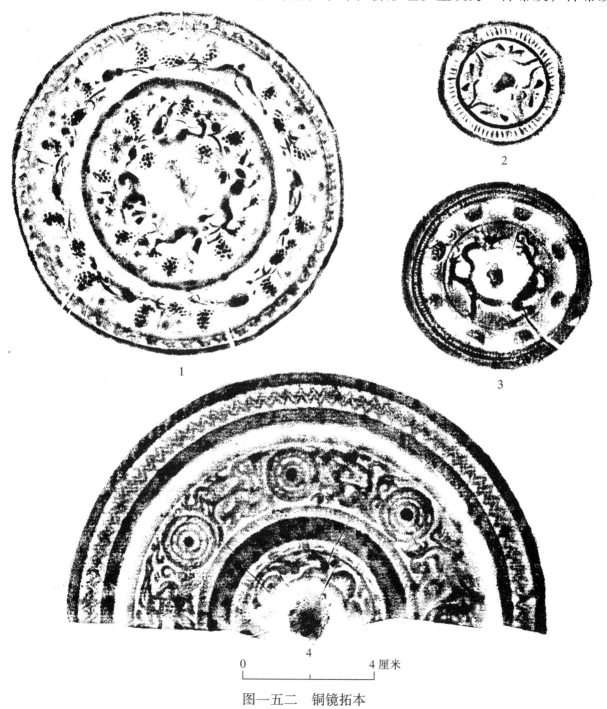

图一五二　铜镜拓本

1.Aa 型（凤南 M331：2）　2.Ab 型（凤南 M75：1）　3.Ac 型（凤南 M42：6）　4.Ad 型（凤南 M221：1）

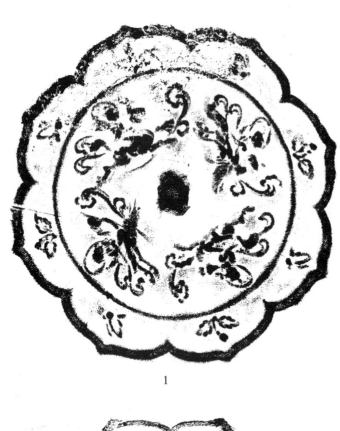

1

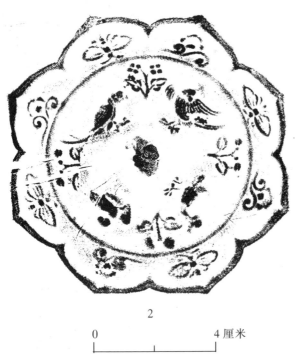

2

0 ————————————— 4厘米

图一五三　铜镜拓本

1. B型Ⅰ式（凤南 M10：3）　2. B型Ⅱ式（凤南 M330：8）

四边各饰一草叶纹。其外一周凸棱，凸棱之外布施一周短直斜线纹。径 4.1、胎厚 0.1、缘高 0.3 厘米（图一五二，2；图版九三，2）。

**Ac 型**　1 面。

**凤南 M42：6**，龙纹小镜。薄胎，薄缘，桥形纽。花纹以一周窄棱分为两区：内区环绕镜纽施一回首奔走的龙纹；外区等距离布施八个半圆枚。缘内为一周两道窄棱内填以短直线的纹饰。径 5.9、胎厚 0.1、缘高 0.3 厘米（图一五二，3；图版九三，3）。

**Ad 型**　1 面。

**凤南 M221：1**，残为多半个。为仿汉式七乳鸟兽镜。圆纽，动物纹座。座外一周宽棱，棱外为七乳间饰鸟兽纹的主题花纹。其外一周凸棱，棱与镜缘间施以双线曲折纹。径 14.6、胎厚 0.2、缘高 0.4 厘米（图一五二，4；图版九三，4）。此镜相似于西汉时期常见的同类镜，但制作不及西汉同类镜精整，花纹稍显湮漫，应为模仿汉镜而造。

**B 型**　4 面。菱花形镜。镜背花纹的基本布局是，纽外布施主体花纹，其外一周凸棱，棱外菱花形缘的八菱瓣内各饰一朵花枝、蜂蝶或文字。分为四式：

**Ⅰ式**　1 面。

**凤南 M10：3**，骑仙镜。圆纽。主纹为四个仙人各骑一凤凰或麒麟，环绕镜纽布施。八菱瓣内各饰一蜂蝶和花枝纹。直径 11.4、胎厚 0.25、缘高 0.4 厘米（图一五三，1；图版九三，5）。

**Ⅱ式**　1 面。

**凤南 M330：8**，鸾鹊镜。圆纽。主纹为一只展翅翘尾的鸾鸟和三只或站立或飞翔的鸟鹊，作环绕式布施，其间各饰一花枝纹。八菱瓣内各饰一蜂蝶或简式宝相花纹。径10.1、胎厚0.4、缘高0.7厘米（图一五三，2；图版九三，6）。

Ⅲ式　1面。

**凤南 M43：19**，双雀衔绶镜。半球形纽。主题图案为：上部有一上下相接的灯笼形和菱形图案，自菱形左、右两角各飘起双绶带，自下角处往左右各飘一绶带，有两只作飞翔状的鹊，各衔绶带尾端。下部正中有一朵盛开的荷花纹。八菱瓣内各饰一蜂蝶和枝花纹。画面简洁。径14.5、胎厚0.3、缘高0.5厘米（图一五四，1；图版九四，1）。

Ⅳ式　1面。

**凤南 M154：3**，四鸾衔绶镜。圆纽。主题花纹为上下两两相对的四鸾衔绶。八菱瓣内各饰一蜂蝶和莲花纹，其中一蜂蝶纹之侧有一"上"字。径14.2、胎厚0.3、缘高0.6厘米（图一五四，2；图版九四，2）。

**C 型**　4面。分为四式：

Ⅰ式　1面。

**凤南 M19：1**，鹊绕花枝镜。镜缘外侧线为葵花形，内侧线若菱花形。桥形纽。纽外饰山峰、海浪纹，有一周凸棱相围，棱外为鹊绕花枝纹。八葵瓣内各饰一枝花纹。径10.4、胎厚0.3、缘高0.5厘米（图一五五，1；图版九四，3）。

Ⅱ式　1面。

**凤南 M179：9**，双鸾镜。圆纽。纽左右有一对勾颈翘尾展翅

1

2

0　　　　　　　　4厘米

图一五四　铜镜拓本

1.B型Ⅲ式（凤南 M43：19）　2.B型Ⅳ式（凤南 M154：3）

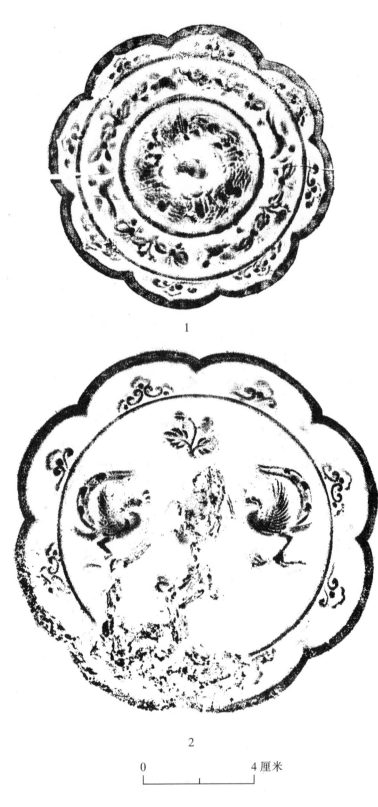

1

2

0 ⊢————┼————┤ 4厘米

图一五五　铜镜拓本

1.C型Ⅰ式（凤南 M19:1）　　2.C型Ⅱ式（凤南 M179:9）

飞翔的鸾鸟，纽上下各有一枝花纹。八葵瓣内各饰一简式宝相花图案或花朵纹。纽内穿系麻质，系带长约 20 厘米，自然垂落于镜背。径 13.3、胎厚 0.3、缘高 0.6 厘米（图一五五，2；图版九四，4）。

Ⅲ式　1面。

凤南 M243：1，半球形纽。纽左右一对引颈勾首、翘尾展翅的鸾鸟，纽上部饰一飞奔的天马，口衔一长枝葡萄。纽下饰一长枝葡萄纹，葡萄果实之上站一鹊，作啄状。八葵瓣内各饰一简式宝相花图案，或枝花纹，或莲花纹，或"回"字纹与菱形纹连作的几何纹图案，其中两朵莲花纹花蕊内有"千"、"秋"二字。径 22.6、胎厚 0.3、缘高 0.6 厘米（图一五六；图版九四，5）。

Ⅳ式　1件。

凤南 M334：1，圆纽。光素无纹。径 6.3、胎厚 0.15、缘高 0.3 厘米（图一五七，1；图版九四，6）。

（二）铜盒　1件。

凤南 M17：25－1，圆筒形，平底，有盖。高 3.4、口径 2.1 厘米（图一五七，2；图版九五，1）。盒内装有折叠的绢质经咒图一副。

（三）铜臂钏　2件。分为两型：

A 型　1件。

凤南 M92：16，由薄片状的圈与截面作半圆形的筒两部分组成，筒中部两侧边各焊接

0　　　　　　　4厘米

图一五六　C型Ⅲ式铜镜（凤南 M243：1）拓本

两个有孔的小铜纽，钏两端弯卷，两者以短轴套接相连，可戴于臂上。钏圈径 7.5、宽 0.8 厘米；筒高 5.4、径 2.34 厘米（图一五七，3；彩版九，2；图版九五，2）。筒内装有折叠的绢质物，惜已锈为一团，不可观其形状。

**B 型**　1 件。

**凤南 M63：4**，由中间宽、两端尖细的薄片弯成圈而成，两端折成小小的环状，十几道极细的铜丝把折头扎紧。两端的小环戴时可穿系用。钏径约 6.2、钏体中宽 1.2 厘米

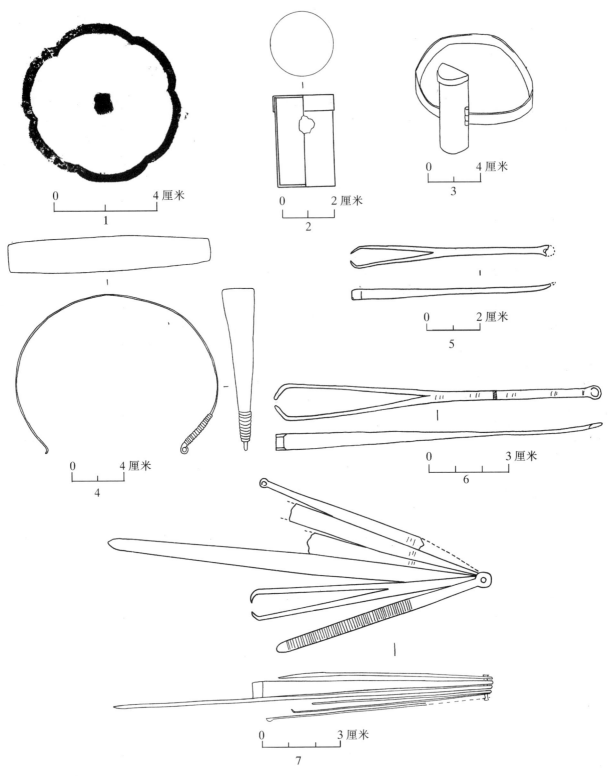

图一五七 铜镜（拓本）、盒、臂钏、镊子和日用组合器具

1.C 型Ⅳ式镜（凤南 M334∶1） 2.盒（凤南 M17∶25－1） 3.A 型臂钏（凤南 M92∶16）

4.B 型臂钏（凤南 M63∶4） 5.镊子（凤南 M15∶3） 6.镊子（凤南 M172∶4）

7.日用组合器具（凤南 M305∶5）

（图一五七，4；图版九五，3）。

**（四）铜镊子**　6件（出自凤南M172、凤南M15、凤南M303、凤南M43、凤南M330和凤南M92）。形制基本相同，后为柄，前为宽扁形身刃。弹性较好，咬合紧密。保存均较好。其中凤南M303为隋墓。

**凤南M15:3**，圆柱形柄，宽扁状身，开闭灵活，弹性较好，刃口咬合紧严。出土时尾端残。残长7.6、刃宽0.4厘米（图一五七，5；图版九五，4）。

**凤南M172:4**，柄为扁体，后端为挖耳勺。柄上饰数道直线纹。器表有一层黑漆古，保存很好，明亮如新。长12.5厘米（图一五七，6；图版九五，5）。

**（五）铜日用组合器具**　1件（套）。

**凤南M305:5**，有镊、锉、斜角刀、扁锥、挖耳勺5件，镊子长9.3厘米；锉长8.8厘米；斜角刀长6.8厘米；扁锥长14.2厘米；挖耳勺残长6.7厘米。其后端皆有一小圆孔，以一短轴连套于一起，成为一套组合器具（图一五七，7；彩版九，3；图版九五，6）。

**（六）铜剪**　1件。

**凤南M63:3**，柄截面作扁柱体，柄端相交为圆环形，两柄向前延伸作为剪之刃身，刃身薄，前窄后宽。刃缘锋利，弹性良好。出土时刃端已残。残长13.5、柄径0.3～0.5、刃身厚0.1～0.15厘米（图一五八，1；图版九六，1）。

**（七）铜钗**　10件。分为三型：

**A型**　1件。

**凤南M33:1**，钗首铸成圆折形，首端似花瓣形。双股等长，距离较近，断面为圆形。长12.4厘米（图一五八，2；图版九六，2）。

**B型**　2件（出自凤南M92和凤南M337）。钗首铸成方折形，首端弧形。双股等长，断面为圆形。

**凤南M92:12**，双股距离较大，长10.9厘米（图一五八，3；图版九六，3）。

**凤南M337:1**，双股距离近，长20.4厘米（图版九六，4）。

**C型**　7件（出自凤南M108、凤南M138、凤南M315、凤南M32、凤南M318、凤南M159和凤南M199）。钗首不是铸成而是弯折而成，双股距离甚近，截面为圆形。

**凤南M108:1**，长20厘米（图一五八，4）。

**（八）铜梳**　1件。

**凤南M228:3**，梳体很薄，背部弓弯形，下部截割成窄条形，是为梳齿。梳齿上部模压出枝花纹等图案，并以二周弦纹相绕。由器形看，亦可做发钗使用。高12、宽13.6厘米，胎体厚0.1厘米（图一五八，5；图版九六，5）。

**（九）铜铃**　3件（出自凤南M43、凤南M149和凤南M24）。圆球形，下半部有一窄窄长孔，顶有一环形纽。

**凤南M43:4**，体中部有一周凸棱。高2.2、径1.6厘米（图一五九，1；图版九六，6）。

**（一〇）铜合页**　6件（出自凤南M15、凤南M23、凤南M330和凤南M301。其中，凤南M15、凤南M330各出土2件）。形制基本相同。尾部有纵形孔，两页之间有缺口相套，以短轴相连接，可以活动。页作叶形，下页有背部铸三钉，用于固定合页于器物之上。上页铸三短柱，呈三角形分布，并连有一小叶形铜片。

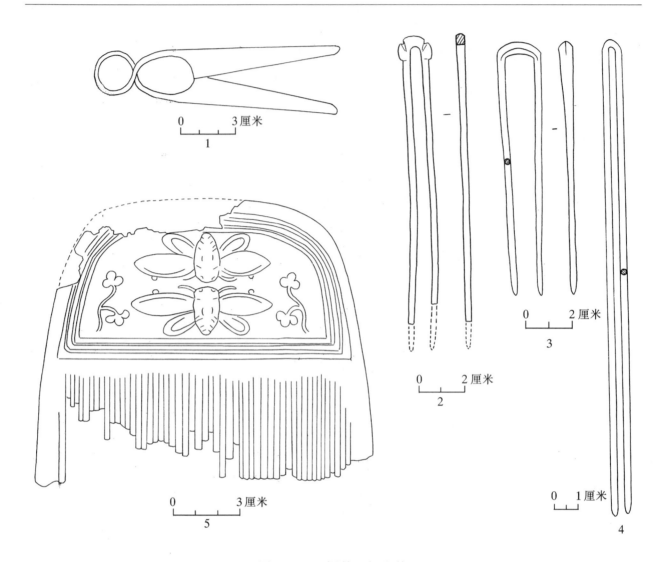

图一五八　铜剪、钗和梳

1. 剪（凤南 M63:3）　2.A 型钗（凤南 M33:1）　3.B 型钗（凤南 M92:12）

4.C 型钗（凤南 M108:1）　5. 梳（凤南 M228:3）

**凤南 M15:1、2**，器形灵巧美观。高 2.8、宽 2.6 厘米（图一五九，2、3，图版九七，1）。

**（一一）铜带扣与带銙**

**铜带扣**　2 件（出自凤南 M4 和凤南 M301）。

**凤南 M4:3**，椭圆形环，中有一顶针，环、针可活动。铊尾由两层形状相同的铜片构成，下层铜片略小于上层，双层之间有作三角形分布的三个短柱，前作长方形，后为桃叶形。通长 3.7、宽 2.5 厘米（图一五九，4；图版九七，2）。

**铜带銙**　20 件（出自凤南 M299、凤南 M154、凤南 296、凤南 M303、凤南 M301，其中，凤南 M299 出土 5 件，凤南 M296、凤南 M301 各出 6 件，凤南 M303 出 2 件，凤南 M154 出 1 件）。各以形状相同的二铜片构成，其间有三或四个短柱。有椭圆形和叶形两种。椭圆形者 12 件，叶形者 8 件。

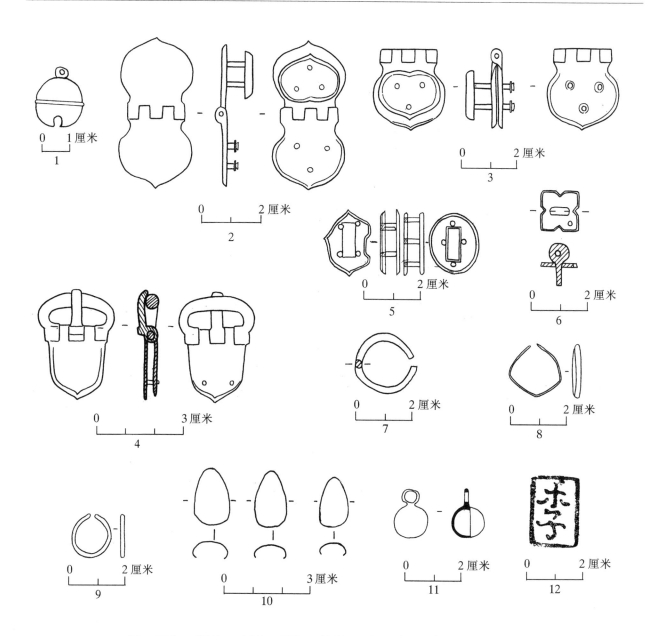

图一五九　铜铃、合页、带扣、饰件、环、耳环、指甲壳、扣和印章

1.铃（凤南 M43:4）　2.合页（凤南 M15:1）　3.合页（凤南 M15:2）　4.带扣（凤南 M4:3）

5.带𨮨（隋，凤南 M299-9-1）　6.饰件（凤南 M63:7）　7.耳环（凤南 M172:30）　8.耳环（凤南 M272:4）

9.耳环（凤南 M228:1）　10.指甲壳（凤南 M43:23-1、2，17）

11.扣（凤南 M34:7）　12.印（凤南 M218:2）

**凤南 M299:9-1**，椭圆形。径 2.2×1.8 厘米（图一五九，5；图版九七，3）。

**（一二）铜饰件**

12 件（出自凤南 M23、凤南 M28、凤南 M34、凤南 M62、凤南 M63、凤南 M74、凤南 M87、凤南 M299，其中凤南 M28 出土 3 件，凤南 M62、凤南 M299 各出土 2 件）。由中心有长方形孔的柿蒂形薄片和顶端作圆环形的钉组成，使用时是将钉从柿蒂形薄片孔中穿入。

**凤南 M63：7**，薄片边长 1.3、钉长 1.5 厘米（图一五九，6；图版九七，4）。

（一三）铜　环　3 件（均出自凤南 M43）。

凤南 M43：8－1、2 和凤南 M43：16，径各 1.8 厘米（图版九七，6）。

（一四）铜耳环　4 件（出自凤南 M172（2 件）、凤南 M272 和凤南 M228）。

**凤南 M172：30**，环体截面呈扁圆形，经 1.9、截面径 0.25～0.75 厘米（图一五九，7）

**凤南 M272：4**，环体截面呈扁圆形，径 1.6 厘米（图一五九，8；图版九七，5）。

**凤南 M228：1**，径 1.4 厘米（图一五九，9；图版九八，1）。

（一五）铜指甲壳　3 件。同出于凤南 M43，形状相同。

凤南 M43：23－1、2 和凤南 M43：17，一端大，一端小，外弧内凹，大端两边内卷，长 1.9、宽 1.1 厘米（图一五九，10；图版九八，2）。其用途可能是戴于指尖用于弹拨弦乐。

（一六）铜扣　1 件。

**凤南 M34：7**，浑铸圆球形，内空，有一很小的环形纽，径 0.9 厘米（图一五九，11；图版九八，3）。

（一七）铜丝　2 段（出自凤南 M4 和凤南 M249）。

**凤南 M249：1**，出土时折成一团，长 2 米余，断面径 0.25 厘米（图版九八，4）。M4 出土的一段长 20.5、断面径 0.15 厘米。

（一八）铜印章　1 件。

**凤南 M218：2**，桥纽，印面具方，仅一阳文"李"字（图一五九，12；图版九八，5）。

（一九）铜泡　6 件（出自凤南 M23 和凤南 M58，其中凤南 M23 出土 5 件）。形制相同。凤南 M23：1－1～5、凤南 M58：10，圆形，壳状，径均 1.2 厘米（图版九八，6）。

## 九、银　器

6 件。

（一）银盒　1 件。

**凤南 M43：13**，圆形，有盖，器体很小，胎极薄。面、底部有利用模压法做成的图案相同的花纹。其中央部位镌刻两只相对的鸳鸯，鸳鸯各立于一朵荷花之上，周围有莲枝、叶、瓣相绕，其间饰细密的小乳钉纹。工艺极精。高 0.7、径 2.7 厘米（彩版九，4；图版九九，1）。

（二）银钗　1 件。

**凤南 M299：10**，上端方折，断面扁圆体，残长 7.9 厘米（图一六○，1；图版九九，2）。

（三）银耳环　2 件（出自凤南 M323 和凤南 M42）。环形，有接口。

（四）银戒指　2 件（皆出土于 M172）。环形，有接口，截面作圆形或扁圆形。

**凤南 M172：29**，环体截面作扁圆形，环中部外侧有一宽凸的椭圆形部分，径 2 厘米，截面径 0.2～0.8 厘米（图一六○，2；图版九九，3）。

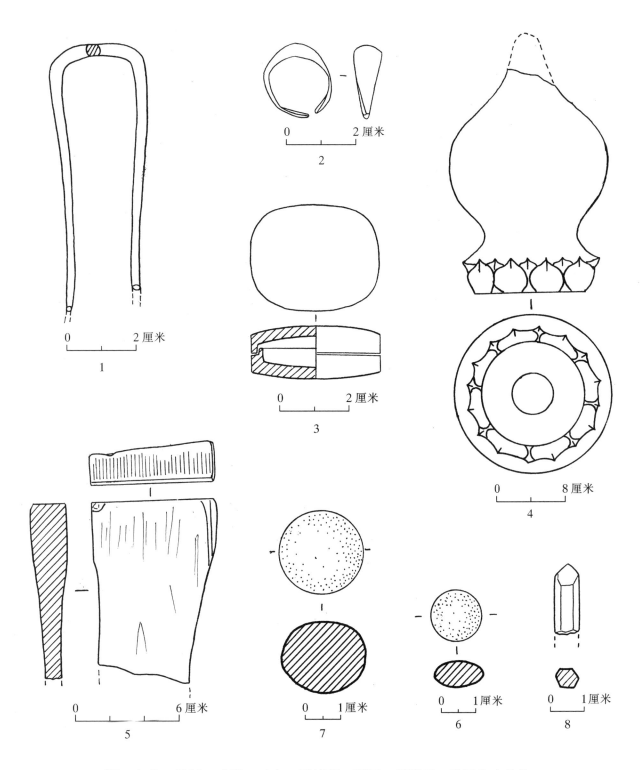

图一六〇　银钗、戒指，玉盒，石幢顶、砺石、围棋子、弹子和水晶柱

1. 银钗（隋，凤南 M299:10）　2. 银戒指（凤南 M172:29）　3. 玉盒（凤南 M28:3）

4. 石幢顶（凤南 M322:3）　5. 砺石（凤南 M226:4）　6. 石围棋子（凤南 M152:1）

7. 石弹子（凤南 M152:18）　8. 水晶柱（凤南 M43:10）

## 一〇、玉石器

11 件。

**（一）玉盒** 1 件。

**凤南 M28：3**，椭圆形，有盖，子母口，盖顶及底部弧鼓。玉质晶润，灰色中带有青色斑纹。高 1.2、径 3.7×3 厘米（图一六〇，3；彩版九，5；图版九九，4）。

**（二）石雕刻墓门** 1 件。

**凤南 M322：1**，青石质，体上圆下方，如碑形。正面雕刻出墓门个部分形状，有门楣和门框等。门扇部低于两侧门框及上下门楣、门槛。门楣部分阴刻两只张翅展尾相比站立的凤凰，其间填以牡丹花纹。门扇四周刻以联作的桃形和牡丹花图案，门中间以一道阴刻竖线将门划作象征的两扇，各扇门面各刻一身着铠甲的站立武士，左边武士右手执剑，左手托塔；右边武士左手叉腰，右手扶持一长杆着地的旗子。门下边左右两侧近门槛处各刻一对相对而望的麒麟。高 48.5、宽 32 厘米（图一六一；图版九九，5）。

**（三）石幢顶** 1 件。

**凤南 M322：3**，宝珠形顶，中束，其下雕刻一周仰莲瓣。顶残。残高 27 厘米（图一六〇，4；图版一〇〇，1）。

**（四）砺石** 1 件。

**凤南 M226：4**，长条形，残为半截。石中部由于磨损而凹下，磨砺痕迹明显。残长 10.6、宽 5.2～7.2、厚 1～2.2 厘米（图一六〇，5）。

**（五）石围棋子** 3 枚。同出于凤南 M152 中，形状相同，一枚白色，二枚红色。

**凤南 M152：1-1～3**，扁豆形，白色，径 1.5、中厚 0.8 厘米（图一六〇，6；图版一〇〇，2）。

**（六）石弹子** 1 枚。

**凤南 M152：18**，圆球形，径 2.2～2.4 厘米（图一六〇，7）。

**（七）水晶柱** 3 件（出自凤南 M43、凤南 M4 和凤南 M184）。其中凤南 M4、凤南 M43 出土的两件经加工为六棱柱状，凤南 M184 所出的一件为天然结晶块，皆白色，透明晶亮。

**凤南 M43：10**，六棱柱状，残断。残长 1.9、径 6～8 厘米（图一六〇，8；图版一〇〇，3）。

## 一一、骨 器

15 件。

**（一）骨梳** 1 件。

**凤南 M178：1**，背作弓弯形，梳齿细密规整。残高 2.2、残长 8 厘米（图一六二，1；图版一〇〇，4）。

**（二）骨簪** 3 件（出自凤南 M1、凤南 M92 和凤南 M133）。形状相同。圆柱体，一端尖细。

**凤南 M1：2**，长 21 厘米（图一六二，2）。

0　　　4厘米

图一六一　石雕刻墓门（凤南 M322：1）

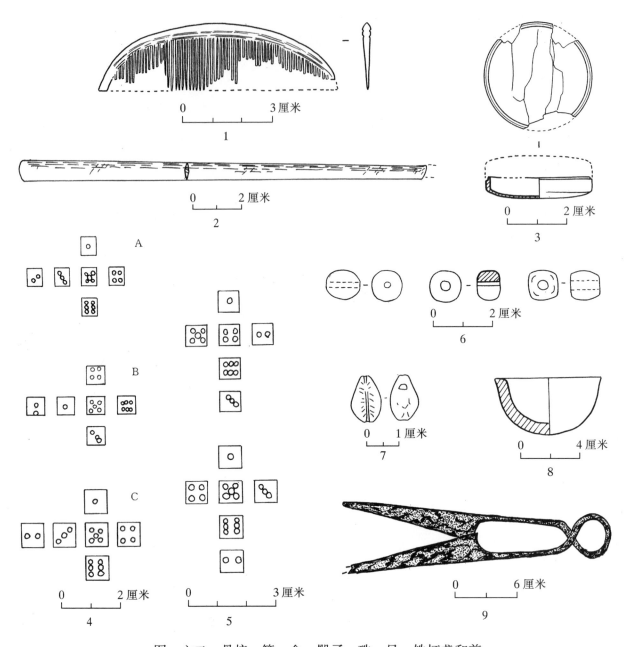

图一六二　骨梳、簪、盒、骰子、珠，贝，铁灯盏和剪

1. 骨梳（凤南 M178:1）　2. 骨簪（凤南 M1:2）　3. 骨盒（凤南 M153:6）　4. 骨骰子（凤南 M43:11-1~3）
5. 骨骰子（凤南 M153:5-1、2）　6. 骨珠（凤南 M272:1-1~3）　7. 贝（凤南 M281:3）
8. 铁灯盏（隋，凤南 M297:1）　9. 铁剪（凤南 M184:1）

**（三）骨盒**　1件。

**凤南 M153:6**，平面为椭圆形，有盖，子母口，壁较薄。盖残。残高 0.7、径 3.5×3.1 厘米（图一六二，3；图版一○○，5）。

**（四）骨手杖把**　1件。残。

**凤南 M91:2**，长 12.5、直径 2.9、孔径 2.4×0.7 厘米。

**（五）骨骰子**　6件。出土于凤南 M43 和凤南 M153 两座墓中。其中 M43 出土 4 件，

M153 出土 2 件，均为不甚规整的正方体，六个面各钻有一至六个小圆窝。

**凤南 M153:5 - 1、2**，边长 0.55～0.75 厘米（图一六二，5；图版一〇〇，6）。

**凤南 M43:11 - 1～4**，可参看图一六二，4；图版一〇一，1。

**（六）骨珠** 3 颗。

**凤南 M272:1 - 3**，长圆体，中部有一细孔，径 1×1.2 厘米（图一六二，6）。

## 一二、铁 器

4 件（不包括无法辨认其形状的器具及残铁块、残铁片）。皆锈蚀严重。

**（一）铁灯盏** 1 件。

**凤南 M297:1**，圜底，厚胎。高 3.8、口径 7 厘米（图一六二，8；图版一〇一，3）。

**（二）铁镜** 1 件。

**凤南 M337:4**，圆形。大圆纽，胎、缘厚度相同，锈蚀严重。径 15.3、缘厚 0.4 厘米（图版一〇一，4）。

**（三）铁剪** 2 件（出自凤南 M153 和凤南 M184）。

**凤南 M184:1**，长 27 厘米（图一六二，9）。

**（四）残铁片** 分别出自凤南 M92、凤南 M68、凤南 M60、凤南 M20、凤南 M320、凤南 M36、凤南 M43、凤南 M87、凤南 M13、凤南 M226、凤南 M17、凤南 M4、凤南 M74、凤南 M71、凤南 M136、凤南 M9、凤南 M179、凤南 M75、凤南 M222、凤南 M300、凤南 M30、凤南 M34、凤南 M35、凤南 M200、凤南 M83、凤南 M125、凤南 M56 和凤南 M137 等 28 座墓墓主人头侧，多数出土时锈为碎片。从残留形状观察，基本呈长方形，大小约为 20×26 厘米，发现有的残片上有朱书文字，得知这些铁片系"买地券"类的铁券残片，可惜由于锈蚀，文字无法辨认。

此外，在凤南 M92、凤南 M179、凤南 281、凤南 M158、凤南 M154、凤南 M143、凤南 M153、凤南 M68 等 8 座墓葬中，发现有铁刀、铁钗以及似为锄、弯刀的铁用具和工具，但由于锈蚀严重，形状难辨。凤南 M88 发现的铁刑具，亦由于锈蚀而结构不清。

## 一三、漆 器

分别出自凤南 M43、凤南 M143、凤南 M179、凤南 M172、凤南 M331、凤南 M330、凤南 M33、凤南 M153、凤南 M86、凤南 M294、凤南 M281 等 11 座墓中，有盒、盘等器形，但是大多数朽蚀不可采集。仅凤南 M43 出土的三件漆盒虽已朽毁，但形制、尺寸、颜色还可辨认。

**凤南 M43:3**，圆形，有盖，胎薄，漆为黑色。盖上以红色漆绘简单的枝叶纹。高 3.2、径 7 厘米（图一六三，1）。

**凤南 M43:2**，形制、漆色与上器同。高不可量，径 8.4 厘米（图一六三，2）。

**凤南 M43:1**，形制同前两器，状如盘，漆为深褐色，花纹不可见，朽蚀较严重。直径 38.1、高 2.9 厘米。出土时，前两件漆盒均装入此盒内（图一六三，3）。

## 一四、料 器

39 件。

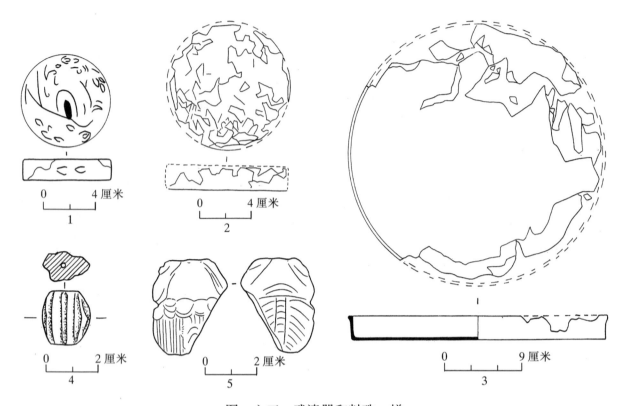

图一六三　残漆器和料珠、蝉

1. 残漆器（凤南 M43：3）　　2. 残漆器（凤南 M43：2）　　3. 残漆器（凤南 M43：1）

4. 料珠（凤南 M43：11）　　5. 料蝉（凤南 M272：1）

（一）**料珠**　38 颗，出自凤南 M43、凤南 M143、凤南 M272、凤南 M325 和凤南 M62 等 5 座墓中。长圆体或扁圆体有孔，呈淡黄色、绿色或红色玻璃状，半透明。径多为 1×1.2 厘米左右。

**凤南 M43：11**，色红，高 2.1 厘米（图一六三，4；图版一〇一，5）。

（二）**料蝉**　1 件。

**凤南 M272：1－1**，用琥珀质雕刻而成，圆雕手法，写实。刻划极为精细，线条准确，造型生动，体右后半部分残。长 3.7、宽 2.9、厚 1.6 厘米（图一六三，5；图版一〇一，6）。

**一五、丝绢织品**

**经咒图**　1 件。

**凤南 M17：25－2**，置于圆筒形铜盒内，经故宫博物院修复展开、拓裱，为长方形，长、宽约为 35×29.5 厘米。绢为草绿色，中心画一披甲戴胄执剑的罗汉，其周围是用汉字环绕书写的经咒，经咒之外四周画有佛手印和荷花相间的纹饰。字、画均用毛笔墨书，部分地方残损（图一六四；彩版一〇）。

**一六、木　器**

木器中有木梳，出自凤南 M330 中，甚残。

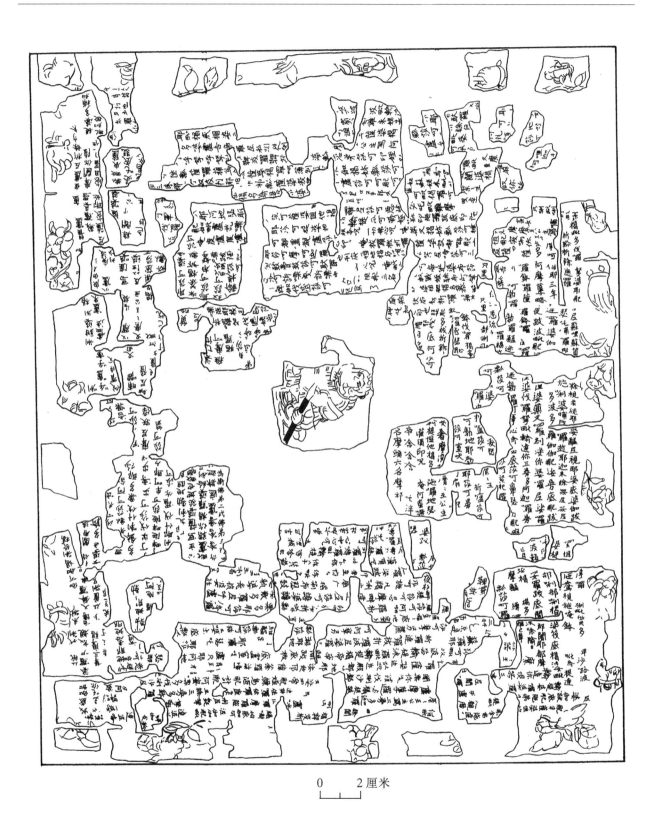

0　　2厘米

图一六四　丝绢织品《经咒图》（凤南 M17:25）

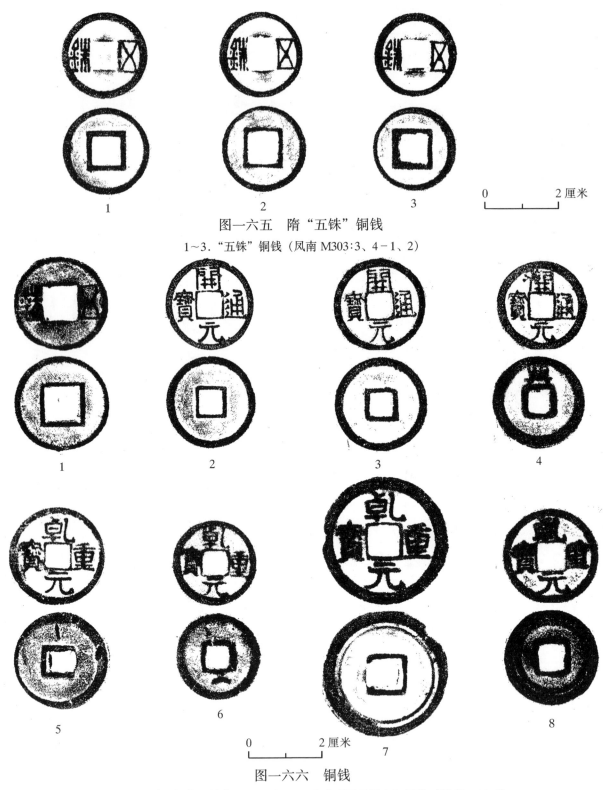

图一六五　隋"五铢"铜钱

1~3."五铢"铜钱（凤南 M303:3、4-1、2）

图一六六　铜钱

1. 汉"五铢"铜钱（凤南 M174:2）　2. Ⅰ式"开元通宝"铜钱（凤南 M19:3）
3. Ⅱ式"开元通宝"铜钱（凤南 M92:11-2）　4. Ⅲ式"开元通宝"铜钱（凤南 M128:1）
5. A型Ⅰ式"乾元重宝"铜钱（凤南 M86:5）　6. A型Ⅱ式"乾元重宝"铜钱（凤南 M266:2）
7. B型Ⅰ式"开元重宝"铜钱（凤南 M149:4-1）　8. B型Ⅱ式"开元重宝"铜钱（凤南 M272:3）

**一七、贝蚌饰品**

**（一）海贝**　2 枚（出自凤南 M62 和凤南 M281）。

**凤南 M281:3**，长 1.4 厘米（图一六二，7；图版一〇一，2）。

**（二）蚌壳**　29 件（出自凤南 M43、凤南 M172、凤南 M92、凤南 M293、凤南 M10、凤南 M62、凤南 M330、凤南 M63、凤南 M74、凤南 M71、凤南 M135、凤南 M153、凤南 M179、凤南 M1、凤南 M96、凤南 M281、凤南 M33、凤南 M154、凤南 M331 和凤南 M42 等 20 座墓中）。

常见每墓出一件，也有出二三件者。大小一般是 5×6 厘米左右。

**一八、钱　币**

211 枚。出土于 101 座墓中。有以下几类：

**（一）隋"五铢"铜钱**

十一座墓葬中共出 31 枚。有隋五铢和汉五铢两种。

**隋五铢**　27 枚。面、背肉好皆有周郭，郭宽平。"五"字交叉二笔较直，左傍好处有一竖划；"铢"字"金"部首作三角形，微向内斜。形制规整，制作精良，系隋铸五铢，具有"开皇五铢"的特点。始行于开皇元年[①]。钱径 2.2～2.3、郭宽 0.2、穿径 0.8～0.9 厘米，如凤南 M303:3、4－1、2（图一六五，1～3）。

**（二）"开元通宝"铜钱**

92 座墓共出土 171 枚。现能够分式的有 80 枚。分为三式：

**Ⅰ式**　16 枚。面、背皆有肉好周郭，背面光素，钱文清晰。"开"字笔画疏密有致，间架匀称；"元"字第一划短小，次划左挑；"通"字"辶"前三笔各不相连，略呈三撇状。"マ"部开口较大。制作精整。钱径一般为 2.4 厘米，郭宽 0.15～0.2、穿径长径 0.65 厘米，如凤南 M19:3（图一六六，2）。

**Ⅱ式**　54 枚。钱文笔画秀丽，"元"字首笔较Ⅰ式略长，次横左挑或右挑，或双挑，"通"字"辶"部前三笔多呈似连非连的顿折状。"マ"开口略小；"宝"字较小。有的钱背铸有新月纹，多位于穿上，亦见有穿下或穿之左右者，一般都是横置，偶见有竖置者。钱径 2.35～2.55 厘米，郭宽 0.15～0.25、穿径 0.7 厘米，如凤南 M92:11－2（图一六六，3）。

**Ⅲ式**　10 枚。钱径一般较Ⅰ、Ⅱ式为小，钱文显及拘谨，制作较粗劣。有的钱背有新月纹，多位于穿上，少数穿上、下均有。个别见有花穿。有 6 枚的钱背铸有"梁"、"润"、"兴"、"洛"等字，当是武宗会昌年间各地铸钱的州名简写。钱径 2.3～2.35、郭宽 0.15～0.25、穿径 0.6 厘米，如凤南 M128:1（图一六六，4）。

**（三）"乾元重宝"铜钱**

3 座墓共出 6 枚。面背肉好皆有周郭，依钱背有无边轮分为两型：

**A 型**　3 枚。

---

① 《隋书·高祖纪上》："（开皇元年九月）是月行五铢钱。"

钱正背外较均为单郭，有的钱背有箍纹。可分两式：

**Ⅰ式**　2枚。钱径较大，字体笔划粗实庄重。如凤南M86:5（图一六六，5）。

**Ⅱ式**　1枚。钱径小，字体笔划较圆润纤秀。如凤南M266:2（图一六六，6）。

**B型**　3枚。

钱背外较为双重郭，即所谓"重轮"或"重棱"。可分为两式：

**Ⅰ式**　2枚。钱体厚大，面较宽，如凤南M149:4-1（图一六六，7）。

**Ⅱ式**　1枚。钱体较小，如凤南M272:3（图一六六，8）。

**（四）汉五铢铜钱**　2枚（出自凤南M274和凤南M174）。郭较窄，"五"字交股圆润，犹如两个对称的炮弹头。钱径2.55、郭宽0.15、穿径0.95厘米。制作较粗劣。为西汉后期的五铢特征，可能是当时流散在民间的古钱币。

## 一九、墓　志

2件。均为砖墓志。

**凤南M294:4**，长条形砖，长35.2、宽16.8、厚4.8厘米。砖之一面墨书四竖行字，有些字已湮漫不清："开皇□□□□八月十四日亡张□□□□化里嘉禾坊□□□年六十七。"（图一六七；图版一〇二，1）。

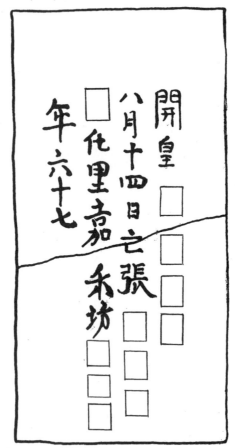

图一六七　砖墓志（隋，凤南M294:4）摹本

　　**凤南 M302:1**，长条形砖，已残。残长 24.6、宽 16.6、厚 5.2 厘米。砖一面刻有文字三竖行："开皇九年九月卅日故李道庆妻魏女位铭记。"（图一六八；图版一○二，2）。

0　　　　　　　　4厘米

图一六八　"开皇九年"砖墓志（隋，凤南 M302:1）

## 第五节　墓葬分期

南郊墓地所发掘的 337 座墓葬，除两座出有砖墓志外，余皆缺乏断定墓葬绝对年代的文字资料，因此仅依靠本墓地的资料建立断定年代的标准尚存在一定困难，只好依据类型学与地层学方法对本墓地墓葬资料进行分析排比的同时，参照其他地区已知年代的墓葬资料，对本墓地墓葬进行分期与年代推定。

据南郊墓地现有墓葬资料，可将其分为三期：

第一期　隋（公元六世纪晚期至七世纪初）

该期墓中于断定时代最有帮助的就是分别出土于凤南 M294 和凤南 M302 的两方砖墓志。凤南 M302 所出砖志为开皇九年，凤南 M294 墓志文字墨书，"开皇"之后有四字湮漫不清，据其后"八月十四日"字样，四字应是记载年份的内容，其当为开皇十一年至十九年。

除凤南 M294、凤南 M302 之外，另有九座墓即凤南 M93、凤南 M296、凤南 M297、凤南 M298、凤南 M299、凤南 M301、凤南 M303、凤南 M335 和凤南 M336，也属于这一时期。这些墓，除三座墓葬为竖穴直洞室墓外，其余均为斜坡墓道的洞室墓，洞室呈横室式，平面以靴形者最多（5 座），另有弯背刀形、甲字形、十字形各一座。随葬品除多见出有隋五铢钱外，陶器有 A 型Ⅱ式双耳罐，Ⅰ式、Ⅱ式壶，Ⅰ式、Ⅱ式陶葫芦等。

从墓葬形制看，尤其是斜坡墓道的几种墓葬，是隋代常见的墓形。随葬品中诸如上述陶双耳罐、陶壶等，不但本墓地中年代明确的凤南 M302、凤南 M294 有出土，而且多见于西安、安阳等地发现的有确切纪年的隋墓中[1]。

第二期　唐玄宗至代宗时期（公元八世纪初至八世纪中期稍后）

甲类墓中的大多数属于此期，乙、丙类墓中亦可举出一些。其中甲类墓计有：凤南 M2、凤南 M4、凤南 M5、凤南 M9、凤南 M10、凤南 M13、凤南 M14、凤南 M15、凤南 M16、凤南 M17、凤南 M18、凤南 M20、凤南 M23、凤南 M24、凤南 M28、凤南 M29、凤南 M30、凤南 M31、凤南 M32、凤南 M33、凤南 M34、凤南 M35、凤南 M36、凤南 M41、凤南 M43、凤南 M44、凤南 M45、凤南 M48、凤南 M49、凤南 M52、凤南 M56、凤南 M58、凤南 M60、凤南 M63、凤南 M64、凤南 M68、凤南 M70、凤南 M71、凤南 M73、凤南 M75、凤南 M81、凤南 M83、凤南 M86、凤南 M87、凤南 M91、凤南 M92、凤南 M122、凤南 M130、凤南 M135、凤南 M136、凤南 M139、凤南 M140、凤南 M141、凤南 M143、凤南 M144、凤南 M152、凤南 M153、凤南 M154、凤南 M158、凤南 M164、凤南 M165、凤南 M169、凤南 M172、凤南 M179、凤南 M200、凤南 M226、凤南 M227、凤南 M242、凤南 M293、凤南 M295、凤南 M300、凤南 M304、凤南 M305、凤南 M316、凤南 M319、凤南 M320、凤南 M322、凤南 M323、凤南 M330、凤南 M331；乙类墓中如凤南 M82、凤南 M88、凤南 M137、凤南 M173、凤南 M218；丙类墓中如凤南 M149、凤南 M221、凤南 M225、凤南 M243 等。

---

① 中国科学院考古研究所编著《西安郊区隋唐墓》，科学出版社，1966 年；中国社会科学院考古研究所安阳工作队：《安阳隋墓发掘报告》，《考古学报》1981 年第 3 期。

　　墓葬形制方面，甲类墓一般都具有斜长坡的墓道（底部有台阶或无阶），墓室基本作长方形，平面形制大多数为刀形。随葬器物中，本墓地所出陶俑类（天王俑、镇墓兽、各型男、女俑和马、骆驼以及牛等动物形象）皆属于此期。陶器常见 A 型、B 型塔式罐，Aa 型、Bb 型圆腹罐，Ⅲ式、Ⅳ式陶壶等。

　　塔式罐在该墓地出土数量较多，经分析排比，其早晚演变序列较为清楚，因此其对于判定墓葬时期具有较强的指代作用。在可指为该期的 A、B 型塔式罐中，有 A 型、D 型塔式罐与乾元通宝钱共出的例证（凤南 M29），凤南 M23 中，B 型Ⅰ式与 A 型Ⅳ式塔式罐同墓出土，说明二者曾有共同的使用期间。从塔式罐的演变趋势看，A 型Ⅳ式塔式罐在 A 型塔式罐中是较晚出现者，其使用期间可能是在乾元年间及其稍后一段时间内。A 型Ⅰ～Ⅲ式塔式罐一般要较Ⅳ式塔式罐稍早，尤其是 A 型Ⅰ式塔式罐，是本墓地所出塔式罐年代最早者，其使用年代大概在玄宗中后期。这些塔式罐，大多与陶俑类同墓出土，若把这些塔式罐和陶俑类及其上举几种罐、壶等陶器，与西安地区以往发掘的有纪年的唐墓作比照，可看出其与玄宗至肃、代年间墓葬出土器物风格相同或相近。同时，前述本期墓葬的形制，亦符合这一时期墓形特点[①]。

　　第三期　德宗至唐末（八世纪晚期至十世纪初）

　　能定为这一期的墓葬，乙、丙类墓占多数，其中乙类墓中可举出的有凤南 M1、凤南 M25、凤南 M26、凤南 M50、凤南 M55、凤南 M61、凤南 M94、凤南 M95、凤南 M106、凤南 M131、凤南 M133、凤南 M150、凤南 M163、凤南 M166、凤南 M174、凤南 M178、凤南 M181、凤南 M189、凤南 M191、凤南 M238、凤南 M279、凤南 M309、凤南 M311、凤南 M324；丙类墓中有凤南 M84、凤南 M112、凤南 M114、凤南 M128、凤南 M132、凤南 M148、凤南 M159、凤南 M171、凤南 M184、凤南 M190、凤南 M199、凤南 M202、凤南 M207、凤南 M215、凤南 M231、凤南 M233、凤南 M235、凤南 M239、凤南 M241、凤南 M266、凤南 M274、凤南 M315、凤南 M329、凤南 M332、凤南 M334 等；甲类墓中可指出的仅有凤南 M76、凤南 M337。

　　本期墓葬，或出有Ⅲ式开元通宝（"会昌开元"）钱，或出有 D 型（Ⅰ～Ⅲ式）塔式罐，或 B 型Ⅳ式、D 型、E 型、F 型、G 型圆腹罐，Ba 型Ⅳ式、Bb 型Ⅲ式、D 型、E 型双耳罐等陶器。其中以Ⅲ式开元通宝钱和 D 型塔式罐时代特征最为明确。出有Ⅲ式开元通宝的墓葬，其年代不会早于唐武宗会昌五年（公元 845 年）是肯定的。关于 D 型塔式罐，据本墓地塔式罐的发展演变序列，可以看出其是处于最晚的发展阶段。地层方面也提供了结论相同的证明，在本墓地 17 组有打破关系的墓葬中，其中 4 座打破前期墓葬的墓（凤南 M84、凤南 M163、凤南 M166、凤南 M238）出有 D 型塔式罐（Ⅰ、Ⅱ、Ⅲ式均见有），而被打破的墓葬中则出 A 型或 B 型塔式罐。其相对早晚关系是清楚的。关于 D 型塔式罐大致是使用于什么年代，凤南 M279 为我们提供了较为具体的认识依据。该墓随葬品中，既出有 D 型塔式罐，也出有Ⅲ式开元通宝钱，说明 D 型塔式罐在会昌年间或其后是使用着的。又该墓出土的塔式罐是 D 型中的Ⅲ式，从器物特征看，其Ⅰ、Ⅱ式当较Ⅲ式年代略早，因此可以认为，D 型塔式罐的使用年代是在会昌前后的一段时期

　　①　中国科学院考古研究所编著：《西安郊区隋唐墓》，科学出版社，1966 年；杭德州等：《西安高楼村唐代墓葬清理简报》，《文物参考资料》1955 年第 7 期。

内。其指代性是较明确的。除 D 型塔式罐外，上列其它几种陶罐，也基本是从墓葬打破关系中所得的认识，如凤南 M72 打破凤南 M122，前者出 B 型 Ⅳ 式圆腹罐，后者出 B 型 Ⅰ 式塔式罐；凤南 M178 打破凤南 M179，前者出 D 型 Ⅱ 式圆腹罐，后者出 A 型 Ⅱ 式塔式罐；凤南 M55 打破凤南 M68，前者出 Ba 型 Ⅳ 式双耳罐，后者出 B 型 Ⅲ 式塔式罐；凤南 M199 打破凤南 M201，前者出 Bb 型 Ⅲ 式双耳罐，后者出 Ba 型 Ⅰ 式双耳罐等。

以上三期中所列出的墓葬，都是我们认为基本可以确定年代者。凡无明确指代特征的随葬品出土者，皆不做列举。

# 第二章 东郊墓地

## 第一节 发掘经过

1986 年 12 月中旬，凤翔纸箱板厂（后改名陕西省关中造纸厂）在新选定的厂址内处理前院（厂区南部）建造的两座主体楼房地基过程中，发现了 12 座唐代墓葬。得到此消息后，凤翔县博物馆立即会同陕西省雍城考古队向陕西省文物局作了报告，得到省文物局批准后，雍城考古队随即组织人力，对该厂区内的古代墓葬作了清理发掘。发掘工作持续 6 个月，于 1987 年 5 月份结束，共发掘隋唐墓葬 27 座（编号为凤东 M1～M27，表五）。

陕西省关中造纸厂位于纸坊乡街东 1.5 公里处，西距凤翔县城 3.5 公里，位于西（安）宝（鸡）公路北侧。公路之南有一条小河由西北向东南流过。此处地势高阜，视野开阔，环境优越。我们清理的墓葬主要分布于厂区西南部，而东北部只有零星墓葬发现。估计厂区外西南部亦有墓葬分布。由于未作全面钻探，具体情况尚不了解。但根据情况推测，该墓地的墓葬数量绝不仅限于现已发掘的这数十座。

## 第二节 墓葬形制

### 一、墓葬类型与举例

此墓地所发掘的墓葬，类型相对较少。大体可分以下四型：

**A 型**

7 座（凤东 M4、凤东 M6、凤东 M9、凤东 M11、凤东 M13、凤东 M14 和凤东 M3）。墓室与墓道底平面呈靴形，即靴形墓。分为两式：

**I 式** 6 座（凤东 M4、凤东 M6、凤东 M9、凤东 M11、凤东 M13 和凤东 M14）。

方向 189°～205°之间。墓室平面一端（即"靴"前端）窄而另一端（即"靴"后端）宽，宽端在西，室顶基本都作横向弧形拱起，棺靠近室北壁纵置。墓道与墓室相接处作弧形延缓。个别墓有生土台棺床。墓道平面均南宽北窄，墓道底皆为斜坡式。墓室与墓道中轴线相交的夹角为 110°～120°。部分墓有甬道。

**凤东 M6**　方向 191°。墓室东西长 2.28、南北宽 1.10～1.62、高 0.97 米。室内北半边并列放置棺木二具，每具内各有墓主一人，皆头西足东，面向南，俯身直肢。其中北边棺长 1.54、宽 0.28～0.40 米，墓主为女性，35 岁左右，骨骼齐全，而略显凌乱。南边棺长 1.70、宽 0.26～0.44 米，墓主男性，40 岁左右，骨架完整并骨骼保持人体原位，仰身直肢，口部及左、右手处共有开元通宝钱 5 枚。男墓主棺外西南角置 I 式陶壶 2。两墓主应为夫妻合葬。墓室西端接墓道，墓室西壁与墓道西壁贯通接连。墓道上口长 5.36、宽 0.53～0.74 米，底长 6.30、宽 0.76～0.82 米，底坡度较缓。口距底深 3.22 米（图一六九）。

**凤东 M14**　方向 189°。墓室东西长 2.33、南北宽 0.74～0.92、高 0.90 米。墓主头西足东，面朝北，仰身直肢。棺木基本上是置于墓室中间，棺长 1.45、宽 0.38～0.47 米。棺外西南角置 I 式陶壶 2。墓室西侧接墓道。墓道上口长 3.50、宽 0.40～0.60 米，底长 4.40、宽 0.52～0.60 米，口距底深 2.39 米，底坡较陡（图一七〇）。

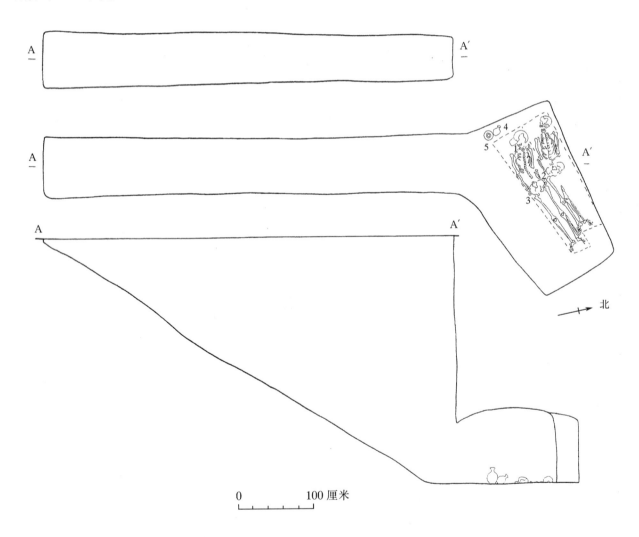

图一六九　凤东 A 型 I 式 M6 平、剖面图

1～3. 开元通宝钱（5 枚）　4、5. I 式陶壶

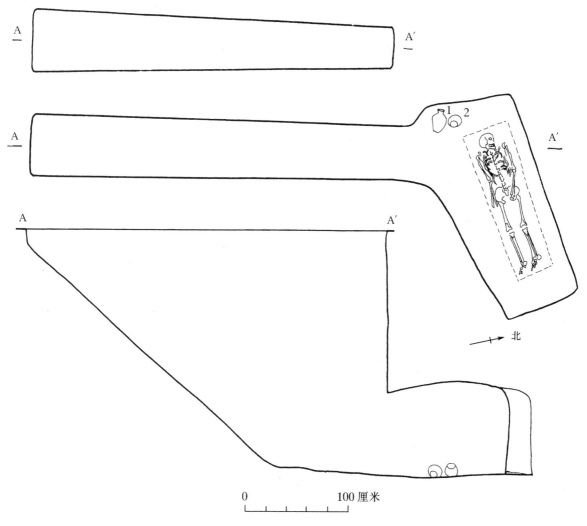

图一七〇　凤东A型I式M14平、剖面图

1、2.I式陶壶

**II式**　1座。

与I式的形制区别是，墓室宽端在东，墓道与墓室相交接处为直角形，墓道与墓室中轴线相交的夹角约为90°。其余特征与I式墓基本相同。

**凤东M3**　方向200°。墓室东西长2.33、南北宽0.96～1.42、高0.64～0.94米。墓室口内有一个近"凹"字形的生土台棺床。棺床东、西、北三面与墓室壁相连，占据了墓室绝大部分面积，高出室底0.15米。棺靠近室北壁放置，墓主头东足西，仰身直肢。由于骨骼腐朽较甚，面向及性别、年龄不清。墓主头右侧置一蚌壳。棺长1.78、宽0.32～0.52米。墓室东侧接墓道，墓道上口长3.50、宽0.40～0.62米，底长4.72、宽0.56～0.60米，底坡度陡。口距底深3.10米（图一七一）。

**B型**

9座（凤东M15、凤东M1、凤东M17、凤东M2、凤东M19、凤东M20、凤东M18、凤东M7和凤东M27）。墓道位于墓室南壁中部或偏为一侧，形如铲形，即铲形墓。绝大多数为长斜坡（阶）式墓道，上口皆南宽北窄。个别作竖井式墓道。根据墓葬构造质料的不同，分为 Ba、Bb 两个亚型。

**Ba 型**　7 座。分以下五式：

**Ⅰ式**　1 座。墓室平面近似正方形，四壁较直，四角作直角形，室顶拱形，室内中北部的生土台棺床占据了墓室底的大部分面积，棺床西、北、东三面与室壁连为一体。室南正中微偏东处接墓道，墓道为竖井式，上口平面南宽北窄。有甬道。

**凤东 M15**　方向 195°。墓室南北长 3.10、东西宽 2.86、高 1.88 米。生土台棺床东西长 2.86、南北宽 2.32、高 0.13 米。墓室口内西侧近南壁处有Ⅲ式陶壶 2。室内棺具及人架情况不清。室南略偏东处接甬道，甬道长 0.81、宽 0.67、高 1.39 米。墓道上口长 3.10、宽 0.50～0.72 米，四壁较直，底长 3.80、宽 0.70～0.72 米。底南部有不甚规整的低矮阶。口距底深 5.52 米（图一七二）。

**Ⅱ式**　2 座（凤东 M1 和凤东 M17）。墓室平面为长方形，四壁较直，四角直角，室顶近平，室东、西两侧有高出室底中间的生土台棺床。室南正中接甬道，甬道北接墓道，墓道底部东西两壁由南往北有两次收分。底为斜坡或有数阶。带一天井。

**凤东 M1**　方向 205°。墓室南北长 2.20、东西宽 1.52～1.56、高 1.08 米。生土台棺床高 0.11～0.14 米，东、西两侧棺床上各置一棺木，墓主均头北足南，仰身直肢。西边墓主棺长 2.01、宽 0.35～0.47 米；东边墓主棺长 1.99、宽 0.33～0.46 米。两侧棺床之间置随葬品，计有Ⅰ式陶天王俑 1、B 型陶镇墓兽 1、Ⅰ式陶马 2、A 型陶骆驼 1、Aa 型陶幞头男侍俑 1、Ab 型陶幞头男侍俑 3、B 型陶幞头男侍俑 1、C 型陶高髻女侍俑 1、A 型陶垂发梳髻女侍俑 1、B 型陶垂发梳髻女侍俑 3、陶牛 1 和 A 型Ⅰ式陶塔式罐 2，东侧墓主棺内头上部有蚌壳 1 件和铁碎片数片。墓室南略偏东处为甬道，长 0.40、宽 0.58、高 1.02 米。墓道上口长 5.26、宽 0.50～0.76 米。其北凿一天井，长 1.34、宽 0.40 米。墓道底北部有三级台阶，底长 8.10、宽 0.58～0.74 米。墓道底北部两壁有两次收分，收分每边宽 0.04～0.05 米。口距底深 4.18 米（图一七三）。

**Ⅲ式**　1 座。墓室平面基本作长方形，南端宽，北端窄，室顶稍作弧形拱起，底部两侧至两端部位有曲尺形生土台棺床。室南稍偏东侧为甬道，其南接墓道，墓道底部作斜坡式，底东西两壁有一次收分。带一天井。

**凤东 M2**　方向 202°。墓室南北长 2.22、东西宽 1.14～1.24、高 1.37 米。棺床高 0.10～0.12 米。室东侧偏北部有开元通宝钱 1，室东南角有 A 型Ⅰ式陶镇墓兽 1。墓主骨架已朽为粉末，棺木情况不清。甬道长 0.20、宽 0.61、高 1.13 米。墓道上口长 5.20、宽 0.52～0.69 米。其北凿一天井，长 1.44、宽 0.40 米。墓道底长 8.08、宽 0.70～0.72 米。底两壁收分每边宽 0.04～0.05 米。上口距棺底深 3.97 米（图一七四）。

**Ⅳa 式**　1 座。墓室平面长方形，室顶近平。室南东侧接甬道，甬道东壁与墓室东壁东西相距甚近，其南接墓道，墓道底作斜坡式，底部东西两壁有三次收分。

**凤东 M19**　方向 196°。墓室南北长 2.00、东西宽 1.60、高 1.48 米。室西侧置一棺，棺大端朝北，长 1.68、宽 0.52～0.61 米。人架情况不清。室内东南角置 B 型陶塔式罐 1。甬道长 1.08、宽 0.59、高 1.40 米。墓道上口长 5.42、宽 0.48～0.68 米。其北凿二天井，均长 1.40、宽 0.40 米。墓道底长 11.90、宽 0.68～0.72 米，底部两壁收分每边宽 0.04 米，上口距底深 6.00 米（图一七五）。

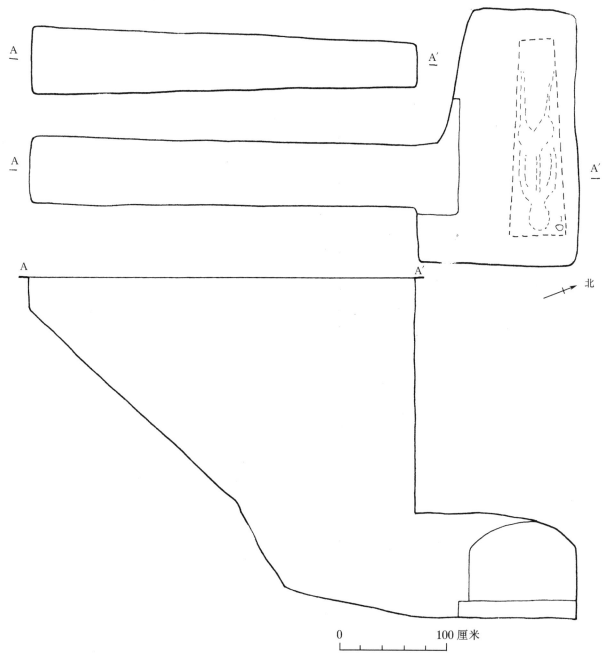

图一七一　凤东 A 型 II 式 M3 平、剖面图

1. 蚌壳

**IVb 式**　1 座。大致与 IVa 式相同，但墓室东侧至南端部位有曲尺形生土台棺床；墓道底两壁无收分；天井为一个。

**凤东 M20**　方向 190°。墓室南北长 2.00、东西宽 1.60、高 1.19 米。生土台棺床高 0.14 米。东侧棺床上并列置墓主骨架两具，皆头北足南，仰身直肢。棺木尺寸不清。西边墓主面向东，男性，45～50 岁；东边墓主面朝上，女性，40～45 岁。室东北角放置陶

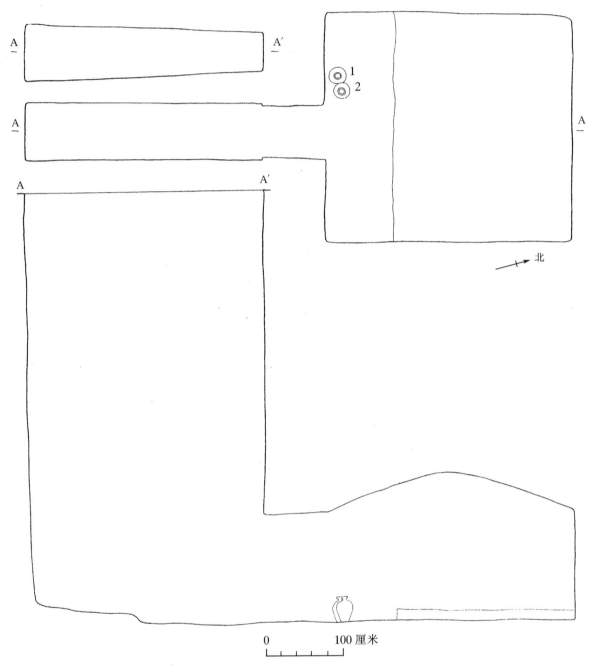

图一七二　凤东 Ba 型 I 式 M15 平、剖面图

1、2.Ⅲ式陶壶

深腹罐 1。甬道长 0.80、宽 0.66、高 1.20 米。墓道上口长 4.40、宽 0.44～0.52 米，其北凿一天井，长 1.40、宽 0.40 米。墓道底长 7.20、宽 0.50～0.68 米。上口距底深 3.88 米。

　　该墓发现殉人骨架 1 具，位于墓室内棺床东侧，头北足南，仰身，面向上，双腿在胫、腓骨处交叉。男性，35 岁左右（图一七六）。

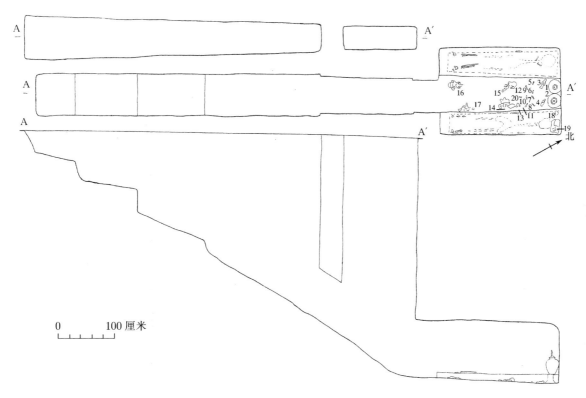

图一七三 凤东 Ba 型 Ⅱ 式 M1 平、剖面图

1、2.A 型 Ⅰ 式陶塔式罐 3.A 型垂发梳髻女侍俑 4.C 型高髻女侍俑 5.B 型陶幞头男侍俑

6～8.Ab 型陶幞头男侍俑 9～11.B 型垂发梳髻女侍俑 12、13.Ⅰ 式陶马 14.A 型陶骆驼

15.Aa 型陶幞头男侍俑 16.Ⅰ 式陶天王俑 17.B 型陶镇墓兽 18.蚌壳 19.铁片 20.陶牛

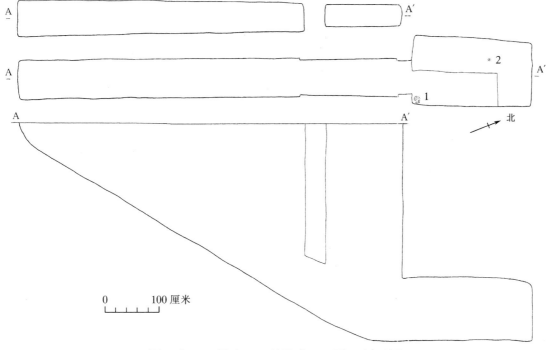

图一七四 凤东 Ba 型 Ⅲ 式 M2 平、剖面图

1.A 型 Ⅰ 式陶镇墓兽 2.开元通宝钱

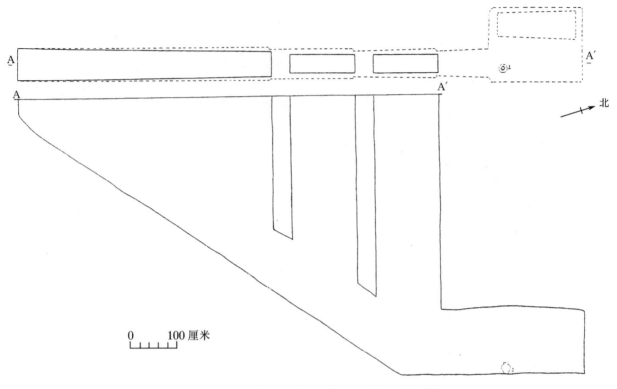

图一七五　凤东 Ba 型 IVa 式 M19 平、剖面图
1.B 型陶塔式罐

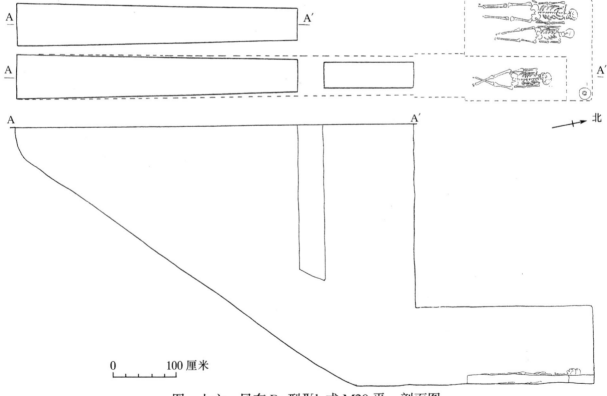

图一七六　凤东 Ba 型 IVb 式 M20 平、剖面图
1. 陶深腹罐　一, 一号殉人骨架

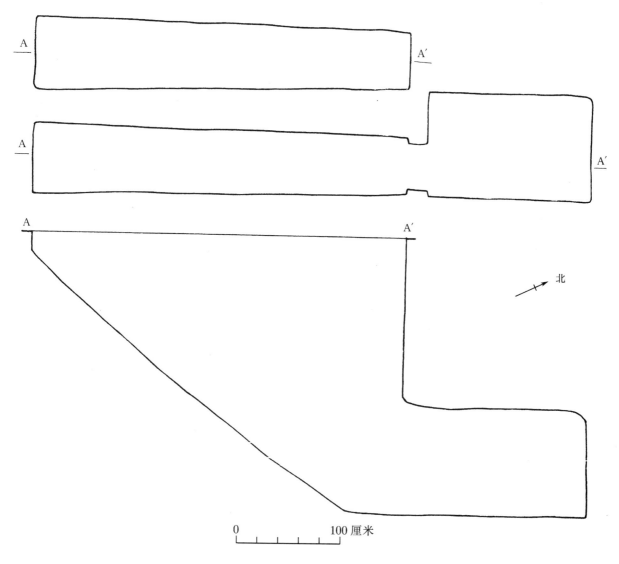

图一七七　凤东 Ba 型 V 式 M18 平、剖面图

**V 式**　1 座。墓室平面为长方形，室南东侧接甬道，墓道底部斜坡式，坡度陡，形制较小。

**凤东 M18**　方向 198°。墓室南北长 1.60、东西宽 1.00、高 1.02 米。室内棺具尺寸及人架情况不清。甬道长 0.20、宽 0.43、高 1.04 米。墓道上口长 3.60、宽 0.54～0.70米，底长 4.62、宽 0.55～0.70 米。口距底深 2.62 米（图一七七）。

**Bb 型**　2 座。为砖室墓。分为两式：

**Ⅰ 式**　1 座。墓室平面基本作长方形，北端较南端略宽，室四周及顶部皆用砖砌成，室顶作穹隆形，室西侧砖砌棺床，室口砖砌墓门。室南东侧接甬道，其南接墓道。墓道底作斜坡式。

**凤东 M7**　方向 195°。墓室南北长 2.20、宽 1.84～1.88、高 1.76 米。室内有一用方砖叠砌的棺床。棺床西、北两面与室壁相接，南不及室壁，南北长 1.98、宽 0.80～0.84

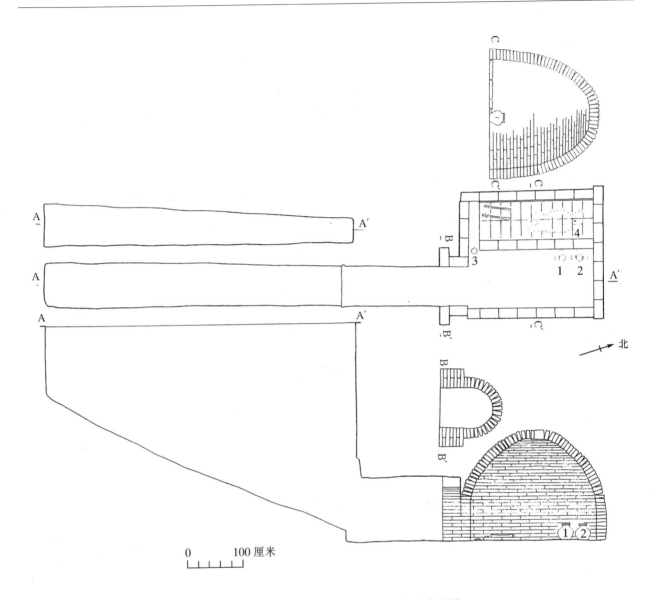

图一七八　凤东 Bb 型 I 式 M7 平、剖面图

1、2.A 型陶圆腹罐　3.残陶钵　4.开元通宝

米，其上置棺，墓主头北足南，棺长 1.90、宽 0.66 米。棺床外东侧北端置 A 型陶圆腹罐 2，棺床外东南角置残陶钵 1，棺内墓主口部有开元通宝钱 1。甬道长 1.42、宽 0.68、高 1.13 米。墓道上口长 5.48、宽 0.43～0.72 米，底长 5.80、宽 0.68～0.76 米。上口距底深 3.81 米（图一七八）。

　　Ⅱ式　1 座。墓室平面近似方形，四壁作弧形。室北部中间砖砌一长条状南北向的平台；沿室西壁砖砌一与室南、北两壁相接的平台，中间砖砌一东西向矮墙；室东部亦用砖砌一平台。平台可能与棺床有关。墓道北端部分以砖砌墓道壁，其南部遭受破坏。

　　凤东 M27　方向 192°。墓室长、宽皆为 4.44、中高 3.30 米。中间砖台为长方形，南北长 2.10、东西宽 0.68、高 0.35 米。东、西侧砖台高 0.30 米。西侧砖台略呈长方形，南北长与墓室相同，东西宽 1.30～1.40 米；东侧的砖台亦略呈长方形，南北 2.10

～2.30、东西宽1.16～1.40米。棺木尺寸及人架情况不清楚。中间砖台南部置Ⅱ式陶马1、铜盒1，西侧砖台北部置瓷碗1。墓道长1.95、宽0.80、高1.80米（图一七九）。

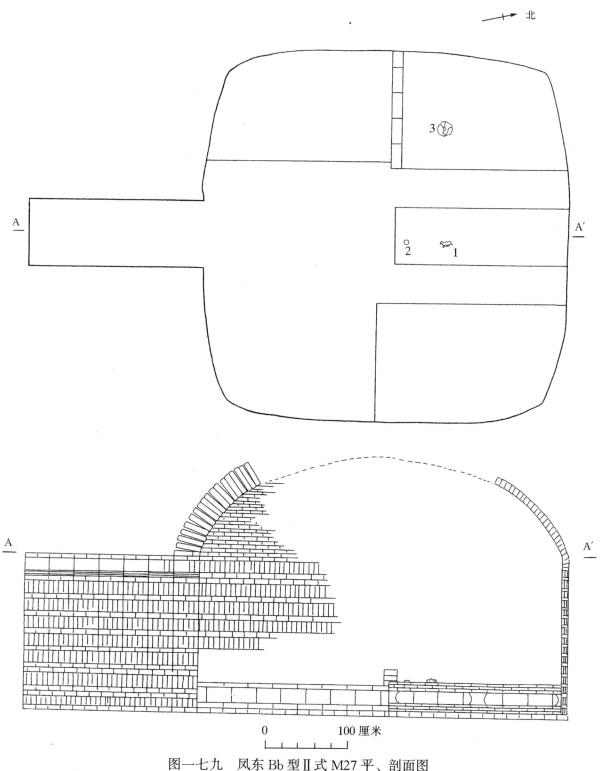

图一七九　凤东Bb型Ⅱ式M27平、剖面图

1.Ⅱ式陶马　2.铜盒　3.瓷碗

**C 型**

10 座。墓室与墓道一壁相接于一条直线上，平面如刀形，即刀形墓。墓道皆为长斜坡（阶）式，上口南宽北窄。可分为四式：

**Ⅰa 式** 2 座（凤东 M10 和凤东 M12）。墓室作长方形或不规则长方形，室顶近平，或有生土台棺床。有甬道，墓道底为斜坡式，底部东西两壁有数次收分。带三天井。

**凤东 M12** 方向 192°。墓室平面呈长方形，南北长 2.60、东西宽 1.75、高 1.35 米。室内未见人骨和棺木痕迹，也未见任何随葬品。甬道长 1.56、宽 0.90、高 1.32 米。墓道上口长 7.30、宽 0.66~0.84 米。其北凿有三个天井，长由南至北分别为 1.60、1.58、1.55 米，宽皆为 0.40 米。墓道上口长 7.30、宽 0.66~0.84 米，底长 15.80、宽 0.90~1.18 米，底两壁有四次收分，收分每边宽度 0.06~0.10 米。口距底深 6.14 米（图一八〇）。

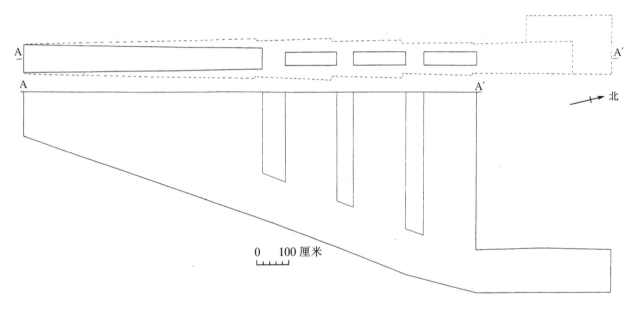

图一八〇 凤东 C 型 Ⅰa 式 M12 平、剖面图

**凤东 M10** 方向 193°。墓室平面作不规则长方形，室东壁即"刀背"之壁略呈折线形，南北长 2.24、东西宽 1.52~1.64、高 1.08 米。室两侧有生土台棺床，棺床西、南、北三面与墓室壁连接，宽 0.88、高 0.14 米，其上置棺。棺内墓主有二人，西边一人头北足南，俯身直肢，男性 45~50 岁，其身左侧斜置一小孩骨架，仰身直肢，约 5 岁。棺长 2.18、宽 0.86 米。墓主二人足下左侧置骨簪 2。甬道长 0.35、宽 0.64~0.70、高 1.08 米。墓道上口长 5.50、宽 0.52~0.70 米，其北有天井三个，长度自南而北分别为 1.20、1.25、1.40 米，宽为 0.40、0.40、0.38 米。墓道底长 11.60、宽 0.72~0.86 米，底部两壁有四次收分，收分每边宽度 0.04~0.06 米。口距底深 5.88 米（图一八一）。

**Ⅰb 式** 1 座。墓室近似长方形，顶微隆，有短甬道，墓道底为斜坡式，坡度陡，底部两壁有三次收分。

**凤东 M25** 方向 195°。墓室南北长 2.10、东西宽 1.26~1.40、高 1.07~1.20 米。棺置室内西侧，墓主头北足南，面向东，仰身直肢。棺长 1.98、宽 0.34~0.52 米。室

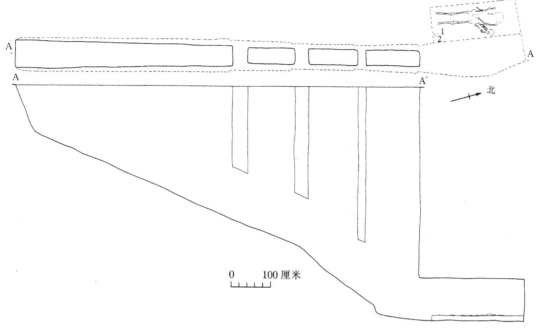

图一八一 凤东C型Ⅰa式M10平、剖面图

1、2. 骨簪

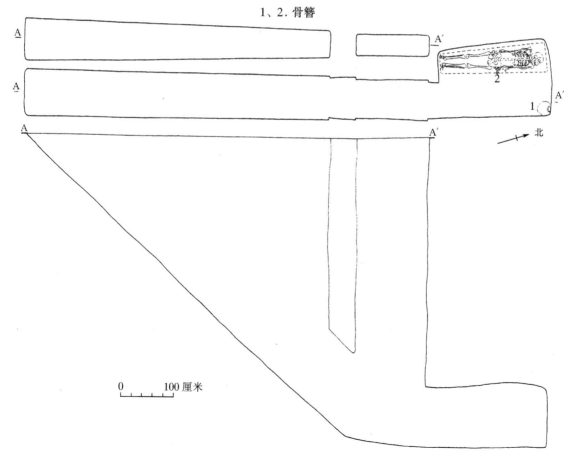

图一八二 凤东C型Ⅰb式M25平、剖面图

1.B型陶塔式罐 2. 开元通宝钱

东北角置 B 型陶塔式罐 1，墓主左手处有开元通宝钱 1。甬道长 0.20、宽 0.66、高 1.08 米。墓道上口长 5.80、宽 0.52～0.78 米，底长 9.80、宽 0.80～0.84 米，底部两壁收分每边宽约 0.06 米。口距底深 5.82 米（图一八二）。

**Ⅱ式**　5 座（凤东 M16、凤东 M21、凤东 M23、凤东 M24 和凤东 M26）。墓室平面近似长方形，南端窄，北端宽，四角作弧形转，室顶微弧形高起，皆有甬道，墓道底偶见有台阶者，墓道与甬道接界处有一次收分。

**凤东 M16**　方向 198°。墓室南北长 2.50、东西宽 1.34～1.62、高 1.25 米。室东侧置随葬品，计有Ⅰ式陶天王俑 1、A 型Ⅰ式陶镇墓兽 1、Ⅰ式陶马 1、B 型陶骆驼 1、Ab 型陶幞头男侍俑 2、A 型陶高髻女侍俑 1、B 型陶高髻女侍俑 1 和 A 型Ⅲ式陶塔式罐 1。室内人骨情况及棺木尺寸不清。甬道长 0.81、宽 0.62、高 1.09 米。墓道上口长 5.60、宽 0.48～0.72 米，底长 7.88、宽 0.64～0.76 米，坡度陡。口距底深 4.18 米（图一八三）

**Ⅲ式**　2 座（凤东 M5 和凤东 M8）。墓室平面基本作长方形，北端略宽于南端，室顶微弧，或室西侧有通至南北两端的生土台棺床，无甬道，墓道底作斜坡式，坡度较陡。墓形制较小。

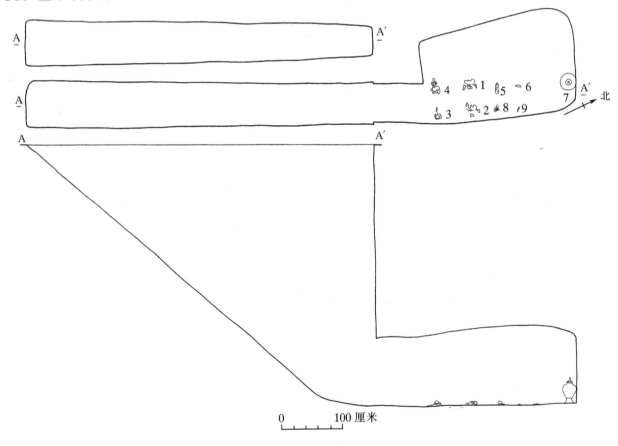

図一八三　凤东 C 型Ⅱ式 M16 平、剖面图

1.Ⅰ式陶马　2.B 型陶骆驼　3.A 型Ⅰ式陶镇墓兽　4.Ⅰ式陶天王俑　5.B 型陶高髻女侍俑

6、9.Ab 型陶幞头男侍俑　7.A 型Ⅲ式陶塔式罐　8.A 型陶高髻女侍俑

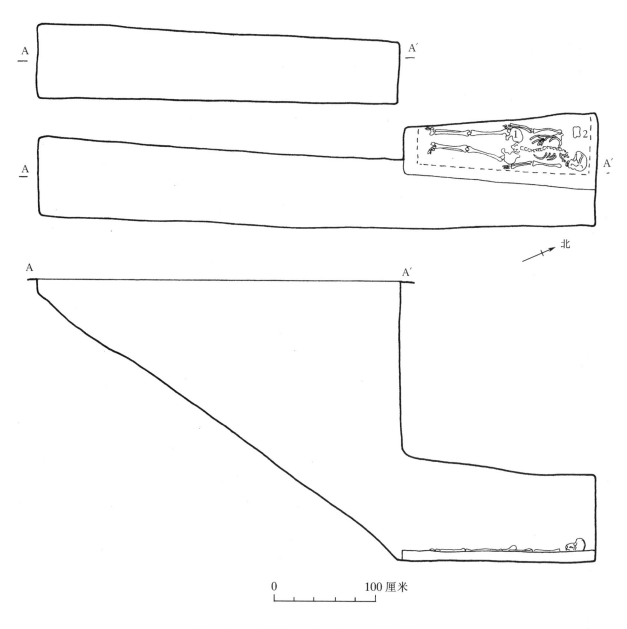

图一八四　凤东C型Ⅲ式M5平、剖面图
1. 开元通宝钱　2. 铁片

**凤东M5**　方向201°。墓室南北长1.90、东西宽0.96~1.08、高0.82~0.98米。棺床宽0.48~0.72、高0.10米。其上置棺，墓主头北足南，面向东，俯身直肢，女性，30~35岁。棺长1.72、宽0.38~0.54米。墓主右手握持开元通宝铜钱1，头右侧有铁碎片数片。墓道上口长3.53、宽0.58~0.72米，底长3.82、宽0.56~0.78米，口距底深2.63米（图一八四）。

**D型**

1座。墓室为直洞，其南接墓道为竖穴式，墓室与墓道中轴线为一条重合直线，即竖穴直洞墓。室顶微弧近平，底平。墓道南窄北宽，四壁端直，底由南向北呈缓形斜低。

**凤东 M22**　方向 200°。墓室南北长 2.02、东西宽 0.64～0.68、高 0.88 米。墓主头北足南。棺长 1.74、宽 0.38～0.52 米。墓道上口长 2.00、宽 0.46～0.58 米，底长 2.02、宽 0.52～0.62 米，口距底深 2.42 米（图一八五）。

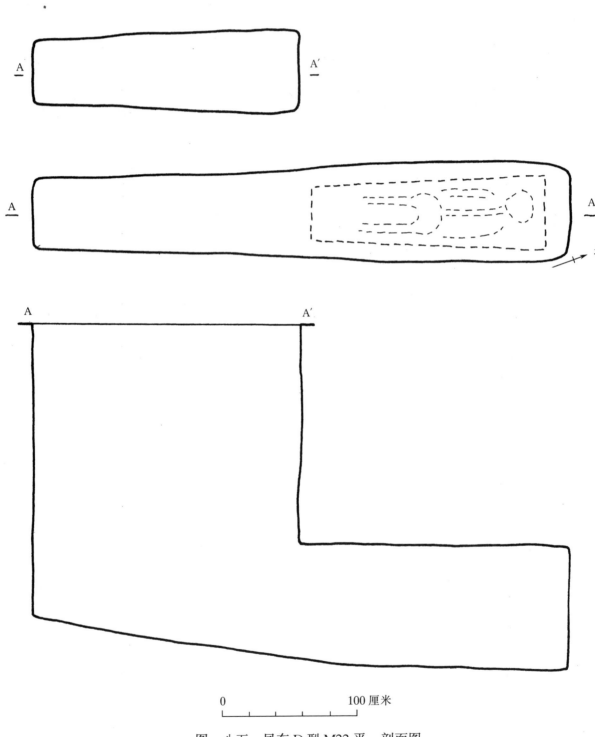

图一八五　凤东 D 型 M22 平、剖面图

### 二、葬具、葬式和葬俗

#### （一）葬　具

27 座墓中，除凤东 M12 未设葬具外，其余 26 座墓均有木棺葬具。木棺均朽为板灰，高度均不能辨明，大多数可知其长、宽，部分墓由于保存不好，仅见零星板灰痕迹，其长、宽尺寸不清。木棺形制一般是头端宽，尾端窄，棺长多数在 1.70～2.00 米之间，大端宽多为 0.50 米左右，小端宽多为 0.30～0.40 米。

凤东 M1、凤东 M2、凤东 M5 和凤东 M15，四座墓设有生土台棺床，凤东 M7 和凤东 M27 两座砖室墓中有砖砌棺床，据发现，有棺床设置的墓中的木棺，置于棺床之上，其余则直接置木棺于墓室地面。

#### （二）葬　式

这批墓葬的墓向均为南北向。墓主骨架多数朽为粉末，头向大部分可分辨，面向、年龄和性别则多不可辨明。在能辨明头向的 20 座墓中，墓主头向北者有凤东 M1、凤东 M5、凤东 M7、凤东 M8、凤东 M10、凤东 M17、凤东 M20、凤东 M21、凤东 M22、凤东 M23、凤东 M24、凤东 M25 和凤东 M26 等 13 座，向西者有凤东 M3、凤东 M4、凤东 M6、凤东 M9、凤东 M11、凤东 M13 和凤东 M14 等 7 座，后者均见于 A 型即靴形墓。在能辨别墓主面向的 9 座墓中，面向各不相同，即使是二人合葬的同一座墓中，面向亦不一致。

墓主身姿的安置形式，在能够辨清葬式的凤东 M1、凤东 M3、凤东 M5、凤东 M6、凤东 M8、凤东 M10、凤东 M14、凤东 M20、凤东 M21、凤东 M23、凤东 M24 和凤东 M25 等 12 座墓、十六个墓主中，有仰身直肢和俯身直肢两种葬式，仰身直肢者十四例，后者仅有两例，皆见于凤东 M6 和凤东 M10 两座合葬墓中。两座墓情况相同，即一个为仰身直肢，另一个则为俯身直肢。

#### （三）葬　俗

27 座墓中，能确知墓主骨架数目者有 21 座。其中单人葬 15 座，双人合葬者 6 座。合葬性质属夫妻合葬者为凤东 M6 和凤东 M20 两座，凤东 M10 或可理解为父子（？）合葬，而凤东 M1、凤东 M11 和凤东 M17 三座，由于骨骼朽化严重，性别、年龄不能辨别而性质不明。在骨骼保存较好的两座夫妻合葬墓中，凤东 M6 的男性墓主骨架完整而整齐，女性墓主骨架虽也完整，却略显凌乱。凤东 M20 的女性墓主骨架整齐完整，男性墓主骨架则稍显零乱。较零乱或不完整的骨架，是由于迁葬或其他原因所致，尚需今后更多的资料证实。

合葬棺具的使用，在可辨棺具的三座墓中，凤东 M1 和凤东 M6 两座墓中的两墓主各葬一棺，凤东 M10 两墓主同葬于一棺。

无骨架和葬具的墓葬发现一座，即凤东 M12，是该墓地形制最大的一座墓，墓中未发现任何骨骼及葬具痕迹，也未发现任何随葬品。

### 三、随葬品的组合与位置

22 座墓有随葬品，每座墓随葬 1～20 件不等。现对其组合情况和位置归纳叙述于后。

**（一）组　合**

随葬品组合墓基本可分为三类。

第一类：具有陶天王俑、陶镇墓兽及陶马和陶骆驼，再配以数件陶男俑或陶女俑以及其他器物。随葬品数量为 7～20 件。有凤东 M1、凤东 M16 和凤东 M17 三座墓。

第二类：仅有一件陶镇墓兽或陶马，再加一、二件器物。有凤东 M2 和凤东 M27 两座墓。

第三类：没有俑类，仅有一两件陶罐或加一枚钱币，或其他一两件日常用品如骨簪和铜镜等。此类墓有凤东 M3、凤东 M4、凤东 M5、凤东 M6、凤东 M7、凤东 M8、凤东 M9、凤东 M10、凤东 M11、凤东 M13、凤东 M14、凤东 M15、凤东 M19、凤东 M20、凤东 M21、凤东 M24 和凤东 M25 共 17 座。

**（二）位　置**

随葬品摆放的位置，具有一定的规律。

陶俑是置于墓主棺外一侧或有些合葬墓的两个棺木之间。陶镇墓俑摆置于墓室内近室口处，陶镇墓兽在东，陶天王俑在西，并排而置，面皆朝南。其后为陶马和陶骆驼，亦东西并排放置，再后为陶女俑或陶男俑，排列成行，如凤东 M1 和凤东 M16 等。凤东 M2 仅有一件陶镇墓兽，摆置在墓室内东南角。

陶器常见的是陶罐、陶壶等，凡有俑的墓葬，随葬的陶器一般有陶塔式罐，其摆放位置在所有俑的后面靠墓室北壁处。除此外，陶罐和陶壶的放置位置因墓葬形制的不同而位置有所不同。在 A 型墓即靴形墓中，都是置于墓主头一端的棺外，即靠墓室西壁处。B、C 型墓即铲形墓和刀形墓中，多放置在墓主棺外东侧，如凤东 M19 和凤东 M25 等。在有的棺木横置的铲形墓中，则放置于墓室南部靠近室口的地方。

小件器物如骨簪、蚌壳，还有铜镜，多置于棺内墓主头部。

钱币通常是置于墓主头处或握于墓主手中。

# 第三节　殉　人

在该墓地已发掘的二十七座墓葬中，殉人发现一例，见于凤东 B 型 M20，"墓葬类型与举例"中已作叙述。

# 第四节　随葬品

墓地二十七座墓葬中，有随葬品的二十二座墓，出土随葬品共计 75 件。

**一、陶　俑**

皆施彩绘，彩色大部分保存较好，有些陶俑彩色鲜艳如初，十分精美。现分类叙述于后：

**（一）镇墓俑**

表五　凤翔东郊隋唐墓登记表

单位：米

| 型别 | 式别 | 墓号 | 方向(度) | 墓口 | | 墓道底 | | 深 | 台阶数 | 天井 | | | 甬道 | | | 墓室 | | | 人架 | 头向 | 墓主 | | | 葬式 | 葬具 | | | 随葬器物 | 殉人 | 期别 | 备注 |
|---|---|---|---|---|---|---|---|---|---|---|---|---|---|---|---|---|---|---|---|---|---|---|---|---|---|---|---|---|---|---|---|
| | | | | 长 | 宽 | 长 | 宽 | | | 数量 | 长 | 宽 | 长 | 宽 | 高 | 长 | 宽 | 高 | | | 面向 | 性别 | 年龄 | | 长 | 宽 | 高 | | | | |
| A | I | 4 | 198° | 4.10 | 0.54~0.80 | 5.30 | 0.72~0.80 | 3.30 | | | | | | | | 2.19 | 0.80~1.23 | 1.00 | 1 | 西 | ? | ? | ? | ? | 1.69 | 0.40~0.53 | | I式陶壶2，开元通宝钱1 | — | | |
| A | I | 6 | 191° | 5.36 | 0.53~0.74 | 6.30 | 0.76~0.82 | 3.22 | | | | | | | | 2.28 | 1.10~1.62 | 0.97 | 2 | 西 | 南 | 女／男 | 35±／40± | 俯身直肢／仰身直肢 | 1.54／1.70 | 0.28~0.40／0.26~0.44 | | I式陶壶2，开元通宝钱5 | — | | 夫妻合葬 |
| A | I | 9 | 198° | 4.98 | 0.48~0.70 | 6.30 | 0.64~0.72 | 3.64 | | | | | | | | 2.24 | 0.96~1.28 | 1.28 | 1 | 西 | ? | ? | ? | ? | 1.54 | 0.32~0.46 | | IV式陶壶2 | — | | |
| A | I | 11 | 197° | 5.40 | 0.60~0.78 | 6.94 | 0.66~0.78 | 3.40 | | | | | | | | 2.24 | 0.95~1.32 | 1.33 | 2 | 西 | ? | ? | ? | ? | ? | ? | | 陶葫芦1 | — | | |
| A | I | 13 | 205° | 4.70 | 0.52~0.68 | 6.48 | 0.60~0.72 | 4.20 | | | | | | | | 2.14 | 0.80~1.30 | 1.32 | 1 | 西 | ? | ? | ? | ? | 1.70 | 0.40~0.52 | | II式陶壶2 | — | | |
| A | I | 14 | 189° | 3.50 | 0.40~0.60 | 4.40 | 0.52~0.60 | 2.39 | | | | | | | | 2.33 | 0.74~0.92 | 0.90 | 1 | 西 | 北 | ? | ? | 仰身直肢 | 1.45 | 0.38~0.47 | | I式陶壶2 | — | | |
| A | II | 3 | 200° | 3.50 | 0.40~0.62 | 4.72 | 0.56~0.60 | 3.10 | | | | | | | | 2.33 | 0.96~1.42 | 0.64~0.94 | 1 | 西 | ? | ? | ? | 仰身直肢 | 1.78 | 0.32~0.52 | | 残蚌壳1 | — | | |
| Ba | I | 15 | 195° | 3.10 | 0.50~0.72 | 3.80 | 0.70~0.72 | 5.52 | | | | | 0.81 | 0.67 | 1.39 | 3.10 | 2.86 | 1.88 | ? | ? | ? | ? | ? | ? | ? | ? | | III式陶壶2 | — | | 人骨和葬具情况不清 |

续表五

| 型别 | 式别 | 墓号 | 方向(度) | 墓道口长 | 墓道口宽 | 墓道底长 | 墓道底宽 | 深 | 台阶数 | 天井数量 | 天井长 | 天井宽 | 甬道长 | 甬道宽 | 甬道高 | 墓室长 | 墓室宽 | 墓室高 | 人架 | 头向 | 面向 | 性别 | 年龄 | 葬式 | 葬具长 | 葬具宽 | 葬具高 | 随葬器物 | 殉人 | 期别 | 备注 |
|---|---|---|---|---|---|---|---|---|---|---|---|---|---|---|---|---|---|---|---|---|---|---|---|---|---|---|---|---|---|---|---|
| Ba | II | 1 | 205° | 5.26 | 0.50~0.76 | 8.10 | 0.58~0.74 | 4.18 | 3 | 1 | 1.34 | 0.40 | 0.58 | 0.40 | 1.02 | 2.20 | 1.52~1.56 | 1.08 | 2 | 北 | ? | ? | ? | 仰身直肢 | 2.01 / 1.99 | 0.35~0.47 / 0.33~0.46 | | I式陶天王俑1，B型陶镇墓兽1，I式陶马2，A型陶骆驼1，Aa型陶俑头男侍俑1，陶幞头男侍俑1，Ab型陶幞头男侍俑3，B型陶高髻女侍俑1，C型陶高髻女侍俑1，A型陶垂发梳髻女侍俑1，B型陶垂发梳髻女侍俑3，陶牛1，A型I式陶塔式罐1，残蚌壳2，残铁片1 | | 三 | 二人合葬 |
| Ba | II | 17 | 196° | 4.80 | 0.50~0.78 | 8.58 | 0.76~0.84 | 5.28 | | 1 | 1.38 | 0.40 | 0.62 | 0.40 | 1.10 | 2.58 | 1.76~1.90 | 1.26 | 2 | 北 | ? | ? | ? | ? | ? | ? | | II式陶天王俑1，A型II式陶镇墓兽1，I式陶马1，陶小女俑1，A型II式陶塔式罐1 | | 三 | 二人合葬 |
| Ba | III | 2 | 202° | 5.20 | 0.52~0.69 | 8.08 | 0.70~0.72 | 3.97 | | 1 | 1.44 | 0.40 | 0.20 | 0.61 | 1.13 | 2.22 | 1.14~1.24 | 1.37 | 1 | ? | ? | ? | ? | ? | ? | ? | | A型I式陶镇墓兽1，开元通宝钱1 | | 三 | |
| Ba | IVa | 19 | 196° | 5.42 | 0.48~0.68 | 11.90 | 0.68~0.72 | 6.00 | | 2 | 1.40 | 0.40 | 1.08 | 0.59 | 1.40 | 2.00 | 1.60 | 1.48 | ? | ? | ? | ? | ? | ? | 1.68 | 0.52~0.61 | | B型陶塔式罐1 | | 三 | |

续表五

| 型别 | 墓号 | 式别 | 方向(度) | 墓道口长 | 墓道口宽 | 墓道底长 | 墓道底宽 | 墓道深 | 台阶数 | 天井数量 | 天井长 | 天井宽 | 甬道长 | 甬道宽 | 甬道高 | 墓室长 | 墓室宽 | 墓室高 | 人架 | 头向 | 面向 | 性别 | 年龄 | 葬式 | 葬具长 | 葬具宽 | 葬具高 | 随葬器物 | 殉人 | 期别 | 备注 |
|---|---|---|---|---|---|---|---|---|---|---|---|---|---|---|---|---|---|---|---|---|---|---|---|---|---|---|---|---|---|---|---|
| Ba | 20 | IVb | 190° | 4.40 | 0.44~0.52 | 7.20 | 0.50~0.68 | 3.88 | | 1 | 1.40 | 0.40 | 0.80 | 0.66 | 1.20 | 2.00 | 1.60 | 1.19 | 2 | 北 | 东上 | 男/女 | 45~50/40~45 | 仰身直肢 | ? | ? | | 陶深腹罐 1 | 1 | 二 | 夫妻合葬 |
| Ba | 18 | V | 198° | 3.60 | 0.54~0.70 | 4.62 | 0.55~0.70 | 2.62 | | | | | 0.20 | 0.43 | 1.04 | 1.60 | 1.00 | 1.02 | ? | ? | ? | ? | ? | ? | ? | ? | | | | | 人骨和葬具情况不清楚 |
| Bb | 7 | I | 195° | 5.48 | 0.43~0.72 | 5.80 | 0.68~0.76 | 3.81 | | | | | 1.42 | 0.68 | 1.13 | 2.20 | 1.84~1.88 | 1.76 | 1 | 北 | ? | ? | ? | ? | 1.90 | 0.66 | | A型陶圆腹罐 2,残陶钵 1,开元通宝钱 1 | | 二 | 砖棺床 |
| Bb | 27 | II | 192° | 1.95 | 0.80 | 1.80 | 0.80 | 1.80 | | | | | | | | 4.40 | 4.40 | 3.30 | ? | ? | ? | ? | ? | ? | ? | ? | | II式陶马 1,瓷碗 1,铜盒 1 | | 三 | |
| C | 10 | Ia | 193° | 5.50 | 0.52~0.70 | 11.60 | 0.72~0.86 | 5.88 | | 3 | 1.20/1.25/1.40 | 0.40/0.40/0.38 | 0.35 | 0.64~0.70 | 1.08 | 2.24 | 1.52~1.64 | 1.08 | 2 | 北 | 西/东 | 男/? | 45~50/5 | 俯身直肢/仰身直肢 | | | | | | | |
| C | 12 | Ia | 192° | 7.30 | 0.66~0.84 | 15.80 | 0.90~1.18 | 6.14 | | 3 | 1.60/1.58/1.55 | 0.40 | 1.56 | 0.90 | 1.32 | 2.60 | 1.75 | 1.35 | | | | | | | | | | 残臂骨 2 | | | 未见人骨和葬具痕迹 |
| C | 25 | Ib | 195° | 5.80 | 0.52~0.78 | 9.80 | 0.80~0.84 | 5.82 | | | | | 0.20 | 0.66 | 1.08 | 2.10 | 1.26~1.40 | 1.07~1.20 | 1 | 北 | 东 | ? | ? | 仰身直肢 | 1.98 | 0.34~0.52 | | B型陶塔式罐 1,开元通宝钱 1 | | 三 | |

续表五

| 型别 | 式别 | 墓号 | 方向(度) | 墓道口长 | 墓道口宽 | 墓道底长 | 墓道底宽 | 墓道深 | 台阶数 | 天井数量 | 天井长 | 天井宽 | 甬道长 | 甬道宽 | 甬道高 | 墓室长 | 墓室宽 | 墓室高 | 人架 | 头向 | 面向 | 性别 | 年龄 | 葬式 | 葬具长 | 葬具宽 | 葬具高 | 随葬器物 | 殉人 | 期别 | 备注 |
|---|---|---|---|---|---|---|---|---|---|---|---|---|---|---|---|---|---|---|---|---|---|---|---|---|---|---|---|---|---|---|---|
| C | Ⅱ | 16 | 198° | 5.60 | 0.48~0.72 | 7.88 | 0.64~0.76 | 4.18 | | | | | | | | 2.50 | 1.34~1.62 | 1.25 | ? | ? | ? | ? | ? | ? | ? | ? | | Ⅰ式陶天王俑1，A型Ⅰ式陶镇墓兽1，Ⅰ式陶骆驼1，B型陶马1，Ab型陶蹀头男侍俑2，A型陶高髻女侍俑1，B型陶高髻女侍俑1，A型Ⅲ式陶塔式罐1 | | 三 | 人骨和葬具情况不清楚 |
| C | Ⅱ | 21 | 195° | 4.32 | 0.40~0.74 | 5.90 | 0.72~0.76 | 3.30 | | | | | 0.34 | 0.68 | 0.90 | 2.28 | 1.10~1.26 | 1.00 | 1 | 北 | 西 | ? | ? | 仰身直肢 | 1.70 | 0.34~0.46 | | B型陶塔式罐1 | | 三 | |
| C | Ⅱ | 23 | 191° | 3.50 | 0.42~0.62 | 5.40 | 0.60~0.66 | 3.36 | | | | | 0.44 | 0.56 | 0.94 | 2.04 | 0.92~1.12 | 1.08 | 1 | 北 | 上 | ? | ? | 仰身直肢 | 1.82 | 0.32~0.48 | | | | 三 | |
| C | Ⅱ | 24 | 197° | 4.40 | 0.42~0.68 | 6.46 | 0.66~0.70 | 4.04 | | | | | 0.44 | 0.58 | 1.10 | 2.10 | 0.98~1.22 | 1.14 | 1 | 北 | 上 | ? | ? | 仰身直肢 | 1.90 | 0.34~0.50 | | B型陶塔式罐1，铜铃1，串饰料珠5（残） | | 三 | |
| C | Ⅱ | 26 | 194° | 4.90 | 0.40~0.58 | 6.40 | 0.64~0.68 | 3.80 | | | | | | | | 2.34 | 1.10 | 1.00~1.10 | 1 | 北 | ? | ? | ? | ? | 1.94 | 0.34~0.46 | | | | 三 | |
| C | Ⅲ | 5 | 201° | 3.53 | 0.58~0.72 | 3.82 | 0.56~0.78 | 2.63 | | | | | | | | 1.90 | 0.96~1.08 | 0.82~0.98 | 1 | 北 | 东 | 女 | 30~35 | 仰身直肢 | 1.72 | 0.38~0.54 | | 开元通宝钱1，残铁片 | | | |
| C | Ⅲ | 8 | 196° | 3.80 | 0.58~0.66 | 4.60 | 0.64~0.72 | 3.10 | | | | | | | | 2.20 | 0.94~1.00 | 1.22 | 1 | 北 | 上 | 男 | ? | 仰身直肢 | 1.94 | 0.41~0.51 | | 铜镜1 | | 三 | |
| D | | 22 | 200° | 2.00 | 0.46~0.58 | 2.02 | 0.52~0.62 | 2.42 | | | | | | | | 2.02 | 0.64~0.68 | 0.88 | 1 | 北 | ? | ? | ? | ? | 1.74 | 0.38~0.52 | | | | | |

有镇墓兽和天王俑两类。

**1．镇墓兽**

4件。有人面和兽面两种，据此分为两型。

**A 型**

3件。人面兽身，踞坐于马蹄形薄托板上。分为两式：

Ⅰ式　2件（出自凤东 M2 和凤东 M16）。脸浑圆，两耳斜伸，头发作叶状高竖，浓眉大眼，面容俊秀。双肩各有薄片状竖毛三束，胸鼓起，前肢足作奇蹄形，蹲坐。

**凤东 M2∶1**，彩绘保存好，口唇朱红彩，双颊施粉红色，墨画眉目须发，胸部以赭色描绘莲花纹，前肢以褐色画斑纹，背部、竖毛及托板侧面以赭色点画圈点形图案，华丽美观。通高 31、俑高 29.8 厘米（图一八六，1；彩版一一，1；图版一〇三，1）。

Ⅱ式　1件。

**凤东 M17∶2**，面部肌肉发达，双目圆睁，嘴角下抽，头发呈螺旋状高竖，双肩各有竖毛三束。胸部略窄。发涂黑色，胸、腹部以黑、红色点绘梅花形图案，前肢施赭色彩，各束竖毛中间纵画黑彩一道，装饰华丽。通高 31.2、俑高 29 厘米（图一八六，2；图版一〇三，2）。

**B 型**　1件。

**凤东 M1∶17**，猪首面，兽身。嘴巴宽大，双目圆鼓，两耳竖起，两耳中间竖起前、后排列的二角，脑后竖立一弯曲状高尖，前肢直撑，足作奇蹄形，胸部宽而稍鼓，后肢屈蹲。口、鼻、目、耳涂朱红，墨画眉、目、须、发，胸、腹以朱红、粉红、绿色描绘梅花形花纹，角及四肢上以墨或褐彩画毛发状纹道，束毛以绿、黑色彩绘。高 36.8、俑高 36 厘米（图一八六，3；彩版一一，2；图版一〇三，3）。

**2．天王俑**

3件。分为两式：

Ⅰ式　2件（出自凤东 M1 和凤东 M16）。面部丰满，双目圆睁，头戴尖状翻沿盔胄。身着铠，中心纵束甲带，腰系带，腹部圆鼓。双臂屈肘握拳，置于胸前两侧。裙垂膝部，鹘尾，下缚裹腿。身稍向右倾。足下踩一牛，右腿屈抬足踏于牛头之上，左腿直立，足踩牛背部。神情严肃而威武。

**凤东 M1∶16**，通体梅花纹彩绘。面部和手上涂土黄色，口唇涂以深红色，墨画眉目须发，鼻孔点黑，盔胄以黑、蓝、赭色画以云气纹等图案。腹部正中以蓝、绿、赭色画大半个宝相花，其上及左右围以叶瓣纹。胸及腹下部均匀布施数朵梅花图案。甲带赭色，鹘尾底涂赭色，以蓝、绿、黑色彩点绘枝叶纹。裹腿以赭色图案装饰，双肩部以黑、红彩画金钱豹皮纹图案，背部画虎皮纹图案。足下所踏立牛，墨画眉目，口、鼻、耳涂黄彩，角点赭色，周身施粉色。通高 48.9、俑高 40.5 厘米。此俑造型比例得当，形体健壮有力，神情英武。彩绘手法点画与晕染相结合，用笔娴熟，线条流畅生动，图案疏繁得当，色彩和谐自然，极为华丽美观。由于系矿物质颜料，彩色保留完整，鲜艳如初，是一件不可多得的完美的艺术精品（图一八七；彩版一二；图版一〇四，1）。

Ⅱ式　1件。

**凤东 M17∶3**，面部肌肉发达，脸下部垂圆，双目瞪圆，状甚威严。头戴半圆形盔胄，后沿突出如扇形，高尖顶。身着铠，中心纵束甲带，腰系带，双拳紧握，两臂屈举

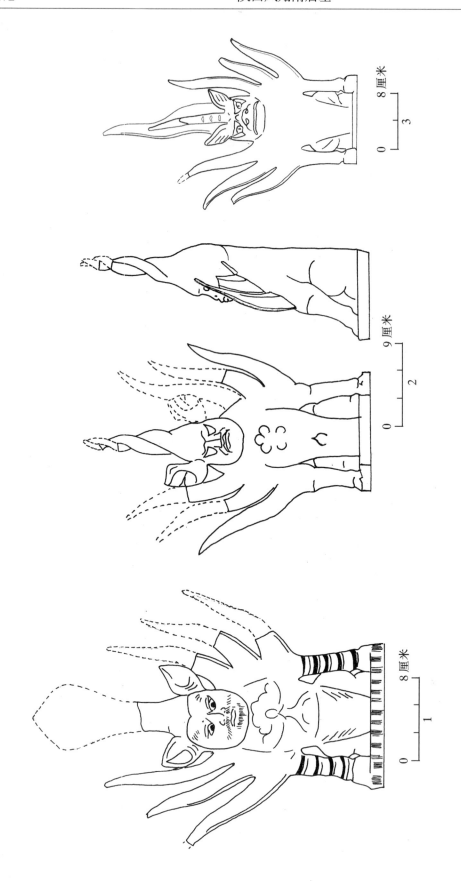

图一八六　陶镇墓兽

1. A型Ⅰ式（凤东 M2:1）　2. A型Ⅱ式（凤东 M17:2）　3. B型（凤东 M1:17）

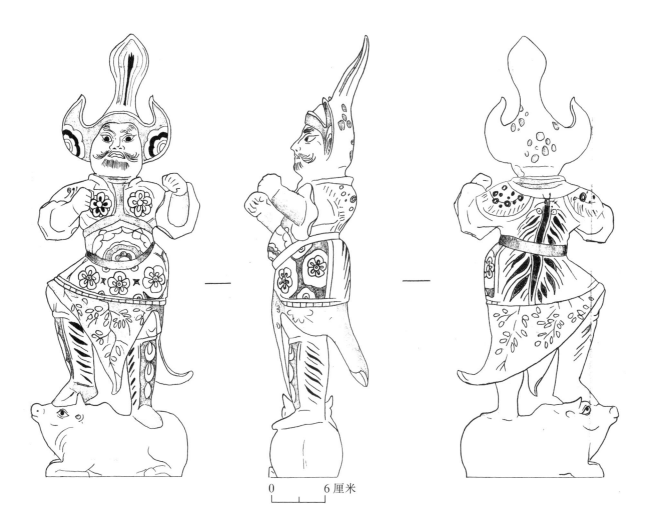

图一八七　Ⅰ式陶天王俑（凤东 M1∶16）

胸前两侧，裙垂至膝部，鹊尾。下缚裹腿。身向左倾，足下踏牛。盔胄及铠、鹊尾上见有褐色彩绘，大部分脱落，粉衣较厚。通高 45.5、俑高 38.4 厘米（图一八八；图版一〇四，2）。

**（二）幞头男侍俑**

7 件。可分为两型：

**Aa 型**　1 件。幞头内裹双髻，双髻界分较明显，髻位于头顶略前，面庞宽圆，身穿圆领宽袖长袍，双手隐袖，拱于胸前，腰间系带，双足并齐。体较扁薄。

**凤东 M1∶15**，墨绘眉目须发，幞头涂黑彩，画出双巾脚，长垂于肩背部，腰带亦涂黑彩。高 20.7 厘米（图一八九，1；图版一〇五，1）。

**Ab 型**　5 件（出自凤东 M1 和凤东 M16，凤东 M1 出土 3 件，凤东 M16 出土 2 件）。幞头内为单髻，髻近圆形，位于额头之上。面部较丰满，身着圆领半宽袖长袍，双手合拱胸前，双足并齐，体圆胖。

**凤东 M1∶6**，墨画眉目须发，幞头绘黑彩，画出双巾脚，长垂肩背。腰带黑彩。高

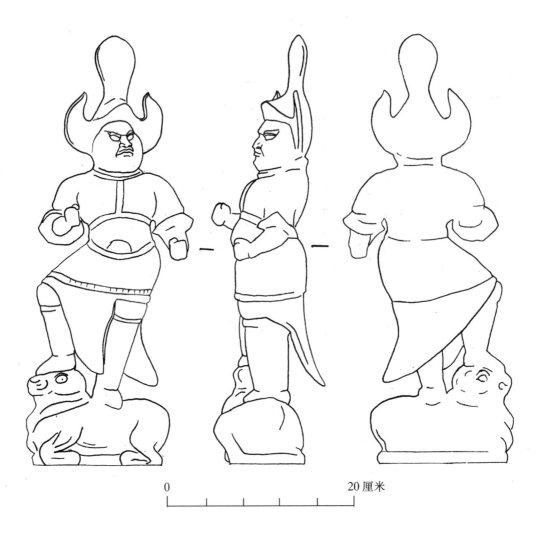

0　　　　　　　　　　　　　　20厘米

图一八八　Ⅱ式陶天王俑（凤东 M17：3）

14.6厘米（图版一〇五，2）。

**B 型**　1件。

**凤东 M1：5**，幞头平直立于后脑顶上，身着圆领宽袖长袍，腰间系带，头向左歪，右肩耸起，左肩斜低，双手合抱拱于胸左侧，左腿直立，右腿弓弯，墨画眉目，身涂粉彩，作舞蹈状。高7.6厘米（图版一〇五，3）。

（三）女　俑

7件。以发髻的不同可分为两类。

**1. 高髻女侍俑**　3件。头发拢梳头顶，束成高髻。分为三型：

**A 型**　1件。

**凤东 M16：8**，头发自头顶向前出作并列的花瓣型双髻，宽大而高耸。上穿圆领宽袖襦衫，下着长裙，腰间系带，双手隐袖拱于胸前，二履尖向左右斜出。面容端庄，身略左倾。彩绘脱落，仅见粉衣。高32.8厘米（图一八九，2；图版一〇五，4）。

**B 型**　1件。

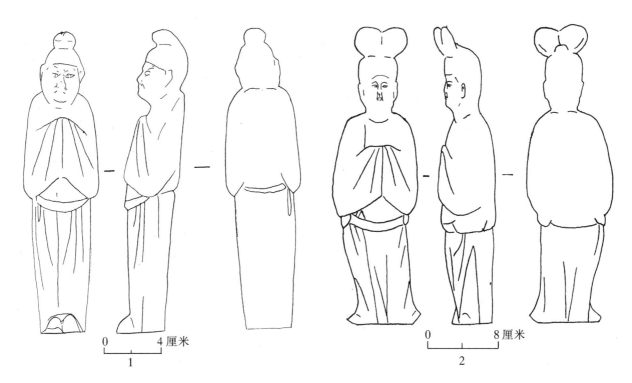

图一八九　陶幞头男侍俑和高髻女侍俑
1.Aa 型幞头男侍俑（凤东 M1:15）　2.A 型高髻女侍俑（凤东 M16:8）

**凤东 M16:5**，头顶高髻硕大，正面如扇形。上穿圆领宽袖襦衫，下着齐胸曳地长裙，双手合拱胸前，长袖垂地，足蹬花头履。面部丰腴，头向左前方上仰，体态端庄高雅。服饰见有朱红色彩绘痕迹，保留粉衣较厚。高 34.2 厘米（图一九〇，1；图版一〇六，1）。

**C 型**　1 件。

**凤东 M1:4**，自脑后向前出并列二高髻。面庞浑圆，神情肃然。上穿圆领宽袖襦衫，下着长裙，腰束带，双手隐袖拱于胸前，尖履出露。身左倾，头向左前方侧仰。口唇着红彩，额上发际处见有黑彩，腰带施黑色彩，大部分仅保留粉衣。高 30.3 厘米（图一九〇，2；图版一〇六，2）。

**2．垂发梳髻女侍俑**　4 件。头发自两鬓向后脑下垂，披至肩际，头顶梳成髻鬟。形体大小不一。分为两型：

**A 型**　1 件。

**凤东 M1:3**，发髻自后脑前倾，偏于头顶左侧。面部丰满，神情严肃。上穿开领左衽宽袖襦衫，下着齐胸长裙。右臂屈抬于胸前，掌心向下，左臂自然下垂于左腹侧，长袖飘垂，身右倾，身姿较苗条。口唇涂朱，裙着褐色，余处仅见粉衣。高 32.6 厘米（图一九〇，3；图版一〇六，3）。

**B 型**　3 件（均出自凤东 M1）。

自头顶正中向前出一发髻，髻较小。上穿宽袖襦，下着齐胸长裙，双手隐袖拱于胸前。体态丰腴，和蔼端庄。

**凤东 M1:10**，墨画眉目，发髻和裙皆绘黑彩。高 11.4 厘米（图一九〇，4；图版一〇六，4）。

**凤东 M1:11**，口唇涂红，发髻黑彩，襦、衫施朱红色。高 11.4 厘米（图一九〇，5）。

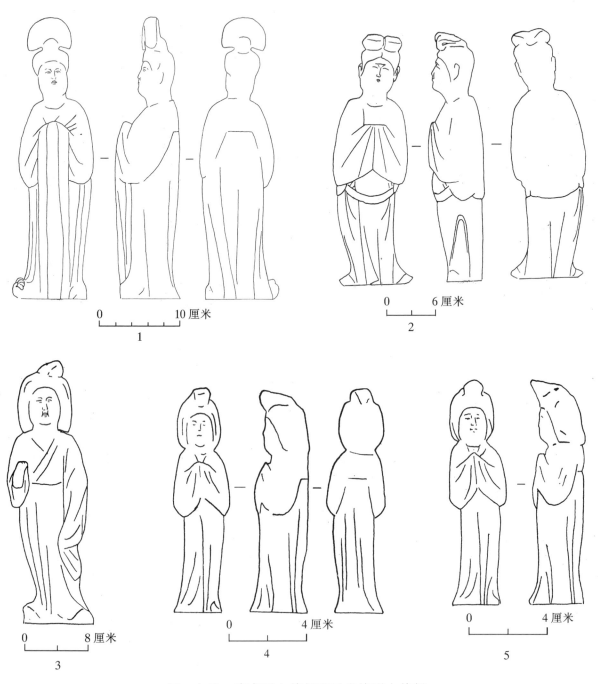

图一九〇　陶高髻女侍俑和垂发梳髻女侍俑

1.B 型高髻女侍俑（凤东 M16:5）　2.C 型高髻女侍俑（凤东 M1:4）　3.A 型垂发梳髻女侍俑（凤东 M1:3）

4.B 型垂发梳髻女侍俑（凤东 M1:10）　5.B 型垂发梳髻侍俑（凤东 M1:11）

## 二、动物模型

### （一）陶　马

5 件。分为两式：

**Ⅰ式**　4 件（出自凤东 M1、凤东 M17 和凤东 M16，凤东 M1 出土 2 件）。马引颈昂首，背部塑出鞍鞯，腹下正中有一孔，颈上正中有一用以安插"鬃毛"的窄槽，尾部有一安插尾巴的小圆孔。站立于长方形薄托板之上。体壮雄健。头小颈短、屁股肥大，前、后腿之间距离较近，踏板近于正方形，腹下圆孔略大。

**凤东 M1:12**，头、身、四肢及颈下部涂深红色彩，颈左、右两侧在粉底上以深红色描绘点形图案，头部以黑彩画出璎珞，鞍鞯粉色，鞯以黑彩绘出裘皮形花纹。通高 31.8、马高 31 厘米（图一九一，1；彩版一三，1；图版一〇七，1）。

**凤东 M16:1**，可参看图一九一，2。

**凤东 M1:13**，鞍施橘黄色，余处彩绘脱落，粉衣很厚，鞯上以黑彩描绘裘皮形花纹。头、颈、背部以黑彩画出璎珞、辔带。通高 32.7、马高 31.8 厘米（图一九一，3；图版一〇七，2；彩版一三，2）。

**Ⅱ式**　1 件。

**凤东 M27:1**，形体矮小。颈微下弯，头低垂，背塑鞍鞯，颈部正中有一纵向窄槽，腹作空腔，尾部有一不规则形小圆孔。前腿直撑，后腿弓弯，身向后倾，站于长方形薄托板上。前、后腿距离较大。未见彩绘痕迹，粉衣依稀可见。通高 19.6、马高 19 厘米（图一九二，1；图版一〇七，3）。

### （二）陶骆驼

2 件。以有、无加塑垫毯分为两型：

**A 型**　1 件。

**凤东 M1:14**，颈直伸，头微上仰，背部二峰较高，短尾搭于左臀部，站于长方形薄托板上。背部以粉彩涂绘出垫毯，自二峰间垂于左、右两侧，其上黑彩描绘裘皮形花纹，头、颈、峰及四肢上部涂深红色彩。通高 37.2、骆驼高 36 厘米（图一九二，2；彩版一三，3；图版一〇七，4）。

**B 型**　1 件。

**凤东 M16:2**，骆驼直挺，首平伸，背部二峰，腹下正中有一圆孔，孔较大。站于长方形薄托板上。彩绘脱落，粉衣较厚。通高 34.4、骆驼高 33.6 厘米（图一九二，3）。

### （三）陶牛　1 件。

**凤东 M1:20**，头前伸，颈肥粗，背平，空腔，直立于长方形框架上。通体粉衣，以黑彩绘出眉目及络头。通高 8.7、牛高 7.2 厘米（图一九二，4；图版一〇七，5）。

## 三、陶　器

22 座墓中出有陶器，共 25 件。器类较简单，有罐、壶、葫芦等 4 类。均系实用器。基本上都为泥质灰陶，色呈灰色；偶见泥质红陶，作橙红色。火候较高，质地细密、坚硬。均轮制而成。

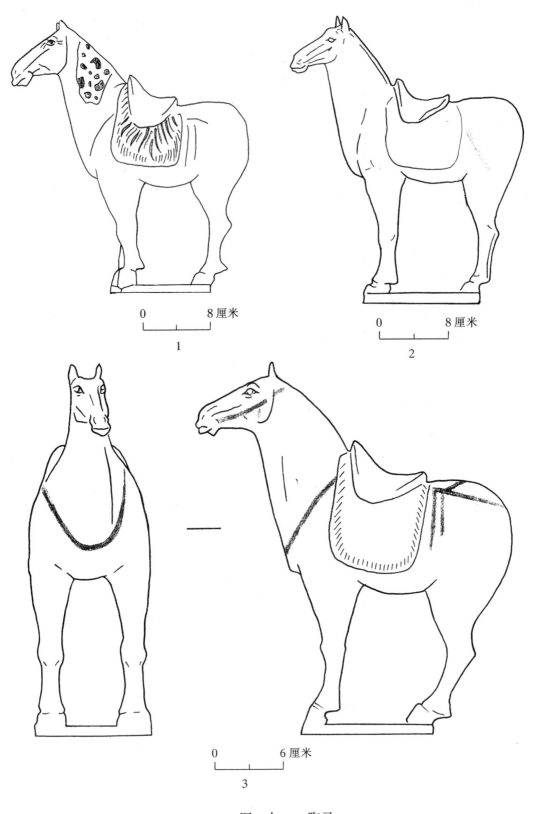

0　　　　　　8厘米
1

0　　　　　　8厘米
2

0　　　　　6厘米
3

图一九一　陶马

1. I 式陶马（凤东 M1:12）　　2. I 式陶马（凤东 M16:1）　　3. I 式陶马（凤东 M1:13）

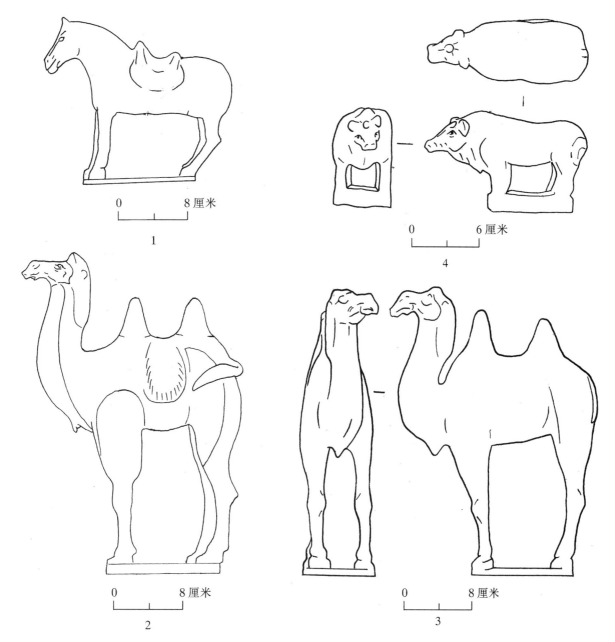

图一九二　陶马、骆驼和牛

1.Ⅱ式陶马（凤东 M27∶1）　　2.A 型陶骆驼（凤东 M1∶14）

3.B 型陶骆驼（凤东 M16∶2）　　4.陶牛（凤东 M1∶20）

纹饰主要有彩绘、阴弦纹和阳弦纹。彩绘见施于塔式罐和大腹罐上，先施粉衣，再画彩绘。纹饰有构图规整的宝相花图案和简式宝相花，仰覆莲瓣、覆莲瓣纹、桃形纹等。彩色有黑、红、褚、银灰、白等色。有矿物质颜料。阴弦纹和阳弦纹施于壶、罐肩、腹部。个别壶腹部偶见有粗率的刻划纹。

**（一）陶　罐**

11 件。分为以下几种：

**1．塔式罐**　8 件。由塔形盖、罐身和底座（有无座或无盖者）组成，皆施粉衣和彩绘。以座有无分为两型：

**A型** 4件。分为三式：

**Ⅰ式** 2件。同出于凤东M1，形制、花纹相同，大小尺寸略有差别。盖纽高耸，阶棱饱满，盖顶如一覆置的宽沿浅腹钵，有子口。罐身矮颈、直口方唇，圆肩，鼓腹，腹下部弧收为平底。座上部壁较直，自中部往下弧出为喇叭口，卷沿。通体施彩绘。花纹以黑、褚、银灰、白四色绘出，盖顶及罐身肩部饰一周覆莲瓣纹，腹下部饰一周仰覆莲瓣纹，腹中部对称布施三朵宝相花图案，三朵宝相花之间，还填有一瓣宝相花纹。底座饰两层覆莲瓣纹。花纹安排疏密得当，线条准确流畅。

**凤东M1：1**，腹部三朵宝相花图案之间，沿肩部覆莲瓣花纹出一瓣宝相花，共三瓣，花纹以外处涂以赭色彩。盖纽残。残高50.8厘米，盖残高6.8、径10厘米，罐身高30、口径10.8、腹径23.6、底径9.2厘米，座高15.2、上径9.3、下径18.4厘米（图一九三，1；彩版一四；图版一〇八，1）。

**凤东M1：2**，其腹部图案是在三朵宝相花之间，沿肩部覆莲瓣和腹下部仰莲瓣，上、下各出一瓣宝相花，共六瓣。通高58.4厘米，盖高13.2、径9.4厘米，罐身高28.8、口径10.4、腹径22.8、底径9.4厘米，座高16.4、上径9.4、下径20厘米（图一九三，2；彩版一五；图版一〇八，2）。

以上两件塔式罐，造型美观，制作规整，花纹精美，色调和谐典雅，是唐代陶器中的精品。

**Ⅱ式** 1件。

**凤东M17：5**，未发现罐盖。罐身长，腹圆鼓，矮颈，方唇稍厚，鼓肩弧腹。底座中部向内弧凹，向下弧出为喇叭口。腹部有红彩花纹痕迹，粉衣较厚。通高39.2、罐身高28、口径10.4、腹径24、底径9.6厘米，座高11.2、上径9.6、下径20厘米（图一九四，1；图版一〇九，1）。

**Ⅲ式** 1件。

**凤东M16：7**，罐身修长，矮颈，方唇较薄，圆肩鼓腹，腹下部有收分。盖纽中高，阶棱不甚明显。座较高，下作大喇叭口形，保留部分粉衣。通高49.6厘米，罐身高42、口径10.8、腹径24、底径9.6厘米，座高14.2、上径9.6、下径18、盖高8.4厘米（图一九四，2；图版一〇九，2）。

**B型** 4件（出自凤东M25、凤东M19、凤东M21和凤东M24）。有塔式盖和罐身，无底座。矮颈，直口圆唇或方唇较厚，圆肩鼓腹，腹下部略有收分。

**凤东M25：1**，盖纽残。盖、腹部有红、橙色彩绘痕迹，粉衣大部分脱落。残通高32厘米，盖残高5.4、径10.8厘米，罐身高27.2、口径11.2、腹径23.6、底径10.1厘米（图一九四，3；图版一〇九，3）。

**凤东M19：1**，盖纽下部径较大，聚上成尖。罐身粉底较厚，墨花枝叶纹，线条依稀可见。盖上粉衣脱落殆尽，露出红陶胎体。通高32厘米，盖高8.4、径8.8厘米，罐身高25.2、口径9.9、腹径22.8、底径8.9厘米（图一九四，4；图版一〇九，4）。

**2．圆腹罐** 2件。

同出于凤东M7，形制花纹基本形同。颈略高，口径较大，圆唇，圆肩鼓腹，腹大底宽。饰粉衣，彩绘。

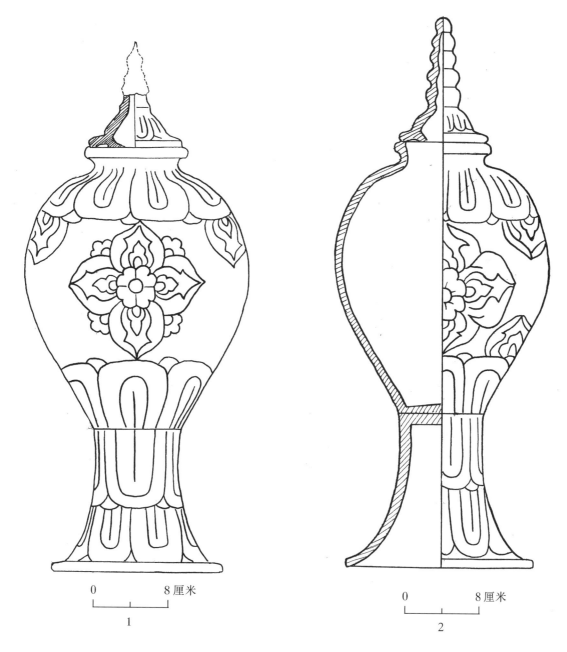

图一九三　陶塔式罐
1.A型Ⅰ式塔式罐（凤东 M1:1）　　2.A型Ⅰ式塔式罐（凤东 M1:2）

**凤东 M7:1**，肩部饰覆莲瓣纹一周，腹下部饰仰莲瓣纹一周，腹中部画简式宝相花
图案四朵，其间并填以桃形纹等图案。花纹以黑色绘出，着红彩。高 28、口径 14.4、底
径 16 厘米（图一九四，5；图版一一〇，1）。

**凤东 M7:2**，可参看图一九四，6。

**3．深腹罐**

1 件。

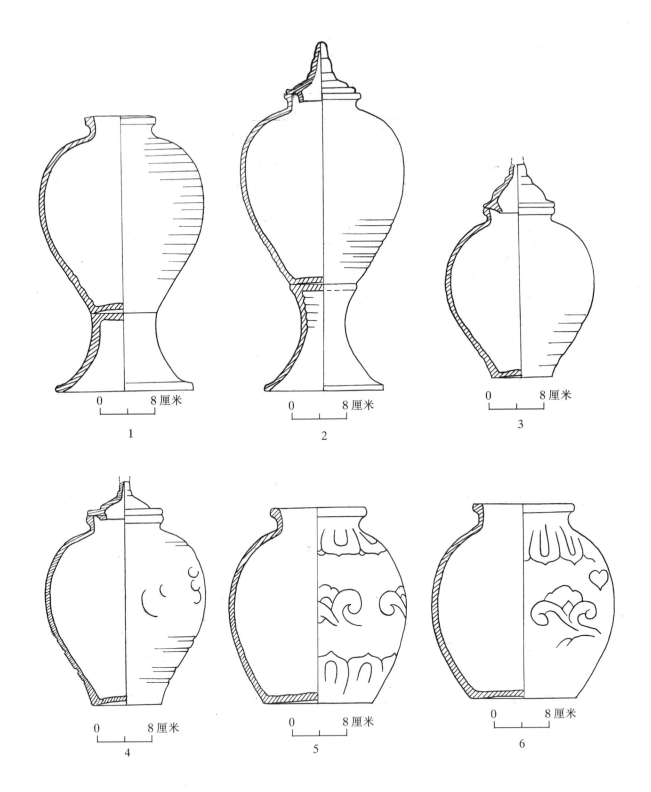

图一九四　陶塔式罐和圆腹罐

1.A型Ⅱ式塔式罐（凤东M17∶5）　　2.A型Ⅲ式塔式罐（凤东M16∶7）　　3.B型塔式罐（凤东M25∶1）

4.B型塔式罐（凤东M19∶1）　　5.圆腹罐（凤东M7∶1）　　6.圆腹罐（凤东M7∶2）

凤东 **M20:1**，厚圆唇，矮束颈，鼓肩弧腹，近底部处有收分，平底。肩部和腹下部有一两周阴弦纹，腹下部有瓦槽状纹。高 29.2、口径 12、腹径 21.2、底径 10.4 厘米（图一九五，1；图版一一〇，2）。

**（二）陶　壶**

12 件。口微侈，束颈，颈较高，鼓腹，平底。以器形特征分为四式。

**Ⅰ式**　6 件（出自凤东 M14、凤东 M6 和凤东 M4，每墓各出土 2 件）。微卷唇或方唇，束颈，圆肩，鼓腹。

凤东 **M14:2**，高 20、口径 6.4、腹径 14.8、底径 7.2 厘米（图一九五，2；图版一

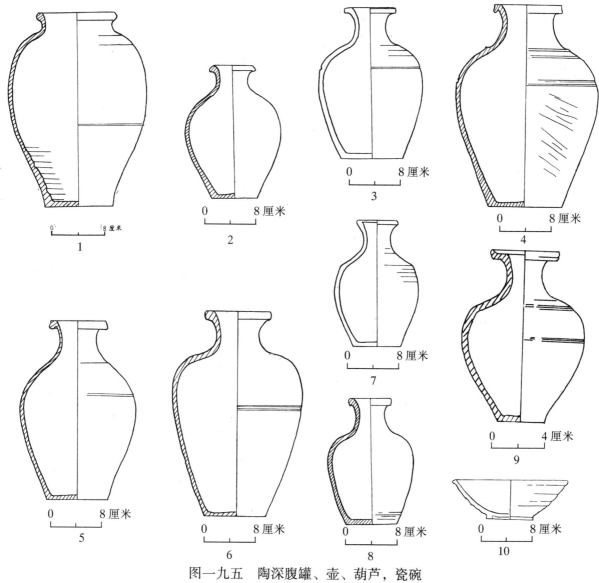

图一九五　陶深腹罐、壶、葫芦，瓷碗

1. 陶深腹罐（凤东 M20:1）　2. Ⅰ式陶壶（凤东 M14:2）　3. Ⅰ式陶壶（凤东 M6:5）
4. Ⅱ式陶壶（凤东 M13:2）　5. Ⅱ式陶壶（凤东 M13:1）　6. Ⅲ式陶壶（凤东 M15:2）
7. Ⅳ式陶壶（凤东 M9:1）　8. Ⅳ式陶壶（凤东 M9:2）　9. 陶葫芦（凤东 M11:1）
10. 瓷碗（凤东 M27:3）

一〇，3）。

凤东 **M6：5**，方唇，肩、腹部有几周阴弦纹。高 21.6、口径 4.8、腹径 15.2、底 7.2 厘米（图一九五，3；图版一一〇，4）。

Ⅱ式　2件。同出于凤东 M13，形制、花纹基本相同。

凤东 **M13：2**，方卷唇，鼓肩鼓腹，肩部有阳、阴弦纹两周，腹上部二周阴弦纹。高 30.4、口径 10.4、腹径 22、底径 11.2 厘米（图一九五，4；图版一一〇，5）。

凤东 **M13：1**，可参看图一九五，5。

Ⅲ式　2件。同出于凤东 M15，形制、纹饰基本相同。

凤东 **M15：2**，方唇，耸肩，弧腹。腹上部二周阴弦纹。高 31.2、口径 10.4、腹径 20、底径 9.6 厘米（图一九五，6；图版一一〇，6）。

Ⅳ式　2件。同出于凤东 M9，形制大小基本相同。

凤东 **M9：1**，侈口，圆唇或方唇，耸肩，弧腹，体矮。肩、腹部有不规整的横向划纹。高 19.2、口径 6.4、腹径 12.8、底径 7.2 厘米（图一九五，7；图版一一一，1）。

凤东 **M9：2**，可参看图一九五，8。

（三）**陶葫芦**　1件。

凤东 **M11：1**，盘口，方唇，唇外壁作二阶形，束颈，颈较高，圆肩，鼓腹，小平底。肩、腹部各有数周阴弦纹。高 13、口径 5.2、腹径 9.4、底径 3.6 厘米（图一九五，9；图版一一一，2）。

（四）**陶钵**　1件。残，出自凤东 M7。

## 四、瓷　器

**碗**　1件。

凤东 **M27：3**，圆卷唇，腹壁弧斜，平底，下附矮直圈足。施乳白色釉，内壁满釉，外壁近底处及圈足釉薄。高 6、口径 17.6、足径 7.2 厘米（图一九五，10）。

## 五、铜器及其他

（一）**铜镜**　1面。

凤东 **M8：1**，葵花形，圆纽。主体花纹为一引颈回首、翘尾奔腾的龙，龙身上下左右四边各饰一朵卷云纹。径 15.3、缘厚 0.5、胎厚 0.3 厘米（图版一一一，3）。

（二）**铜盒**　1件。

凤东 **M27：2**，正面作圆形，有盖，浅直腹，盖、底均微弧鼓，胎体很薄。口径 2.4、通高 4.4 厘米（图版一一一，4）。盒内装有叠为一团的绢织品，已朽蚀不能展开。

（三）**铜铃**　1件。

凤东 **M24：2**，椭圆形，下端有窄长铃口，上端中间有一很小的环状纽。径 1.8×1、纽径 0.3 厘米（图版一一一，5）。

（四）**"开元通宝"铜钱**　在凤东 M2 出土 1、凤东 M4 出土 1、凤东 M5 出土 1、凤东 M6 出土 2、凤东 M7 出土 1、凤东 M25 出土 1，共 7 枚。多数锈蚀严重，特征难辨。

另外，还有陶小女俑 1、料珠 5、残骨簪 2、残铁片若干和残蚌壳 2。

# 第五节　墓葬分期

东郊墓地的二十七座墓葬，未出土任何反映墓葬绝对年代的文字资料，根据随葬品器物特征及墓葬形制，并参照南郊墓地的分期，可将其分为三期。

第一期　隋至唐初（公元六世纪晚期至七世纪中叶）

有凤东 M4、凤东 M6、凤东 M9、凤东 M11、凤东 M13、凤东 M14 和凤东 M15 共 7 座墓葬。墓葬形制除凤东 M15 平面作甲字形外，余皆为平面呈靴形的长斜坡墓道洞室墓。随葬品多见Ⅰ～Ⅳ式陶壶，还有陶葫芦等。其中凤东 M4 和凤东 M6 两座墓中，除各随葬有一件Ⅰ式陶壶外，并有开元通宝钱，钱属唐初风格。上举Ⅰ～Ⅳ式陶壶和陶葫芦的特征，以及平面作靴形的墓葬形制，不但见于唐初，更多见于隋代，因此，这七座墓中，亦可能有隋墓的存在。

第二期　玄宗至代宗（公元八世纪初至八世纪中期稍后）

计有凤东 M1、凤东 M2、凤东 M7、凤东 M8、凤东 M16、凤东 M17、凤东 M19、凤东 M20、凤东 M21、凤东 M24 和凤东 M25。墓葬形制多为斜坡墓道的刀形墓，也有平面为甲字形的。随葬器物有 A 型、B 型陶塔式罐，A 型、B 型陶圆腹罐以及陶俑类（天王俑、镇墓兽、各式男女俑、马和骆驼等）。无论是墓葬形制还是随葬器物种类与器形方面，都具有玄宗至代宗时期墓葬的特点。

第三期　唐末

仅凤东 M27 一座墓。该墓所出Ⅱ式陶马和小瓷碗，皆具有唐代末期的特征。

# 第三章 凤翔境内零星发现的 唐墓及其随葬品

自 20 世纪 70 年代起，凤翔县境内陆续有唐代墓葬的零星发现，均不出县城北部和南部，由于都是农民在田间作业时发现，墓均被挖坏，墓葬形制等情况不得而知，仅得见部分随葬器物。兹叙述于下。

## 第一节　墓葬发现情况

### 一、糜杆桥太相寺唐墓

1978 年 4 月，位于县城北约 8 公里的糜杆桥公社太相寺大队农民平整土地时发现一座唐墓，编号为凤零 M1（整理编号，下同）。据挖得者言，当时出土文物近 20 件，有数件在挖掘过程中散失，现存 15 件，计有 A 型、B 型 I 式三彩镇墓兽各 1，I 式三彩天王俑 2，三彩男侍俑 5，三彩女侍俑 4，三彩马和骆驼各一件。

### 二、凤翔县燃建公司院内唐墓

1982 年 7 月，位于县城南郊的凤翔县燃建公司搞修建工程时，在其院内发现一座唐墓，编号为凤零 M2。多数文物残碎损失，仅存完整的 B 型 II 式三彩镇墓兽、II 式三彩天王俑各一件。

### 三、凤翔县棉织厂前院唐墓

1980 年 11 月，位于县城南郊的凤翔县棉织厂于其前院修建楼房时，发现一座唐墓，编号凤零 M7。出土文物多件，仅收存陶高髻女侍俑 1，A 型陶幞头男侍俑、B 型陶幞头男侍俑各一件。

### 四、高王寺村西唐墓

位于纸坊公社高王寺大队村西，有两次发现：

1975 年高王寺大队农民在该村西断崖取土时，发现一座唐墓，编号凤零 M3。出土文物多件，其他文物散失，仅存三彩马两件。

1976 年，高王寺大队农民在该村西取土时，发现一座唐墓，编号凤零 M6。出土文物多件，征集到陶高髻女侍俑 1、陶垂发梳髻女侍俑 1、陶博鬓女侍俑 1、陶垂双髻女侍俑 1 和陶塔式罐 1。

### 五、高王寺村南唐墓

位于纸坊乡高王寺村南，发现两次：

1975 年 6 月在该村村南发现一座唐墓，编号凤零 M5。所见有四件随葬品，计有三彩罐 1，白瓷碟、瓶各 1，黑瓷注子 1，器物时期早晚有别。其中碟、注已作过报道①。

1977 年 6 月，该村村南发现一座唐墓，编号凤零 M9。墓中出土文物多件，征集到 B 型陶马一件。

### 六、县城南关砖厂唐墓

1980 年 11 月，位于县城南关的石家营南关大队办砖厂取土时，发现一座唐墓，编号凤零 M4。出土文物多件，征集到三彩卧牛枕一件。

### 七、县城南关村东唐墓

1982 年，县城南关村东搞建筑时，发现一座唐墓，编号凤零 M8。出土文物多件，征集到陶天王俑 1、陶女侍俑 2、A 型陶马 1 和陶骆驼 1。

### 八、八旗屯村唐墓

1976 年，南指挥公社八旗屯大队七队村口发现一座唐墓，编号凤零 M10。出土文物多件，征集到陶高髻女侍俑 1 和陶砚 1。

## 第二节　随葬品

十座墓出土随葬品，存留下来的共 40 件，有陶质器物和三彩器及瓷器三类（表六、表七）。

### 一、陶　俑

11 件。有天王俑、男侍俑和女侍俑。

（一）**天王俑**　1 件。

**凤零 M8:1**，胸下残。鼓目，高鼻，甚威严，头戴螺状顶盔，身着明光铠，胸前两侧各有一大圆护。红陶，粉底，有朱红、黑色彩绘痕迹。残高 26.1 厘米。此俑复原高度当在 90 厘米以上。

（二）**男侍俑**　2 件。以头饰和造型特点的不同，分 A、B 两型。

---

① 沐子：《陕西凤翔出土的唐、宋、金、元瓷器》，《文博》1986 年第 2 期。

**A 型** 1件。

**凤零 M7:2**，头戴幞头，眉、目、胡须用墨色仔细描绘，表情沮丧。身穿圆领紧身长袍，腰束带，双手笼于袖内，合抱胸前。下着靴，双足并拢站立。红陶。幞帽和腰带施黑彩，余皆粉色。高 19.6 厘米。

**B 型** 1件。

**凤零 M7:1**，头戴幞头，墨色描绘眉目、胡须，口唇涂朱红，神态恭谨。上穿短衫，下着长袍，身上部向左侧，左脚斜出，着靴。红陶着粉色。高 18.1 厘米。

（三）女侍俑

基本完整的有 6 件。以发髻的区别，分出以下四类：

**1．高髻女侍俑** 3件。发总梳头顶，高髻，脸浑圆，细目小口。

**凤零 M10:1**，上身穿襦衫，披帛，下着裙长垂曳地，双臂自然交于腹前，手隐袖内，足蹬尖头履，双腿微曲，伫立于长方形踏板之上，显示出一副拱手听命的侍奉形象。红陶，粉底，发髻黑彩，身施红彩，衣褶处用金勾描，神态逼真、传神，制作极精。高 41 厘米[①]。

**凤零 M6:1**，站于长方形踏板上，高髻左抛，左肩稍耸，面朝左上方凝视，双臂屈伸于胸两侧，臀部左倾，身着小圆领长裙。体形大。红陶，涂有白色陶衣。两肘处涂朱红彩。高 40 厘米（彩版一六，1）。

**凤零 M7:3**，长裙曳地，双手合抱于胸前，右脚斜出，身上部右倾。红陶。肩、袖部涂朱红，余处粉色。高 11.9 厘米。

**2．垂发梳髻女侍俑** 1件。

**凤零 M6:3**，垂发，高髻垂于左脑顶，细目小口，表情坦然，面朝左上方，长裙至地，双手合抱胸前，股部微向左倾。红陶，涂有白色陶衣。高 34 厘米（彩版一六，2）。

**3．博鬓女侍俑** 1件。

**凤零 M6:2**，两鬓头发蓬楹博大，小圆领长裙至地，面朝左上方，双手屈伸于腹侧，股部左倾，表情坦然。高 33.6 厘米（彩版一六，3）。

**4．垂双髻女侍俑** 1件。

**凤零 M6:4**，双髻垂于双耳下，上穿襦衫，下着长裙曳地，身微右倾，左臂屈伸于胸前，右手扶于襦衫前下沿。皱眉，表情微带自负感。高 31.5 厘米（彩版一六，4）。

此外，有两件女俑由于头残失而不能分型式，即：

**凤零 M8:2**，上穿短襦衫，下着长裙曳地，双手合抱胸前，肩向左侧斜，臀部微右倾。露脚。红陶，着粉色。残高 24 厘米。

**凤零 M8:3**，身着圆领长裙曳地，双手合举胸前，长袖垂地。残高 23.7 厘米。亦红陶，着粉色。

## 二、动物模型

3 件。有陶马和陶骆驼两类。

（一）**陶马** 2件。以造型风格的不同，分为两型：

---

① 赵丛苍：《凤翔出土一批唐三彩和陶俑》，《文博》1989 年第 3 期图版肆，6。

**A 型**　1 件。

**凤零 M8∶4**，引颈勾首，嘶鸣状，肌体健壮。有鞍。红陶粉衣。长 30.2、残高 20.5 厘米（彩版一七，1）。

**B 型**　1 件。

**凤零 M9∶1**，站于长方形踏板之上。引颈昂首，塑出鞍具。红陶，粉底，鞍施红、黑彩，用黑色描绘出辔带、璎珞，尾用黑色画短直斜线。长 27、高 23.5 厘米。

**（二）陶骆驼**　1 件。

**凤零 M8∶5**，红陶，驼涂粉色。长 20.7、残高 19.4 厘米。

## 三、陶　器

2 件。

**（一）塔式罐**　1 件。

**凤零 M6∶5**，有盖，腹、底分开。盖作塔尖状，腹浑圆，小口，平底，底座为喇叭口形。通高 47、腹高 28、腹径 25、座高 9.5 厘米。

**（二）陶砚**　1 件。

**凤零 M10∶2**，后端大，首端撮成一尖，呈龟形。腹近首端处一横棱，阻隔为两部分，首端为墨池，深 1.3 厘米，后端深 0.6 厘米。后端底部横置两个兽蹄形矮足。长 11.6、宽 7.7、高 2～3 厘米。陶青灰色[①]。

## 四、三彩俑

24 件。有以下几类：

**（一）三彩镇墓俑**

有镇墓兽和天王俑两种。

**1. 镇墓兽**

3 件。据人面与兽面的不同，分 A、B 两型。

**A 型**　1 件。人面。

**凤零 M1∶1**，眉骨突起，圆目大鼻，大耳斜竖，头顶有一弯曲的高角。兽身，胸圆鼓而丰满，胸两侧双翼，刻塑精工华丽，足成虎爪状，踞坐于不规则形长方台上。头部以上无釉，面、耳粉色，脚施黑彩，余施黄、白、绿、蓝四色釉。通高 31、兽高 27.3、台高 3.7 厘米（彩版一七，2）。

**B 型**　2 件。兽面。分两式：

**Ⅰ 式**　1 件。

**凤零 M1∶2**，狮面兽身，大口张开，巨齿外露，眉骨暴突，头顶有一高角，角上部往上起一叉，腮两侧有两个半弧，其上刻出细密的斜直纹，象征狮之鬃毛，角前面刻出横行纹理。胸两侧双翼，足呈兽爪状，踞坐于不规则长方形台上。面、角皆粉色，余处施蓝、黄、绿、白四色釉。通高 30.1、兽高 26.7、台高 3.4 厘米（彩版一七，3）。

---

① 参见《文博》1989 年第 3 期，图版肆，5。

Ⅱ式 1件。

**凤零 M2:1**，蹲坐于假山形台上。狮面兽身，巨目大鼻，口大张，獠牙外露。头颈鬃毛上束，双肩鬃毛呈火焰状。自后脑直起一鹿角状角，前额顶有一圆宝珠，宝珠上左右有两个牛角状角，刻出横行纹理。额际刻出毛发状。尾部竖毛紧贴背上。后二肢大分开，兽足抓地前肢屈上，爪紧握，左前肢斜出，握一蛇，蛇毒口张开，身绕兽肢。兽头部及台下半部为粉色，余处施黄、棕、蓝、绿、白釉。残通高 36、台高 6、兽残高 30 厘米（彩版一八，1）。

**2. 天王俑** 3件。分两式：

Ⅰ式 2件。形制及釉色相同，大小略有差别。

**凤零 M1:3、4**，站于不规则的椭圆形台上，一俑头朝左，一俑头朝向正好相对。头戴盔，圆目，高鼻。身穿铠甲，双臂张屈于胸侧，拳紧握，一臂朝前稍高。中心纵束甲带，腰带下垂短裙，裙沿平齐，下缚吊腿，足登尖头靴。甚威武。盔、脸部未施釉，盔红彩，脸灰色。身、腿、足部配施蓝、绿、黄三色釉。台下部无釉，着粉色，台上部为黄、蓝、绿三色釉。制作精致考究。3 号天王俑通高 35. 俑高 31.5、台高 3.5 厘米（彩版一九，1）。4 号天王俑通高 34.4、俑高 30.8、台高 3.6 厘米（彩版一九，2）。

Ⅱ式 1件。

**凤零 M2:2**，下有假山式台。天王站立，头左偏，巨目大鼻，高颧骨，发髻高挽，扎巾，发髻出极细的纹理。左手叉扶腰际，右臂屈肘上举，拳紧握。身着光明铠，胸前左右各划出一蜗形图案象征圆护，肩覆披作龙首状。中心纵束甲带，裙垂至膝部，鹘尾，下缚吊腿，足着尖头靴。左腿直立，脚下踩一头戴伞状帽、仰身蹲坐的夜叉。右腿屈起，脚踏一熊，熊作跪状，前右肢撑地，左肢攀抓天王左脚脖。天王巾涂朱红，发、面粉色，夜叉、熊亦粉色，人身及台上半部相兼施以绿、黄、蓝釉，人手、台下部白釉。通高 42.1、台高 5.1、人高 37 厘米（彩版一八，2）。

**（二）三彩侍俑**

**1. 幞头男侍俑** 5件。形制、大小和釉色皆同。

**凤零 M1:5－1～5**，身穿小领紧身长袍，腰束带，足蹬靴，双手笼袖内拱于胸前，站长方形台板上。双目下视，一副俯首听命的表情，为胡人形象。头部及台板无釉，面粉色，帽黑色，台板红色。肩以下至足部施棕色黄釉。通高 19.8、台板厚 1 厘米（彩版二〇）。

**2. 女侍俑** 4件。形制、大小和釉色相同。

**凤零 M1:6－1～4**，高髻垂于额顶，面带微笑，细目小口，袒胸，上穿襦衫，下着长裙曳地，胸部襦衫束于裙内，双手合袖于胸前，体较修长。面部粉色，无釉，襦衫白色釉，裙为蓝、绿、白三色釉。高 17.5 厘米（彩版二一）。

## 五、三彩动物模型

4件。有三彩马和三彩骆驼两类。

**（一）三彩马** 3件。

**凤零 M1:7**，屈颈勾首，口微张。有鞍，短尾细结上翘。膘肥雄健。站于长方形踏板上。头、身施酱黄色釉，腿棕色釉，鬃、尾白色釉，鞍设棕、绿、白三色釉，釉质晶莹。通高 28.8、板厚 1 厘米（彩版二二，1）。

**凤零 M3：1、2**，两件造型基本相同，大小近似，釉色有别。马站立于长方形踏板之上。勾颈，头歪向左侧，张口嘶鸣。前后鞶带上璎珞、銮铃齐备，短尾上翘。一号马高 27.2 厘米。鬃、腹、腿施棕黄色釉，头、颈、胸、背为白釉，鞍、络等兼施蓝、绿、白色釉（彩版二二，2、二三，1）。2 号马高 27.5 厘米。头、颈白釉，腿施棕黄釉，鬃、鞍、络及鞶带为蓝、棕色釉。

**（二）三彩骆驼**　1 件。

**凤零 M1：8**，引颈昂首，站于长方形踏板上，造型形象生动。首、颈、腹、峰、腿棕色釉，鬃、背部为白釉。通高 32.2，踏板厚 1 厘米（彩版二三，2）。

### 六、三彩用具

2 件，有两种。

**（一）三彩卧牛枕**　1 件。

**凤零 M4：1**，为一卧牛表象，下有平板，上为椭圆形枕面。牛眼圆睁，鼻孔张鼓，作喘气状，尾弯回左胯下，造型甚为生动。枕面中心一菱形图案，周围为联作花枝叶蔓纹。通体施棕、黄、绿三色釉，晶莹光亮。高 6.3、长 12.8 厘米（彩版二四，1）。

**（二）三彩罐**　1 件。

**凤零 M5：1**，直口，圆鼓腹，圈足，口、肩部饰一周饼状附加堆纹。足部以上为黄、绿、白相间的三色釉，足部无釉。高 4.3 厘米（彩版二四，2）。

### 七、瓷　器

出土于凤零 M5，有白瓷碟、白瓷瓶、黑瓷注子各 1，共 3 件，见本书第 287 面注①。

表六　　　　　　　　**凤翔境内零星发现的唐墓随葬品登记表**

| 墓号（整理号） | 随 葬 器 物 | 备　注 |
|---|---|---|
| 凤零 M1 | A 型、B 型 I 式三彩镇墓兽各 1，I 式三彩天王俑 2，三彩男侍俑 5，三彩女侍俑 4，三彩马 1，三彩骆驼 1 | |
| 凤零 M2 | B 型 II 式三彩镇墓兽 1，II 式三彩天王俑各 1 | |
| 凤零 M3 | 三彩马 2 | |
| 凤零 M4 | 三彩卧牛枕 1 | |
| 凤零 M5 | 三彩罐 1，白瓷碟 1，白瓷瓶 1，黑瓷注子 1 | |
| 凤零 M6 | 陶高髻女侍俑 1，陶垂发梳髻女侍俑 1，陶博鬟女侍俑 1，陶垂双髻女侍俑 1，陶塔式罐 1 | |
| 凤零 M7 | 陶高髻女侍俑 1，A 型陶幞头男侍俑 1，B 型陶幞头男侍俑 1 | |
| 凤零 M8 | 陶天王俑 1，陶女侍俑 2，A 型陶马 1，陶骆驼 1 | |
| 凤零 M9 | B 型陶马 1 | |
| 凤零 M10 | 陶高髻女侍俑 1，陶砚 1 | |

**表七　　凤翔境内零星发现的唐墓随葬器物整理编号与原器物号对应表**

| 整理编号 | 原器物号 | 整理编号 | 原器物号 |
|---|---|---|---|
| 凤零 M1∶1 | 凤总 0434（1） | 凤零 M6∶3 | 凤总 0246（3） |
| 凤零 M1∶2 | 凤总 0434（2） | 凤零 M6∶4 | 凤总 0246（4） |
| 凤零 M1∶3 | 凤总 0433（1） | 凤零 M6∶5 | 凤总 0245 |
| 凤零 M1∶4 | 凤总 0433（2） | 凤零 M7∶1 | 凤总 0358（1） |
| 凤零 M1∶5-1~5 | 凤总 0430（1）~（5） | 凤零 M7∶2 | 凤付 0358（2） |
| 凤零 M1∶6-1~4 | 凤总 0436（1）~（4） | 凤零 M7∶3 | 凤付 0358（3） |
| 凤零 M2∶1 | 凤总 0719 | 凤零 M8∶1 | 凤付 0610（3） |
| 凤零 M2∶2 | 凤总 0718 | 凤零 M8∶2 | 凤付 0610（4） |
| 凤零 M3∶1 | 凤总 0432（1） | 凤零 M8∶3 | 凤付 0610（5） |
| 凤零 M3∶2 | 凤总 0432（2） | 凤零 M8∶4 | 凤付 0610（1） |
| 凤零 M4∶1 | 凤总 0717 | 凤零 M8∶5 | 凤付 0610（2） |
| 凤零 M5∶1 | 凤总 0148 | 凤零 M9∶1 | 凤总 0336 |
| 凤零 M6∶1 | 凤总 0246（1） | 凤零 M10∶1 | 凤总 0334 |
| 凤零 M6∶2 | 凤总 0246（2） | 凤零 M10∶2 | 凤总 0333 |

注：凤翔境内零星发现的唐墓器物收藏于凤翔县博物馆。原器物号系凤翔县博物馆馆藏文物号；整理编号未包括 M5 出三件瓷器。

# 第三节　时代推断

　　凤翔境内零星发现的十座唐墓，由于未经过科学发掘，墓葬形制皆不得而知，随葬品亦仅见部分器物，因此给分期断代造成一定的困难。今根据现有的墓葬器物特征，对这些墓的年代作出大致推断如下：凤零 M1、凤零 M3、凤零 M4、凤零 M6、凤零 M7、凤零 M8、凤零 M9 和凤零 M10 八座墓葬，其时代应是在南郊墓地墓葬分期的第二期范围内；凤零 M2 和凤零 M5 两座墓，则大致在凤南墓葬分期的第三期之中。但无论前八座还是后两座这两组墓中，其中的墓葬年代，尚存在一定的早晚差别。如前一组八座墓中的凤零 M1 和凤零 M10，年代可能相对早一些；后一组两座墓中，凤零 M5 一定是唐代末期的墓葬了。

# 第四章　结　语

　　凤翔城郊所发掘的 364 座隋唐墓及零星发现的十个单位的墓葬遗物，具有丰富的内容，为隋唐墓葬的研究增加了一批新的资料。

　　南郊墓地所见墓葬类型，除隋唐墓葬中常见的靴形、甲字形（铲形）、刀形几种形制外，还见有竖穴直洞、竖穴半洞、竖穴偏洞、竖穴土坑等墓形，从而增加了人们对隋唐墓葬类型的认识。一个墓地内的墓葬形制，几乎囊括了隋唐（中小型墓葬）的全部类型，是较为难得的。

　　在城郊墓地所发掘的墓葬中，可判别墓葬年代的文字资料仅有个别发现，但南郊墓地十七组有打破关系墓葬的发现及大量随葬器物如陶俑、陶器、铜镜和铜钱等具有典型时代特点的器类的发现，使我们得以在进行类型学研究，并与已知年代的相关考古资料作对比的基础上，对这批墓葬进行分期断代。需要指出的是，该墓地数量较多的陶塔式罐的发现，基本上可以反映出中、晚唐时期陶塔式罐的演变过程。我们在分期研究中关于陶塔式罐演进序列的概括，还有对墓葬形制演变规律的总结，是隋唐墓葬分期、尤其是关中西部地区中小型隋唐墓葬分期研究的重要收获。

　　由于两个墓地均为配合基建而发掘，不可避免会在发掘范围等方面受到局限，因此对于墓葬资料的全面获得造成了一定的困难。如两个墓地中墓葬时代上的断缺（均缺玄宗之前一段时间的资料），不排除其受到发掘范围限制的原因。

　　据现有资料，我们认为南郊与东郊隋唐墓地，是曾经同时使用的两个墓地，皆属于当时城内和近郊居民的公共墓地。关于墓主的身份，南郊墓地所反映出的情况比较明显。我们分析认为，甲类墓中墓形较大、随葬品较丰富者，其墓主可能属于地主阶级的成员。甲类墓中墓形小、随葬品数量少的墓葬，墓主是为一般平民，或为平民中稍富裕者。乙、丙类墓主为普通农民或平民，其中墓形简陋并无任何随葬品者，则属平民中较贫困者。

　　凤翔县境内发现的零星唐墓，其中高王寺村、南关村、县燃建公司院内唐墓，应是南郊隋唐墓地的组成部分，其所反映的墓葬等级、墓主人身份等，应与上述所表述的情况相同；太相寺和八旗屯所发现的唐墓，从出土器物种类与特点看，可能包含了自身的特点因素，有待进一步考察研究。

　　南郊、东郊两个墓地殉人墓的发现，可以认为是这批墓葬发掘的突出收获[①]，故欲

---

① 尚志儒、赵丛苍：《陕西凤翔县城南郊唐墓群发掘简报》，《考古与文物》1989 年第 5 期；赵叢蒼：《陝西省關中地区の隋唐殉葬墓——鳳翔を中心をとして》，（日本）《博古研究》第 16 號（1998 年 12 月）。

就此问题作一些探讨。

## 一、墓主以外的骨架当属殉人

凤翔城郊发掘的三百六十四座隋唐墓中，除墓主骨架外还同出其他骨架的墓葬共有54座，149个个体。根据发掘提供的信息分析，这些骨架既非迁葬，也非杀祭牺牲，而是与墓主同时埋葬的殉人。理由如下：

（一）凤翔城郊有确切纪年的隋唐墓是位于凤翔棉织厂东侧铁丰二组庄基地内的凤南M302和凤南M294。这两座墓都属甲类墓C型Ⅰ式，即俗称"靴形墓"的Ⅰ式。凤南M302出土砖刻墓志一块，刻文有"开皇九年九月卅日"。"开皇"为隋文帝年号，开皇九年为公元589年。凤南M294也出土一块砖墓志，文字用墨书写，多已漫漶不清，可辨识的文字中，开头有"开皇□□□□八月十四日亡"数字。墓志在"开皇"后多少年的位置上约有四个字的空格，可见此"开皇"的纪年最少也在十一年以上，查隋文帝开皇纪年共二十年，即从公元581～600年，则墓主的入葬时间当在公元前591～600年之间。如前所述，这两座墓都是所谓的"靴形墓"，而"靴形墓"是这一墓地隋墓的显著特色。发掘时于凤南M302墓道填土两米深处发现一具完整的女性头骨，年龄25～35岁；在另一座靴形墓凤南M298墓道龛台上出土一具完整的男性骨架。骨架长1.50米，年龄在20～30岁之间，头朝北，面向东，仰身直肢，左上肢垂直于身躯左侧，右上肢屈于胸前，显系有意摆置。上述两墓是该墓地时代最早的出土墓主以外骨架的墓。墓地内其它同类状况的墓，多在唐代中、晚期。其中属于唐代中期的有凤南M2、凤南M14、凤南M17、凤南M18、凤南M23、凤南M31、凤南M33、凤南M41、凤南M43、凤南M44、凤南M45、凤南M46、凤南M52、凤南M56、凤南M63、凤南M64、凤南M68、凤南M86、凤南M91、凤南M122、凤南M130、凤南M139、凤南M140、凤南M165、凤南M172、凤南M226、凤南M227、凤南M316、凤南M322、凤南M323和凤南M331；属于晚期的有凤南M76、凤南M95、凤南M112、凤南M128、凤南M163、凤南M207、凤南M324和凤南M337。

上述资料表明，凤翔城郊隋唐墓入葬墓主以外其他人骨的现象，从隋开皇年间一直延续到唐代中晚期，前后达数百年之久，因此，这种现象只能是一种殉人现象，而不会是杀祭的战俘。

（二）在与墓主同出的骨架中，既有男性，也有女性，既有成人，也有小孩。墓主的状况也较复杂，不仅男性、女性、成人、小孩均有，而且身份、地位也有差异，既有墓葬形制大，随葬品多的高身份者，也有墓制小，随葬品少的低地位者，甚至有的墓主生前为佛教徒或地方宗教的中上层人物。男墓主以外的骨架有男性的，也有女性的；女墓主以外的骨架有女性的，也有男性的；骨架众多的墓既有男性，又有女性。如凤南M23，墓主为一女性，年龄不详，在斜坡式的墓道填土中发现五具完整骨架。五具骨架中除四号骨架为仰身屈肢外，其余均为仰身直肢，埋葬颇为规整。其中一号骨架为女性，年龄35～40岁；二号骨架男性，成年；三号骨架男性，年龄35～40岁；四号骨架亦男性，年龄30～35岁；五号骨架不辨男女，年龄6～9岁。凤南M130，墓主为男性，40岁左右。在墓道与甬道连接处发现属于不同个体的骨骼堆埋在一起，一号为完整头骨，成年男子；二号为头颅骨，未成年；三、四、五号亦为头颅骨，均成年男子；六号为额骨，成年，可能属女性；七号为头盖骨，八号为头颅骨，均成年，性别不辨；九号为头颅骨，性别、年龄不明；一○至一二号均为下颌骨，成年。凤南 M17，墓主属女性，年龄 13～18 岁。墓道斜坡上出土两具骨架，相互叠压，扭作一团，均男性，年龄30～40 岁。凤南 M322，墓主为二位男子，年龄均 40 岁左右，是一座合葬墓。天井、墓道填土的不同层位及墓室之内出土十三个人骨个体。一号为桡骨，成年；二、三号为骨架（盆骨以下骨骼缺），一仰一俯，均男性，35～45 岁；四号为左右胫骨，五号为右股骨、胫、腓骨，六号为右胫、腓骨，七号为右上肢骨，均成年；八号为右上肢骨，未成年；九号为胫、腓骨，一○号为一段椎骨连肋骨数根，均成年；一一号为头颅骨，女性，18～22 岁；一二号为头盖骨，成年；一三号为下颌骨，20～25 岁。

上述墓中 M23，墓制较大，出土物有陶男女俑、铜合页、铜泡和铜饰等器物，墓主女性，生前有一定地位。M130，墓制也较大，但出土物仅陶塔式罐 1 件，地位或较低。M17，墓制大，随葬品丰富，有陶天王俑、陶镇墓兽，陶男女俑多件，还有陶塔式罐、铜镜、铜盒和残铁片等，地位较高。铜盒之内装有绢质《经咒图》，及佛教经文，墓主应与佛教有关，或为佛教信徒。M322，两墓主仅有头骨，头骨经过火烧，墓内随葬石幢顶、石雕刻墓门、圆形石球和残陶俑等。由石幢顶可知，墓主亦为佛教信徒，可能是地方宗教人士。众多迹象表明，这些墓墓主与其他人骨的关系是清楚的，即后者属前者的殉人，而不是被杀的战俘。

（三）尽管墓主以外骨架的状况是多种多样的，但绝大多数人骨仍保持着人体骨骼自然连接的位置。在殉人一节的叙述中，我们把墓主以外骨架的葬式归纳为八种形式。在这些葬式中，属于第一种即骨架完整者 23 人，其中仰身直肢 13 人，皆出自墓道，骨架的放置很有规律，大多数双臂垂直或微屈，双手置于髋骨两侧，有的一臂伸直，一臂弯屈于胸前，凤南 M298 的双腿还并拢伸直，极为规整，仰身屈肢 6 人，一人发现于墓道，五人出自天井，双臂多前屈，下肢弯屈程度不尽相同，股骨与胫、腓骨的夹角在45°～110°之间。凤南 M333 的三号殉人，双腿弯屈成"〈〉"形，是很特殊的一例。侧身屈肢 3 人，一人见于墓道，两人见于天井，均双臂前屈，下肢的弯屈在 100°左右。俯身屈肢一人，发现于墓道，双腿稍屈，双臂弯屈胸前。上述完整骨架，人体骨骼自然连接有序，无论是仰身、俯身，还是弯曲、伸直，都很规整合度，显然是埋葬尸体时有意摆置的。第二种骨架不够完整，共 2 人，凤南 M33 为仰身直肢，左脚骨缺，置于墓室。凤南 M374 作俯身屈肢，双脚骨均缺，出于墓道填土。这两副骨架各骨骼间均呈自然连接状，无错位或紊乱现象。第三种骨骼齐全或不够齐全，无一定葬式，但骨骼间自然连接状况明显。在这种葬式的七个实例中，有的骨架部分部位整齐，其余骨骼则较散乱，如凤南 M323 三号人骨，出自墓道填土，头骨和左上肢骨均保持骨骼原位，双下肢和右上肢骨却散乱放置。凤南 M172 的三号人骨，出自天井，肢体骨齐全而整齐，仰身直肢，头骨脱离体骨放置。凤南 M64 的二号人骨自盆骨以上部位断为两截，堆于头骨之侧，但两段肢、体骨均保持骨骼连结原位。凤南 M17 墓道的两具人骨虽相互叠压、扭作一团，无法辨其所属，但骨骼间自然连结的状况依然明显。第四种无头骨，肢体骨齐全或不甚齐全，共 11 个个体，其中肢体齐全的两具骨架，皆为仰身屈肢，其余九具骨架，有的缺一上肢骨，如凤南 M207；有的缺骨盆以上左半或右半边肢体骨，如凤南 M51、凤南M44 和凤南 M128；有的体骨与下肢骨自骨盆处分离，骨架不连在一起，如凤南 M216。

上述葬式肢体骨无论齐全还是不齐全，连接的部位骨骼均保持原位。第五种骨架成形但不齐全，共9个个体。葬式有仰身、侧身和俯身。在这些葬式中，有的骨盆以下骨骼缺失，仅存头骨与体骨及上肢骨，或上肢骨也短缺不全，如凤南M322的二、三号人骨、凤南M316的二号人骨、凤南M323二号人骨等。有的自胸骨以下骨骼缺失，如凤南M46的二号人骨。有的仅存胸以下骨骼，如凤南M63的一号人骨，在这些骨骼中虽有骨骼零乱现象，但多数骨骼间的连接状况都还保持原位。第六、七、八三种葬式中仅有头骨的有57人，有头骨并伴有部分肢体骨的17人，仅有部分肢体骨者共23个个体。这三种葬式的骨骼均较零散，但在七十四个头骨中，完整头骨近20个，约占30%。

由以上分析看，墓地出土的148具墓主以外的骨架，无论是骨骼齐全的完整骨架，还是大致完整或缺骨较多的骨架，基本都保持了人体骨骼的原位，即使那些堆埋零乱或零星的骨骼，也能见到不少典型骨骼，如椎骨、手指骨、趾骨等都保留了人体骨骼的本来位置。如凤南M64的二号人骨虽将人体分为三部分，即头置一处，身体从盆骨处断为两截，但肢体骨均保持了骨骼原位；凤南M227的四号人骨，为一完整盆骨连结左、右肢骨，骨骼均呈自然连结；凤南M86三号人骨，这一完整的右上肢骨，肱、尺、挠、手指诸骨齐全，并依次相连，保持原位。这些现象只有埋葬尸体才会产生，而搬迁尸骨无论如何也是无法做到的。

（四）发掘中我们采集了七十一具保存较好的头骨运抵西安，由中国社会科学院考古研究所著名体质人类学家韩康信教授及其助手张君小姐进行了细微的考察研究。他们首先对全部骨骼的年龄、性别及创伤情况作了观察记录，然后又选出六具标本再做深入研究。标本为三男三女，三男均为墓主，M3墓主成年，M151墓主大于45岁，M324墓主中年；三女一为墓主，其余为墓主以外人骨，M17为墓主，接近成年（13～18岁）。M45的二号为一青壮年，M322的一一号为青年，重点进行了形态学的观测与研究，研究文章与本报告一同发表（见本报告附录）。文章在结语中说"对主要颅、面部测量特征的蒙古人种地区类群的形态变异方向的分析，凤翔唐代组的大人种性质未出亚洲蒙古人种的变异范围。在本文材料中，没有感觉非蒙古人种因素的存在或影响。在主要的颅、面部测量特征上，凤翔组明显和东蒙古人种与南蒙古人种类群的形态比较接近，与北蒙古人种和东北蒙古人种类群明显偏离。……用种族类型的聚类分析也证明，凤翔唐代组和东蒙古人种的现代和古代组群聚为一个类群，与南蒙古人种的代表聚结在其后，似乎处于东—南蒙古人种之间的地位。和同地区的周代组则首先聚类也反映这个地区周—唐古代居民在人类学关系上存在密切联系，和北、东北蒙古人种类群之间也显示出明显的疏远关系。"根据文章的这些研究结果，似乎可以这样推想：既然凤翔地区唐代居民和凤翔周代居民[①]在人类学关系上存在密切联系，两者之间应当具有一定的源渊关系，唐代组居民无论是墓主还是墓主以外的人骨的先祖至少从周代至唐代的千余年间，就活动在这一区域，生老病死。如此，则凤翔隋唐墓中非墓主的人骨，属殉葬无疑。这就是说，凤翔地区这一群聚居民，在隋唐时代仍还流行死后以人殉葬的习俗，仅此一段时间就达数百年之久。

① 尚志儒、赵丛苍：《陕西凤翔县城南郊唐墓群发掘简报》，《考古与文物》1989年第5期；韩伟、吴镇烽、马振治、焦南峰：《凤翔南指挥西村周墓人骨的测量与观察》，《考古与文物》1985年第3期；焦南峰：《凤翔南指挥西村墓人骨的初步研究》，《考古与文物》1985年第3期。

凤翔城郊隋唐墓墓主以外的骨架虽然属殉人性质，但是那些殉人的身份已不再是奴隶制度下的奴隶，而是封建社会内大量存在着的奴婢。因为无论是奴隶社会的奴隶，还是封建制度下的奴婢，都处于当时社会的最低层，对统治者及其主人来说，都是他们可以任意处置的会说话的工具，都可能成为他们死后的殉葬品。

**二、唐代奴婢状况及殉人身份的讨论**

在前一节论述中我们已经提到凤翔城郊隋唐墓殉人的身份是处于当时社会最低层的奴婢，这一看法应当是对这批殉人较为合理的解释。为便于问题的讨论，不妨首先对唐代社会的奴婢状况略作陈述[①]

（一）唐代社会存在大量奴婢

隋唐时期的奴婢有官属和私属两个类别，一般说来，因触犯刑律而降为奴婢者，多为官奴婢；通过买卖（或掠夺）变为奴婢者，则属于私奴婢。但由于种种原因，不同类别的奴婢也会发生相互转化，如官奴婢往往被皇室或官府作为赏赐品赐于臣僚或属下，从而变成私奴婢；原为私奴婢，也会因其主人犯罪，连同家属一并没官而转变为官奴婢。据文献记载，隋唐时期无论是官奴婢，还是私奴婢，数量是相当大的。在唐代官奴婢中，由于被役使情况的不同，常见有城奴（《唐六典·刑部都官》原注）、户奴（《贞观政要·规谏》、《旧唐书之太宗诸子·恒山王承乾传》、《韦思谦传》附子承庆传、《锺绍京传》）、户婢（《新唐书·百官二·内侍省掖庭局》、《资治通鉴·唐纪》）、宫婢（《唐语林·夙慧》）、矮奴（《旧唐书·隐逸·阳城传》）、厮台（《新唐书·中宗八女·安乐公主传》）等名称。

唐代私家蓄奴之风十分兴盛，贵族、官僚、寺院及富豪竞侈斗富，广蓄奴婢，史不绝书。如武则天的女儿太平公主"侍儿披罗绮，常数百人，苍头监妪，必盈千数（《旧唐书·太平公主传》）。淮南节度使高骈"侍女数百，皆羽衣霓服"（《旧唐书·高骈传》）。安南都护邓佑，"家巨富，奴婢千人"（《朝野佥载》卷一）。营州都督李谨行"家童至数千，以财自雄，夷人畏之"（《新唐书·李谨行传》）。宰相元载"婢仆曳罗绮一百余人，恣为不法，侈僭无度"（《旧唐书·元载传》）。号称"京师富族"的王宗，"善兴利，乘时贸易，由是富拟王者，仕宦因赀而贵，侯服玉食，僮奴万指（即有僮奴千人）"（《旧唐书·王处存传》）。会昌五年（845年）武宗灭佛，除籍为良的寺家奴婢达十五万人（《旧唐书·武宗纪》）、《新唐书·食货志二》。不仅是中上层人物多蓄奴婢，即使是一般地主官吏，把"蓄奴"与"置地"同等看待，作为势力追求的目标。如被历世称道的杨志操，在其"未遇"之时著《闲居赋》以自慰，常曰："得田十顷，僮婢十人，下有兄弟布粟之资，上可供先公伏腊足矣（《新唐书·杨场传》）。甚至一般民户也家有奴婢，如清末敦煌石室出土的唐代（武则天、唐玄宗、唐代宗在位时）户籍残卷及近年出土的大批吐鲁番唐代官方文书，大都有民户使用奴婢的记录，一些户等较低的"下上等户"也多蓄奴婢。《敦煌户籍残卷》中，地主家庭申报奴婢四口以上的不止一件，一户拥有一两名奴婢的更多[②]。吐鲁番阿斯塔那唐墓出土的开元二十一年（732年）《蒲昌县注定户等申州

---

① 唐代奴婢状况以往多有论述，本文主要参考李季平《唐代奴婢制度》一书。该书1986年6月由上海人民出版社出版。
② 中国科学院历史研究所资料室：《敦煌资料》第一辑，中华书局，1961年。

状》中残存的四户"下上等户"，其中就有三户使用奴婢①。足见奴婢占有状况的普遍。另外，边远地区少数民族的统治者中，蓄奴风也很盛行，又如前引之靺鞨人李谨行"家僮至数千"，是最突出的一例。又如"代为岭表酋长"的陈集原有"僮仆三十余人"（《旧唐书·陈集原传》）。

　　唐代私奴婢与官奴婢一样，也有众多的称谓，常见的有仆（《旧唐书·刘悟传》、《唐摭言·轻佻》）、僮（《唐摭言·以贤要激劝而得者》）、僮仆（《旧唐书》之《李勣传》、《陈集原传》）、仆隶（《旧唐书·崔衍传》）、家人（《旧唐书》之《玄宗纪上》、《郭子仪传》等）、家奴（《旧唐书·哥舒翰传》、《新唐书·诸公主列传》）、家僮（《旧唐书·赵王贞传》、《唐会要·奴婢》）、僮隶（《旧唐书·刘玄佐传》）、僮奴（《旧唐书·崔慎由传》）、侍儿（《旧唐书·外戚传》附薛怀义）、侍女（《旧唐书·高骈传》）、侍者（《旧唐书·杨庆妻王氏传》）、侍婢（《唐国史补》卷中）、苍头（《唐会要·市》、《旧唐书》之《王毛仲传》、《王重荣传》等）、青衣（《太平广记·张老》）、童子（《太平广记·李林甫》）、药竖（《博异志·岑文本》）、常住奴（寺观奴）（《明堂书录·补遗》）、监奴（《旧唐书·长孙顺德传》）等。虽然称谓不同，但对大多数私奴来说，其本质特征——身份地位是相同的。

　　还要说及的是，唐代社会除大量拥有汉族奴婢外，普遍存在着通过"掠卖"、"贡献"、"市易"及将战俘转化的各族奴婢，他们之中既有官奴婢，也有私奴婢。我们知道，唐朝是经济文化空前发展的时代，也是与各少数民族友好关系进一步加深的时代。这个时代不仅汉族与突厥、回纥（鹘）、吐蕃、南诏、靺鞨、高山、西域各族等主要民族之间保持着密切联系，而且各少数民族之间关系也相当融洽，但由于种种原因，彼此间的武装冲突也时有发生，甚至规模还很大。战争的结果之一就是制造出数目可观的外族奴婢，如突厥奴②（《旧唐书》之《李勣传》、《突厥传下》、《唐会要·西突厥》、《贞观政要·任贤》）、吐蕃奴（《旧唐书》之《吐蕃传》、《高仙芝传》、《唐会要·奴婢》等）、回纥（鹘）奴（《唐会要·奴婢》、《册府元龟·外臣部》之《朝贡》、《通好》）、新罗奴（《唐会要·奴婢》、《旧唐书·穆宗纪》）、昆仑奴（《岭外代答·昆仑层期国》条）。此外，还通过"贡献"、"市易"等方式，从西域、南海地区输入不少外国奴。

　　唐代官私奴婢的数目究竟有多少，史无明确记载，尚难确知。会昌五年（845年）武宗灭佛，除籍为良的寺院奴婢达十五万人③，是史书记载中最大的一个数字。至于皇室、官府及大官僚、贵族、富豪等官私各家拥有的奴婢，多者万人、千人，少者数人，累计起来的有数十万④。这个数字比唐代户口总数量显然少得多。据记载，唐玄宗天宝十三年（754年），全国共有户籍九百零六万多户，人口五千二百八十八万余口。由此可大体推知，唐代奴婢数目与人口总数的比例约在1%左右。

　　（二）隋唐时期奴婢的来源

　　就整体而言，隋唐时期奴婢的来源主要是前代遗留和当代新生两个途径。前代遗留

① 新疆维吾尔自治区博物馆、西北大学历史系考古专业：《1973年吐鲁番阿斯塔那古墓群发掘简报》，《文物》1975年第7期。
② 有关这方面的记载，如《唐会要·西突厥》："显庆二年（657年）正月，……斩获[突厥]数万。"《唐会要·奴婢》："大足元年（701年）年五月三日敕。西北缘边州县，不得蓄突厥奴婢"等。又近人岑仲勉《突厥集史》（中华书局1958年版）引用的开元二十年（732年）十一月《阙特勒碑》中的记载曰：一部分突厥"贵族子弟陷为唐奴，其清白女子降作唐婢。"可见在唐代突厥奴是有较大数量的。
③ 《新唐书·食货志》。
④ 李季平：《唐代奴婢制度》第二章，上海人民出版社，1986年。

即所谓"前代以来，配隶诸司"或"前代以来，配隶相生"（《唐律疏议·名例三》），数目当颇为可观。当代新生的奴婢，是由籍没、自卖、掠卖、俘虏转化及家生贡献等方式而来的。

1．"籍没"是指官府籍没罪犯的家属及其奴婢为官奴婢的处罚形式，这是唐代官属奴婢的主要来源。唐律对籍没设有明确的律条，一是"反逆"者处以籍没，如："凡反逆相坐没其家为官奴婢"（《唐六典·刑部都官》）；"诸谋反及大逆者，皆斩；父子年十六以上皆绞，十五以下及母女、妻妾（子妻妾亦同）、祖孙、兄弟、姐妹若部曲、资财、田宅并没官"（《唐律疏议·贼盗一》）；"反逆者，祖孙与兄弟缘坐，皆配没"、"谋反者，男女奴婢没为官奴婢"（《新唐书·刑法志》）。唐代历史文献中，因犯"反逆罪其家口坐没为官奴婢的事例颇多。二是盗铸钱币，违者处死，家口配没。如唐高祖李渊就曾在武德四年（621 年）七月废五铢钱，行开元通宝钱。明文规定："敢有盗铸钱者身死，家口配没"（《旧唐书·食货志上》）。除律条规定应"籍没"者外，《旧唐书》中还记载不少官吏、军士因其他原因而被籍没的事例，如《高宗中宗诸子列传》："时有敕，征边辽军人逃亡限内不首及更有逃亡者，身并处斩，家口没官。太子（李弘，高宗第五子）上表谏曰：'……伏愿逃亡之家，免其配没。'制从之。"又《刘仁轨传》："子濬……垂拱二年（686 年），为酷吏所陷，被杀，妻子籍没。"又如《刘祥道传》："景先（刘祥道子）……永昌年（689 年）为酷吏所陷，系于狱，自缢死，仍籍没其家。"再如《代宗纪》："〔永泰二年（766 年）九月〕丙子，宣州刺史李侁坐脏二十四万贯，集众杖死，籍没其家。"看来，在唐代众多的籍没者中，有相当数量是因触犯其他刑律，诸如坐脏、逃亡等等，也有为酷吏陷害，家口被籍没为官奴婢的。

2．自卖、掠卖。"自卖"主要是指为数众多的贫苦农民在失去了生存条件，将本人或其家庭成员卖身而变成奴婢；"掠卖"则是指使用非法手段强掠良人，迫其为奴，或自用，或贩卖。在唐代，通过"自卖"、"掠卖"而转化为奴婢是私属奴婢的重要来源。掠卖良人为奴，多为贪官污吏、地痞豪强所为，其手段除多数为强取豪夺外，还有彼此和同，共相引诱等变通手法，《唐律疏议》分为"略人"、"略卖人""和诱"等类别[①]，并明文规定，无论采取什么样的手段掠卖良人为奴，都一律加以禁止，定有各种严密的刑罚。如在《名例五》"共犯罪本罪别"条规定："略人为奴婢者，理与强盗义同。"在《贼盗四》"略人略卖人"条又具体为："诸略人、略卖人为奴婢者，绞；为部曲者，流三千里；为妻妾子孙者，徒三年。""和诱者，各减（略人略卖人）一等。若和同相卖为奴婢者，皆流二千里；卖未售者，减一等。即略、诱及和同相卖他人部曲者，各减良人一等"。还有一些其他方面的规定，内容都很详备。

尽管唐王朝严禁掠卖良人为奴，并制定了严密的刑罚，但在社会生活中"掠卖"现象却仍然相当严重，尤其是官府豪族，滥用权威，以"违法"为"合法"，使大批良人沦为奴婢。如贞观初年幽州都督王君廓"屡为非法"，强掠"良家子"为奴，并公然馈赠该州长史李玄道，当李得知原委，将赠婢"放遣"，王君廓竟甚为"不悦"（《旧唐书·李玄道传》）。高宗对身居左相高位的李义府，"先多取人奴婢，及败，一时奔散"，始"各归其家"（《旧唐书·李义府传》）。武则天时的通泉县尉郭元振，公然"前后掠卖所部

---

① 详见《唐律疏议》之《名例四》、《盗贼四》。

千余人，以遗宾客"，武则天闻知，不仅不与治罪，反而"召见与语，甚奇之"（《旧唐书·郭元振传》）。深得武则天宠幸的张易之兄弟，仗势横行，"强夺庄宅，奴婢、姬妾不可胜数。"（《太平广记·张易之兄弟》）。甚至贵为皇族的安乐公主等人，也常纵其家人拘略良家子女为奴婢（《新唐书·中宗八女·安乐公主传》）。唐代中、后期，尤其是"安史之乱"后，由于土地兼并加剧，均田制瓦解，赋役不断增加，藩镇割据，战乱频仍，广大农民处于天灾人祸的交击之中，"自卖"难免，"掠卖"成风。《旧唐书·罗让传》记载某人馈赠女奴于罗让，罗让追问原故，"曰：'本某等家人。兄姐九人，皆为官所卖，其留者唯老母耳。'让惨然，焚其券书，以女奴归其母。"任剑南东川节度使的严砺，为非作歹，"违制擅赋"，曾一次"籍没涂山甫等吏民八十八户田宅一百一十一、奴婢二十七人、草千五百束、钱七千贯"（《旧唐书·元稹传》）。以农民起义起家的朱全忠在围攻郓城之时，"三四年间，每春秋入其境剽掠，人不得耕织，民为俘者十五六"（《旧唐书·朱瑄传》）。所俘者或供驱驰，或强迫为奴，货卖于人。战乱期间即使是唐王朝的军士，也四出抢掠，"与盗贼无异，夺其资财，驱其畜产，分其老弱妇女以为奴婢"（《资治通鉴·唐纪·昭宗纪》）。由于官府酷刻，战乱不息，加之灾荒打击，"自卖"为奴（其中包括部分债务奴婢）的现象空前增多。唐德宗时期，"魏州饥，父子相卖，饿死者接道"（《旧唐书·张万福传》）。宰相陆贽在上德宗疏中指出贞元年间（785～805年）"饥岁家室相弃，乞为奴仆，犹莫之售，或缢死道途"（《新唐书·食货志二》）。百姓在饥馑之年自卖为奴而未能售出，竟然缢死道路，情景多么凄惨。唐代后期即使在边疆地区，卖奴之风也很严重。《旧唐书·南蛮·西南蛮传》："南平獠者……土多女少男，为婚之法，女氏必先求男族，贫者无以嫁女，多卖于富人为婢。"岭南地区竟然有"奸人"乘贫苦之家"迫于征税，则货卖男女"之机，大肆贩卖人口，"倍讨其利"（《唐会要·奴婢》），使当地人民深受其害。

3．"俘虏转化"是指南战俘转化成的奴婢。隋唐时期战争的目的已不再像奴隶社会曾经发生过的某些战争一样，以掠夺奴隶为主要目的。据文献记载，终唐一代二百八十多年间，唐王期与吐蕃、党项、回纥（鹘）、高昌、龟兹、突厥、契丹、高丽等国族都发生过战争，在战争中双方都曾多次掠获对方人口，但唐王朝将战俘变为奴婢的事例并不多见。据《旧唐书》记载，从武德（618～626年）初年到会昌（841～846年）时期，唐军与边族发生较大的战争二十多起，每次都有俘获，所获战俘多在数千人之上，仅个别一二次获数百人，而俘获万人以上者达六七次，如贞观三年（629年）李勣与突厥战，"虏五万余口而还"（《李勣传》）；乾封三年（668年）辽东道破薛贺水，"获生口三万余人"（《高宗纪下》）；武德初年窦轨讨稽胡，"虏男女二万口"（《窦轨传》）；贞观二十二年（648年）"破龟兹、大拨等五十城，虏数万口"（《太宗纪下》）；贞观十九年（645年）李勣渡辽攻盖牟城，拔之，"获生口二万"（《高丽传》）；开耀元年（681年）薛仁贵击突厥元珍等于云州，"获生口二万余人"（《薛仁贵传》）；开元二年（714年）薛讷、王晙等击吐蕃大将坌达延，"杀获万人"（《薛讷传》）。另据《贞观政要·任贤》载，贞观四年（630年）李靖引兵袭突厥颉利部，俘虏男女竟多达"十余万"。如此众多的战争俘虏，唐王朝究竟如何处理，上引诸多记载虽无明言，但决不会都转变为奴婢。事实上，将战俘变为奴婢只是他们之中非常有限的一部分。

从历史文献较为明确的记载看，唐王朝所获战俘之中，有一部分为庆贺战争胜利被献于宗庙① 大多数则 "放还本土"② 也少有施杀戮者（《旧唐书·宦官列传·杨思勖传》），转变为奴婢者数量也很有限。据记载分析，唐代战俘转变为奴婢主要有赏赐、流配等途径，自行虏掠者亦时有发生。

贞观十四年（640年），阿史那社尔授行军总管，率众平定高昌，有功诸人立即受到唐太宗奖赏。阿史那社尔因 "未奉诏旨，秋毫无所取。" 后奉太宗别敕，始受赏赐，所取者 "唯老弱故弊而已。"（《旧唐书·阿史那社尔传》）又如《旧唐书·高丽传》载："初，攻陷辽东城，其中抗拒王师，应没为奴婢者一万四千人，并遣先集幽州，将分赏将士。"后虽因 "太宗慰其父母妻子一朝分散，令有司准其直，以布帛赎之，赦为百姓" 而作罢，然赏赐战俘为奴婢之事应无疑议，再如《旧唐书·突厥传上》记薛延陀曾对唐太宗说："至尊（太宗）破厥，须收为奴婢，将与百姓"，连百姓也可得到战俘，参战的有功人员自不待言。

流配战俘为奴之事见吐蕃、回纥（鹘）两族。《旧唐书·吐蕃传下》大历十四年（779年）"八月，命太常少卿韦伦持节使吐蕃，统蕃俘五百人归之……建中元年（780年）四月，韦伦至。自大历中聘使前后数辈，皆留之不遣，俘获其人，必遣中官都统徙江、岭"，是知大历年间（766～779年），所俘吐蕃多徙配江、岭地区。《新唐书·王播传》附王式传记浙东裘甫为乱，明越观察使不能为讨，宰相遂选王式往代。王式 "发自光福里第……闻贼用骑兵，乃阅所部，得吐蕃、回鹘迁隶数百，发龙陂监牧马起用，集土团诸儿为向导，擒甫斩之。"《资治通鉴·唐记·懿宗纪》亦曰："咸通元年（860年），官军少骑卒。（王）式曰：'吐蕃回鹘比配江、淮者，其人习险阻，便鞍马，可用也。'举籍府中，得骁骑者百余人。"为了镇压裘甫的叛乱，唐室把 "比配江、淮" 善骑射的吐蕃、回鹘迁隶数百加以武装，成为参战的 "士兵"。这些记载反映出唐王朝确有将战俘流配为边地为奴的作法。

自行虏掠为奴在文献中所见无几，且往往有其特定原因。《旧唐书·薛仁贵传》："苏定方之讨贺鲁也，于是仁贵上疏曰：'……今泥熟仗秦干，不伏贺鲁，为贼所破，虏其妻子。汉兵有于贺鲁诸部落得泥熟等家口，将充贱者，宜括取送还，仍如赐赉。即是矜其枉破，使百姓知贺鲁是贼，知陛下德泽广及也。'高宗然其言，使括泥熟家口送还之，于是泥熟等请随军效其死节。"因泥熟原被贺鲁所破，贺鲁虏泥熟 "妻女" 为奴，后唐朝军士在讨伐贺鲁中常掠获泥熟家口，充其奴婢。为了宣扬高宗 "德泽广及"，以证贺鲁为强盗，薛仁贵建议将军士所虏掠的泥熟族人 "括取送还，仍如赐赉。" 于是收集泥熟家口而送还，结果唐王朝得到泥熟人热烈拥护。又如同书《高丽传》记唐军讨伐高丽，攻陷辽东，孙伐音乞降，既而反悔，唐太宗怒其反复，准许其部下虏掠 "城中人物分赐战士。"后孙伐音力不能支，终于要投降了，太宗许之。于是主将 "李勣言于帝曰：'战士奋力争先，不顾矢石者，贪虏获耳。今城垂拔，奈何更许其降，无乃辜将士之心乎？'帝曰：'将军言是也。然纵兵杀戮，虏其妻孥，朕所不忍也。将军麾下有功者，朕

---

① 如《唐会要·献俘》："贞观四年（630年）三月二十九日，张宝相俘颉利可汗，献俘于太庙。"《旧唐书·吐蕃传上》："（开元）十七年（729年），朔方大总管信安王祎又率兵赴陇右，拔其石堡城，斩首四百余级，生擒二百余口，遂于石堡城置振武军，仍献其俘囚于太庙。"此类事件记载还见于《旧唐书·狄仁杰传》。

② 见载如《旧唐书·德宗纪上》："〔大历十四年八月〕遣太常少卿韦伦使吐蕃，以蕃俘五百人还之，修好也。"又："〔建中三年四月〕庚申，先陷蕃僧尼将士八百人自吐蕃而还"。

以库物赏之，庶因将军赎此一城。'遂受降。"虽然这次准许战士"虏掠"有其特定原因，并终以孙伐音的降服而使太宗改变了初衷，避免了一场残酷的杀掠，但是假使孙伐音坚决不肯投降，其情形就可想而知了。终唐一世，对外族大小争战数十次，我们很难设想军士自行虏掠战俘为战利品或"分赐战士"为奴事例没有发生过。

4."家生"是指"家生奴"（或称"家生子"），即指奴婢所生的子女，这是官私奴婢的一个共同来源。根据唐制，凡奴婢没官，如不能改免，所生子女永为奴婢。私属奴婢的后代亦与与此同例。唐代统治者通过这样的法律制约，使唐代的官私奴婢不断地得到补充。

5."贡献"是指各级官吏及周边邻国以人口为贡品，进献唐王朝的奴婢。唐代文献中此类事例屡见不鲜，且以周边地区多见，邻国的贡献只间或有之。通过这种途径得到的奴婢虽然也是官奴婢的来源之一，但数量却很有限。

（三）唐代奴婢的地位

唐王朝以法权形式把人划分为"良"、"贱"两类，并进而按照人的社会地位、身份、职业等差别又规定了若干等级，使其世代相承。根据唐律，唐代奴婢被列为贱民的最低等级，而其律文对奴婢社会生活的各个方面做了具体规定，将其永世固定在社会最底层，供其役使。

唐律虽称奴婢为"贱人"，但实际上统治者并不将其视为"人"，只看做是主人的牲畜和财产，这点在《唐律疏议》中十分明了。《名例六》："奴婢贱人，律比畜产"，《贼盗二》将奴婢"比之资财，诸条多不同良人"，正因为如此，《诈伪》称"奴婢有价"，可由主人自由买卖。奴婢的一切都要依照"奴法"办理（《名例三》），诸事由其主人"处分"（《户婚下》）。奴婢杀主，被视为"十恶"[①]之一的"大逆"，即便逢到大赦，也"不在赦限"（《唐大诏令集·神尧即位赦》）。奴婢与"良人"犯相同罪行，奴婢处罚得重，良人则轻，而奴与主之间的差别更大。主对奴在许多方面拥有生杀予夺之权。如主人不经官府擅杀奴婢只杖一百，请示官府而后杀之则无罪；杀无罪的奴婢只徒一年。奴婢虽"过失杀主"也处以绞刑，殴詈或伤及主人处流刑。奴婢殴打良人，罪加一等，殴打中折跌良人肢体或瞎其一目，处以绞刑，良人杀死奴婢减一等处分[②]。又如良人相奸徒一年半，奸其监临内的杂户、官户、部曲妻及婢者，只免其所居之一官。诸奴奸良人，徒二年半，强奸的主流刑，因奸折伤的处绞刑。奴奸其主及主人期亲者处绞刑，强奸者斩[③]。唐律还规定"奴婢听为主隐"，除"十恶"之中的谋反、谋大逆、谋叛外，奴隶不许告发主人，否则处以绞刑；主人告发奴婢，即使是诬告，也"同诬告子孙之例，其主人不在坐限"（《唐律疏议》之《名例六》、《斗讼四》）。奴婢的婚姻也有极严格的限制，除可与贱民中的部曲通婚外，嫁娶只能在奴婢之间。即所谓"当色为婚"、"当色相养"。《唐律疏议·户婚中》规定："妻者，齐也。秦者为匹，妾通卖买，等数相悬。婢乃贱流，本非俦类。"因此不准以婢为妻，若已以婢为妾，则不准再娶良人女为妻。倘若违犯，依"准盗论罪"，徒二年。奴娶良人女为妻，徒一年半，女家减一等，并要"离

---

① "十恶"在封建社会的刑律中主要是指：一、谋反，二、谋大逆，三、谋叛；四、恶逆，五、不道，六、大不敬，七、不孝，八、不睦，九、不义，十、内乱。

② 详见《唐律疏议》之《斗讼》。

③ 主要见于《唐律疏议》之《杂律上》及《名例三》。

之"。婢女为主人生子或已放免为良人的也只许为妾，不得为妻。否则处"以妾为妻"之坐[①]。奴婢不得逃亡，逃亡者"一日杖六十，三日加一等。"私放奴婢或诱导奴婢逃亡者，"准盗论"，即使是藏匿逃亡奴婢，或获得逃亡奴婢不送官而私自卖掉，或容留其他地区逃亡浮浪的，都要科以严刑。奴婢诈去奴籍、诈言身死、诈言年入六十及疾病得免本色、或私奴婢以易官奴婢等等，"各徒二年。"[②] 买卖奴婢在唐代历史文献中多见记载，且在岭南诸州、京都长安以及扬、泉、荆、益、登、莱等州较大的城市均设有奴婢市场。买卖过程主要办理的手续，一是"立券"，二是"过贱"。立券要经过"市司"的批准，过贱须由当地"长吏引检正身"（《唐大诏令·改元无复赦》），买卖双方钱（物）当面付清，奴婢立地交割，与买卖牲畜、资产毫无区别。《唐律疏论·杂律》就有"买奴婢牛马立券"的条文，奴婢牛马混而不别，即其明证。

（四）殉人身份的讨论

综上所述，可以看出有唐一代存在的大量官私奴婢就其总体而言，其社会地位与殷周时期的奴隶没有根本区别。在唐代，无论是官奴婢，还是私奴婢，都是皇室、官府及其主人全部财产的一部分，有如牛马之类（即所谓"律比畜产"），都是可供占有者随意驱使的会说话的工具；他们毫无人生自由，只能任人宰割，处在社会的最底层，其命运与奴隶制度下奴隶的命运最为相同，所不同的是奴隶社会既有生产奴隶，又有家内（宫廷）奴隶，生产奴隶从事大规模的农业、手工业及畜牧业生产，是社会生产活动的主力，而家内奴隶不从事生产活动，仅供奴隶主驱使。李唐王朝与其他封建王朝一样，农民与手工业者是社会经济生产的主力，虽然也有少数奴婢承担农业、手工业的生产，但在整个经济领域中无关宏旨。社会产生和提供的大量官私奴婢与奴隶社会的家内奴隶相同，也仅仅是为了充当供皇室、官府及其主人驱使的工具。正是由于唐代与殷周社会存在这样一条根本区别，才使得两者的社会性质完全不同。以上事实表明，由于唐代奴婢制度是中国古代奴隶制残余与唐代封建等级制度相结合的产物，加之唐王朝频繁的对外经济文化交流与时而发动的对外战争，以及统治者穷奢极欲的推动，促使唐代奴婢状况格外复杂、多样，这是前所未有的。

正因为唐代社会存在着大量官私奴婢，而奴婢的社会地位又处于整个社会的最底层，在唐律之中，他们仅仅是占有者的畜类和资财，可以在奴市上标价出售，可以随意处置，我们不难想象，在这种大的社会背景之下，在某个地区，或某段时间出现相当规模的以奴婢殉葬的现象，显然是不足为怪的。

截至目前，在已公布的数以千计的隋唐墓中，殉人实例仅见于山西长治发现的永昌元年（689 年）朝散大夫崔拏墓。该墓发现九个殉人头骨，其中三个放在墓内耳室[③]。另据报道，近年，考古工作者在位于柴达木盆地南缘的青海都兰县夏哈乡大什角沟的吐蕃墓葬中也发现殉人。这批墓的年代大概在公元 8 世纪初，从其形制和随葬品判断，属吐蕃贵族墓葬[④]。大什角沟吐蕃墓的时代虽然相当于中原地区的李唐王朝中期，但当时的

---

① 有关这方面的记载，除《唐律疏议》之《户婚二》外，又见同书《户婚三》、《名例六》以及《唐六典》之《刑部都官》、《司农寺》等。

② 见载《唐律疏议》之《捕亡》、《诈伪》等。

③ 长治市博物馆王进先：《山西长治市北郊唐崔拏墓》，《文物》1987 年第 8 期。

④ 党周：《青海吐蕃墓葬考古获新发现》，《人民日报》（海外版）1994 年 11 月 2 日第一版。

吐蕃是一个独立的农奴制国家,其墓葬自然还不能以"唐墓"称之。因此,可以确切称之为唐代殉人者仅崔挈一墓而已。像凤翔城郊这样在364座墓中殉人者竟多达54座,殉149个个体,比重之大,数量之多,历时之久,实属仅见。它应是中国古代殉人制度残余在封建制度下的变异与延续。同时,我们也不能不说这批殉人墓不带有明显的区域性、偶发性和特殊性色彩,是我国秦汉以后墓葬,尤其是隋唐墓葬甚为罕见的现象。

凤翔城郊五十四座殉人墓中既有甲类墓,也有乙类和丙类墓。其中甲类墓40座,乙类墓8座,丙类墓6座。甲类墓形制较大,一般都拥有较多的随葬品,墓主多数为地方官吏和中小地主。乙类墓墓主的身份应低于甲类墓,似为小地主及乡富之类。丙类墓形制很小,随葬品也极简单,当为普通民户。墓中出土殉人149个个体,其骨架放置具有数种不同的形式。骨架状况的不同,除表明处死殉人的方式有别外,也应与殉人的身份有关。

前述殉人一节我们曾推测殉人的处死手段有缢死(或药死)、击杀、斩杀三种,处置方式有刖足、大劈、腰折、砍头、肢解等。缢死(或药死)者骨架完整,绝大多数葬姿安顺,仅少数骨骼堆葬一起,扭作一团。以其他方法处死者,骨架多不完整,多数仅有头骨,少数有骨架而无头骨,有的较零乱,有的零星抛置。

二十五具保持完整骨架的殉人,分别出自甲类墓7座、乙类墓4座和丙类墓2座。凤南M23属甲类墓Ea型Ⅱ式,随葬男、女陶俑、铜合页、铜泡和铜饰等多件器物,墓主为一女性,年龄不详。墓道填土中共殉5人,骨架均完整。一、二、三号骨架分别埋置,仰身直肢。一号骨架,女,35~40岁,左肩部出土铜合页一件,头部置蚌壳一枚;二号骨架,男,25~35岁;三号骨架,男,35~40岁;四、五号骨架埋在一起,四号骨架俯身屈肢,男,30~35岁;五号骨架压在四号骨架之下,仰身直肢,6~9岁。凤南M316属甲类墓Eb型Ⅱ式,随葬品有陶王天俑、陶镇墓兽、陶马、陶骆驼、陶男女俑、陶塔式罐和开元通宝铜钱等,较为丰富。墓主性别、年龄不详,墓道填土殉人2,其中一号殉人骨架完整,侧身屈肢,性别不详,成年。凤南M298属甲类墓D型Ⅰ式,随葬品仅陶双耳罐2、隋五铢钱1。墓道龛台殉一人,仰身直肢,男,20~30岁。墓主亦男性,35~40岁。凤南M333属甲类墓Eb型Ⅱ式,不见任何随葬品,墓主性别、年龄不详,天井殉5人。一、二、三号骨架仰身屈肢,四、五号骨架侧身屈肢。一号骨架,女,15~20岁;二号骨架,女,30~40岁;三号骨架,男,30~40岁,两腿屈作"〈〉"形;四号骨架,女,30~40岁,头骨右侧头顶骨与颞骨处有10×8.5厘米骨折下陷,深4厘米,正中形成穿孔洞,额骨右侧骨折脱落,为一面较大的钝器击打致死;五号骨架,男,40~45岁。凤南M303属乙类墓Aa型。随葬陶灶、陶壶、铜饰、隋五铢钱。墓主,男,年龄40岁左右。墓道填土殉人1,仰身直肢,成年。凤南M95属乙类墓Ab型Ⅲ式,仅随葬一件陶圆腹罐。墓主,女,年龄50~60岁。墓道填土殉人1,仰身屈肢,女,35~45岁。凤南M112属丙类墓A型,随葬品仅一件陶塔式罐。墓主,男,45~55岁。墓道填土殉人1,仰身直肢,性别不详,15~20岁。

上述墓例,无论墓主的身份地位有何不同,殉人都能保持尸骨完整,死态安然,说明他们与墓主的关系相对亲近一些,可能是供主人家内驱使的奴婢。女性殉人中年长者约为侍婢、侍妾,年少者当是侍女、侍婢和青衣。男性殉人多为青壮年,即文献中提到的仆、僮、僮仆、仆隶、家人、家奴、家僮、侍者和监奴等。未成年孩子应是侍儿、童子，可能属家生奴婢。凤南 M333 二号殉人，双腿呈"〈〉"形，显系长期骑马之故，可能是"私兵"，即"苍头"。

殉人尸骨完整，骨骼或扭作一团，或错位放置，或部分分散的三例之中，凤南 M17 属甲类墓 Eb 型Ⅲ式，墓主可能是女性，13～18 岁。随葬品丰富，有陶天王俑、陶镇墓兽、陶男女俑、陶塔式罐、铜盆、铜镜等 20 余件，其中铜盆之内出土一件折叠整齐的绢质《经咒图》，说明墓主应是一位佛教信徒，墓道填土殉人 2，均男性，30～40 岁，两具骨架扭在一起，可能属家奴、僮仆、仆隶之类，也可能是常住奴（寺观奴）。凤南 M125 属甲类墓 Ec 型Ⅰ式，墓主男性，30～40 岁。墓内仅出土若干残铁片。墓室殉人 1，男，25～30 岁，可能是墓主的侍儿、僮奴。凤南 M323 属甲类墓 Eb 型Ⅰ式，墓主性别年龄不详，随葬品较丰富，有陶镇墓兽、陶男女俑、陶塔式罐、银耳环、粟类籽粒一堆。墓道填土殉人 3，其中三号殉人，头骨及体骨基本保持人体原位，下肢骨及右上肢骨散置，亦可能是墓主的家奴、僮仆之类。

殉人骨架总体完整，仅缺脚骨的两例中，凤南 M33 属甲类墓 Ec 型Ⅳ式，墓主为一成年女子，随葬品有陶塔式罐、铜钗、蚌壳、漆器（残）等。墓室棺外东侧殉人 1，仰身直肢，左脚骨缺，男，30～40 岁，随葬陶塔式罐 1。墓道填土殉人 1，俯身屈肢，双脚骨均缺，女，18～20 岁。这两位殉人均被砍脚骨，当是犯有某种"罪责"而被主人处以刑罚后殉葬的。男性殉人当是家奴，女性殉人为侍奴、侍婢、青衣，所处的刑罚类似古代曾经流行的刖刑。

殉人中的无头骨架，或仅有头骨（包括仅出头颅骨、额骨和下颌骨）及其他零星骨骼的个体，所占比重较大，骨架状况也甚悬殊。凤南 M46 属甲类墓 Ec 型Ⅰ式，墓主男性，30 岁左右，仅出土开元通宝铜钱 1 枚，墓道填土及墓室殉人 6，一号殉人，男，年龄不详，骨架成形（右下肢及左下肢胫、腓骨中段以下缺），仰身直肢；二号殉人，男，成年，骨架成形（胸以下骨骼缺），侧身屈肢；三号殉人头盖骨，男，20～26 岁；四号殉人头盖骨，性别年龄不详；五号殉人颜面骨，性别不详，30～35 岁；六号殉人下颌骨，性别不详，25～35 岁。凤南 M227 属甲类墓 Ea 型Ⅰ式，为一夫妻合葬墓，男墓主35～40 岁，女墓主 30 岁左右。随葬品丰富，均按双套入葬，有陶天王俑、陶镇墓兽、陶骆驼、陶马、陶男女俑、陶塔式罐、陶香熏、开元通宝钱等。墓内殉人有十个个体，一号为头颅骨，女，30～40 岁，出自墓道；二号为头颅骨，男，40～45 岁，出自天井；三号为头颅骨，男，20～30 岁，出自天井；四号为完整盆骨连左、右股骨，男，成年，出自天井；五号为头颅骨，男，35～40 岁，出自墓道；六号为头颅骨，男 30～40 岁，出自墓道；七号为完整头骨，女，20 岁左右，出自墓道；八号为头颅骨，男，35～45 岁，出自墓道；九号为头颅骨，男 20～25 岁，出自墓道；一〇号为成形骨架（脊椎骨、左上肢骨及盆骨左半缺，下肢骨零乱），男，20～25 岁，出自甬道龛内。凤南 M309 属乙类墓 Ab 型Ⅱ式，墓主男性，60～70 岁，随葬陶塔式罐 1。墓道底部殉人 3，一号为完整骨架，仰身直肢，女 30～40 岁；二号为右股骨、胫、腓骨、左肱骨、胫骨，性别不详，成年；三号为下颌骨及左肱骨、盆骨左半连股骨、左股骨连胫、腓骨，女，20～25 岁。

上述墓例殉人状况颇为复杂，从其遭受杀害的残酷程度看，他们之中有的可能是因犯有某种"罪责"而被主人处置的，此类应为大多数；有的可能是遭受"籍没"，后转化为私奴婢被害死的；有的可能是通过掠卖手段夺得然后杀害的；有的可能是因墓主立有战功，得到上级的赏赐或于战地掠获，主人死后而被杀殉的；有的可能属自卖或馈赠易主后被残害的。这些男女奴婢生前供主人役使，或以农作，或以手工，或操持杂役，承担着最为繁重、粗笨、肮脏和下贱的劳作，社会地位极其低下。

### 三、古代殉葬制度的发展阶段

中国历史上，殉人现象很早就产生了，并延续了相当时间。以往传统认识称其废止时间约当秦汉之际或稍早。凤翔城郊隋唐墓众多殉人实例的发现，提供了大量新资料，这就促使我们对殉葬制度不能不产生新的思考。经过对文献记载及考古资料的梳理，可以看出，这种以人为殉的制度在其产生、发展及消失的过程中，大体经历了三个阶段：

（一）第一阶段　约当原始社会末期至夏王朝的覆灭，是殉葬制度的产生和发展时期。

据目前所知，殉人现象在中原个别地区的龙山文化晚期墓葬及齐家文化墓地均有发现。1959 至 1960 年，甘肃永靖秦魏家齐家文化墓地两次发掘 138 座墓葬，其中部分墓中出土两副人骨架，并排而葬，经鉴定为一男一女，葬式是男子仰身直肢居右，女子侧身屈肢，位于男子左侧，面向男子[①]。与此相同葬式的墓葬在甘肃武威皇娘娘台遗址亦有发现，也是男子仰身直肢，女子侧身屈肢，面向男子。皇娘娘台遗址还发现一墓并排三副人骨现象，一具男性骨架仰身直肢居于中央，左右两侧各有一具女性骨架，均侧身屈肢面向中央男子[②]。这些现象很清楚地表现出女子屈从于男子，并为男子殉葬的状况。与此相同的事例，在青海东部柳湾遗址也有发现。上述几座墓葬的时代，都属于父系氏族社会时期。一男一女的墓，应属一夫一妻合葬；一男二女的墓，则反映出当时社会已产生了一夫多妻的婚姻制度。墓中的骨架未见任何扰动，显然是一次葬。但是，依情理推断，他们完全没有可能同时死亡，死亡时间必有先后，从女子屈从男子的葬式看，应是男子死后入葬时，以女子为殉的，而女子当属妻、妾之类。发掘中除妻妾为夫殉葬外，青海柳湾遗址还发现以奴仆殉葬的现象。如 M93 是一座包括父母子女在内的合葬墓，发掘时在填土中发现一具老年女性骨架。这具骨架现无葬具，也无随葬品，很随意地置于填土之中，显然属殉葬的奴仆。M505 葬一成年男子和一少年女性，少女脚下还有一个人头骨，从埋葬状况看，成年男子为墓主，少年女子及其脚下的人头骨应是殉葬者。M326 与 M327 墓内亦有三副骨架，葬式相同，即左右两副骨架均呈仰身直肢，中间的一具为侧身屈肢，腿骨弯曲很甚，略呈蹲坐状。由迹象观察，其中一墓位于中间的骨架显系生前被捆缚而后埋入墓中，由此可知，这两座墓中间的骨架很可能是作为墓主人的近身奴仆而殉葬的。

齐家文化墓地出现殉葬决非偶然现象，因为齐家文化所处的时代正是人类社会临近阶级社会门槛，父系家长制已很发达的时期。这个时期由于氏族经济的发展，出现了相当数量的剩余财产；氏族内实行一夫一妻制，或一夫多妻制；氏族的首领凭借手中的权

---

① 中国科学院考古研究所甘肃工作队：《甘肃永靖秦魏家齐家文化墓地》，《考古学报》1975 年第 2 期。

② 甘肃省博物馆：《甘肃武威皇娘娘台遗址发掘报告》，《考古学报》1960 年第 2 期；《武威皇娘娘台遗址第四次发掘》，《考古学报》1978 年第 4 期。

力不仅拥有众多的财富，而且还成为氏族内理所当然的统治者。正因为如此，氏族社会内部就不可避免地出现了一部分人奴役、压迫另一部分人的现象。奴役者生前可以任意驱使被奴役者，死后则以被奴役者殉葬，以便在冥冥之中仍能供其驱使，这样也就使得以人殉葬的制度不可避免地出现了。

进入阶级社会后，殉人之风较前为甚，但由于夏代的考古学文化尚处于进一步探索中，有关夏代的殉人实例还不能确指。

（二）第二阶段　　商周至春秋前期，是殉葬制度最为盛行的时期。

1. 商代　据现有考古材料，商代前期殉人发现较少，较为确切的殉人实例在河南郑州、安阳、湖北黄陂和河北藁城等地有所发现。郑州白家庄[①]和人民公园[②]发现的是两座小型土坑墓，由墓葬规模观察，两墓墓主身份都不算高，均殉一人。黄陂盘龙城的"李"M2殉三人，其中二人置椁外两侧的二层台上，无棺木，上下压置，上为一成人，随葬铜刀、锛、凿、锯等生产工具及陶器一件，当为手工业工奴，下为一孩童，一无所有。另一人原置于北端椁顶之上，不见随葬品[③]。安阳小屯YM232殉8人，分别置于椁内棺外的东、西、南三面，与墓主人的随葬铜礼器在一起。其中两人头旁有七件玉笄，大约是墓主生前的随身侍从。YM333殉3人，置于东西两侧，其中一人头部有两件骨笄，也应是随从之类。藁城台西M14殉1人，置西阶之上，为未成年的女孩，两腿相交，两臂上曲，似捆绑所致[④]。

商周两代至春秋前期，殉葬之风达到了高峰。此时，无论是商周的统治中心，还是其政治统治区及四邻诸侯方国，殉人现象均十分普遍。《墨子·节葬》记述当时的殉葬情况时说："天子杀殉，众者数百，寡者数十。将军大夫杀殉，众者数十，寡者数人。"

商代后期的大型墓一般都见大量殉人，有数十人至一百多人不等。如安阳侯家庄HPKM1001商王墓（侯家庄M1001，下同），殉人分置于墓内及墓外。置于墓内（同穴）又分置4处，共约96人。第一处为墓底，共殉9人，均壮年男子，各持一戈，分置九个长方形小坑内，每坑伴出一犬。殉人都是墓主人的武装侍从。第二处为椁外侧，殉一人（原应较多，已被盗墓者扰乱），其职守似为椁外巡警之类。第三处为椁顶周围四阶，殉十一人，其中六人有棺木，均见有绿松石碎片、铜器碎片，此当首饰及帽饰的饰件。仅一人随葬铜戈。殉人多是墓主生前的亲密侍从。另五人无葬具，与木器、抬架置于一处，或即管理礼器与仪仗的人员。第四处为墓道夯土，共75人（统计不完全）以上。其中二人各自挖有墓坑，北、西墓道各一座，均随葬成套的铜礼器。其余众人均身首异处，无头肢体61具，南墓道置59具，分层夯筑在填土中，东墓道与东"耳室"各置1具。人头骨73个（亦不完全），分层分组置于四个墓道的填土中。头骨均头顶向上，面向墓室。这些砍头的殉人，多数未成年，是最低等的奴隶。

墓外（异穴）殉人全位于主墓东侧，计22坑，共殉68人（不完全统计），与七座马坑排在一起。最大的人坑棺椁具备，设腰坑，随葬成套铜礼器，二层台置两人，是殉葬人的殉葬者。据各坑的埋葬情况，推测这些殉人当是墓主生前田猎游玩的随从，设殉人

①　河南省文物工作队第一队：《郑州市白家庄商代墓葬发掘简报》，《文物参考资料》1955年第10期。
②　安志敏：《郑州市人民公园附近的殷代遗存》，《文物参考资料》1954年第6期。
③　湖北省博物馆等：《盘龙城1974年度田野考古纪要》，《文物》1976年第2期。
④　河北省文物研究所：《藁城台西商代遗址》，文物出版社，1985年。

的坑主大约相当于"领班"。

武官村大墓 WKGM1（武官村 M1，下同）墓内共殉 79 人，分置四处：墓底腰坑殉 1 人，持铜戈。东西阶共殉 41 人，东阶 17 人，西阶 24 人，有的有墓穴和木棺，并随葬成套铜礼器；多数无墓穴和木椁，亦无随葬品，他们大概是墓主人生前的侍从或亲信。墓道殉 3 人，北墓道人殉 2 人，对面而蹲，附近并有 4 犬 16 马。其职守或养犬马，或备驾乘。南墓道北口殉 1 人，亦有马坑 3 座。殉人可能是门卫之类。墓室填土发现三十四个人头，分三层放置，上下直立，面向中央，是被杀殉的奴隶[①]。

方国的大型墓当推山东益都苏埠屯 M1，此墓共 48 人，分三处放置。墓底腰坑和"奠基坑"各殉 1 人，东西二阶殉 7 人，其中一人左臂有绿松石和金箔嵌成的装饰品。似为墓主生前的随从。墓道殉 39 人，分三层放置，其中二十五人仅有头骨，显系最低级的奴隶[②]。

商代中型墓半数以上有殉人，如小屯 M5，椁顶及四阶共殉葬 15 人，可辨认的有男性 4 人，女性、小孩各两人。琉璃阁 M147 殉 7 人，墓室南端殉 1 人，头骨下有璜形玉饰，身旁有带孔石斧 1 件，其余六人置于墓室西南角。后冈 H321B 殉 3 人，墓室南壁下 1 人，西壁下 1 人，口含绿松石，墓底北端 1 人。大司空村 M53 殉 2 人。

商代小型墓殉人实例甚少，殉人也仅 1~2 人。

2．西周　西周时期的周王墓迄未发现，其殉葬情况尚不清楚，在各地发掘的贵族墓，殉人之风同样盛行，但情况有所不同。宝鸡㢟国墓地几座规模较大的贵族墓均有侍妾殉葬，有的墓除殉妾外，还有数量不等的奴隶。竹园沟有三座殉人墓，M13 墓主椁外左侧二层台筑得宽阔平整，台上挖槽构筑一座小椁室，与墓主椁室仅以椁板相隔，底平面相差 0.75 米，小椁室内殉一妾。M7 亦殉一妾，殉妾的位置及椁室构筑方法与 M13 相同。M4 则与前两墓稍有不同，殉妾与墓主于同一椁内，墓主居右，殉妾居左，前者内外两棺，后者仅一棺。茹家庄墓地有两座殉人墓，M1 墓室内构筑两椁，两椁相并，深度不同，甲椁室浅，为一棺，亦殉一妾，由出土铜鼎、铜簋铭文知，殉妾名"儿"。乙椁室深，内置双棺，墓主为㢟伯，殉奴 7 人，其中墓道填土殉 2 人，二层台殉 5 人。M2 墓主为 M1 㢟伯之妾，二层台上殉 2 人，一为儿童，另一为未成年的女子[③]。

河南浚县辛村卫国墓地发掘的五座卫侯及夫人墓仅 M1 墓室上部出土殉人骨架一具，殉人与车轮、舆埋在一起，应是御夫[④]。北京琉璃河燕国墓地殉人现象较卫国墓地普遍得多，首批公布的六十五座墓中，六座有殉人，其中两墓各殉两人，其余则殉一人，共 8 人。经鉴定，八人中除 17 岁女青年一人外，余皆为 8~15 岁的儿童，以男性居多，均无葬具。这六座墓的级别都不很高，最高级别的一座为中型墓，其余中小型墓 4 座，小型墓 1 座[⑤]。陕西长安沣镐故地，殉人现象多见，沣西张家坡、客省庄及沣东花园村先后发掘的两百余座墓，殉人墓多达二十余座，墓葬的级别不同，殉人亦多寡有别。中型

① 郭宝钧：《一九五〇年春殷墟报告》，《考古学报》第五册（1951 年）。
② 山东省博物馆：《山东益都苏埠屯第一号奴隶殉葬墓》，《文物》1972 年第 8 期。
③ 宝鸡茹家庄西周墓发掘队：《陕西省宝鸡市茹家庄西周墓发掘简报》，《文物》1976 年第 4 期。
④ 郭宝钧：《浚县辛村》，科学出版社，1964 年。
⑤ 中国科学院考古研究所、北京市文物管理处等：《北京附近发现的西周奴隶殉葬墓》，《考古》1974 年第 5 期。

墓最多可殉 4 人（张家坡 M204），中小型墓一般只殉一人，最多两人①。其他如河南洛阳、北京昌平白浮、陕西扶风、岐山等地亦多见殉人现象，殉人状况与上述所举之例大体相当。

3. 春秋前期 进入春秋以后，殉人仍很普遍，莒、楚、齐、宋、晋、秦、吴等国都很流行人殉，尤其是秦国更为突出。《史记·秦本纪》载："武公卒，初以人从死，从死者六十六人"，秦穆公死后，"从死者百七十七人"。秦国盛行殉人之风在考古发掘中亦得到证明。如凤翔秦公一号大墓，由墓内出土的石磬铭文知其墓主为秦景公（前 576 年～537 年），墓室之内共殉 186 人，其中填土殉 20 人，椁室之外的三层台（有时也称二层台）上殉 166 人。三层台上的殉人又有"箱殉"与"匣殉"两类，箱殉 72 人，环绕主、副椁室周围，匣殉 94 人，环绕于箱殉之外。箱殉葬具厚实，由众多枋木叠砌的长方形棺室与框架式棺床组成，棺长 2.2～2.4 米，宽 1.5～1.7 米，高 0.57～0.65 米。葬式可辨者均屈肢，随葬器类略同，主要以金器、玉器、串饰为主，实用器较少，发掘时曾在六座箱殉处发现有铸造精良的铁铲和铁器残件。匣殉葬具由薄木板构成，状如木匣，长 2.2～2.4 米，宽 1.4～1.5 米，高 0.45～0.55 米，葬式可辨者亦为屈肢。随葬品差别较大，有的以冥器为主；有的随葬佩饰及其他装饰品，如玛瑙、料珠、金珠、玉璧、玉玦、玉璜和玉鱼等；有的随葬石磬；有的随葬一件铜斧，有的随葬铜削、金泡；有的随葬铜凿刻刀之类的实用工具②。据葬具、随葬品及位置推测，箱殉者的地位、身份当高于匣殉，可能是宫廷内嬖倖、宫女、姬妾、侍宦之类。匣殉之中多见生产工具，其中应有手工业生产者。户县宋村 M3 是一座大夫级别的墓（出土五鼎四簋），殉 4 人，殉人均置于椁室之外的生土二层台上，不见随葬品③。凤翔八旗屯属春秋时期的 22 座墓，有八座发现殉人，殉人总计 20 具，多数置于壁龛内，少数放在墓主一侧，殉人最多的为凤八BM2。殉 5 人，屈肢，无随葬品④。其他地区的殉人也大抵如此，殉人亦置于壁龛或二层台上，多不见随葬品。上述殉人身份多为奴仆一类。

4. 殉人的身份地位 从上述所举的众多殉人实例中我们不难看出，商周时期的殉人对统治者而言，虽然均属毫无人身自由的奴隶，但在实际生活中，其身份地位还有较大差别。从总体看，这个时期的殉人主要有生产奴隶和宫廷（家庭）奴隶两部分，并以宫廷（家庭）奴隶为主。

生产奴隶地位最低，大多被当作人牲殉葬。有的还身首异处，被任意杀戮。上述墓葬能够确定属于这一身份的殉人，有安阳侯家庄 M1001 墓道填土的六十一具尸骨及七十三个头骨；武官村 M1，墓室填土的三十四个人头骨、苏埠屯 M1 墓道内十四具尸骨及二十五个头骨、秦公一号大墓的部分匣殉，以及小屯 M5、琉璃阁 M147 的少数殉人。

宫廷（家庭）奴隶均属主人的奴仆，其身份较为复杂，地位也各不相同。第一等为墓主的侍妾，他们生前是墓主的宠倖，墓主死后即以身为殉，同室异椁而葬。这一现象

① 中国科学院考古研究所沣西发掘队：《1960 年秋陕西长安张家坡西周墓葬的发掘》，《考古》1962 年第 1 期；中国社会科学院考古研究所沣西发掘队：《1967 年长安张家坡西周墓葬的发掘》，《考古学报》1980 年第 4 期；《1976～1978 年长安沣西发掘简报》，《考古》1981 年第 1 期。

② 王学理等著《秦物质文化史》，三秦出版社，1994 年版第 270～273 页。

③ 陕西省文管会秦墓发掘组（执笔：吴镇烽、尚志儒）：《陕西户县宋村春秋秦墓发掘简报》，《文物》1975 年第 10 期。

④ 陕西省雍城考古工作队吴镇烽、尚志儒：《陕西凤翔八旗屯秦国墓葬发掘简报》，《文物资料丛刊》第 3 辑（1980 年）。

在宝鸡强国墓地最为明显，竹园沟 M13、M7、M4 和茹家庄 M2 均属此类，茹家庄 M1
甲椁室的殉妾不仅葬具完备，用一棺一椁，且随葬成套的青铜礼器——五鼎四簋，并均
铸有私名。按照周代的用鼎制度，其身份相当于大夫级，不可谓不高。第二等是奴隶头
目，即所谓"领班"之类。他们多机警敏睿，办事能力强，或有某种熟练的技能，深得
主人的信任，故委以重任，或负责某种职事，或参与管理一定数额的奴隶。侯家庄
M1001 墓外的一座殉人坑，内葬 1 人，面积 4.3 平方米，有腰坑，棺椁具备。随葬成套
的铜礼器，二层台上殉 2 人。这种能够以奴为殉的殉人，为奴隶的头目无疑。第三等是
墓主的近身侍从、嬖倖，一般有墓室，或随葬成套礼器，或有较丰富的随葬品。侯家庄
M1001 葬于墓道的两人、武官村 M1 东西两阶的有墓室的殉人、秦公一号大墓的部分箱
殉者皆属此类。第四等多为随从，或有一技之长的工奴，一般有棺木和随葬品。侯家庄
M1001 位于四阶的 6 人、武官村 M1 东西两阶多数殉人、北墓道的两人、苏埠屯 M2 两
阶的 7 人及秦公一号大墓大多数匣殉、箱殉者应属此类。第五等为武士、门卫、巡警或
一般役奴，无棺木，无随葬品。商周墓葬中此类殉人最为普遍，无论殉人多寡，这类人
多不可少。大型墓武士、门卫、巡警、役奴一应俱全，各司职守，中小型墓往往只殉葬
役使的奴仆，供其在阴间驱使。

（三）第三阶段　春秋后期以后，下限至少至唐代末。这一阶段又可分前后两个时
期：前期由春秋后期至秦代，是殉葬制度逐渐衰落时期；后期由秦代至唐末，为殉葬制
度的残余时期。

前期，殉人现象已趋明显减少，但各地发掘亦时有发现。凤翔八旗屯[①]（三、四期
墓）、高庄[②]（一、二、三期墓）、西沟道[③]（一、二期墓）、咸阳任家嘴[④]（春秋晚期或战
国早期墓）都有殉人出土。少则 1 人，多则 2～3 人。列国之中，湖南隋县曾侯乙墓最为
典型，这是一座公元前 433 年或稍晚的墓葬，墓内另有二十一具年轻女性尸骨，当为歌
姬之类[⑤]。山东临淄郎家庄 M1 大约是一座齐国卿大夫的墓葬，墓内另有二十六具骨架，
其中椁顶上方填土中的九具即为殉葬奴隶[⑥]。

以人为殉的制度是一种极其野蛮的制度，它的推行和发展，严重破坏社会生产力，
阻碍社会生产的发展，随着人类及社会的进步，必然会引起人们的普遍反对。《史记·秦
本纪》载穆公死后，"从死者百七十七人，秦之良臣子舆氏三人名曰奄息、仲行、鍼
虎，亦在从死之中，秦人哀之，为作歌《黄鸟》之诗。"因秦穆公以三良从死，秦人痛惜三
良，故写诗以示反抗，揭露统治者的罪行，反对残酷的殉葬制度。《黄鸟》是一篇重要
的古风，被孔子收入《诗经》之中。在诗中诗人以悲愤、沉痛的心情哀悼子车氏从死的
不幸，又以急切的情思表达良好的心愿——如果可以的话，即使死上一百次，也要赎回
他们的生命，并大声呼喊"彼苍者天，歼我良人"！

正因为有如此强烈的反抗情绪，又有十分强大的反对力量，各国的殉葬之风都明显

① 陕西省雍城考古工作队吴镇烽、尚志儒：《陕西凤翔八旗屯秦国墓葬发掘简报》，《文物资料丛刊》第 3 辑（1980 年）。
② 雍城考古队吴镇烽、尚志儒：《陕西凤翔高庄秦墓地发掘简报》，《考古与文物》1981 年第 1 期。
③ 雍城考古队尚志儒、赵丛苍：《陕西凤翔八旗屯西沟道秦墓发掘简报》，《文博》1986 年第 3 期。
④ 咸阳市博物馆：《咸阳任家嘴殉人秦墓清理简报》，《考古与文物》1986 年第 6 期。
⑤ 随县雷鼓墩一号墓考古发掘队：《湖北随县曾侯乙墓发掘简报》，《文物》1979 年第 7 期。
⑥ 山东省博物馆：《临淄郎家庄一号东周殉人墓》，《考古学报》1977 年第 1 期。

地减弱了。为了顺应这一历史潮流，秦献公曾在公元前 374 年下令"止从死"（《史记·秦本纪》），用行政命令和法律手段废止殉葬制度。这是一件非常重要的事，因此被史官严肃地记录下来。秦献公"止从死"的时代正值战国中期，各国政治制度、经济生产及意识形态都发生了巨大变革，这种变革又直接推动了丧葬制度的变化，促使殉葬制度走向全面衰落。

殉葬制度居然可以用法律的行政手段加以废止，但殉人现象却不会因其制度的废止而随之消失，事实上，这种现象可能从未绝迹，这一点在检阅文献时就不难发现。山西侯马乔村发掘的十六座墓，属秦灭三晋后的秦墓，其中十座墓殉人，人数达 38 个个体[①]，足见杀殉的残酷。这些墓都是秦国发布"止从死"后一百多年营造的，殉人占重如此之大，殉人数目如此之多，恰好说明殉人之风还在顽固地延续着。

这一阶段的后期，封建制度已完全确立，并得到了发展。由于繁荣社会的经济生产，劳动力显得愈来愈重要。封建制的日益完善又使得劳动者的社会地位有所提高，尤其是封建统治者仍在极力推行废除殉人制政策，以及劳动人民始终不渝的反抗斗争，从而也就较为有效地遏制了殉人制度的死灰复燃。但是，由于封建社会毕竟还是剥削压迫的社会，法律是为统治者及权势者们服务的，加之统治者固有的欲壑难填的本性，遂使得殉人现象时有发生。东汉学者王充在《论衡·薄葬》中，对当时社会盛行的厚葬之风进行了有力抨击，甚切时弊。文章在列举厚葬的各类现象时指出："世俗轻愚信祸福者，畏死不惧义，重死不顾生，竭财以事神，空家以送终"，更有甚者，"闵死独葬，魂孤无副，丘墓闭藏，谷物乏匮，故作偶人以侍尸柩，多藏食物，以歆精魂。积浸流至，或破家尽业以充死棺，杀人以殉葬，以快生意。"《三国志·吴书·陈武传》载："建安二十年（215 年），（陈武）从击合肥，奋命战死，（孙）权哀之，自临其葬。"宋裴松之注曰："《江表传》曰：权命以其爱妾殉葬，复客二百家。"又《晋书·干宝传》曰："（干）宝父先有所宠侍婢，母甚妒忌，及父亡，母乃生推婢于墓中。"足见两汉、三国以至两晋，以人为殉的现象仍有发生。凤翔城郊隋唐墓众多殉人的发现，则进一步说明，这一现象至少延续到隋唐时期。

殉葬制度经历的三大阶段，实际上是社会制度发生变化的直接反映。我们知道，殉葬制度是奴隶社会的重要标志之一，当原始社会解体，奴隶制即将来临，殉葬制度就相应产生了；当奴隶制向封建制发生了转变，殉葬制度也就逐渐趋于衰落。正因为殉葬制度存在着这样一个总体变化，各个阶段的殉人身份也就有所不同。由上文的讨论可知，原始社会末期，还未产生出大量的供驱使的奴隶，殉人只能是妻妾、奴仆之类；奴隶制相当发达的商周两代除仍以姬妾、亲信、随从等奴仆殉葬外，生产奴隶的殉葬也是重要内容；春秋战国之际，奴隶制走向崩溃，封建制得以确立，劳动者的价值得到重视，殉人中也就绝少生产奴隶，以嬖倖、私昵、随从、奴仆为其大宗。秦汉及其以后，殉人现象虽时有发生，但殉人无论在数量上，还是在规模上，都要小得多。这是古代殉葬制度残余在封建社会的孑遗。这种状况表明，殉人制度的一个最为显著的特点是：殉葬制度从产生、发展到衰落，始终是以主人的嬖倖、私昵、近侍、奴仆等家内奴隶为主，殉葬生产奴隶的现象只见于奴隶制发展的鼎盛时期。

---

① 《文物考古工作十年》（1979～1989）山西省部分，文物出版社，1991 年。

## 四、几点认识

根据上面的讨论，可以归纳出如下几点认识。

（一）封建社会的奴婢制度是奴隶制残余与封建制相结合的产物，带有浓重的奴隶制属性。古代中国奴婢的大量涌现约始于战国后期，此时正是奴隶制早已彻底崩溃、封建制完全确定的时代，也是奴婢制初步形成的时期。如吕不韦有"家童万人"，嫪毐有"家僮数千人"，这是前所未有的事情。据文献记载，两汉、三国及魏晋南北朝各代，都存在大量官私奴婢，达官贵人拥有私属奴婢，多则成千上万，少则也有数百，即使下级官吏、富商，也多蓄有私属奴婢。封建统治者，尤其是唐朝政府为了使中上层人物有足够的奴婢供驱使，又不影响社会经济生产，一方向通过放免、老免、赦免、自赎、代赎等手段解除一部分人的奴婢身份，另一方面又通过籍没、自卖、掠卖、家生、俘虏、贡献等方式充实奴婢队伍，即不断地"吐故纳新"，使整个社会奴婢的总量始终保持一定的数额，这就为殉葬现象的延续，即以奴婢殉葬的发生创造了条件。

（二）中国古代殉葬制度自战国以降渐趋衰落，以至最终在法律及行政手段的双重制约之下得以废止，但是像许多腐朽没落的事物，虽被彻底摧毁，但仍不肯退出历史舞台一样，殉人现象在殉人制度废止后一直顽固存在着，时有发生。秦汉以后，历代统治者都曾明文规定禁止擅自屠杀奴婢，但多是有禁不止，屡禁屡犯。汉武帝面对日益严重的擅杀奴婢现象，曾颁布"除专杀之威"的制令；汉宣帝时，赵缪王刘元迫胁为乐奴婢十六人自杀，遭到"国除"（《汉书·景十三王传·赵敬肃王传》），企图收到杀一儆百的效果。唐代律文规定"诸奴婢有罪，其主不请官司而杀者，杖一百；无罪而杀者，徒一年……疏议曰：奴婢贱隶，虽各有主，至于杀戮，宜有禀承。"（唐律疏议·斗讼二》）由律文内容看，这一规定虽然也反映出封建制度下的奴婢与奴隶制度下的奴隶有所不同，即前者不可随意杀害，其生命得到某种程度的保障。但实际上由于奴婢的有罪无罪全由占有者认定，是否报告官府意义并不大，因此，奴婢遭受杀害的现象肯定是严重的。《旧唐书·窦威传》附兄子轨传载："轨……每诫家僮不得外出。尝遣奴就官厨取浆而悔之，谓奴曰：'我诚使汝，要当斩汝头以明法耳！'遣其部将收奴斩之，其奴称冤，监刑者犹豫未决，轨怒，俱斩之。"同书《韦安石传》："太常主簿李元澄，即（韦）安石之子婿，其妻病死，安石夫人薛氏疑元澄先所幸婢厌杀之。其婢久已转嫁，薛氏使人捕回捶之，致死。"又同书《房琯传》附子孺复传："孺复……累拜杭州刺史，又娶台州刺史崔昭女。崔妒悍甚，一夕杖杀孺复侍儿二人，埋之雪中。"《新唐书·张仲武传》："（张仲武子）直方……性暴率……奴婢细过辄杀。"《朝野金载》卷二："梁仁裕为骁卫将军，先幸一婢，妻李氏甚妒而虐，缚婢击其脑。婢号呼曰：'在下卑贱，势不自由，娘子锁项，苦毒何甚。'婢死。"又《唐鉴·昭宗》：光化二年（900年）……十一月，帝猎苑中，夜醉归，手杀黄门侍女数人。"正是由于奴婢生命在许多情况下得不到确定保障，也就不能从根本上杜绝殉人现象的发生。

（三）尽管奴隶社会殉葬制度的残余依然存在，奴婢生命在不少情况下得不到保证，但封建社会——尤其是唐代以人为殉的现象并不具有普遍意义，就整个唐代社会而言，殉人现象带有明显的区域性、偶发性和特殊性色彩。凤翔城郊隋唐墓的殉人，可能与当地居民的风俗、习惯有某种关系。

　　（四）中国古代的殉葬制度，无论是在其发生、发展以至鼎盛时期，还是在其衰落、残余时期，始终是以非生产性的奴隶（奴婢）为主要殉葬对象。发生发展时期以奴婢、妻妾为殉；鼎盛时期除以宫廷（家庭）奴隶为大宗外，还殉葬相当数量的生产奴隶；衰落时期仍以家内奴隶为主，殉葬生产奴隶仅为少数现象；残余时期完全以奴婢为殉。殉人身份地位的不同，既是社会制度发展变化的反映，也是我们认识和研究古代社会的重要内容。

附　录

# 陕西凤翔南郊唐代墓葬人骨的鉴定与研究

韩康信　　张君

（中国社会科学院考古研究所）

陕西省考古研究所雍城考古队 1983～1984 在凤翔县城南郊发掘清理了一批隋唐墓葬。据发掘报告，其中唐代墓葬的时代可能系盛唐和中唐时期。对人骨埋葬现象，报告特别指出在一部分墓葬中除墓主尸骨外，还伴有数量不等的其他人骨，它们之中大多数发现于墓道或有的出自天井，只有少数见于墓室，而且这些人骨大部分零星散乱和无葬具。因此被判断有人殉特征[1]。

1989 年 10 月，作者前往雍城鉴定时，这批人骨已采至室内，因此对人骨出土情况缺乏现场观察。在本文中，对人骨的身份按考古发掘报告记录。本文内容除交代性别、年龄和骨创伤等观察记录外，对保存较为完整的六具头骨重点进行形态学的观测和研究。虽然提供研究的人骨不多，但对了解这个地区唐代居民的种族人类学特点仍是一批新的资料。

这批人骨材料是由陕西省考古研究所和凤翔雍城文管所提供作者研究的，特此表示谢意。

## 一　骨骼的性别年龄鉴定

经本文鉴定的性别、年龄结果见表一。鉴定是采用观察骨骼上性别和年龄标志的观察方法[2]。根据鉴定结果，可以指出的几点现象是：

（一）墓主为男性者可有同性或异性殉人，如凤南 M68、凤南 M227、凤南 M173 和凤南 M321。

（二）墓主为女性者可能只依女性殉人随葬。如凤南 M95、凤南 M163。但所见女性墓有殉人的例子少，这种现象是否为一种埋葬规律，尚待有更多的人骨鉴定证明。

（三）在仅见的男性墓主伴有女性殉人的两座墓（凤南 M173、凤南 M321）中，墓主年龄明显大于女性殉人，后者皆系年轻女性个体。

（四）根据表一人口估计年龄计算的简单数学平均死亡年龄为 30.18 岁（45 例）。其中，可估计年龄的男性平均死亡年龄为 35.00 岁（25 例），女性为 26.53 岁（17 例）。男性平均死亡年龄明显大于女性。

（五）男女合计的死亡年龄分布是壮、中年死亡的占多数（分别为 35.2% 和 38.9%）。其中，男性死亡年龄的分布尤其如此，壮、中年死亡的比例分别为 46.5% 和

① 尚志儒、赵丛苍：《陕西凤翔县城南郊唐墓群发掘简报》，《考古与文物》1989 年第 5 期，48～70 页。
② 吴汝康、吴新智、张振标：《人体测量方法》，科学出版社，1984 年。

**表　一**　　　　　　　　　　**人骨性别、年龄鉴定表**

| 墓　号 | 性　别 | 年龄（岁） | 身　份 | 墓　号 | 性　别 | 年龄（岁） | 身　份 |
|---|---|---|---|---|---|---|---|
| 凤南 M3 | 男 | 不小于 35 | 墓主 | | ? | 成年 | 殉人（七） |
| 凤南 M17 | 女 | 13～18 | 墓主 | | ? | 成年 | 殉人（八） |
| 凤南 M23 | 男 | 成年 | 殉人 | | ? | ? | 殉人（九） |
| | ? | 6～9 | 殉人 | | ? | 成年 | 殉人（一〇） |
| 凤南 M30 | 男 | 20～25 | 墓主 | | 男 | 成年 | 殉人（一一） |
| 凤南 M42 | ? | 6～8 | 墓主 | 凤南 M139 | 女 | 35～40 | 墓主 |
| 凤南 M43 | 男? | 25～35 | 殉人（四） | 凤南 M147 | 男? | 30～35 | 墓主 |
| 凤南 M45 | 女 | 20～30 | 殉人（二） | 凤南 M151 | 男 | 大于 45 | 墓主 |
| 凤南 M52 | 男 | 25～30 | 殉人 | 凤南 M156 | 男? | 成年 | 墓主 |
| 凤南 M56 | 男 | 35～45 | 殉人 | 凤南 M158 | ? | 成年? | 墓主 |
| 凤南 M64 | 男 | 45～55 | 殉人（三） | 凤南 M162 | 女 | 20～25 | 墓主 |
| 凤南 M68 | 男 | 30～40 | 墓主 | 凤南 M163 | 女 | 30～40 | 墓主 |
| | 男 | 30～40 | 殉人（一） | | 女 | 16～18 | 殉人 |
| | 男 | 30～35 | 殉人（二） | 凤南 M165 | 女? | 大于 40 | 墓主 |
| | 男 | 35～40 | 殉人（三） | 凤南 M167 | 女 | 30～40 | 墓主 |
| | 男 | 30～40 | 殉人（四） | 凤南 M169 | 男 | 成年 | 墓主 |
| 凤南 M88 | 女 | 35± | 墓主 | 凤南 M172 | 男 | 30～35 | 墓主 |
| 凤南 M91 | 男? | 大于 45 | 墓主 | | 女 | 25～35 | 墓主 |
| 凤南 M92 | 女 | 20～25 | 墓主 | | 女 | 18～22 | 殉人（二） |
| 凤南 M93 | 女? | 35～40 | 殉人（四） | | 男 | 成年 | 殉人（一） |
| 凤南 M95 | 女 | 大于 50 | 墓主 | 凤南 M177 | 男 | 35～40 | 墓主 |
| | 女 | 35～45 | 殉人 | 凤南 M181 | 女 | 20～25 | 墓主 |
| 凤南 M112 | 男 | 大于 45 | 墓主 | 凤南 M186 | 男? | 25～35 | 墓主 |
| | ? | 15～20 | 殉人 | 凤南 M195 | 男? | 成年 | 墓主 |
| 凤南 M115 | 男? | 不小于 25 | 墓主 | 凤南 M227 | 男 | 35～40 | 墓主 |
| 凤南 M117 | 女? | 18～22 | 墓主 | | 男 | 40～45 | 殉人（二） |
| 凤南 M122 | 女? | 成年 | 墓主 | 凤南 M296 | 男? | 35+ | 墓主 |
| 凤南 M125 | 男? | 30～40 | 墓主 | 凤南 M298 | 男 | 35～40 | 墓主 |
| 凤南 M127 | 男? | 成年 | 墓主 | 凤南 M301 | 女 | 25～30 | 墓主 |
| 凤南 M129 | 男 | 30～40 | 墓主 | 凤南 M305 | 男 | 35～40 | 墓主 |
| 凤南 M130 | 男 | 成年 | 殉人（一） | 凤南 M316 | 女 | 17～22 | 殉人（一） |
| | ? | 未成年 | 殉人（二） | 凤南 M322 | 男 | 35～40 | 墓主 |
| | 男 | 成年 | 殉人（三） | | 女 | 18～22 | 殉人（一一） |
| | 男 | 成年 | 殉人（四） | 凤南 M323 | 男 | 25± | 殉人（二） |
| | 男 | 大于 45 | 殉人（五） | 凤南 M324 | 男 | 35～45 | 墓主 |
| | 女? | 成年 | 殉人（六） | | | | |

50.0%，死于青年的只占 3.3%。女性死亡年龄的分布以青年最高，约占 42.1%，死于壮、中年的分别为 23.5% 和 29.4%。

（六）就墓主而言，男性平均死亡年龄为 34.5 岁，明显高于女性墓主的 24.9 岁。殉人的情况也类似，男性平均死亡年龄为 36.9 岁，明显高于女性的 26.6 岁。墓主与殉牲的平均死亡年龄分别为 29.8 岁和 30.7 岁，两者仅相差近一岁，即墓主的平均死亡年龄不高于殉人。

（七）在全部个体中，可能为男性的 40 个，女性的 22 个。男女性别的比例为 1.8：1。

## 二　骨创伤的观察

在这些人骨中共观察到三例骨创伤，其中两例在头骨上，一例在肢骨上。这三例皆系殉人。下边分别记述如下：

凤南 M52　在脑颅右侧颞骨前上部位存在一不太规则的圆形穿孔骨折，骨折部位的骨片剥落，颅内穿孔直径比颅外径大，外孔大小径约为 20×17 毫米，骨折边缘没有组织修复愈合痕迹。

凤南 M68　在枕骨枕嵴上方偏左部位存在一不规则圆形塌陷骨折，其颅外骨折片仍保存原位而未形成穿孔，骨折部分也无任何组织愈合痕迹。骨折部分大小径为 20×15 毫米，向颅腔内骨折塌陷最深处为 2.8 毫米。

从凤南 M52 和凤南 M68 头骨创伤形态和大小来看，它们可能是被质量集中而面积不大的某种凶器或工具快速打击形成的。骨折处没有愈合痕迹表明，这两个个体受击后便死亡，但未必是致命的因素。

凤南 M130　在左侧股骨上存在三处砍痕：一处在股骨头前面近颈部有长约 10 毫米似砍戳痕；一处在股骨干下部约四分之一位置的前面有一长约 10 毫米的倾斜砍痕；另一处在股骨干的下段约三分之一外侧位置存在约长 10 毫米的水平方向砍切痕，在此砍切伤口以下有近似倒三角形骨片骨折剥落。据这些砍伤形态推测致伤凶器器形较小而有利刃。

## 三　形态观察

提供观察较完整头骨六具（男女各三具）。其主要颅、面形态特征记述如下：

凤南 M3　男性成年头骨，有下颌。短的卵圆形颅，眉弓弱，额坡度直型，中矢缝简单，无额中缝和矢状嵴结构，眶形近于钝的斜方形，眶口平面大，侧观眶口平面位置属后斜型，正观眶口位置明显倾斜，梨状孔近于心形，梨状孔下缘形态为锐形，鼻棘大小中等（Ⅲ级），犬齿窝中等弱，鼻根凹不显，呈凹型鼻背，正观鼻骨形态为Ⅱ型（即自上而下鼻骨宽度逐渐增宽的类型），颧骨转角处较陡直，颧突微显，无腭圆枕，下颌颏形近方形，左侧下颌角内翻，右侧稍外翻，下颌体舌面无下颌圆枕，下颌形状非"摇椅形"。据主要颅、面形态特征的测量分类，此头骨为短颅—高颅—近狭颅类型（Brachy - hypsi - acrocrany），鼻形为中鼻型（Mesorrhiny），鼻根部突度小，眼眶为高眶型（Hypsiconchy），垂直方向的面高和颅高比例小，面形为中面型（Meseny），额形为中额型近狭额（Metrio-stenometop），鼻颧水平方向面部扁平度很大，颧颌水平的面部扁平度中等趋小，额坡度陡直，上面侧面方向突度近平颌型（Orthognathous），上齿槽突度也近平颌型（Orthognath）（图版一一二，3、4）。

　　凤南 M151　　男性壮年头骨，左侧额—顶—颞骨连接部分残，右颧弓和颊部及左右眶上板部分断残，有下颌。颅形为偏长的椭圆形，眉弓突度显著，额坡度近直形，中矢缝形态很简单，无额中缝，颅顶部有中等弱的矢状嵴，眶形近钝的斜方形，眶口平面位置属后斜型，鼻根部平，鼻背凹形，鼻骨形状为Ⅰ型（上、下部较宽，中部变狭），梨状孔近心形，梨状孔下缘鼻前窝型，鼻棘中等（Ⅲ级），犬齿窝浅—中等之间，颧骨转角较陡，颧突稍显，腭形近椭圆形，腭圆枕结构不显，上门齿呈铲形，非"摇椅形"下颌，颅、面部测量特征的形态分类是：长颅—高颅—狭颅类型（Dolicho – hypsi – acrocrany），额坡度大，阔额型（Eurymetop），垂直颅面比例中等，中面型（Meseny），鼻颧水平面部扁平度很大，颧颌水平扁平度中等，矢状方向面突度中颌型（Mesognathous），上齿槽突度强烈属超突颌型（Hyperprognath），鼻根突度小，阔鼻型（Chamaerrhiny）和中眶型（Mesoconchy）（图版一一二，5、6）。

　　凤南 M324　　男性中年头骨，有下颌。除鼻骨下段、左颧弓中部残断外，其余基本完整。颅形为中等长的卵圆形，额坡度近直形，眉弓近中等，无额中缝和矢状嵴结构，中矢缝模糊，鼻根凹平，浅凹形鼻背，鼻骨形态为Ⅱ型，梨状孔下缘近钝型，鼻棘稍显（Ⅱ级强），犬齿窝深，眶形近似钝的斜方形，眶口平面位置近后斜形，颧骨转角陡直，颧突中等，腭形近椭圆形，有弱的丘形腭圆枕，上门齿呈铲形，下颌颏形近圆形，下颌角外翻，下颌圆枕不显，非"摇椅形"下颌。测量的颅、面形态类型是：中颅—高颅—狭颅类型（Meso – hypsi – acrocrany），额坡度陡直，狭额型（Stenometop），垂直颅面比例中等，狭面型（Lepteny），鼻颧水平面部扁平度大，矢状方向突度平颌型（Orthognathous），上齿槽突度突颌型（Prognath），鼻根突度小，中鼻型（Mesorrhiny）和中眶型（Mesoconchy）（图版一一二，1、2）。

　　凤南 M17　　接近成年，可能为女性头骨，有下颌。两侧颧弓中段、鼻骨下端和右下颌髁外侧部分残，其余保存较好。颅形为较短的卵圆形，眉弓突度弱，额坡度直型，中矢缝形态简单，无额中缝和矢状嵴结构，鼻根平，鼻背浅凹形，鼻骨形状为Ⅰ型，梨状孔下缘钝形，鼻棘残。犬齿窝中等深，眶形近似钝的斜方，侧面观眶口平面位置后斜型，腭形椭圆形，腭圆枕不显，上门齿近非铲形，无下颌圆枕。测量颅面形态类型是：短颅—高颅—狭颅类型（Brachy – hypsi – acrocrany），中额型（Metriometop），垂直颅面比例较小，中面型（Meseny），鼻颧水平面部扁平度大，颧颌水平扁平度中—小之间，侧面方向突度中颌型（Mesognathus），上齿槽突颌型（Prognath），鼻根突度小，阔鼻型（Chamaerrhiny）和中眶型（Mesoconchy）（图版一一二，7、8）。

　　凤南 M45　　青—壮年女性头骨，下颌残。鼻骨、右颧弓中部，右额—顶骨部分和下颌右侧髁突残。颅形为长卵圆形，眉弓弱，额坡度近直形，无额中缝和矢状嵴出现，鼻根部平，梨状孔下缘钝型。鼻棘稍显（Ⅱ级），犬齿窝深，眶形为钝的斜方形，眶口平面位置稍后斜，颧骨转角陡直，颧突左不显，右中等，腭形在 V 形和椭圆形之间，无腭圆枕，上门齿弱铲形，下颌颏形为圆形，下颌角稍外翻，无下颌圆枕，非"摇椅形"下颌。测量的颅、面形态类型是：特长颅—正颅—狭颅类型（Hyperdolicho – ortho – acro – crany），中额型（Metriometop），垂直颅面比例中等，狭面型（Lepteny），鼻颧水平方向面部扁平度大，颧颌水平扁平度中等，矢状方向突度平颌型（Orthognathous），上齿槽突度为突颌型（Prognath），高眶型（Hypsiconchy）和阔—中鼻型之间（Chamae – mesor-rhiny）（图版——二，9）。

凤南 M322:11  青年女性头骨，仅保存脑颅部和残下颌，颅形近中长的卵圆形，其枕部左侧有些扁平而不太对称。眉弓突度弱，额坡度陡直，无额中缝和矢状嵴，中矢缝简单，鼻根部平，下颌颏形为圆形，下颌角内翻，下颌圆枕稍显，非"摇椅形"下颌。根据测量，颅形为中颅—高颅—狭颅类型（Meso – hypsi – acrocrany），鼻颧水平扁平度中等偏小。

从以上六具头骨的个体形态特征和测量的颅面形态分类来看，这组头骨的一般特征是卵圆形颅，额坡度比较直，有简单形式的中矢缝，鼻根部低平，鼻棘不发达，中高而倾斜的眶型和后斜的眶口平面位置，具有大的上面扁平度及较明显的上齿槽突颌等综合特征。这类形态特征在古代和现代中国人头骨中是比较常见的。据测量的形态特征是平均为中颅型，同时有明显的高颅性质和狭颅倾向，代表了这个地区的中—高—狭颅组合特点，面部形态是中—狭面，中—高眶和中—阔鼻，短腭，大的上面部水平扁平度结合中—小的中面部扁平度，鼻根突度和眶间鼻梁突度趋小，矢状方向面部突出中—平颌型，垂直颅面比例中等或偏小，具有明显的上齿槽突颌（表二）。

表 二　　　　凤翔唐代组颅面部指数和角度的形态分类

| 测量代号 | 项目 | 男性 | | 女性 | |
|---|---|---|---|---|---|
| | | 指数和角度 | 形态类型 | 指数和角度 | 形态类型 |
| 8:1 | 颅指数 | 77.6 | 中颅型 | 76.1 | 中颅型 |
| 17:1 | 颅长高指数 | 78.4 | 高颅型 | 77.4 | 高颅型 |
| 17:8 | 颅宽高指数 | 101.2 | 狭颅型 | 101.9 | 狭颅型 |
| 48:45 | 上面指数 | 52.0 | 中面型 | 54.8 | 中面型近狭面 |
| 48:17 | 垂直颅面指数 | 51.2 | 中等 | 50.6 | 中等 |
| 9:8 | 额指数 | 67.2 | 中额型 | 67.8 | 中额型 |
| 40:5 | 面突度指数 | 96.3 | 平颌型 | 93.6 | 平颌型 |
| 52:51 | 眶指数 | 81.1 | 中眶型 | 86.9 | 高眶型 |
| 54:55 | 鼻指数 | 51.2 | 阔鼻型近中鼻 | 51.0 | 阔鼻型近中鼻 |
| 63:62 | 腭指数 | 92.0 | 阔腭型 | 92.6 | 阔腭型 |
| 61:60 | 齿槽弓指数 | 121.3 | 短腭型 | 120.4 | 短腭型 |
| SS:SC | 鼻根指数 | 26.3 | 小 | 20.3 | 小 |
| 72 | 面角 | 84.2 | 中颌型 | 85.5 | 平颌型近中颌 |
| 74 | 齿槽面角 | 76.5 | 突颌型 | 74.0 | 突颌型 |
| 77 | 鼻颧角 | 149.3 | 大—很大 | 145.0 | 大近中 |
| ZM< | 颧上颌角 | 130.1 | 小 | 131.1 | 中近小 |

## 四　测量特征分析

在这里将凤翔唐代组的主要颅、面骨测量特征与亚洲蒙古人种不同地区类群的变异方向进行比较和讨论。

（一）与亚洲蒙古人种地区类型之比较

在表三中例出了十七项现代亚洲蒙古人种和各地区类群的颅、面骨主要测量的变异范围[①]。

**表　三　凤翔唐代组与蒙古人种地区类型头骨测量比较（男性）**

| 测量号和项目 | | 凤翔唐组 | 北蒙古人种 | 东北蒙古人种 | 东蒙古人种 | 南蒙古人种 | 亚洲蒙古人种 |
|---|---|---|---|---|---|---|---|
| 1 | 颅长 | 176.3（3） | 174.9~192.7 | 180.7~192.4 | 175.0~182.2 | 169.9~181.3 | 169.9~192.7 |
| 8 | 颅宽 | 136.7（3） | 144.4~151.1 | 134.3~142.6 | 137.6~143.9 | 137.9~143.9 | 134.3~151.5 |
| 8:1 | 颅指数 | 77.6（3） | 75.4~85.9 | 69.8~79.0 | 76.9~81.5 | 76.9~83.3 | 69.8~85.9 |
| 17 | 颅高 | 138.2（3） | 127.1~132.4 | 132.9~141.1 | 135.3~140.2 | 134.4~137.8 | 127.1~141.1 |
| 17:1 | 颅长高指数 | 78.4（3） | 67.4~73.5 | 72.6~75.2 | 74.3~80.1 | 76.5~79.5 | 67.4~80.1 |
| 17:8 | 颅宽高指数 | 101.2（3） | 85.2~91.7 | 93.3~102.8 | 94.4~100.3 | 95.0~101.3 | 85.2~102.8 |
| 9 | 最小额宽 | 91.7（3） | 90.6~95.8 | 94.2~96.6 | 89.0~93.7 | 89.7~95.4 | 89.0~96.6 |
| 32 | 额倾角 | 86.8（3） | 77.3~85.1 | 77.0~79.0 | 83.3~86.9 | 84.2~87.0 | 77.0~87.0 |
| 45 | 颧宽 | 134.1（3） | 138.2~144.0 | 137.9~144.8 | 131.3~136.0 | 131.5~136.3 | 131.3~144.8 |
| 48 | 上面高 | 70.7（3） | 72.1~77.6 | 74.0~79.4 | 70.2~76.6 | 66.1~71.5 | 66.1~79.4 |
| 48:17 | 垂直颅面指数 | 51.2（3） | 55.8~59.2 | 53.0~58.4 | 52.0~54.9 | 48.0~52.2 | 48.0~59.2 |
| 48:45 | 上面指数 | 52.8（3） | 51.4~55.0 | 51.3~56.6 | 51.7~56.8 | 49.9~53.3 | 49.9~56.8 |
| 77 | 鼻颧角 | 149.3（3） | 147.0~151.4 | 149.0~152.0 | 145.0~146.6 | 142.1~146.0 | 142.1~152.0 |
| 72 | 面角 | 84.2（3） | 85.3~88.1 | 80.5~86.3 | 80.6~86.5 | 81.1~84.2 | 80.5~88.1 |
| 52:51 | 眶指数 | 81.1（3） | 79.3~85.7 | 81.4~84.9 | 80.7~85.0 | 78.2~81.0 | 78.2~85.7 |
| 54:55 | 鼻指数 | 51.2（3） | 45.0~50.7 | 42.6~47.6 | 45.2~50.2 | 50.3~55.5 | 42.6~55.5 |
| SS:SC | 鼻根指数 | 26.3（3） | 26.9~38.5 | 34.7~42.5 | 31.0~35.0 | 26.1~36.1 | 26.1~42.5 |

1．与北蒙古人种类群之比较

与北蒙古人种类群的组群变异范围相比，可能指出以下几点：

（1）凤翔组头骨大小规模比北蒙古人种类群的有些小化。

① H.H. 切博克萨罗夫：《中国民族人类学》，科学出版社，1982 年，莫斯科（俄文）。

（2）凤翔组为中—高—狭颅类型，而北蒙古人种类群则普遍趋向于短—阔—低颅类型化。两者在颅型上表现出明显的偏离。

（3）在额型上，凤翔组趋狭而额坡度较陡直，北蒙古人种则一般较宽阔和更后斜。

（4）凤翔组的面形中等宽和高，北蒙古人种则具有普遍很宽而高的面形。

（5）凤翔组的垂直颅面比例不高，属中等偏低类型。北蒙古人种则具有蒙古人种类群中最高的颅、面高比例。

（6）凤翔组具有相当大的水平面部扁平性质（主要在鼻颧水平上），这一点似与北蒙古人种的同类性质相近，但矢状方向突度比北蒙古人种更明显一些。

（7）凤翔组在鼻形上趋阔和鼻根突度低平，北蒙古人种则主要狭—中鼻型和鼻根突度有些提高。

以上这些测量的比较表明，凤翔组与北蒙古人种类型的头骨之间无论在颅型上和面型的测量上都存在明显的偏离，仅仅在有大的上面水平扁平性质上两者有点类似。

2．与东北蒙古人种类群之比较

与东北蒙古人种类群比较，可以指出的是：

（1）凤翔组在颅型上与它们的差异有些缓和，但仍在颅高上相对更大。

（2）凤翔组的额型明显比东北蒙古人种更狭而坡度更陡直，后者则属阔而强烈后斜的类型。

（3）凤翔组面宽和面高趋小，东北蒙古人种则是很宽而高的类型。

（4）凤翔组的垂直颅面比例明显小于东北蒙古人种。

（5）凤翔组鼻形为趋阔和鼻根低平的类型，东北蒙古人种的变异方向则相反，属于多狭鼻和鼻根在亚洲蒙古人种中最趋高的类型。

这些比较也表明，凤翔组与东北蒙古人种类型的头骨和面骨形态之间仍存在相当明确的偏离，也是仅仅在上面部扁平度大一点上两者有点类似。

3．与东蒙古人种类群之比较

与东蒙古人种类群相比，可以指出：

（1）在颅型上两者都系中—高—狭颅类型相结合。

（2）在额形上都趋向较狭而坡度更陡直的类型。

（3）在面型上两者也都比较接近，都可归入较狭或中等高的面形。

（4）垂直颅面比例比东蒙古人种稍趋低。

（5）在面部水平方向扁平度上，特别在上面部扁平度上似比东蒙古人种类群更大，但在矢状方向突度上两者仍较一致。

（6）在鼻形上比东蒙古人种稍趋阔，鼻根部突度则更低平。

据上比较，凤翔组在颅、面部测量的形态类型上与东蒙古人种类群的一般变异的综合特点相当一致，唯上面扁平度可能更大和鼻根突度更低一些。

4．与南蒙古人种类群之比较

与南蒙古人种的一般形态类型相比是：

（1）凤翔组在颅型上与南蒙古人种也比较相近，但似有比后者更狭而大的绝对颅宽和颅高。

（2）在额形上与南蒙古人种差别似不明显，属狭而更陡直的类型。

（3）在面型上两者很相近，都具有面高趋低的性质。

（4）在垂直颅面比例上两者也相符合，在南蒙古人种的变异范围内。

（5）在面部矢状方向突度上可能比南蒙古人种有些弱化，但仍近后者最弱化的类型。但在水平方向的扁平度上，凤翔组比南蒙古人种更强烈。

（6）在眶型和鼻型上与南蒙古人种似无明显的偏离，在鼻根突度上也与南蒙古人种的低鼻根类型比较接近。

由上看来，凤翔组在一般颅、面骨形态类型上与南蒙古人种类群的偏离也比较小。在趋低的面和很低的鼻根突度上，它们似比东蒙古人种更近于南蒙古人种类群的同类特征。

5．与亚洲大蒙古人种类群的比较

在表三中最右纵列数据代表亚洲蒙古人种组群平均值组成的变异范围。很明显，凤翔组的所有十七项颅、面部测量值全部处在亚洲蒙古人种相应各项测量的变异范围之内。这可能证明，凤翔组的大人种性质在亚洲蒙古人种的范围之内。

由以上一系列的比较，对凤翔组头骨的种族形态类型的印象是：它们的基本形态类型没有超出亚洲蒙古人种范围。在本文研究的材料上没有发现其他非蒙古人种的因素。与亚洲蒙古人种的不同地域类群相比，凤翔组与北蒙古人种和东北蒙古人种类群之间存在明显的偏离。相比之下，它们与东蒙古人种和南蒙古人种类群之间的偏离小得多，即和这两个地区类群中的中—高—狭颅型，较狭的额型和额坡度较直，较趋低的面型及阔鼻倾向的综合形态类型更接近。仅在面高有些趋低和鼻根突度很低的测值上表现出与南蒙古人种略为更近的性质，但在面部水平方向的扁平度上又比这两个地域类群似乎更强烈而和北、东蒙古人种类群的强烈扁平性质有些趋同。这一点在凤翔男组头骨上比女组表现得更明显。

但由于凤翔组人骨材料很少，以上印象是否为这个地区唐代居民的普遍代表性形态，尚有待更多材料来证实。下边，我们用个种族类型的聚类分析来进一步论证这个问题。

（二）种族类型的聚类分析

为了进一步讨论上述测量特征的地区类群特点的比较结果，在这里借用目前比较普遍引用的多变量数理统计中的聚类方法对凤翔唐代人骨的种族形态特点在蒙古人种中可能占有的位置进行分析。

所谓聚类法（Cluster analysis）是从一批样品的多项观测指标中找出能够量度样品之间或指标之间相似程度或亲疏关系的统计量值，组成一个对称的相似矩阵。在此基础上进一步寻找各样品（或变量）之间或样品组合之间的相似程度，并按相似程度大小把样品（或变量）逐一归类。关系密切的归类聚集到一个小的分类单位，关系疏远的聚集到一个大的分类单位，如比直到所有样品或变量都聚集完毕，形成一个亲疏关系谱系图，用来直观地显示出分类对象之间的联系和差异。计算相似性统计量值的距离公式有多种，本文选取欧氏距离系数公式进行计算，即：

$$dik = \sqrt{\frac{\sum\limits_{i=1}^{m}(X_{ij} - X_{kj})^2}{m}}$$

式中；$k$ 代表测量的头骨组别，$j$ 代表测量的项目，$m$ 代表测量的项目数，$dik$ 代表比较两个组间在欧几里得空间分布的距离，此值越小，可能意味两组间有接近的形态学联系，越大则相反[①]。

为计算组间相似性统计量值，具体选用了能够代表颅、面部形态特点的十三项直线和角度的绝对测量项目（不包指数项目），其测量的马丁编号为 1、8、17、52、51、5、40、54、55、48、45、9、72。即颅长（g-op），颅宽（eu-eu），颅高（b-ba），眶高，眶宽（mf-lk），颅基底长（n-ba），鼻宽、鼻高（n-ns），上面高（n-sd），颧宽（zy-zy），额最小宽（ft-ft），面角（n-pr-FH）（表四）。

根据文献，选用了如下十五个头骨样品组作为进行测定的比较组：1.蒙古；2.图金布里亚特；3.外贝加尔湖布里亚特；4.东南爱斯基摩；5.那俄庚爱斯基摩；6.滨海楚克奇；7.驯鹿楚克奇；8.抚顺；9.华北；10.福建；11.台湾平埔；12.台湾阿泰亚尔；13.邦坦爪哇；14.安阳殷代；15.凤翔周代等共十五个组，其中，1～3代表北蒙古人种类群的组，4～7代表东北蒙古人种类群的组，8～10代表东蒙古人种类群的组，11～13代表南蒙古人种类群的组，14～15系代表华北的古代组[②③④]。

十三项绝对项目的测量值列于表四。计算所得组间相似统计量值（dik）列于表五。按前述聚类原则绘制的各组间亲疏关系见聚类谱系图，大致来说，在相似统计量值不大于3.0以前，全部16个头骨组聚类完毕。据这个谱系图可以指出如下的组间关系：

1.蒙古、图金布里亚特和外贝加尔湖布里亚特三个组密切组成一个小的聚类群，代表了它们具有共同的北蒙古人种性质。

2.那俄庚和东南爱斯基摩、滨海和驯鹿楚克奇四组组成别一个小的聚类群，代表了它们共有的东北蒙古人种的一般性质。

3.抚顺、华北、福建及殷代四组聚为一个小的聚类群，反映了它们东蒙古人种的接近性质。在比它们之间的相似统计量值稍大的情况下，同地区的凤翔周代和唐代组也聚集在此类群，反映了它们也与东蒙古人种类群之间的接近关系。其中，凤翔唐代组和凤翔周代组又先行单独聚为一个小组，表明这两个同地区古代组之间存在密切的人类学联系。

4.相比之下，代表南蒙古人种的台湾平埔，阿泰亚尔和邦坦爪哇三组虽没有先行单独成组，但它们都反映了和其他蒙古人种类型之间比较更疏散的联系。但也可以看出，凤翔唐代组和周代组似在东蒙古人种类群和南蒙人种类群（犹如台湾平埔族组）之间的位置。

由上可见，用聚类法分析凤翔唐代组的种系位置和东蒙古人种的类群比较接近，但又似居间在东蒙古人种和南蒙古人种之间的位置。和北蒙古人种与东北蒙古人种之间的关系则明显疏远。这和前述与蒙古人种不同地区类群的形态变异趋势的比较分析结果基本相符。

---

① M.肯德尔：《多元分析》，科学出版社，1983年。

② В.П.阿历克谢夫，О.Б.特罗拜尼科娃：《亚洲蒙古人种分类和系统学的一些问题（颅骨测量学）》，科学出版社西伯利亚分社，1984年，新西伯利亚（俄文）。

③ 韩康信、潘其风：《安阳殷墟中小墓人骨的研究·安阳殷墟头骨研究》，文物出版社，1984年。

④ 韩伟、吴镇烽、马振智、焦南峰：《凤翔南指挥西村周墓人骨的测量与观察》，《考古与文物》，1985年3期，55～84页。

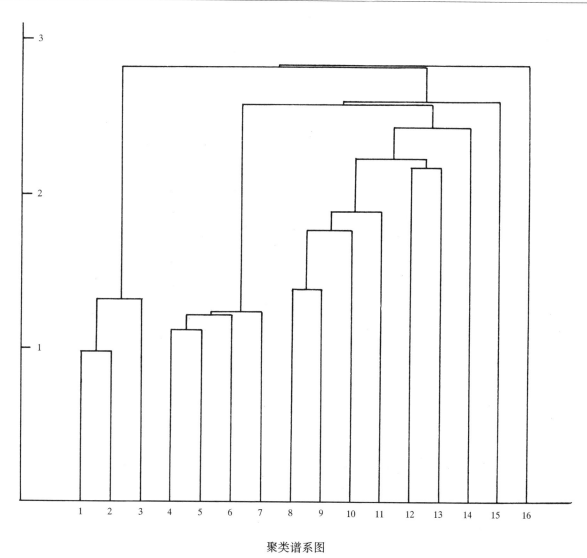

聚类谱系图

1.蒙古组　2.图金布里亚特组　3.外贝加尔湖布里亚特组　4.那俄庚爱斯基摩组　5.驯鹿爱斯基摩组　6.滨海楚克奇组
7.东南楚克奇组　8.抚顺组　9.华北组　10.安阳殷代组　11.福建组　12.凤翔周代组　13.凤翔唐代组　14.台湾平埔组
15.台湾阿泰亚尔组　16.邦坦瓜哇组

## 五　身高的估算

用来估算身高的长骨为完整股骨，即 M173 和 M177 两个男性墓主人的股骨。测得其股骨最大长分别为：

M173　右股骨长 = 43.2 厘米

M177　右股骨长 = 40.7 厘米

　　　　左股骨长 = 41.5 厘米

代入 M.Trotter 和 G.C.Gleser 的蒙古人种男性身高公式计算的身高为：

M173 身高 = 2.15 × 43.2 + 72.57 = 165.45 厘米（右）

M177 身高 = 2.15 × 40.7 + 72.57 = 160.08 厘米（右）

　　　　　　2.15 × 41.4 + 72.57 = 161.58 厘米（左）

表 四　亚洲不同地区头骨测量平均值

| | 东亚 | | | | | | 东北亚 | | | | | 北亚 | | 南亚 | | |
|---|---|---|---|---|---|---|---|---|---|---|---|---|---|---|---|---|
| | 凤翔 | 抚顺 | 华北 | 福建 | 安阳殷氏 | 凤翔周代 | 东南爱斯基摩 | 那牙庚爱斯基摩 | 滨海楚克奇 | 驯鹿楚克奇 | 蒙古 | 图金布里亚特 | 外贝加尔布里亚特 | 邦坦爪哇 | 台湾平埔族 | 台湾阿泰亚尔族 |
| 1 | 176.3 | 180.8 | 178.5 | 179.9 | 184.5 | 180.6 | 181.8 | 183.8 | 182.9 | 184.4 | 182.2 | 181.7 | 181.9 | 169.9 | 180.8 | 177.7 |
| 8 | 136.7 | 139.7 | 138.2 | 140.9 | 140.5 | 136.8 | 140.7 | 142.6 | 142.3 | 142.1 | 149.0 | 150.3 | 154.6 | 140.8 | 141.5 | 137.0 |
| 17 | 138.2 | 139.2 | 137.2 | 137.1 | 139.5 | 139.3 | 135.0 | 137.7 | 133.8 | 136.9 | 131.1 | 132.6 | 131.9 | 134.4 | 140.9 | 133.9 |
| 52 | 34.8 | 35.6 | 35.5 | 34.9 | 33.8 | 34.0 | 35.9 | 36.3 | 36.3 | 36.9 | 35.8 | 35.3 | 36.2 | 33.6 | 35.3 | 34.3 |
| 5 | 99.4 | 101.3 | 99.0 | 98.3 | 102.3 | 103.0 | 102.1 | 103.7 | 102.8 | 104.0 | 100.5 | 102.0 | 102.7 | 97.2 | 101.1 | 98.0 |
| 51 | 43.0 | 42.6 | 44.0 | 41.3 | 42.4 | 42.0 | 43.4 | 44.3 | 44.1 | 43.6 | 43.3 | 42.3 | 42.2 | 41.8 | 41.5 | 41.6 |
| 55 | 50.5 | 55.1 | 55.3 | 52.6 | 53.8 | 51.6 | 54.6 | 55.9 | 55.7 | 56.1 | 56.5 | 55.5 | 56.1 | 49.3 | 51.5 | 50.2 |
| 54 | 25.9 | 25.7 | 25.0 | 25.2 | 27.3 | 27.7 | 24.2 | 23.9 | 24.6 | 24.9 | 27.4 | 26.6 | 27.3 | 26.3 | 26.5 | 26.5 |
| 40 | 99.0 | 95.8 | 95.2 | 91.0 | 99.2 | 99.2 | 102.6 | 104.1 | 102.3 | 104.2 | 98.5 | 99.4 | 99.2 | 96.4 | 95.2 | 94.6 |
| 45 | 134.1 | 134.3 | 132.9 | 132.6 | 135.4 | 131.5 | 137.5 | 140.4 | 140.8 | 140.8 | 141.8 | 142.6 | 143.5 | 132.0 | 136.1 | 131.5 |
| 48 | 70.7 | 76.2 | 75.3 | 73.8 | 74.0 | 72.6 | 77.5 | 79.2 | 78.0 | 78.9 | 78.0 | 76.9 | 77.2 | 69.8 | 69.4 | 64.9 |
| 9 | 91.7 | 90.8 | 89.4 | 89.0 | 91.0 | 93.3 | 94.9 | 98.2 | 95.7 | 94.8 | 94.3 | 94.9 | 95.6 | 90.8 | 92.7 | 93.4 |
| 72 | 84.2 | 83.6 | 83.4 | 84.7 | 83.9 | 81.1 | 83.8 | 84.2 | 83.2 | 83.1 | 87.5 | 88.0 | 87.7 | 81.1 | 86.9 | 84.6 |

表五　比较各组13个测量的相似性统计量值（dik）

| 组别 | 凤翔 | 抚顺 | 华北 | 福建 | 安阳殷代 | 凤翔周代 | 东南爱斯基摩 | 那俄庚爱斯基摩 | 滨海楚克奇 | 驯鹿楚克奇 | 蒙古 | 图金布里亚特 | 外贝加尔布里亚特 | 邦坦爪哇 | 台湾平埔族 | 台湾阿泰亚尔族 |
|---|---|---|---|---|---|---|---|---|---|---|---|---|---|---|---|---|
| 凤翔 | | | | | | | | | | | | | | | | |
| 抚顺 | 2.75 | | | | | | | | | | | | | | | |
| 华北 | 2.44 | 1.37 | | | | | | | | | | | | | | |
| 福建 | 3.09 | 2.16 | 1.89 | | | | | | | | | | | | | |
| 安阳殷代 | 3.03 | 1.77 | 2.75 | 3.18 | | | | | | | | | | | | |
| 凤翔周代 | 2.17 | 2.33 | 2.76 | 3.44 | 2.23 | | | | | | | | | | | |
| 东南爱斯基摩 | 3.57 | 2.75 | 3.35 | 4.30 | 2.58 | 3.83 | | | | | | | | | | |
| 那俄庚爱斯基摩 | 5.02 | 3.95 | 4.83 | 5.67 | 3.55 | 4.61 | 1.86 | | | | | | | | | |
| 滨海楚克奇 | 4.44 | 3.50 | 4.17 | 4.97 | 3.23 | 4.28 | 1.24 | 1.51 | | | | | | | | |
| 驯鹿楚克奇 | 4.84 | 3.64 | 4.53 | 5.40 | 3.13 | 4.35 | 1.66 | 1.12 | 1.22 | | | | | | | |
| 蒙古 | 5.60 | 4.42 | 4.96 | 5.05 | 4.34 | 5.76 | 3.40 | 3.64 | 2.82 | 3.51 | | | | | | |
| 图金布里亚特 | 5.64 | 4.62 | 3.61 | 5.28 | 4.38 | 5.60 | 3.51 | 3.54 | 2.94 | 3.50 | 0.98 | | | | | |
| 外贝加尔布里亚特 | 6.77 | 5.68 | 6.36 | 6.25 | 5.45 | 6.87 | 4.64 | 4.43 | 4.03 | 4.42 | 1.84 | 1.32 | | | | |
| 邦坦爪哇 | 2.83 | 4.40 | 3.69 | 3.76 | 5.01 | 4.09 | 5.25 | 6.77 | 6.00 | 6.61 | 6.33 | 6.42 | 7.27 | | | |
| 台湾平埔族 | 2.57 | 2.56 | 3.12 | 2.69 | 2.43 | 2.95 | 3.85 | 4.75 | 4.44 | 4.65 | 4.84 | 4.70 | 5.68 | 4.30 | | |
| 台湾阿泰亚尔族 | 2.60 | 4.19 | 3.69 | 3.41 | 4.37 | 3.50 | 5.12 | 6.58 | 5.86 | 6.46 | 6.36 | 6.47 | 7.46 | 3.09 | 3.27 | |

　　这两个个体的平均身高为 163.14 厘米，由于测量的长骨个体数太少，这个身高可能比实际平均身高偏低。

<h2 style="text-align:center">六　结　语</h2>

　　本文研究结果摘要如下：

　　（一）提供本文鉴定性别，年龄的共有四十八座墓葬的个体人骨 71 个，其中，墓主系男性的可能有同性或异性的殉人，墓主为女性的仅有两座墓葬中只见同性殉人。二十五个男性的平均死亡年龄为 35.0 岁，十七例女性的平均死亡年龄为 26.5 岁，即男性的平均死亡年龄明显大于女性。在男性个体中，多数死于壮、中年期，他们分别占 38.9% 和 35.2%）；女性死于青年期的最高，达 47.1%。无论墓主还是殉人，男性的平均死亡年龄都高于女性，墓主与殉人之间的平均死亡年龄之间没有明显的差异，男女个体的性别比例约为 1.8:1，男性明显多于女性。

　　（二）本文对凤翔唐代墓人骨的鉴定与研究虽系典型的小数例统计，但仍能从中感受到一般的形态特点，即具有中—高—狭颅相组合的颅型，中—狭面型，垂直颅面比例近于中等，中—高眶型，存在某些阔鼻倾向，上面部扁平度大而下面扁平度趋小，矢状方向突度近平颌型，有较明显的上齿槽突颌，鼻突度弱，短腭型。

　　（三）对主要颅、面部测量特征的蒙古人种地区类群的形态变异方向的分析，凤翔唐代组的大人种性质未出亚洲蒙古人种的变异范围。在本文材料中，没有感觉非蒙古人种因素的存在或影响。在主要的颅、面部测量特征上，凤翔组明显和东蒙古人种与南蒙古人种类群的形态比较接近，与北蒙古人种和东北蒙古人种类群明显偏离。仅在面高趋低和鼻突度很弱个别特征上又有些趋同于南蒙古人种。用种族类型的聚类分析也证明，凤翔唐代组和东蒙古人种的现代和古代组群聚为一个类群，与南蒙古人种的代表聚结在其后，似乎处于东—南蒙古人种之间的地位。和同地区的周代组则首先聚类也反映这个地区周—唐古代居民在人类学关系上存在密切联系，和北、东北蒙古人种类群之间也显示出明显的疏远关系。

　　（四）利用 M.Trotter 和 G.C.Gleser 蒙古人种身高计算公式计算的两个男性墓主身高为 165.5 厘米（M172）和 160.8 厘米（M177）。

　　（五）在 M52 和 M68 两具殉人头骨上发现各有一不太规则的圆形打击骨折伤。在 M130 殉牲股骨上也发现多处利刃砍痕。

**附 表** 　　　　　**凤翔唐墓头骨测量表** 　　　（长度：毫米　指数：%）

| 马丁号 | 测量项目 | 男 | | | | 女 | | | |
|---|---|---|---|---|---|---|---|---|---|
| | | M3（墓主） | M151（墓主） | M324（墓主） | 平均值 | M17（墓主） | M45（二号殉人） | M302（一一号殉人） | 平均值 |
| 1 | 颅长（g-op） | 168.0 | 179.0 | 180.0 | 176.3（3） | 170.0 | 183.0 | 171.0 | 174.7（3） |
| 8 | 颅宽（ea-eu） | 139.0 | 130.0 | 141.0 | 136.7（3） | 137.0 | 127.0 | 134.0 | 132.7（3） |
| 17 | 颅高（ba-b） | 136.0 | 135.0 | 143.5 | 138.2（3） | 136.0 | 136.0 | 133.0 | 135.0（3） |
| 21 | 耳上颅高（po-v） | 111.3 | 110.7 | 121.8 | 114.6（3） | 111.5 | 112.2 | – | 111.9（2） |
| 9 | 最小额宽（ft-ft） | 92.0 | 92.0 | 91.0 | 91.7（3） | 92.0 | 87.0 | 90.0 | 89.7（3） |
| 25 | 颅矢状弧（arc n-o） | 362.0 | 362.0 | 376.0 | 366.7（3） | 358.0 | 366.0 | 357.0 | 360.3（3） |
| 23 | 颅周长 | 481.0 | – | 521.0 | 501.0（2） | 494.0 | 497.0 | 483.0 | 492.5（4） |
| 24 | 颅横弧（过v） | 309.0 | – | 327.0 | 318.0（2） | 309.0 | 310.0 | 309.0 | 309.3（3） |
| 5 | 颅基底长（ba-n） | 92.5 | 103.0 | 102.6 | 99.4（3） | 98.8 | 105.0 | 94.6 | 99.5（3） |
| 40 | 面基底长（va-pr） | – | 99.2 | 98.8 | 99.0（2） | 92.0 | 98.8 | – | 95.4（3） |
| 48 | 上面高（n-ad） | 68.1 | 70.0 | 74.0 | 70.7（3） | 67.0 | 70.5 | – | 68.8（2） |
| | （n-pr） | 65.2 | 66.0 | 71.5 | 67.6（3） | 64.6 | 68.0 | – | 66.3（2） |
| 47 | 全面高（n-gn） | – | 113.0 | 121.8 | 117.4（3） | 111.0 | 111.9 | – | 111.5（2） |
| 45 | 颧宽（zy-zy） | 132.0 | 138.0 | 132.3 | 134.1（3） | 130.2 | 121.2 | – | 125.7（2） |
| 46 | 中面宽（zm-zm） | 96.6 | 99.1 | 96.0 | 97.2（3） | 94.8 | 92.6 | – | 93.7（2） |
| | 颧颌点间高（sub.zm-ss-zm） | | | | | | | – | |
| 43（1） | 两眶外缘宽（fmo-fmo） | 94.0 | 97.0 | 98.0 | 96.3（3） | 94.0 | 93.9 | 95.0 | 94.3（3） |
| | 眶外像点间高（sub.fmo-n-fmo） | 12.37 | 12.75 | 14.5 | 13.21（3） | 13.50 | 13.85 | 17.29 | |
| | 眶中宽（$O_3$） | 64.0 | 55.3 | 59.0 | 59.4（3） | 59.0 | 60.6 | – | 59.8（2） |
| | 鼻尖点高（SR） | 16.59 | 11.64 | – | 14.12（2） | – | – | – | |
| 50 | 眶间宽（mf-mf） | 21.0 | 19.1 | 15.6 | 18.6（3） | 20.6 | | – | 20.6（1） |
| 49a | 眶内点高宽（d-d）（DC） | 22.8 | 23.0 | 18.0 | 21.3（3） | 21.3 | – | – | 21.3（1） |
| | 鼻梁眶内宽高（DS） | 6.85 | 8.73 | 8.88 | 8.15（3） | – | – | | |
| | 颧骨高（fmo-zm）　左 | 45.0 | 49.2 | 46.1 | 46.8（3） | 42.0 | 43.5 | – | 42.8（2） |
| | 颧骨高（fmo-zm）　右 | 43.6 | – | 45.6 | 44.6（2） | 40.7 | 45.0 | – | 42.9（2） |
| | 颧骨宽（zm-rimorb）　左 | 22.2 | – | 24.0 | 23.1（2） | 23.9 | 23.2 | – | 23.6（2） |
| | 右 | 22.2 | 26.3 | 24.0 | 24.2（3） | 23.0 | 22.0 | – | 22.5（2） |

续附表

| 马丁号 | 测量项目 | | 男 | | | | 女 | | | |
|---|---|---|---|---|---|---|---|---|---|---|
| | | | M3（墓主） | M151（墓主） | M324（墓主） | 平均值 | M17（墓主） | M45（二号殉人） | M302（一一号殉人） | 平均值 |
| 54 | 鼻宽 | | 25.3 | 27.3 | 25.0 | 25.9（3） | 26.5 | 26.5 | – | 266%（2） |
| 55 | 鼻高（n-ns） | | 51.1 | 50.5 | 50.0 | 50.5（3） | 51.9 | 52.0 | – | 52.0（2） |
| | 鼻骨最小宽（SC） | | 9.0 | 9.0 | 8.0 | 8.7（3） | 11.0 | – | – | 11.0（1） |
| | 鼻骨最小宽高（SS） | | 2.18 | 2.18 | 2.44 | 2.27（3） | 2.24 | – | – | 2.24（1） |
| 51 | 眶宽（mf-ek） | 左 | 41.0 | 42.7 | 45.3 | 43.3（3） | 40.5 | 39.5 | – | 40.0（2） |
| | | 右 | 40.5 | – | 43.0 | 41.8（2） | 41.0 | – | – | 41.0（1） |
| 51a | 眶宽（d-ek） | 左 | 39.0 | 40.0 | 43.0 | 40.7（3） | 39.1 | – | – | 39.1（1） |
| | | 右 | 38.1 | – | 41.0 | 39.6（2） | 39.0 | – | – | 39.0（1） |
| 52 | 眶高 | 左 | 35.0 | 34.3 | 35.1 | 34.8（3） | 34.0 | 35.5 | – | 34.8（2） |
| | | 右 | 35.7 | 35.0 | 36.0 | 35.5（3） | 34.7 | 33.2 | – | 34.0（2） |
| 60 | 齿槽弓长 | | – | 53.0 | 55.0 | 54.0（2） | 51.0 | 52.2 | – | 51.6（2） |
| 61 | 齿槽弓宽 | | – | 66.0 | 64.9 | 65.5（2） | 62.2 | 62.0 | – | 62.1（2） |
| 62 | 腭长（ol-sta） | | – | 46.0 | 46.5 | 46.3（2） | 41.0 | 46.0 | – | 43.5（2） |
| 7 | 枕大孔长（ba-o） | | 37.0 | 38.0 | 33.5 | 36.2（3） | 36.0 | 35.7 | – | 35.9（2） |
| 16 | 枕大孔宽 | | 32.0 | 27.6 | 29.2 | 29.6（3） | 30.0 | 30.6 | – | 30.3（2） |
| 65 | 下颌髁间宽 | | 130.5 | – | 127.0 | 128.8（3） | 128.0 | 115.5 | – | 121.8（2） |
| | 额角（n-b-FH） | | 51.0 | 48.0 | 54.0 | 51.0（3） | 51.0 | 49.0 | – | 50.0（2） |
| 32 | 额倾角（n-m-FH） | | 87.5 | 86.0 | – | 86.8（2） | 87.0 | 81.0 | – | 84.0（2） |
| | 额倾角（g-m-FH） | | 85.0 | 81.5 | – | 83.3（2） | 83.0 | 76.0 | – | 79.5（2） |
| | 前囟角（g-b-FH） | | 48.0 | 44.0 | 50.0 | 47.3（3） | 46.0 | 44.0 | – | 45.0（2） |
| 72 | 面角（n-pr-FH） | | 85.0 | 81.5 | 86.0 | 84.2（3） | 84.0 | 87.0 | – | 85.5（2） |
| 73 | 鼻面角（n-ns-FH） | | 83.5 | 86.0 | 91.0 | 86.8（3） | 86.0 | 91.0 | – | 88.5（2） |
| 74 | 齿槽面角（ns-pr-FH） | | 85.0 | 69.5 | 75.0 | 76.5（3） | 76.0 | 72.0 | – | 74.0（2） |
| 77 | 鼻颧角（fmo-n-fmo） | | 150.5 | 150.5 | 147.0 | 149.3（3） | 148.0 | 147.1 | 140.0 | 145.0（3） |
| | 颧上颌角（zm-ss-zm） | | 124.8 | 132.4 | 132.2 | 130.1（3） | 130.5 | 131.6 | – | 131.1（2） |
| | （zm-ss-zm） | | 130.9 | – | 139.0 | 135.0（2） | 130.5 | 131.5 | – | 131.0（2） |
| 75 | 鼻类角（n-rhi-FH） | | 66.5 | – | – | 66.5（1） | – | – | – | |
| 8:1 | 颅指数 | | 82.74 | 72.63 | 77.47 | 77.61（3） | 80.59 | 69.40 | 78.36 | 76.12（3） |

续附表

| 马丁号 | 测量项目 | | 男 | | | | 女 | | | |
|---|---|---|---|---|---|---|---|---|---|---|
| | | | M3（墓主） | M151（墓主） | M324（墓主） | 平均值 | M17（墓主） | M45（二号殉人） | M302（一一号殉人） | 平均值 |
| 17:1 | 颅长高指数 | | 80.95 | 75.42 | 78.85 | 78.41（3） | 80.00 | 74.32 | 77.78 | 77.37（3） |
| 21:1 | 颅长耳高指数 | | 66.25 | 61.84 | 66.92 | 65.00（3） | 65.59 | 61.31 | － | 63.45（2） |
| 17:8 | 颅宽高指数 | | 97.84 | 103.85 | 101.77 | 101.05（3） | 99.27 | 107.09 | 99.25 | 101.87（3） |
| 54:55 | 鼻指数 | | 49.51 | 54.01 | 50.00 | 51.19（3） | 51.06 | 50.96 | － | 51.05（2） |
| | 鼻指数（SS:SC） | | 24.22 | 24.22 | 30.50 | 26.31（3） | 20.33 | － | － | 20.33（1） |
| 52:51 | 眶指数 | 左 | 85.37 | 80.33 | 77.48 | 81.06（3） | 83.95 | 89.87 | － | 86.91（2） |
| | | 右 | 88.15 | － | 83.72 | 85.94（2） | 84.63 | － | － | 84.63（1） |
| 52:51a | 眶指数 | 左 | 89.74 | 85.75 | 81.63 | 85.71（3） | 86.96 | － | － | 86.96（1） |
| | | 右 | 93.70 | － | 87.80 | 90.75（2） | 88.97 | － | － | 88.97（1） |
| 48:17 | 垂直颅面指数 | | 50.07 | 51.85 | 51.57 | 51.16（3） | 49.26 | 51.84 | － | 50.55（2） |
| 48:45 | 上面指数 | | 51.59 | 50.72 | 55.93 | 52.75（3） | 51.46 | 58.17 | － | 54.82（2） |
| 47:45 | 全面指数 | | － | 81.88 | 92.06 | 86.97（2） | 85.25 | 92.33 | － | 88.79（2） |
| 48:46 | 中面指数 | | 70.50 | 70.64 | 77.08 | 72.74（3） | 70.68 | 76.13 | － | 73.41（2） |
| 9:8 | 额宽指数 | | 66.19 | 70.77 | 64.54 | 67.17（3） | 67.15 | 68.50 | － | 67.83（2） |
| 40:5 | 面突度指数 | | － | 96.31 | 96.30 | 96.31（2） | 93.12 | 94.10 | － | 93.61（2） |
| 9:45 | 颧额宽指数 | | 69.70 | 66.67 | 68.84 | 68.40（3） | 70.50 | 71.78 | － | 71.14（2） |
| 43(1):46 | 额颧宽指数 | | 97.31 | 97.88 | 102.08 | 99.09（3） | 99.16 | 101.40 | － | 100.28（2） |
| 45:8 | 颅面宽指数 | | 94.96 | 106.15 | 93.85 | 98.31（3） | 95.04 | 95.43 | － | 95.24（2） |
| | 眶间宽高指数（DS:DC） | | 30.04 | 37.94 | 49.35 | 39.11（3） | 34.17 | － | － | 34.17（1） |
| | 额面扁平度指数（SN:OB） | | 13.16 | 13.15 | 14.79 | 13.70（3） | 14.36 | 14.75 | 18.20 | 15.77（3） |
| | 鼻面扁平度指数（SR:O₃） | | 25.93 | 21.05 | － | 23.49（2） | － | － | － | |
| 63:62 | 腭指数 | | － | 91.96 | － | 91.96（1） | 99.76 | 85.43 | － | 92.60（2） |
| 61:60 | 齿槽弓指数 | | － | 124.53 | 118.00 | 121.27（2） | 121.96 | 118.77 | － | 120.37（2） |
| 48:65 | 面高髁宽指数 | | 52.18 | － | 58.27 | 55.23（2） | 52.34 | 61.04 | － | 56.69（2） |

# 后　记

　　本报告由陕西省考古研究院、西北大学文博学院编辑，尚志儒、赵丛苍执笔，赵丛苍承担了大部分文字撰写及工作任务。田野绘图由张志勤等承担，器物草图及墓葬、器物墨线图的绘制，主要由朱录乾、刘君幸、赵胜利担任，孙大伦、田淑珍、马利清承担了部分绘图任务。田野摄影赵丛苍、张志勤、尚志儒；器物照相先后由李光宗、李增社、赵丛苍完成。在资料整理和报告编写过程中，张志勤、赵胜利承担了大量工作，刘瑞、王志友、景闻、郭军涛、李媛、胡刚、周彦明等做了一定的技术性工作。

　　在凤翔隋唐墓葬的发掘、整理、出版中，曾得到陕西省文物局王文清局长，陈全方、张廷皓副局长，文物处杭德州、尹盛平处长，王世昌、陈孟东副处长，陕西省文物管理委员会王翰章主任，陕西省考古研究所石兴邦名誉所长，巩启明、韩伟所长，马恩州、尹申平书记，魏京武、吴镇烽、王占奎副所长，焦南峰院长，王炜林书记，张建林、张仲立副院长及西北大学文博学院周伟洲院长，葛承雍、候宗才副院长等各方面领导的关心和支持。西安外国语大学赵起先生翻译了英文提要。文物出版社编审楼宇栋先生为本报告的编辑，付出了大量心血。在此一并表示感谢。

# Tombs of the Sui and Tang Dynasties at Fengxiang of Shaanxi Province:

## The Excavation Report 1983 – 1990

Fengxiang used to be called Yongzhou in ancient China as one of the nine prefectures, reaching the Great Bend of the Yellow River at the north, Ba and Shu (present-day Sichuan) at the south, Gansu and Qinghai at the west, and Central Shaanxi at the east. With its vastness and fertileness, it made an ideal habitat for the ancient people. As far back as the period of tribal society, there were human activities in this area, which went through the Xia and Shang dynasties. Rulers of the Zhou Dynasty built their capital city here. The State of Qin set its capital in Yongzhou and in its 300-year rule, made great offort to become strong and finally wiped out its six rival states in its eastword expansion.

During the periods of the Qin and Han dynasties, Yongzhou became a sacred place for offering sacrifices to the Heaven, the Earth, Ancestry and gods. During the 200-odd years from Qin Shi Huang, the First Emperor of Qin, to Emperor Cheng of Han, almost all emperors came to the suburbs of Yongzhou personally with their civil and military officials for worshipping the Heaven, the Earth, and the five sage kings, which was the most grand occasion of the time.

During the dynasties of Sui and Tang, this place was turned into Fengxiang Prefecture, governing all other prefectures and counties west of the capital city of Chang'an. After the rebellion of An Lushan and Shi Siming during 755 and 763 A. D. , it was once promoted to Western Capital, equaling the eastern Capital Luoyang and the capital of the dynasty Chang'an. Since Fengxiang has been a very important town in the western part of the Central Shaanxi Plain with high historical status, it has a galaxy of distinctive people and exquisite humane objects with rich relics both under and above the ground.

The seat of today's Fengxiang County is basically identical with that of Fengxiang Prefecture of the Tang dynasty. The suburbs where we have excavated the tombs of the Sui and Tang dynasties actually are situated in the same suburbs of Fengxiang Prefecture of the two dynasties. Explorations reveal Sui and Tang tombs in the eastern, northern and southern suburbs of the county seat of Fengxiang, with the southern suburbs most densely scattered with tombs. The excavation lasted from the spring of 1983 to 1990 with 364 Sui and Tang tombs excavated, 337 tombs of which are situated in the southern suburbs, while 27 in the eastern suburbs.

The present report is based on all data from the tombs in the above-mentioned suburbs as well as the relics unearthed from some Tang tombs within the peripheries of the city proper during the 1970s to the 1980s.

The report is divided into three parts: relics unearthed from the southrn suburbs, from the eastern suburbs, and scattered relics. Each part consists of text, tables, and plates. There are 56 color plates, 376 black-and-white plates and 195 line drawings.

The 337 tombs unearthed in the southern suburbs are divided into three categories. The first category consists of sloped tomb passages and cave chambers, with the coffin chambers at the northern side, and tomb passage slopes at the southern side. Stairs were usually cut on the slopes. There are 102 such tombs, which may be classified into 6 types. Severad sub-types are may be distinguished in types C-F.

There is one tomb of type A, the chamber plan of which is straight at the west side and curved at the east side. The tomb passage is at the eastern side of the south of the chamber. The entire plan of the tomb looks like a knife with a curved back and a long hangle. There is one tomb of type B, with a front and a rear chamber. The front chamber contains the coffin, whereas no burial articles were found in the rear chamber. The plan of the chambers and the tomb passage is in the shape of a cross. There are 6 tombs of type C, with the chambers in the shape of irregular rectangles with one end wider than the other, and with the tomb passage on the western side of the south of the chamber. The chamber forming an angle of 110-120 degrees with the axis of the passage. There are 10 tombs of type D, with the chamber plan in the shape of a square, or vertical or horizontal rectangle, mostly with corridors, raises and niches. The tomb passages are linked to the middle or eastern side of the southern wall to form the shape of a spade. There are 84 tombs of type E, with irregular or narrow rectangular chambers. The corridors and passages are on the east side to the south of the chambers. The eastren walls of the chamber, the corridor and the passage are in the same straight line. The corridors are narrow and long, mostly with neatly cut raises. There is only one tomb of type F, with the coffin chamber in irregular zigzag shape, and the passage linking to the eastern side of the south of the chamber.

The basic structure of the second category of tombs is vertical tomb passages and cave chambers. There are altogether 63 such tombs in 3 groups.

There are 33 tombs of type A, with the axis of the passage plan overlapping that of the chamber plan. There are stairs at the bottom of the passage in some tombs. The coffin may be completely placed inside the chamber. These are so-called shaft-tombs with vertical cave chambers.

There are 19 tombs of type B, which are simliar to type A in structure and shape, but with shallower chambers; so most part of the coffin is out of the chamber.

There are 11 tombs of type C, with chambers beside the bottom of tomb passages. The chambers and the passages are of the same length, their axis paralleling each other.

The tombs of the third category are earthern shaft tombs. There are six types of all the 172 tombs of this category. There are 164 tombs of type A, which are regular in shape with trapezoidal plans. The head end is wider than the feet end.

There are two tombs of type B, simliar to those type A in shape but sloping at the bottom at the northern or southern end.

There is one tomb of type C, which is ladder-shaped with the southern end wider than the northern end. There are two steps at the southern end at the bottom of the pit.

There is one tomb of type D, with the southern end dug deeper and the skull and limbs buried separately. There are two tombs of type E and two tombs of type F. A smaller pit was dug beside the larger one to form two connected pits of irregular shapes.

The coffins are either wooden or tile. Wooden coffins are bigger and higher at the head than at the tail, being 1.70 to 1.90 meters long, about 0.5 meters wide at the head and 0.30 to 0.35 meters wide at the tail. Coffins for chlidren are less than 1 meter in length.

Only six tombs contain tile coffins made with several pieces of pottery tiles, five of which were used to bury children and one for adult. Pillows in most of coffins are intraceable, with the exception of three tombs: a tri-color glazed pillow was found in Tomb 162, a brick pillow in Tomb 109, and a tile pillow in Tomb 201. The coffins are mostly placed in north-south direction, except for six of them that were placed in east-west direction. The dead were buried in extended supine, flexed supine, sideways extended, sideways flexed, extended prone, flexed prone, or kneeling positions.

There are nine multi-burial tombs of mother and son, man and wife, or of two males.

Burial articles may be combined in one of the following ways. The first combination includes Uranian figurines, animal figurines, horses, camels, as well as terra-cotta male and female figures, animal models and other articles. The second group includes one or several male or female clay figurines or other articles. The third includes five or six burial articles, mostly daily necessities or articles for decoration such as potteries, ceramics, bronze mirrors, bronze ornamenting buttons, inkstones, and clamshells. The fourth group mostly includes one or two clay pots and two or three pieces of bronze coins.

The burial articles are put in fixed positions, with clay figurines mostly in the empty space beside the tomb occupant, facing south. Uranian figurines and animal figurines were placed at the entrance of the chambers, standing abreast, the former at the west side and the latter at the east side. Behind them are horses in the east and camels in the west, often led by a figutine in front of them. Farther back are male and female figurines standing densely or in equal intervals, mostly two pieces in each row. Pottety pots and other vessels were mostly put at the back of the chambers, whlie mirrors, silver boxes, scissors, hairpins, buttons and clamshells were mostly put inside the coffin. Bronze coins were mostly placed beside the head or in the hands of the tomb occupant.

A very important phenomenon at the cemetery of the southern suburbs is funeral murder. Among the 337 tombs, 53 contain a total number of 148 victims of funeral murder. While there are a couple of victims in most tombs, there is only one in one tomb and as many as 13 in M322. Victims were found in various places in the tombs, most of them were in tomb passages, but some in raises, and some in corridors. Conditions of the skeletons vary. 25 skele-tons are complete and definite in position, 2 incomplete but definite in position, 7 complete or basically complete but scattered, 11 with complete limbs or basically complete limbs but with-out head, 9 incomplete but in shape, 57 only with head, 16 with head and some bones or limbs, and 22 with part or few limb bones or other bones. All victims seemed to be killed be-fore they were buried, either by strangling, poisoning, smashing or cutting.

928 articles of various relics were unearthed from the tombs in the southern suburbs in-cluding potteries, tri-color glazed potteries, glazed potteries, ceramics, bronze, silver, jade, stones, bones, iron, lacquer, glasswares, spun silk fabrics, coins and so on. There are also a large quantity of incomplete pieces with rich content and variety. Among the clay figurines are celestial guards, animals, men, women, horses and camels, etc. Among the pottery pots are pagoda-shaped pots, round-bellied pots, double-ear pots, and pots with holes. Besides, there are pottery kettles, calabashes, wine vessels, bowls, cauldrons, basins, cups, broad-mouthed receptacles for holding water, spittoons, earthern bowls, incense burners, inkstones, and cooking stoves. Among the tri-color vessels are pots, small cups, broad-mouthed receptacles for holding water, wine vessels and pillows. Among the ceramics are bowls, calabashes, pots, boxes, terra-cotta figurines and glazed pottery dogs. Among the bronze vessels are mirrors, boxes, armlets, tweezers, sets of daily vessels, scissors, hairpins, combs, bells, hinges, buckles, ornaments, rings, hoops, nails, buttons, and seales. Among the silver wares are boxes, hairpins, earrings, and rings. Among the jade and stone are jade boxes, carved stone tomb gates, wetstones, black or white go-game pieces, glass balls, rock crystals, etc. Among the bone wares are bone combs, hairpins, boxes, walking stick handles, dices, beads, shells, clamshells, etc. Among the iron wares are lamps, mirrors, and many iron pieces. Lacquer wares are mostly rotten. We can only tell the shape of some boxes. Among the glasswares are glass beads and cicadas. There is also a drawing of incantations, and some coins of the Sui and Tang dynasties.

There are four tables after the text on the tombs in the southern suburbs, summarizing conditions and contents of all tombs in each categories, as wellas all victims of funeral murder. This report is also followed by "Appraisal and Studies of the Human Bones in the Tombs of the Tang Dynasty in the Southern Suburbs of Fengxiang County of Shaanxi Province", written by Mr Han Kangxin, the famous physical anthropologist from the Institute of Archaeology of Chinese Academy of Social Sciences based on the measurement and tests of Tang tombs in the southern suburbs conducted by himself and his assistant Miss Zhang Jun.

27 tombs of the Sui and Tang dynasties have been excacated in the eastern suburbs of the county. The structure of the tombs and the classification of burial articles unearthed are com-paratively simple since fewer tombs have been excavated. These 27 tombs are of the same structure of tomb passages and cave chambers, which may be classified into four types accord-ing to their shape.

There are seven tombs of type A, with sloped north-south passage. The tomb chambers are slanted from the axis of the passage to form a rough L-shaped plan. There are nine tombs of type B, in the shape of a spade with sloped passages situated in the middle of the south of the tomb chambers. There are ten tombs of type C, with the passage standing in the same line with the long wall of the tomb chamber, thus forming a knife-shaped plan. There is one tomb of type D, consisting of a shaft tunnel and a cave chamber. There are wooden coffins inside all tombs except for Tomb 12. The wooden coffins are 1.70 to 2.0 meters long, around 0.50 meters wide at the bigger end and 0.30 to 0.40 meters wide at the narrower end. The dead are buried either in extended supine or in extended prone position. There are six multi-burial tombs, including two for man and wife, and one for father and son(?), as have been recognized. The rest are tombs of single occupant.

The burial articles are combined in three ways: Uranian figurines, animal figurines, horses, camels, and male and female figurines and other articles are found in the first combination; in the second combination there is only one animal figurine or a Uranian figurine with one or two other articles; in the third combination there are one or two potteries or one or two bronze coins.

The burial articles are put in fixed positions, with terra-cotta figurines at one side of the coffin or at the space between coffins in the muiti-burial tombs. The animal figurines are put at the east side of the tomb chamber while the Uranian figures at the west side, standing side by side. Farther back are male and female figurines standing in lines. The pottery pots and kettles are put beside the head of the dead outside the coffin. Bone hairpins, clamshells and bronze mirrors were usually placed by the head of the tomb occupant, while coins were held in their hands or placed beside their head or inside their mouth. Potteries are the most numerous of all unearthed artides. The terra-cotta figurines are celestial guards, animals, horses, camels, male and female figurines. Among the potteries are pagoda-typed pots, round-bdellied pots, kettles, calabash figures or alms bowls. Besides, ceramic bowls, bronze mirrors, bronze basins, bronze boxes and bells were also found in those tombs.

The text on the excavated tombs in the eastern suburbs is followed by a summarizing Table 5.

The scattered relics unearthed from the Tang tombs in Fengxiang area include all relics found in the ten Tang tombs during the construction from 1975 to 1982. Eight tombs are in the southern suburbs with the other two being situated respectively in the Taixiang Temple of Miganqiao Township in the northern suburbs and the Baqi village of South Zhihui Township 4 km south of the county seat. The unearthed items are mostly tri-color glazing vessels and potteries, in form of celestial puards, horses, camels, male and female figurines, and inkstones. The tri-color glazing figurines are beautifully shaped and exquisitely made and may be rated as fine works of art. The text is followed by Tables 6 and 7.

(Translated by Zhao Qi)

A 型 Ⅱ 式陶镇墓兽（凤南 M58：9）

1. Ⅰ式天王俑（凤南 M83：2）

2. Ⅰ式天王俑（凤南 M92：8）

陶天王俑

1. E型高髻女侍俑（凤南 M87：19）　　2. A型垂发梳髻女侍俑（凤南 M83：9）　　3. 垂双髻女侍俑（凤南 M83：10）

陶高髻女侍俑、垂发梳髻女侍俑和垂双髻女侍俑

彩版四（IV'）

1. A型Ⅱ式陶马（凤南 M83∶4）

2. A型Ⅱ式陶马（凤南 M41∶5）

3. A型Ⅰ式陶骆驼（凤南 M83∶8）

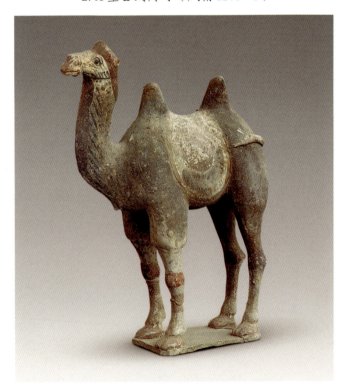

4. B型Ⅰ式陶骆驼（凤南 M41∶3）

陶马和陶骆驼

1. B 型瓷盒（凤南 M92：13）

2. A 型铜臂钏（凤南 M92：16）

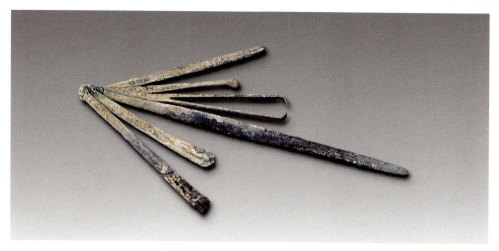

3. 铜日用组合器具（凤南 M305：5）

4. 银盒（凤南 M43：13）

5. 玉盒（凤南 M28：3）

瓷盒，铜臂钏、日用组合器具，银盒和玉盒

彩版一〇（X′）

绢质《经咒图》（凤南 M17：25 - 2）

1. A 型 I 式镇墓兽（凤东 M2：1）

2. B 型镇墓兽（凤东 M1：17）

陶镇墓兽

I 式陶天王俑（凤东 M1：16）

1. I式陶马（凤东 M1：12）

2. I式陶马（凤东 M1：13）

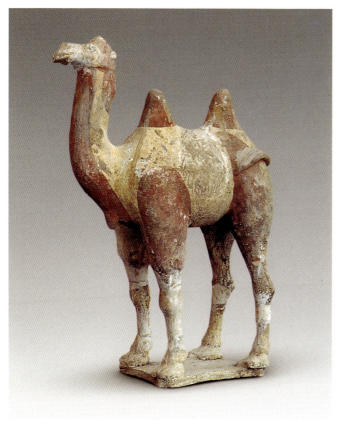

3. A型陶骆驼（凤东 M1：14）

陶马和陶骆驼

A 型 I 式陶塔式罐（凤东 M1∶1）

A 型 I 式陶塔式罐（凤东 M1 : 2）

1.高髻女侍俑（凤零 M6：1）

2.垂发梳髻女侍俑（凤零 M6：3）

3.博鬓女侍俑（凤零 M6：2）

4.垂双髻女侍俑（凤零 M6：4）

陶女侍俑

1. A 型陶马（凤零 M8：4）

2. A 型三彩镇墓兽（凤零 M1：1）

3. B 型 I 式三彩镇墓兽（凤零 M1：2）

陶马和三彩镇墓兽

1. B 型 II 式三彩镇墓兽（凤零 M2：1）

2. II 式三彩天王俑（凤零 M2：2）

三彩镇墓兽和天王俑

1. I 式三彩天王俑 (凤零 M1:3)

2. I 式三彩天王俑 (凤零 M1:4)

三彩天王俑

三彩襆头男侍俑（凤雯 M1：5－1～5）

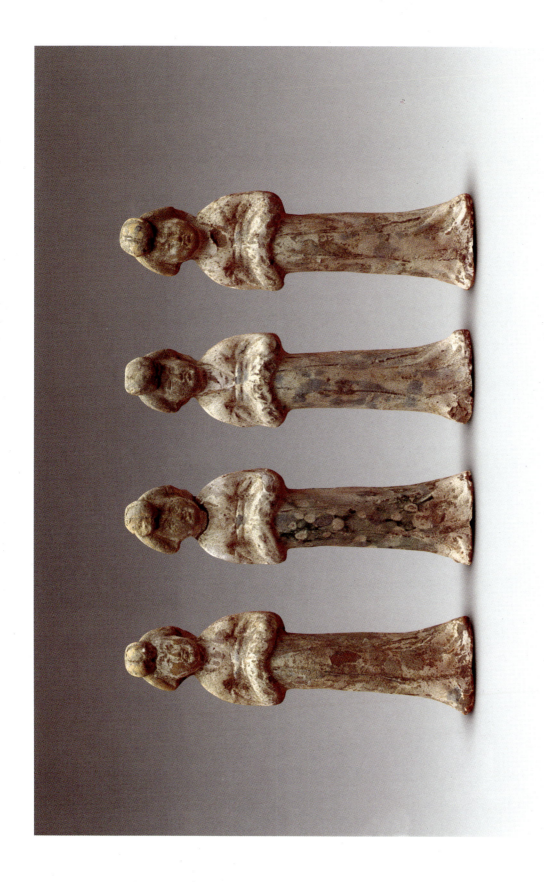

三彩高髻女侍俑（凤翔 M1：6－1～4）

1. 三彩马（凤零 M1：7）

2. 三彩马（凤零 M3：1）

三彩马

1. 三彩马（凤零 M3：2）

2. 三彩骆驼（凤零 M1：8）

三彩马和三彩骆驼

1. 三彩卧牛枕（凤零 M4：1）

2. 三彩罐（凤零 M5：1）

三彩卧牛枕和罐

陕西凤翔县南郊县棉织厂后院发掘前原貌（西北—东南）

陕西凤翔县南郊县棉织厂后院发掘时探方布局（西—东）

县棉织厂后院隋唐墓群发掘现场之一（西北—东南）

县棉织厂后院隋唐墓群发掘现场之二（东—西）

1. 凤南 M299 墓室（南—北）

2. 凤南 M294 墓室（北—南）

凤南 M299 和 M294

1. 凤南 M296 墓室（南—北）

2. 凤南 M302 墓道填土殉人（南—北）

凤南 M296 和 M302

1. 凤南 M298 墓室（西南—东北）

2. 凤南 M297 墓道填土一、二、三号殉人（西—东）

凤南 M298 和 M297

1. 凤南 M87 墓室封门（南—北）

2. 凤南 M322 天井上部一号殉人（北—南）

凤南 M87 和 M322

1. 凤南 M322 天井中部三号殉人（南—北）

2. 凤南 M43 天井四号殉人（南—北）

凤南 M322 和 M43

1. 凤南 M295 墓室（南—北）

2. 凤南 M227 天井下部四、五、六、
七、九号殉人（南—北）

凤南 M295 和 M227

1. 凤南 M227 甬道底部左侧壁龛一〇号殉人（西南—东北）

2. 凤南 M227 墓室（东南—西北）

凤南 M227

凤南 M200 墓道与天井上口（南—北）

1. 凤南 M200 斜阶墓道（南—北）

2. 凤南 M200 甬道（北—南，由墓室向外拍摄）

凤南 M200

图版一四（XIV）

凤南 M23 墓道填土上部一、二、三号殉人（南—北）

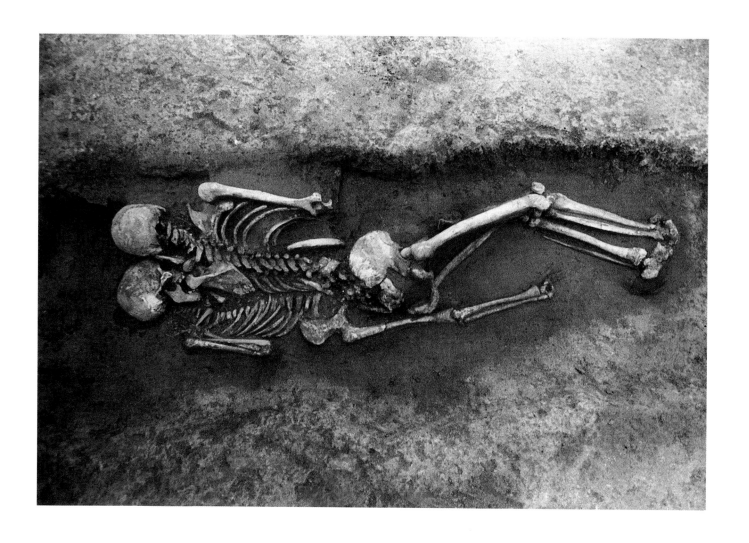

凤南 M23 墓道填土中部四、五号殉人（西—东）

1. 凤南 M172 墓道（南—北）

2. 凤南 M172 甬道（南—北）

凤南 M172

1. 凤南 M172 天井上部二号殉人体骨（南—北）

2. 凤南 M172 天井中部二号
殉人头骨（南—北）

凤南 M172

1. 凤南 M323 天井一、二号殉人（北—南）

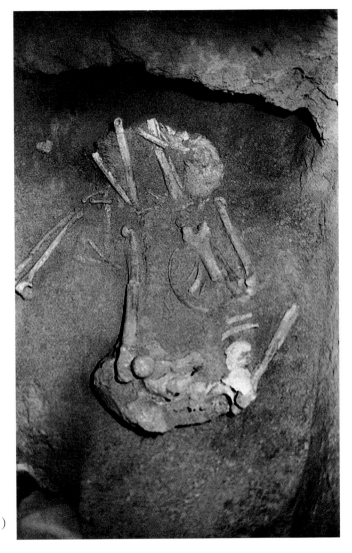

2. 凤南 M323 墓道填土三号殉人（南—北）

凤南 M323

1. 凤南 M316 墓室（南—北）

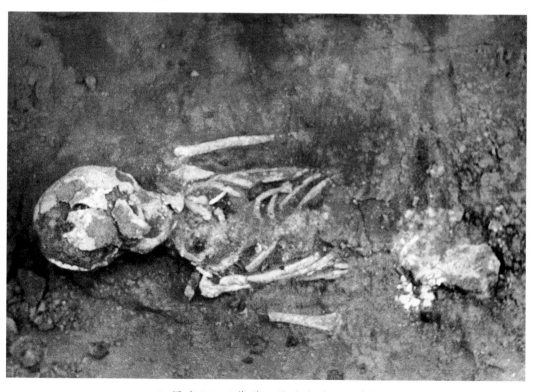

2. 凤南 M316 墓道一号殉人（西—东）

凤南 M316

1. 凤南 M226 墓道填土一、二、三号殉人（北—南）

2. 凤南 M226 墓道填土四、五、
六号殉人（西—东）

凤南 M226

1. 凤南 M226 墓道一一号殉人（西—东）

2. 凤南 M31 墓道填土一号殉人（南—北）

凤南 M226 和 M31

1. 凤南 M68 墓室（东南—西北）

2. 凤南 M68 天井一、二号殉人（东—西）

凤南 M68

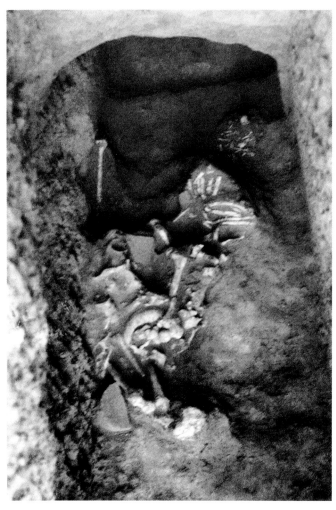

1. 凤南 M17 墓道底部一、二号殉人（南—北）

2. 凤南 M41 墓道填土一、二号殉人（南—北）

凤南 M17 和 M41

凤南 M83墓室（南—北）

1. 凤南 M24 墓室（南—北）

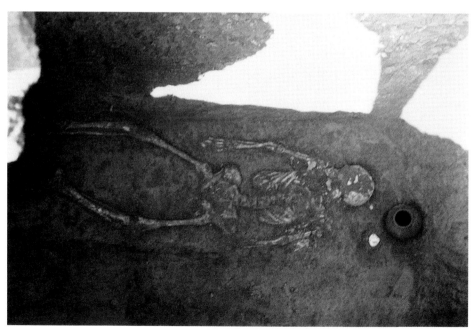

2. 凤南 M62 墓室（东—西）

凤南 M24 和 M62

1. 凤南 M130 墓道填土及甬道一～一二号殉人（北—南）

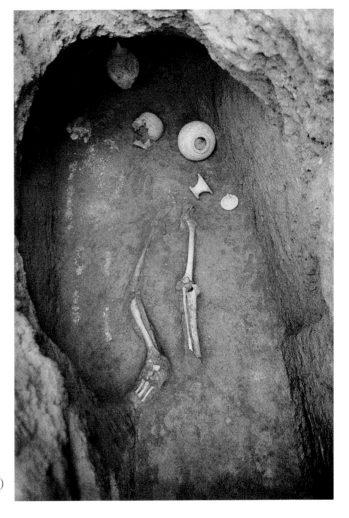

2. 凤南 M33 墓室墓主棺外东侧殉人（南—北）

凤南 M130 和 M33

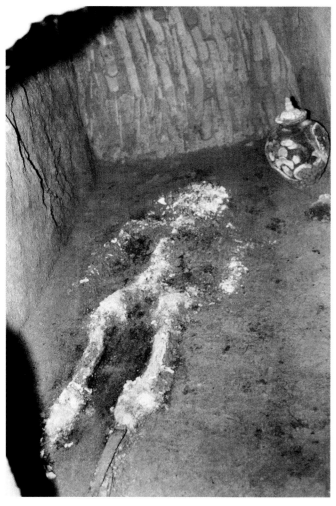

1. 凤南 M48 墓室（南—北）

2. 凤南 M242 墓室（西南—东北）

凤南 M48 和 M242

1. 凤南 M54 墓室（南—北）

2. 凤南 M86 墓室（东南—西北）

凤南 M54 和 M86

1. 凤南 M28 墓室（南—北）

2. 凤南 M319 墓室（南—北）

凤南 M28 和 M319

1. 凤南 M88 墓室（北—南）

2. 凤南 M82 墓室（北—南）

凤南 M88 和 M82

1. 凤南 M133 墓室（西—东）

2. 凤南 M181 墓室（南—北）

凤南 M133 和 M181

1. 凤南 M94 墓室（南—北）

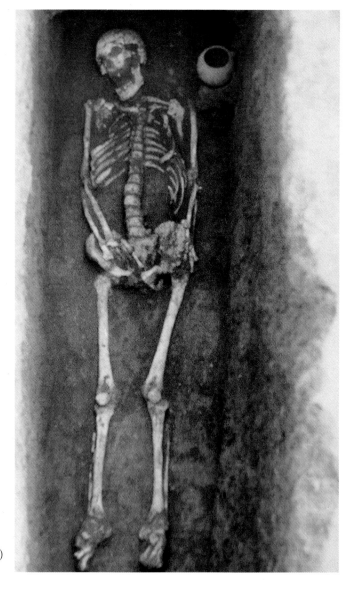

2. 凤南 M131 墓室（南—北）

凤南 M94 和 M131

1. 凤南 M238 墓室（东—西）

2. 凤南 M108 墓室（西—东）

凤南 M238 和 M108

1. 凤南 M149 墓室（南—北）

2. 凤南 M207 墓室（西—东）

凤南 M149 和 M207

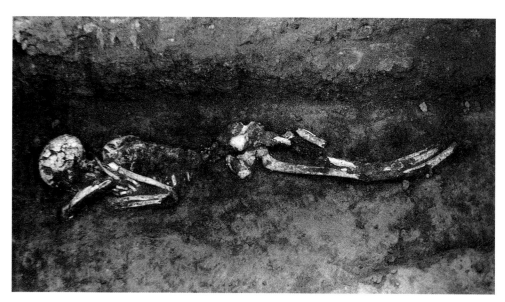

1. 凤南 M318 墓室（西—东）

2. 凤南 M85 墓室（南—北）

凤南 M318 和 M85

1. 凤南 M119 墓室（西—东）

2. 凤南 M126 墓室（东—西）

凤南 M119 和 M126

1. 凤南 M182 墓主（南—北）

2. 凤南 M185 墓主（北—南）

凤南 M182 和 M185

1. 凤南 M252 墓室（南—北）

2. 凤南 M166 墓室（南—北）

凤南 M252 和 M166

1. 凤南 M201 墓室（西—东）

2. 凤南 M215 墓室（东—西）

凤南 M201 和 M215

1. 凤南 M224 墓室（北—南）

2. 凤南 M183 墓室瓦棺葬具（西—东）

凤南 M224 和 M183

1. 凤南 M183 墓室（北—南）

2. 凤南 M12 墓室瓦棺葬具（西南—东北）

凤南 M183 和 M12

1. 凤南 M12 墓室（南—北）

2. 凤南 M248 墓室（西北—东南）

凤南 M12 和 M248

1. 凤南 M21 墓室（西南—东北）

2. 凤南 M167 墓室（东南—西北）

凤南 M21 和 M167

1. 凤南 M184 墓室（西北—东南）

2. 凤南 M44 墓道填土一、二号殉人（北—南）

凤南 M184 和 M44

1. 凤南 M44 墓道填土三号殉人（西北—东南）

2. 凤南 M46 墓道填土一号殉人（南—北）

凤南 M44 和 M46

1. 凤南 M46 墓道填土二号殉人（东南—西北）

2. 凤南 M63 墓道填土一号殉人（西北—东南）

凤南 M46 和 M63

1. 凤南 M63 墓道填土三号殉人（西北—东南）

2. 凤南 M64 墓道填土二号殉人（西北—东南）

凤南 M63 和 M64

1. 凤南 M64 墓道填土一号殉人（南—北）

2. 凤南 M76 墓室墓主东下侧
   殉人（西—东）

凤南 M64 和 M76（西—东）

1.凤南 M91 墓主北、东及脚下一、二、三号殉人
（南—北）

2.凤南 M95 墓道填土殉人（南—北）

凤南 **M91** 和 **M95**

1. 凤南 M112 墓坑填土殉人（东—西）

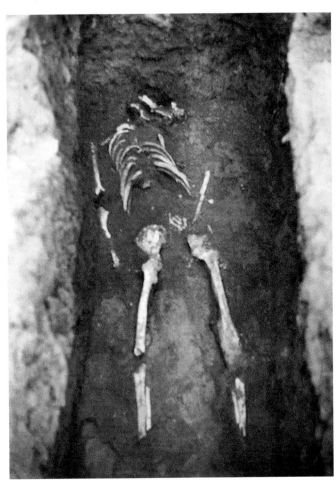

2. 凤南 M140 墓道填土殉人（南—北）

凤南 M112 和 M140

1. 凤南 M147 墓坑填土殉人（东—西）

2. 凤南 M324 墓道填土殉人（东—西）

凤南 M147 和 M324

1. A 型 I 式镇墓兽（凤南 M320：9）

2. A 型 II 式镇墓兽（凤南 M72：23）

3. A 型 II 式镇墓兽（凤南 M316：2）

4. A 型 II 式镇墓兽（凤南 M58：9）

陶镇墓兽

1. B型Ⅰ式镇墓兽（凤南 M200：2）

2. B型Ⅱ式镇墓兽（凤南 M227：3）

3. B型Ⅲ式镇墓兽（凤南 M36：14）

4. B型Ⅳ式镇墓兽（凤南 M17：20）

陶镇墓兽

1. I 式天王俑（凤南 M41：1）

2. I 式天王俑（凤南 M83：2）

3. I 式天王俑（凤南 M320：10）

4. II 式天王俑（凤南 M227：18）

陶天王俑

1. Ⅲ式天王俑（凤南 M17：21）

2. Ⅳ式天王俑（凤南 M36：13）

3. 风帽骑马吹笙男俑（凤南 M172：20）

4. 尖帽男俑（凤南 M200：13）

陶天王俑、风帽骑马吹笙男俑和尖帽男俑

1. 幞头文吏俑（凤南 M83：5）

2. A 型幞头宦俑（凤南 M30：6）

3. B 型幞头宦俑（凤南 M87：20）

4. A 型 I a 式幞头男侍俑（凤南 M18：5）

陶幞头文吏俑、幞头宦俑和幞头男侍俑

1. A型 I a式幞头男侍俑（凤南 M45：4）

2. A型 I b式幞头男侍俑（凤南 M13：4）

3. A型 I b式幞头男侍俑（凤南 M13：5）

4. A型 I c式幞头男侍俑（凤南 M200：12）

陶幞头男侍俑

1. A 型 I c 式幞头男侍俑（凤南 M227：20）

2. A 型 II 式幞头男侍俑（凤南 M30：8）

3. A 型 III 式幞头男侍俑（凤南 M36：8）

4. A 型 III 式幞头男侍俑（凤南 M36：12）

陶幞头男侍俑

1. A型Ⅲ式幞头男侍俑（凤南 M17：14）

2. B型幞头男侍俑（凤南 M87：24）

3. C型幞头男侍俑（凤南 M164：5）

4. D型幞头男侍俑（凤南 M179：4）

陶幞头男侍俑

1. D 型幞头男侍俑（凤南 M87：8）

2. E 型幞头男侍俑（凤南 M17：6）

3. F 型幞头男侍俑（凤南 M17：16）

4. 幞头牵马俑（凤南 M17：7）

陶幞头男侍俑和幞头牵马俑

1. 幞头骑马拍鼓俑（凤南 M172：22）

2. 幞头骑马拍鼓俑（凤南 M172：21）

3. A 型高髻女侍俑（凤南 M152：4）

4. A 型高髻女侍俑（凤南 M17：5）

陶幞头骑马拍鼓俑和高髻女侍俑

1. C 型高髻女侍俑（凤南 M83：12）

2. D 型 I 式高髻女侍俑（凤南 M227：10）

3. D 型 II 式高髻女侍俑（凤南 M36：7）

4. E 型高髻女侍俑（凤南 M87：19）

陶高髻女侍俑

1. F 型高髻女侍俑（凤南 M34：5）

2. G 型高髻女侍俑（凤南 M152：8）

3. H 型高髻女侍俑（凤南 M87：6）

4. A 型 I 式高博鬓女侍俑（凤南 M92：3）

陶高髻女侍俑和博鬓女侍俑

1. A 型 Ⅱ 式博鬓女侍俑（凤南 M92：2）

2. B 型博鬓女侍俑（凤南 M87：18）

3. A 型垂发梳髻女侍俑（凤南 M83：9）

4. A 型垂发梳髻女侍俑（凤南 M13：9）

陶博鬓女侍俑和垂发梳髻女侍俑

1. B 型垂发梳髻女侍俑（凤南 M36：3）

2. C 型垂发梳髻女侍俑（凤南 M179：2）

3. C 型垂发梳髻女侍俑（凤南 M17：18）

4. D 型垂发梳髻女侍俑（凤南 M316：6）

陶垂发梳髻女侍俑

1. D 型垂发梳髻女侍俑（凤南 M172：1）

2. D 型垂发梳髻女侍俑（凤南 M316：10）

3. D 型垂发梳髻女侍俑（凤南 M58：4）

4. E 型垂发梳髻女侍俑（凤南 M58：6）

陶垂发梳髻女侍俑

陶垂发梳髻女舞俑（放大，凤南 M34 : 4）

1. 垂发梳髻骑马女俑（凤南 M172∶19）

2. 垂双髻女侍俑（凤南 M83∶10）

3. 垂双髻女侍俑（凤南 M58∶5）

4. 垂双髻女侍俑（凤南 M172∶9）

陶垂发梳髻骑马女俑和垂双髻女侍俑

1. A 型 I 式陶马（凤南 M227：17）

2. A 型 I 式陶马（凤南 M172：17）

3. A 型 II 式陶马（凤南 M92：4）

4. A 型 II 式陶马（凤南 M41：5）

陶 马

1. A 型 Ⅲ 式陶马（凤南 M36：6）

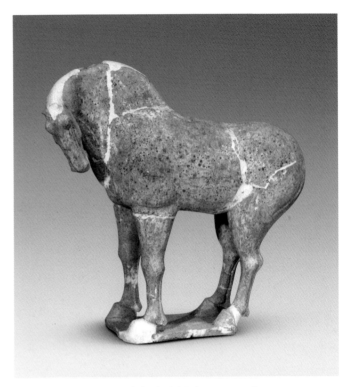

2. B 型陶马（凤南 M17：4）

3. A 型 Ⅰ 式陶骆驼（凤南 M316：4）

4. A 型 Ⅰ 式陶骆驼（凤南 M83：8）

陶马和陶骆驼

1. A 型 I 式陶骆驼（凤南 M152：13）

2. A 型 II 式陶骆驼（凤南 M36：5）

3. B 型 I 式陶骆驼（凤南 M41：3）

4. B 型 I 式陶骆驼（凤南 M320：6）

陶骆驼

1. B 型 I 式陶骆驼（凤南 M227：12）

2. B 型 II 式陶骆驼（凤南 M17：24）

3. B 型 III 式陶骆驼（凤南 M4：6）

4. 陶牛（凤南 M17：23）

5. 陶鹦鹉（放大，凤南 M87：13）

陶骆驼、陶牛和陶鹦鹉

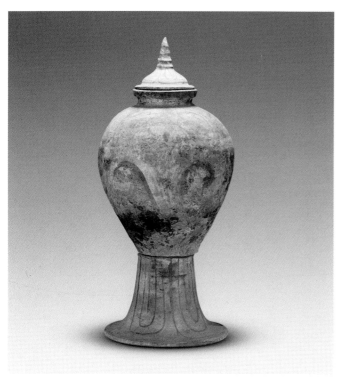

1. A 型 I 式塔式罐（凤南 M83：3）

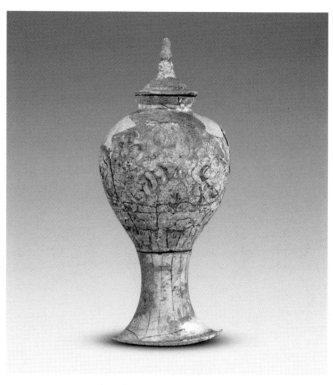

2. A 型 II 式塔式罐（凤南 M87：3）

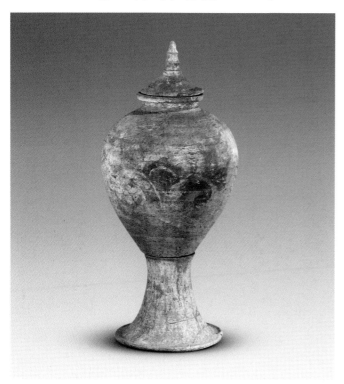

3. A 型 II 式塔式罐（凤南 M200：5）

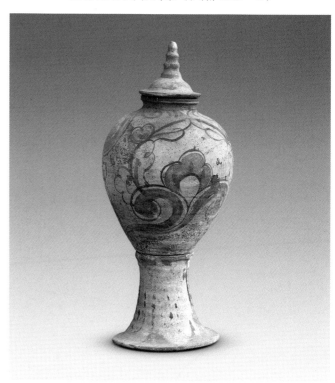

4. A 型 II 式塔式罐（凤南 M179：1）

陶塔式罐

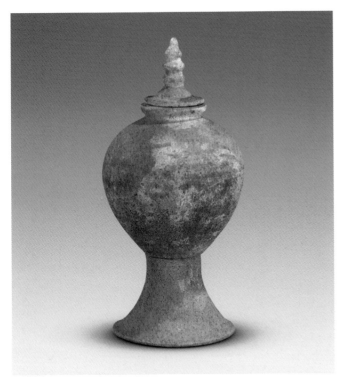

1. A 型 Ⅲ a 式塔式罐（凤南 M17：3）

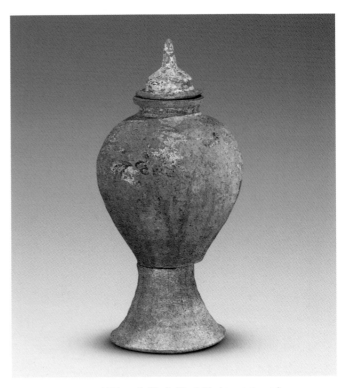

2. A 型 Ⅲ a 式塔式罐（凤南 M36：4）

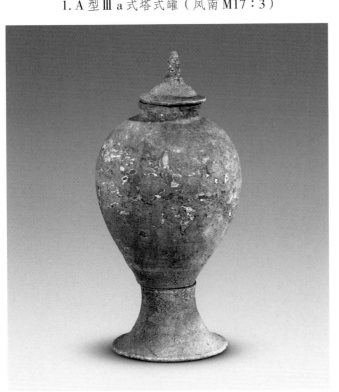

3. A 型 Ⅲ a 式塔式罐（凤南 M164：4）

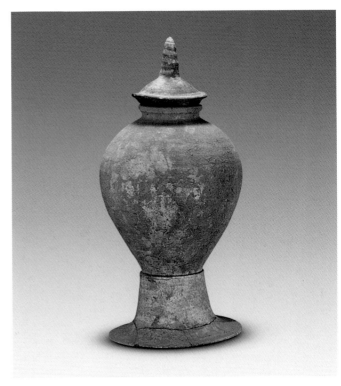

4. A 型 Ⅲ b 式塔式罐（凤南 M92：1）

陶塔式罐

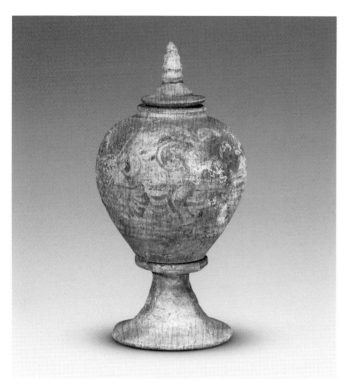

1. A 型 IV 式塔式罐（凤南 M300：3）

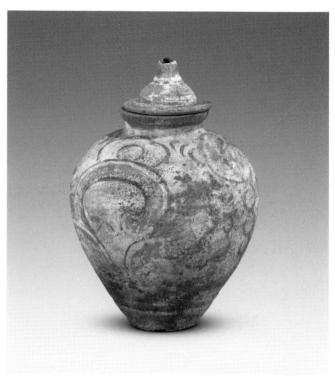

2. B 型 I 式塔式罐（凤南 M330：1）

3. B 型 I 式塔式罐（凤南 M48：1）

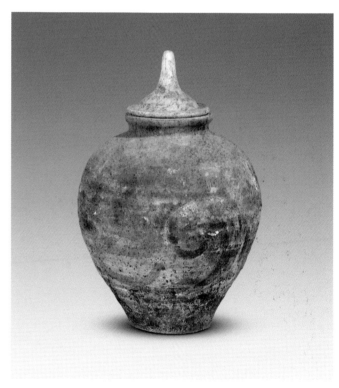

4. B 型 II 式塔式罐（凤南 M130：1）

陶塔式罐

1. C型塔式罐（凤南 M222：3）

2. D型 I 式塔式罐（凤南 M181：1）

3. D型 I 式塔式罐（凤南 M163：1）

4. D型 I 式塔式罐（凤南 M106：1）

陶塔式罐

1. D 型 Ⅱ 式塔式罐（凤南 M274：1）

2. D 型 Ⅱ 式塔式罐（凤南 M238：2）

3. D 型 Ⅲ 式塔式罐（凤南 M166：1）

4. D 型 Ⅲ 式塔式罐（凤南 M94：1）

陶塔式罐

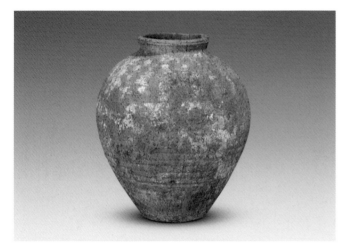

1. Aa 型圆腹罐（凤南 M34：1）

2. Aa 型圆腹罐（凤南 M140：1）

3. Ab 型圆腹罐（凤南 M305：1）

4. Ab 型圆腹罐（凤南 M305：2）

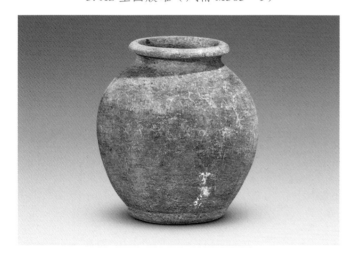

5. B 型 I 式圆腹罐（凤南 M226：1）

6. B 型 I 式圆腹罐（凤南 M51：1）

陶圆腹罐

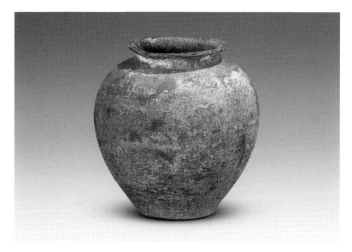

1. B 型 II 式圆腹罐（凤南 M3：1）

2. B 型 III 式圆腹罐（凤南 M242：1）

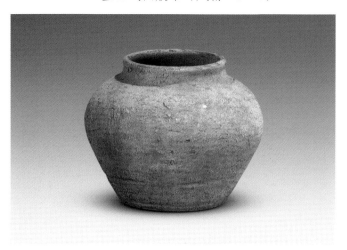

3. B 型 IV 式圆腹罐（凤南 M132：1）

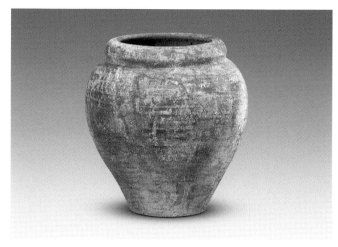

4. C 型 I 式圆腹罐（凤南 M312：1）

5. C 型 II 式圆腹罐（凤南 M77：1）

6. D 型 I 式圆腹罐（凤南 M62：1）

陶圆腹罐

1. D 型 I 式圆腹罐（凤南 M61：1）

2. D 型 II 式圆腹罐（凤南 M202：1）

3. D 型 II 式圆腹罐（凤南 M178：2）

4. E 型 I 式圆腹罐（凤南 M235：1）

5. E 型 II 式圆腹罐（凤南 M141：1）

6. F 型 I 式圆腹罐（凤南 M50：1）

陶圆腹罐

1. F型Ⅱ式圆腹罐（凤南 M148：1）

2. G型圆腹罐（凤南 M184：3）

3. I型圆腹罐（凤南 M80：1）

4. A型Ⅰ式双耳罐（隋，凤南 M302：2）

5. A型Ⅱ式双耳罐（隋，凤南 M298：1）

6. A型Ⅲ式双耳罐（凤南 M337：5）

陶圆腹罐和双耳罐

1. Ba 型 I 式双耳罐（凤南 M201：1）

2. Ba 型 II 式双耳罐（凤南 M155：1）

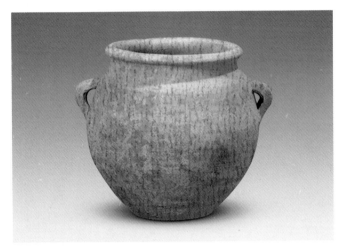

3. Ba 型 III 式双耳罐（凤南 M197：1）

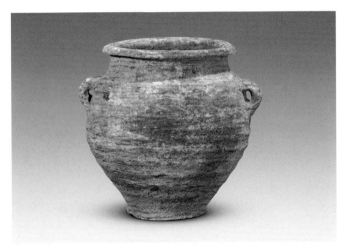

4. Ba 型 IV 式双耳罐（凤南 M55：3）

5. Bb 型 I 式双耳罐（凤南 M167：1）

6. Bb 型 II 式双耳罐（凤南 M43：26）

陶双耳罐

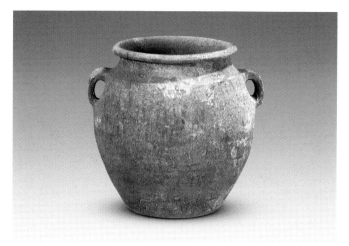

1. Bb 型 II 式双耳罐（凤南 M123：1）

2. Bb 型 III 式双耳罐（凤南 M199：1）

3. C 型 I 式双耳罐（凤南 M218：1）

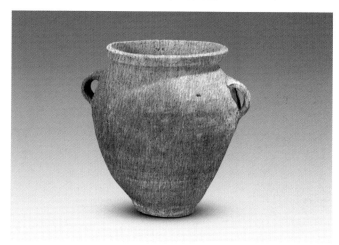

4. C 型 II 式双耳罐（凤南 M43：21）

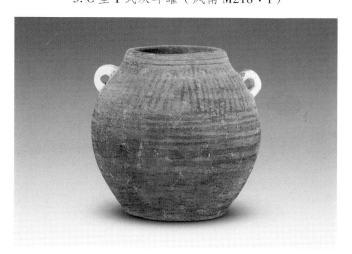

5. D 型 I 式双耳罐（凤南 M1：1）

6. D 型 II 式双耳罐（凤南 M131：1）

陶双耳罐

图版八四（LXXXIV）

1. E型双耳罐（凤南 M329：2）

2. I式有孔罐（凤南 M206：1）

3. II式有孔罐（凤南 M241：1）

4. I式壶（隋，凤南 M93：6）

5. IIa式壶（隋，凤南 M296：2）

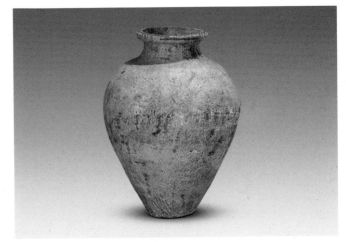

6. III式壶（凤南 M73：1）

陶双耳罐、有孔罐和壶

1. Ⅳ式壶（凤南 M35：1）

2. Ⅳ式壶（凤南 M330：3）

3. A 型葫芦（隋，凤南 M297：4）

4. B 型葫芦（隋，凤南 M299：3）

5. C 型葫芦（凤南 M171：2）

6. Ⅰ式注子（凤南 M22：1）

陶壶、葫芦和注子

图版八六（LXXXVI）

1. Ⅱ式注子（凤南 M287：1）

2. Ⅰ式碗（隋，凤南 M301：1）

3. Ⅱ式碗（凤南 M149：1）

4. Ⅰ式釜（凤南 M262：1）

5. Ⅰ式盆（凤南 M63：1）

6. Ⅱ式盆（凤南 M215：1）

陶注子、碗、釜和盆

1. 杯（凤南 M104：1）

2. Ⅰ式水盂（凤南 M265：1）

3. Ⅱ式水盂（凤南 M182：1）

4. Ⅰ式唾盂（凤南 M134：1）

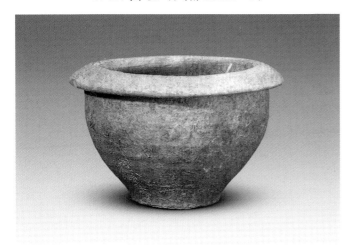

5. Ⅱ式唾盂（凤南 M325：1）

6. Ⅲ式唾盂（凤南 M266：1）

陶杯、水盂和唾盂

1. Ⅰ式钵（隋，凤南 M296：1）

2. Ⅱ式钵（凤南 M83：7）

3. Ⅲ式钵（凤南 M86：3）

4. 香熏（凤南 M227：24）

5. 砚（凤南 M45：1）

6. 灶（隋，凤南 M303：1）

陶钵、香熏、砚和灶

1. 罐（凤南 M325：2）

2. 提梁罐（凤南 M10：2）

3. 带流罐（凤南 M281：2）

4. 盏（凤南 M10：3）

5. 水盂（凤南 M43：14）

6. 注子（凤南 M232：1）

三彩罐、提梁罐、带流罐、盏、水盂和注子

1. 三彩枕（凤南 M162：1）

2. 釉陶狗（凤南 M152：16）

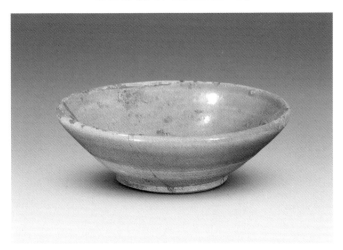

3. A 型 I 式瓷碗（凤南 M238：1）

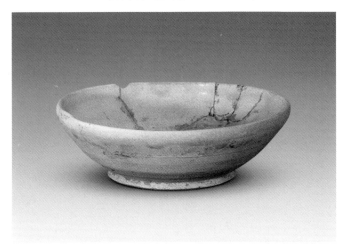

4. A 型 I 式瓷碗（凤南 M331：6）

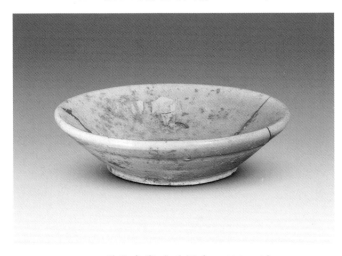

5. A 型 II 式瓷碗（凤南 M300：6）

6. B 型瓷碗（凤南 M91：1）

三彩枕，釉陶狗和瓷碗

1. C 型碗（凤南 M92：10）

2. A 型葫芦（凤南 M28：4）

3. B 型葫芦（凤南 M245：1）

4. B 型葫芦（凤南 M42：3）

5. 罐（凤南 M19：2）

瓷碗、葫芦和罐

1. A 型瓷盒（凤南 M159：2）

2. A 型瓷盒（凤南 M159：3）

3. A 型瓷盒（凤南 M326：1）

4. B 型瓷盒（凤南 M92：13）

5. 瓷女俑（凤南 M114：1）

6. 泥胎狗（凤南 M87：12）

瓷盒、女俑和泥胎狗

1. Aa 型镜（凤南 M331：2）

2. Ab 型镜（凤南 M75：1）

3. Ac 型镜（凤南 M42：6）

4. Ad 型镜（凤南 M221：1）

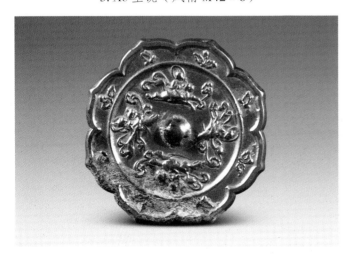

5. B 型 I 式镜（凤南 M10：3）

6. B 型 II 式镜（凤南 M330：8）

铜　镜

1. B 型 Ⅲ 式镜（凤南 M43：19）

2. B 型 Ⅳ 式镜（凤南 M154：3）

3. C 型 Ⅰ 式镜（凤南 M19：1）

4. C 型 Ⅱ 式镜（凤南 M179：9）

5. C 型 Ⅲ 式镜（凤南 M243：1）

6. C 型 Ⅳ 式镜（凤南 M334：1）

铜　镜

1. 盒（凤南 M17：25－1）

2. A 型臂钏（凤南 M92：16）

3. B 型臂钏（凤南 M63：4）

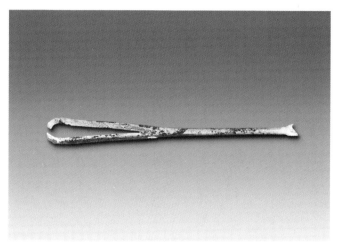

4. 镊子（凤南 M15：3）

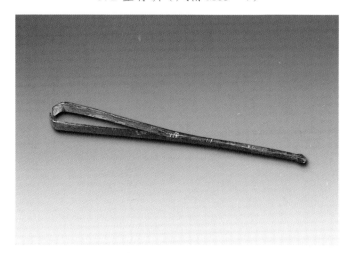

5. 镊子（凤南 M172：4）

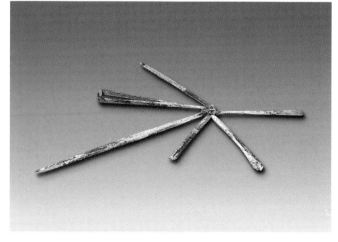

6. 日用组合器具（凤南 M305：5）

铜盒、臂钏、镊子和日用组合器具

图版九六（XCVI）

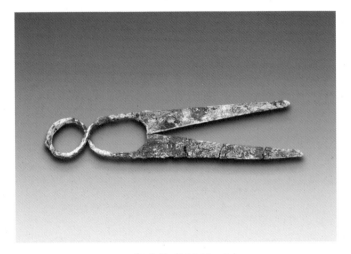

1. 剪（凤南 M63：3）

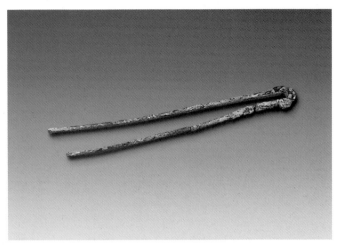

2. A 型钗（凤南 M33：1）

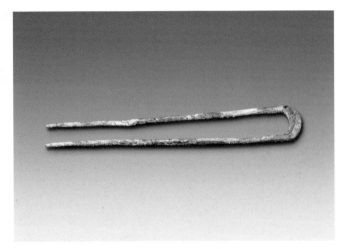

3. B 型钗（凤南 M92：12）

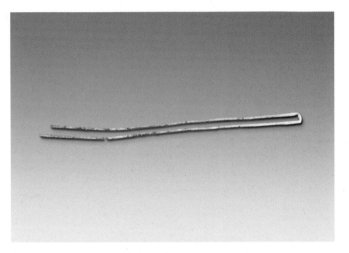

4. B 型钗（凤南 M337：1）

5. 梳子（凤南 M228：3）

6. 铃（放大，凤南 M43：4）

铜剪、钗、梳子和铃

1. 合页（凤南 M15：1、2）

2. 带扣（凤南 M4：3）

3. 带铐（隋，凤南 M299：9－1~5）

4. 饰件（凤南 M63：7）

5. 耳环（凤南 M272：4）

6. 环（凤南 M43：8-1、2，16）

铜合页、带扣、带铐、饰件、耳环和环

1. 环（凤南 M228：1）

2. 指甲壳（凤南 M43：8 - 1、2，17）

3. 扣（凤南 M34：7）

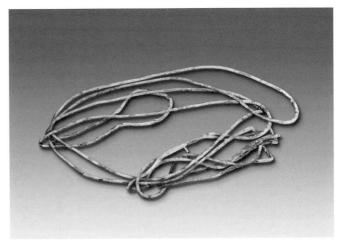

4. 铜丝（凤南 M249：1）

5. 印（凤南 M218：2）

6. 铜泡（凤南 M23：1 - 1～5、凤南 M58：10）

铜环、指甲壳、扣、铜丝、印和铜泡

1. 银盒（凤南 M43：13）

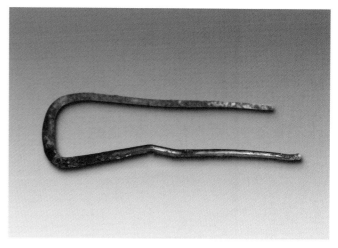

2. 银钗（隋，凤南 M299：10）

3. 银戒指（凤南 M172：29）

4. 玉盒（凤南 M28：3）

5. 石雕刻墓门（凤南 M322：1）

银盒、钗、戒指，玉盒和石雕刻墓门

1. 石幢顶（凤南 M322：3）

2. 石围棋子（凤南 M152：1－1～3）

3. 水晶柱（凤南 M43：10）

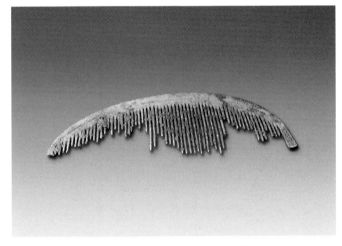

4. 骨梳（凤南 M178：1）

5. 骨盒（凤南 M153：6）

6. 骨骰子（凤南 M153：5－1、2）

石幢顶、围棋子，水晶柱，骨梳、盒、骰子

1. 骨骰子（凤南 M43：11 - 1~4）

2. 贝（凤南 M281：3）

3. 铁灯盏（隋，凤南 M297：1）

4. 铁镜（凤南 M337：4）

5. 料珠（凤南 M43：11）

6. 料蝉（凤南 M272：1 - 1）

骨骰子，贝，铁灯盏、镜，料珠和蝉

1. 砖墓志（隋，凤南 M294：4）

2. 砖墓志（隋，凤南 M302：1）

砖墓志

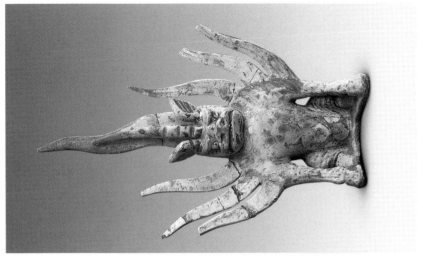

3. B 型镇墓兽（凤东 M1 : 17）

2. A 型 II 式镇墓兽（凤东 M17 : 2）

1. A 型 I 式镇墓兽（凤东 M2 : 1）

陶 镇 墓 兽

1. Ⅰ式天王俑（凤东 M1：16）

2. Ⅱ式天王俑（凤东 M17：3）

陶天王俑

1. Aa 型男侍俑（凤东 M1：15）

2. Ab 型男侍俑（凤东 M1：6）

3. B 型男侍俑（凤东 M1：5）

4. A 型高髻女侍俑（凤东 M16：8）

陶男侍俑和高髻女侍俑

1. B 型高髻女侍俑（凤东 M16：5）

2. C 型高髻女侍俑（凤东 M1：4）

3. A 型垂发梳髻女侍俑（凤东 M1：3）

4. B 型垂发梳髻女侍俑（凤东 M1：10）

陶高髻女侍俑和垂发梳髻女侍俑

1. I 式陶马（凤东 M1：12）

2. I 式陶马（凤东 M1：13）

3. II 式陶马（凤东 M27：1）

4. A 型陶骆驼（凤东 M1：14）

5. 陶牛（凤东 M1：20）

陶马、陶骆驼和陶牛

1. A 型塔式罐（凤东 M1：1）

2. A 型塔式罐（凤东 M1：2）

陶塔式罐

1. A型Ⅱ式塔式罐（凤东 M17：5）

2. A型Ⅲ式塔式罐（凤东 M16：7）

3. B型塔式罐（凤东 M25：1）

4. B型塔式罐（凤东 M19：1）

陶塔式罐

1. 圆腹罐（凤东 M7：1）

2. 深腹罐（凤东 M20：1）

3. Ⅰ式壶（凤东 M14：2）

4. Ⅰ式壶（凤东 M6：5）

5. Ⅱ式壶（凤东 M13：2）

6. Ⅲ式壶（凤东 M15：2）

陶圆腹罐、深腹罐和壶

1. Ⅳ式壶（凤东 M9：1）

2. 陶葫芦（凤东 M11：1）

3. 铜镜（凤东 M8：1）

4. 铜盒（凤东 M27：2）

5. 铜铃（凤东 M24：2）

陶壶、葫芦，铜镜、盒和铃

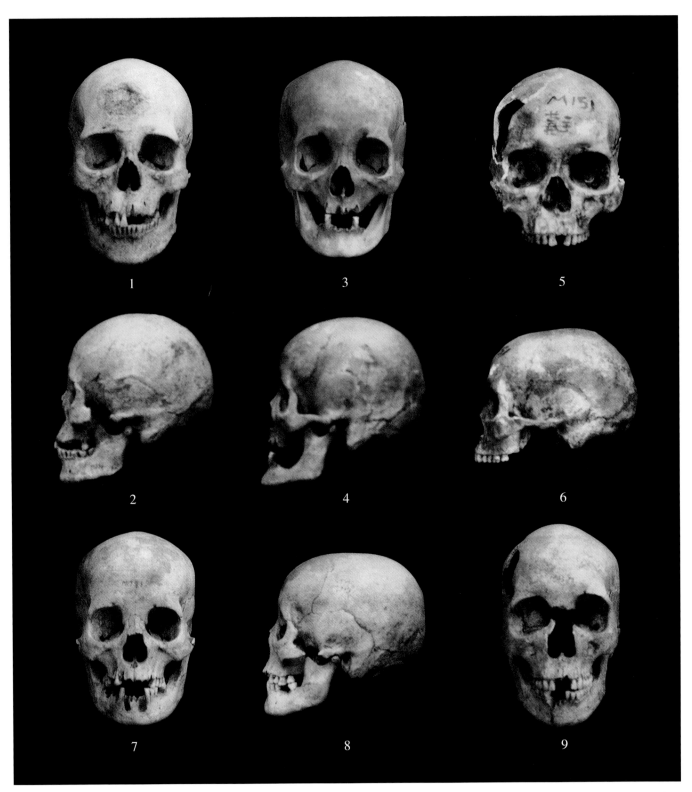

1、2.凤南 M324，男性（正、侧面） 3、4.凤南 M3，男性（正、侧面） 5、6.凤南 M151，男性（正、侧面）
7、8.凤南 M17，女性（正、侧面） 9.凤南 M45，女性（正面）

凤翔唐墓头骨